本书由中国劳动保障科学研究院资助出版

国际人力资源社会保障报告
（2016）

人力资源和社会保障部国际劳动保障研究所　组织编译

主　编　莫　荣

副主编　刘　军　孟　彤

中国劳动社会保障出版社

图书在版编目(CIP)数据

国际人力资源社会保障报告. 2016/莫荣主编. —北京：中国劳动社会保障出版社，2016

ISBN 978-7-5167-2730-0

Ⅰ.①国… Ⅱ.①莫… Ⅲ.①人力资源管理-研究报告-世界-2016②社会保障-研究报告-世界-2016 Ⅳ.①F249.1②D57

中国版本图书馆 CIP 数据核字(2016)第 201407 号

中国劳动社会保障出版社出版发行

(北京市惠新东街 1 号 邮政编码：100029)

*

保定市中画美凯印刷有限公司印刷装订 新华书店经销

787 毫米×1092 毫米 16 开本 30.25 印张 305 千字

2016 年 8 月第 1 版 2016 年 8 月第 1 次印刷

定价：58.00 元

读者服务部电话：(010) 64929211/64921644/84626437

营销部电话：(010) 64961894

出版社网址：http://www.class.com.cn

《国际人力资源社会保障报告（2016）》
编　委　会

目录

产业关系篇

收入分配篇

国　别　篇

总 论

全球人力资源和社会保障：状况与趋势

2015 年，世界经济仍处于国际金融危机后的深度调整期，全球复苏之路崎岖艰辛。全球人力资源社会保障的各个方面均受到金融危机的长期深刻影响，挑战前所未有，但同时，金融危机也不断深化了人们对人力资源社会保障与经济发展关系的认识。基于对 2015 年全球以及典型地区、典型国家人力资源社会保障情况的梳理，结合国际机构尤其是国际劳工组织的深入研究，本文从形势、现状和发展趋势及其启示等方面，对全球人力资源社会保障发展状况进行全方位审视和分析。

一、全球人力资源社会保障发展面临的经济形势

2015 年世界经济增长低于普遍预期，发达经济体增速继续回升，但回升势头减缓，新兴市场与发展中经济体增速加速下滑，全球经济增长率比 2014 年有所下降。国际货币基金组织（IMF）数据显示，2015 年世界经济增长率比 2014 年下降 0.3 个百分点。其中，发达经济体经济增速为 2.0%，比 2014 年上升 0.2 个百分点；新兴市场与发展中经济体经济增速为 4.0%，比 2014 年下降 0.6 个百分点。

美国、欧元区和日本三大主要发达经济体增速有所上升，其他发达经济体增速显著下降。2015 年美国 GDP 增长 2.6%，比 2014 年提高 0.2 个百分点；欧元区 GDP 增长 1.5%，比 2014 年提高 0.6 个百分点；日本 GDP 增长由负转正至 0.6%，比 2014 年提高 0.7 个百分点；美、欧、日以外的其他发

达经济体 GDP 增长 2.2%，比 2014 年下降 0.6 个百分点。

新兴市场与发展中经济体整体增速下滑程度加大，俄罗斯、巴西等国陷入负增长。2015 年新兴市场与发展中经济体 GDP 增速持续下滑，且下滑幅度继续扩大。2013 年其增速下降 0.2 个百分点，2014 年下降 0.4 个百分点，2015 年下降幅度扩大到 0.6 个百分点。新兴市场和发展中亚洲经济体依然是世界经济中增长最快的地区，2015 年增长率约为 6.5%，但相比上年下降了 0.3 个百分点。这主要是由于中国、印度尼西亚和马来西亚等经济规模较大的新兴亚洲国家出现了 0.3～0.5 个百分点的增速下滑。

预计 2016 年世界经济增长形势依然不容乐观，世界经济将受到一系列趋势性和不确定性因素的影响，包括发达经济体需求管理政策效果能否延续，美联储加息的时间、速率和力度如何，全球超高债务水平对金融稳定可能带来多大威胁，新兴市场和发展中经济体连续五年经济增速下滑的势头能否得到有效遏制等。此外，地缘政治变化和自然灾害也会对世界经济运行与绩效带来负面干扰。

二、全球人力资源社会保障发展现状和未来趋势

（一）就业领域

1. 就业压力居高不下，就业前景黯淡

尽管 2015 年失业率低于预期，但是失业人数仍在增加。2015 年全球失业率为 5.8%，失业人口 1.971 亿人，比上年增加了 70 万人，比 2007 年金融危机前多 2 700 万人。预计 2016 年全球失业人数同比增加大约 230 万人，2017 年同比增加 110 万人。预测 2016 年全球失业率为 5.8%，与上年相比持平，2017 年全球失业率略降至 5.7%，主要是由于发达经济体失业状况好转驱动。

根据国际货币基金组织最新预测，全球经济增长趋弱。其主要原因是由于新兴经济体和发展中经济体的经济增长趋缓；而且伴随着大宗商品价格大幅下跌，新兴经济体的经济增长减缓阻碍了全球经济复苏。此外，增长趋弱的另外一个因素是贸易和投资处于疲弱状态。总之，全球失业危机仍未结束，特别是新兴经济体 2016—2017 年就业前景将不乐观。

2. 发达经济体失业状况改善，新兴经济体失业人数增加

2015 年，全球失业人数为 1.971 亿人，发达经济体失业人数为 4 670 万人，约占全球失业总数的 1/4。预计发达经济体失业率从 2014 年的 7.1%下

降至2015年的6.7%。发达经济体失业率下降主要是北欧、南欧和西欧总体失业率下降导致的，从2014年的10.7%下降至2015年的10.1%，特别是德国和意大利失业率显著下降，同期分别从5.0%和12.7%下降至4.6%和12.1%；美国失业率同期从6.3%下降至5.3%。新兴经济体失业率预计小幅上升，从2014年的5.5%上升至2015年的5.6%。

2016年，预计新兴经济体失业人数同比增加240万人，2017年同比增加140万人。在新兴经济体中，2015—2017年，预计失业人数增加最多的国家是巴西和中国，分别增加70万人和80万人。2015—2017年，预计发展中经济体失业人数也将增加100万人。发达经济体失业人数的减少会抵消一部分新兴经济体和发展中经济体失业人数的增加。2015—2017年，预计发达经济体失业人数将减少140万人，这主要是欧盟28国和美国失业人数减少的结果。

3. 传统就业模式正在转型

在传统的就业模式中，工人主要依赖雇佣关系赚取工资和薪金，拥有稳定、全职的工作。但这种规范的就业模式正在日渐减少。在发达经济体中，规范的就业模式越来越不占主导地位。在新兴和发展中经济体中，已对雇佣合同和雇佣关系进行了某些强化，但非正规就业在许多国家仍然司空见惯，而在全球供应链的底层，越来越普遍实行的是极短期合同和不规范的工时。

赚取周薪和月薪的传统就业人口大约只占全球就业人口的一半，而在撒哈拉以南非洲和南亚等地区只涵盖20%的工人。在一些发达经济体中，赚取周薪和月薪的就业发生率一直呈下降趋势；相反，在传统劳动合同安排之外的自营工作和其他形式的就业却在上升，非传统就业模式正在兴起。在新兴和发展中经济体中，传统就业趋势正逐渐减缓，在非正规经济中工作和无报酬家庭工作的发生率依然顽固地居高不下。此外，在赚取周薪和月薪的就业群体中，只有不足45%的人成为全日制永久雇员，这一比例呈现下降趋势。

4. 全球结构性失业问题值得关注

受经济危机的持续性、深层次影响，全球劳动力市场效率受到严重打击，结构性风险需要引起重视。全球劳动参与率总体呈下降态势，全球共有20亿工作年龄人口未进入劳动力市场，成为非经济活动人口。2015年，大约2 600万人进入非经济活动人口行列。2014—2020年，发达经济体和新兴经济体劳动参与率均呈下降趋势，预计分别从2014年的60.6%和62.3%下降至2020

年的59.8%和61.8%，全球劳动力供给增长将出现减缓。

长期失业率和青年失业率都非常高。目前，欧盟长期失业（LTU）约有1 240万人，约占欧盟经济活动人口的5%，超过600万人失业时间至少长达连续两年，其中希腊长期失业率高达19.5%，西班牙达到12.6%，克罗地亚达到10.1%。2014年第四季度，经合组织（OECD）国家青年平均失业率比危机前高2.7个百分点，其中西班牙青年失业率为51.8%、希腊50.1%、意大利42.3%、葡萄牙33.4%、斯洛伐克28.8%。另据可获得数据的32个经合组织国家，自2007年以来，既未被雇佣亦未参加教育或培训的15～29岁青年人所占比重，即所谓的尼特族（NEET）比率，出现上升的国家占2/3以上。青年人持续高失业率会对其长远职业前景，甚至社会稳定产生危害。

（二）社会保障领域

1. 发达国家努力应对养老保险财务可持续性

在许多经合组织国家，经济复苏依然乏力，造成养老金缴费处于低迷状态，财政压力加大了公共养老金制度改革的紧迫性。展望未来，金融市场长期不确定性、低回报和创纪录的低利率，让人们对缴费确定型养老金体系和年金计划能否提供充足的养老金产生了怀疑。许多国家正在加速的人口老龄化进一步加大了这些挑战。

2013—2015年，大约半数经合组织国家采取了改革措施，以加大养老保险制度融资的可持续性。大多数国家通过指数化方式，而非削减绝对数额的方式减少养老金。养老保险制度资金状况也是通过提高待遇确定型养老金计划的税费和缴费率得以改善。尽管在融资方面受到严格限制，但大约1/3的经合组织国家还是经过努力，提高了目标群体退休收入的保障和充足性。改革涉及的具体方面主要包括覆盖面、养老金管理多元化和基金保障、养老金待遇水平、指数化调整、税收和缴费率、退休年龄等。

2. 发展中国家努力扩大养老保险覆盖面

自1990年以来，许多发展中国家都采用了新的法律或改革现有的立法以扩大覆盖面。扩面的方式多种多样，包括：建立大型非缴费型养老金计划，扩大现有计划的覆盖范围，放宽或移除获取的资格条件，或为自谋职业者设计专门的方案。

亚太、拉丁美洲和加勒比国家都处在扩大养老保险覆盖面的最前沿。1990年，亚洲只有超过10%的工作年龄人口被法定养老保险覆盖。1990—

2000年这一比例几乎上升了3倍，而2000—2013年这一比例再次翻番。这种扩张在很大程度上是由非缴费型养老金的发展和通过立法允许劳动者参与自愿缴费计划。拉丁美洲的改革主要集中在将养老金制度扩大到正规就业以外的人群。截至2013年，90%以上的工作年龄人口（包括非正式工人）被法定退休金计划覆盖，而在1990年时这一比重仅为60%。

3. 保障不足仍是发展中国家的主要挑战

有效覆盖并且提供充足的保障水平，是社会保障制度能使个人应对风险的主要标志，但在发展中国家，无论是有效覆盖还是保障水平，仍然存在较大差距。无论是养老金或失业津贴，法律覆盖面扩大本身并不能确保所有法定涵盖的人被有效地覆盖。在实践中，有效覆盖范围的扩大可能显著落后于法律覆盖。原因包括提供福利和服务的政府机构的有效性和效率、预算限制、制度能力低下、待遇水平的适当性、个人缴费的能力及其权利意识以及对于机构的信心。另外，基于自愿参与的法定覆盖面通常会导致更大的实施方面的差距。在一般情况下，强制缴费机制已被证明能够更有效地覆盖预定目标群体。

虽然养老金覆盖面的有效扩张有利于老年收入保障，但是收入保障水平最终将取决于获得的津贴水平。在一些情况下，对非正规就业或低报酬工作扩大覆盖范围的最有效手段就是非缴费型养老金。然而，在62个实施非缴费型养老金制度的发展中国家中，有超过25%的国家的受益人每天领取的津贴按照购买力平价（PPP）计算不到1.25美元，75%的国家低于5美元。在孟加拉国、印度和莫桑比克，每月的养老金不到5美元，按照购买力平价计算也低于10美元。由于政府预算有限，必然出现在可扩大的覆盖面和可支付的津贴水平之间的权衡折中。在世界范围内，非缴费型养老金的受益人占全部老年养老金领取者的1/3，但他们所得分配的资金仅占全部老年津贴的5%。

4. 社会保障适应就业模式变化是各国的共同课题

对于广大工人而言，实现规范的就业模式正在变得更加困难。公共政策不应只注重于推动就业模式从非规范的安排向长期、全职、依赖的就业过渡，也应考虑确保落实对所有类型就业人员的足够社会保障。因此，各国政府应该考虑就业模式的变化，对现有的规定进行修订。一些国家已在这方面取得实质性进展，并提供取得这些进展的可能蓝图。凡是社会保障制度正在建立过程中的，都应从一开始就涵盖各种形式的工作。凡是社保制度业已建立好的，都有必要更新现有的资格和覆盖范围，以更准确地反映劳动力大军的构成。

这类政策创新已通过诸如创设新的缴费种类、简化登记和征税流程以及对社会保障制度给予补贴等多种措施，从法律制度的制定和有效实施两个层面扩大社会保障的覆盖范围，使之惠及那些从事非规范工作形式的人员。例如，在阿根廷、巴西、中国和南非，创新形式的社会保障已帮助使弱势就业状况下的工人的收入水平得到改善。在众多发达和发展中经济体中，各国政府一直推行社会保障和劳动力市场相结合的政策组合，使正规就业有所回升。

（三）产业关系领域

1. 欧盟

在欧盟各成员国中，工会和雇主组织的会员发展趋势已开始分化。但大多数欧盟成员国工会会员长期呈下降趋势，且工会密度不断下降。

集体协议是欧盟以及各国产业关系的组成部分。大多数成员国拥有雇员与雇主之间订立集体协议的法律规定。集体谈判由雇员与雇主双方开展，政府制定“游戏规则”。但金融危机发生后，相互协调的、多雇主的谈判模式受到挑战，社会伙伴在集体谈判中的作用面临严重挑战。欧洲一些政府加大了集体谈判机制的作用，尽管这些做法不能获得所有各方的绝对满意。另外，从行业层面谈判向企业层面谈判的转换导致更多数量集体协议的产生，致使每个协议的覆盖范围更小，这给工会进入新行业提供了活动空间。

2008 年，经济和金融危机对欧盟各国的产业行动带来重大影响。2008—2013 年，欧盟 28 个成员国中，几乎每 10 家私营企业中即有一家企业发生了一起罢工，罢工持续时间为一天或更多天。产业行动造成损失较多工作天数的年份是 2010 年，由于产业行动，每 1 000 名雇员损失了 70 个工作日。2014 年，由于产业行动，每 1 000 名雇员只损失 24 个工作日，是自 1990 年以来最平静的一年。在劳动争议原因方面，12 个成员国发生过有关拖欠工资或不支付工资的争议；10 个成员国发生过企业减少成本或裁员的争议；7 个国家发生过要求增长工资、修改劳动法、重组或私有化的争议。

2. 美国

2015 年，美国工薪雇员中加入工会的比例，即工会入会率为 11.1%，与 2014 年相同。属于工会会员的工薪雇员人数为 1 480 万人，略高于 2014 年人数。另有160万名工薪雇员虽未加入任何工会，但工会会员的劳动合同适用于这些非工会会员。与目前工会入会率可比较的数据统计始于1983年，当时工薪雇员入会率为20.1%，加入工会的人数为1 770万人。

总体上看，目前美国重大停工事件处于历史低位。2015年，涉及千人以上、持续至少一个班次（如早、中、晚班）的重大停工事件共有12件，比2014年多1件。在始于2015年的重大停工事件中，不工作工人数量为4.7万人，高于2014年（3.4万人）数量；导致的工作日损失为74万天，2014年为20万天。私营部门重大停工事件导致的工作日损失为68.4万天，占总损失天数的92%。重大停工事件主要集中在油气开采业、制造业、教育，约占总损失工作天数的89%。就损失的工作日数量而言，最大的停工事件是皇家荷兰壳牌石油公司及其他炼油公司与联合钢铁工人工会之间的停工事件，在2015年2月涉及工人数高达6 600人。此次停工事件共造成322 100个工作日损失。

3. 日本

截至2014年6月，日本的工会会员总数达到984.9万人，较前一年（987.5万人）减少2.6万人。小时工劳动者工会会员人数为97万人，较前一年（91.4万人）增加了5.6万人，创下了1990年以来历史新高。

在春斗形势方面，日本劳动组合总联合会（联合）在2014年12月2日的中央委员会上决定了“2015年春季生活斗争方针”。2015年3月18日以后，日本经济团体联合会（经团联）公布了对民间主要工会的工资、一次性支付金额等的相关回答。人均月工资的涨幅和增长率均超过前年，包括中小工会。

劳动委员会（包括中央劳动委员会和都道府县劳动委员会）负责审查不当劳动行为案件、调解劳动争议（斡旋、调停及仲裁）、斡旋个别劳动争议（中央劳动委员会及部分劳动委员会除外）。关于不当劳动行为案件的审查，2014年年初审新增案件数量达到371件，同年平均处理天数为375天。重审及特定独立行政法人相关案件审查的新增申报件数为60件，2014年平均处理天数为468天。劳动争议调解方面，2014年全国劳动委员会处理的工会及其他劳动者团体和雇主或雇主团体之间的集体劳动争议斡旋等新增案件数量达到367件。另外，个别劳动争议的斡旋新增案件数量为358件。

（四）收入分配领域

1. 发达国家收入不平等上升

自20世纪80年代中期以来，经合组织国家的收入不平等平均上升了近10%，按收入不平等的标准衡量，基尼系数几乎达到0.32。同期，顶部1%最高收入者的变化更引人注目，尤其在英语国家。例如，美国最富有的1%人群的税前收入占国民收入的比重上升了一倍多，2012年最富有的1%人群的税前收入占国民收入的比重达20%。但经合组织国家之间收入不平等的差异十分显著，墨西哥、美国、以色列和土耳其的基尼系数较高，丹麦、捷克和挪威基尼系数较低。与80年代中期相比，21世纪头10年中期，只有比利时、荷兰、法国和希腊基尼系数基本保持不变，土耳其略有下降，其他大多数国家基尼系数均出现上升。美国和新西兰基尼系数上升的幅度最大，在传统上收入不平等水平较低的北欧国家中，芬兰和瑞典的上升幅度也很大。

经合组织国家收入不平等上升，两个因素最为重要。一个是工资差距（或“工资离散度”），即高收入与低收入劳动者之间的工资差距，有些国家工资差距远远大于其他国家。另一个是政府的作用，政府以税收的形式得到收入，以转移支付的形式返还。在所有经合组织国家中，税收和转移支付都降低了收入不平等，但有些国家收入不平等降低的程度远大于其他一些国家。

2. 发展中国家不平等上升，中产阶级涌现

自20世纪90年代末以来，世界经济的引擎从传统上富裕的经合组织国家转到发展中经济体和新兴经济体。近些年，尽管许多新兴经济体经济减缓，降低了全球财富迁移的速度，但是财富迁移造成的影响是深远的。在许多发展中国家，大量人口摆脱了贫困，新的中产阶级涌现，尽管这些中产阶级中的很多人员仍处于非常脆弱的经济状况。根据有关预测，中产阶级将从目前的18亿人，到2020年增加到32亿人，到2030年增加到49亿人，增加人数的85%来自亚洲。

与此同时，这些国家的收入不平等也有所增加。在巴西和许多南美国家，基尼系数通常在0.5以上，而南非的基尼系数高达0.7。基尼系数处于高位的国家包括印度（0.34）、印度尼西亚（0.4左右）、中国（0.45）。但是，造成其收入不平等上升的原因可能与发达国家不尽相同。主要因素有：存在大量机会不平等现象，主要是在获得卫生保健、教育和就业机会方面；就业方式

上存在大量无书面合同、未提供工作条件的非正规就业人员；税收和转移支付制度很不成熟。

3. 收入不平等和贫困在全世界工人中广泛存在

2014 年，全球 25%的工人及其家庭每日人均家庭消费不足 2 美元；全球 10%的工人生活在极度贫困中，每日人均家庭消费不足 1.25 美元。但与大约 20 年前全世界 50%的工人生活在 2 美元贫困线以下相比，目前状况已取得了很大的进步。

新兴和发展中经济体由于缺少生产性的就业机会以及充足的社会保护，大量人口进入低收入就业行列，加大了贫困风险。2014 年，发展中国家 28%的工人生活在 2 美元贫困线以下，有 25%的工人每日人均消费在 2～4 美元之间。撒哈拉以南非洲和南亚情况最为严重，生活在 2 美元贫困线以下的工人比例分别高达 61%和 54%。尽管自 1991 年以来在减少贫困工人比例方面，发展中国家取得了很大的进步，但是仍有大量工人处于贫困状况，或极易陷入贫困状况。上述情况表明，贫困和脆弱性有可能在一段时间内广泛存在。

4. 就业方式对收入产生重要影响

雇佣关系的变化会加剧收入的不平等。虽然各国的证据混杂不一，但通常情况下，规范形式的雇佣比其他类型的工作会有更好的报酬，而且在过去的 10 年中这种差距趋于扩大。根据劳工组织对 40 个国家（31 个发达国家、9 个新兴和发展中国家）的研究，在发达国家和欧盟成员国，全部雇员和自营就业人员的平均年收入为 7 000～47 500 美元；在所分析的新兴和发展中国家，这个数据为 3 000～14 750 美元。在所有国家里，正规就业人员的平均年收入水平都高于这个平均水平。发达国家的临时工工资收入水平低于正规就业人员，其工资水平比正规就业人员低 15%（马耳他）～55%（塞浦路斯）。在新兴和发展中国家，非正规就业人员比正规就业人员工资水平低 43%（菲律宾）～65%（乌拉圭）。

自营就业群体的平均收入水平差别很大。在发达国家和欧盟成员国中，匈牙利、意大利自营就业人员的收入水平比正规就业人员要高。而在保加利亚和卢森堡，自营就业人员的收入水平与正规就业人员基本相同。除罗马尼亚和斯洛文尼亚外，在所有国家，自营就业人员的收入水平相当于正规就业人员的 67%～96%。在新兴和发展中国家，自营就业人员的收入高于正规就业人员，在南非这两个群体收入水平相当。在其他国家，这个比例在37%（墨西哥）～76%（乌拉圭）之间。

三、几点启示

（一）要更加强调“包容性增长”

新兴经济体崛起，社会财富大量增加，但收入不平等状况也在恶化，世界上大多数最贫困的人口不再生活在最贫困的国家中。根据有关研究，全世界13亿最贫困人口中，大约3/4现在生活在中等收入国家。尤其是在一些新兴经济体，不平等现象十分明显，不仅城市收入增长快于农村，而且还存在机会不平等现象，主要是在获得卫生保健、教育和就业机会等方面。因此，在应对金融危机长期影响、努力恢复经济增长时，要汲取前一阶段经济发展的经验和教训，实现包容性增长和可持续发展。未来的经济增长应带来更多的就业、更高和更平等的收入、更和谐的劳动关系、更好的社会保障。相应地，通过民生福祉的改善，给长远经济增长提供更有力、更健康的支撑。

实现包容性增长的一个重要方法是政府采取行动。这意味着需要反思政策目标，在追求经济繁荣与社会环境更大的进步之间实现更好的平衡，确保广泛提供机会。最重要的领域是教育，教育是决定每个人生活选择的关键因素。教育与技能培训紧密相连，技能和培训越来越能够决定人们能否获得体面生活。因此，必须制定行之有效的政策，以确保工人获得他们所需的培训，确保工人充分施展其才能。就业也是减少收入不平等和确保家庭避免陷入贫困的关键因素。自金融危机以来，就业是许多国家主要关切的焦点问题。就业创造除了需要经济条件外，还需要制定针对性的政策，让更多的人进入劳动力大军，特别是妇女和青年。政策焦点的最后一个领域是税收和转移支付。在发达经济体，税收和转移支付在减少不平等方面发挥很大作用，尽管许多国家在绩效方面仍有改进空间。这意味着应进一步完善社会保障制度，更加关注需要救助的人员，并对非常有益于高收入群体的税收减免和补贴政策加以限制。

（二）要更加关注就业形式的变化

受金融危机影响，同时由于企业生产方式变革和新技术革新，有些工作岗位永久性地消失了，替代性工作岗位开始出现，自雇就业、非正规就业越来越流行，创业带动就业的作用越来越大。就业形式的多样化、就业渠道的多元化，给传统就业模式下的政策和机制带来了重大挑战。

适应多样化的就业形式需求，政府必须通过调整和扩大就业法规的范围来应对不断变化的工作模式。在与自雇、兼职工作、长期就业和代理工作等相关的立法领域，许多国家已经取得显著的改善。尤其是通过“同等待遇”立法，对非规范和规范就业的工人给予同等保护。在社会保障方面，根据日益变化的工作性质制定和调整政策，扩大社会保障覆盖面。这也要求社会保障政策的制定要有更大的灵活度和创新性，并提高经办管理服务的能力，以适应新的就业形式的需要，给予新就业形式从业人员更好的保护。

对于自雇人员和（自雇）创业者，政府必须加大支持力度。合理有力的政策措施可以增强个人或团队创建新企业的动力和手段，同时保证其以更加可持续的方式扩张业务活动。特别是，自雇和创业的发展需要更加有利于创业的文化氛围、合理设计的税收制度和社会保障制度、便利的融资渠道、有效的企业支持和产品市场、较少官僚主义和稳定的宏观经济环境。

（二）要更加关注就业、社保、产业关系、收入分配之间的关系

就业增长并不必然带来社保、产业关系和收入分配的改善，甚至可能会恶化，比如工资差距拉大一直是不同劳动者收入不平等的重要原因，因此，需要制定合理的政策，实现更高质量的就业增长。另外，就业市场疲软则很可能引发社保、产业关系和收入分配领域的一系列问题。金融危机发生以来，发达国家普遍面临社会保障需求扩大和财政压力吃紧的矛盾，劳资关系也出现更大规模的冲突，弱势群体的收入状况面临更大的冲击。

作为再分配政策，合理的社会保障制度可以缓解初次分配带来的收入差距，降低基尼系数，实现制度目标功能，而制度不当则会使收入差距恶化，出现劫贫济富。发达国家普遍通过税收和社保制度，实现了收入分配更加平等。在所有经合组织国家中，税收和转移支付都降低了收入不平等，只是有些国家收入不平等降低程度远大于其他国家。以英国为例，2014—2015 年度最富有的 1/5 家庭平均初始收入是最贫穷的 1/5 家庭平均初始收入的 14 倍，但扣除税收和算上社保待遇后，前者是后者平均收入的 5.5 倍。

因此，既要把人力资源社会保障事业置于经济社会发展整体框架中认识和把握，也要强调人力资源社会保障与经济发展的互动关系，强调包容性增长，同时也要在人力资源社会保障事业内部，关注子系统之间的良性互动关系。特别是在新的经济形势和新技术变革条件下，就业总量压力大，就业结构性问题突出，就业和用工方式正在发生很大变化，各项工作的难度和关系复杂程度与日俱增，要有更系统性的思维进行处理和应对。

就　业　篇

第一章

国际劳工组织对全球就业状况和发展趋势的预测

第一节　全球劳动力市场状况与发展趋势[1]

根据国际货币基金组织（IMF）最新预测，全球经济增长趋弱。其主要原因是由于新兴经济体和发展中经济体的经济增长趋缓；而且伴随着大宗商品价格大幅下跌，新兴经济体的经济增长减缓阻碍了全球经济复苏。此外，增长趋弱的另一个因素是贸易和投资处于疲弱状态。

尽管有些发达国家的失业率已有所下降，但最新研究预测，2016 年和 2017 年全球失业人数仍将继续增加，就业前景将更加暗淡。

一、尽管 2015 年失业率低于预期，但是失业人数仍在增加

全球经济状况对劳动力市场产生重大影响。图 1—1 显示了 2005—2015 年全球失业率和失业人口情况。可以看到，2015 年全球失业率为 5.8%，失业人口 1.971 亿人，比上年增加了 70 万人，比 2007 年金融危机前多 2 700 万人。

---

〔1〕 本节内容根据国际劳工组织（International Labor Organization）2016 年 1 月 19 日发布的《2016 年世界就业和社会展望》（*World Employment and Social Outlook*，*Trends 2016*）编译。

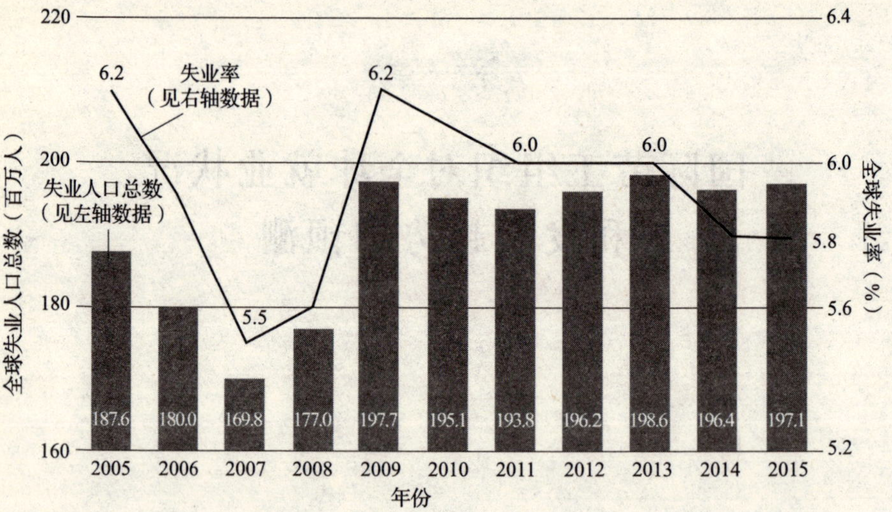

图 1—1　2005—2015 年全球失业率和失业人口情况

资料来源：国际劳工组织根据国际劳工组织研究司 2015 年 11 月“计量经济学趋势模型”计算得出数据。

二、在全球层面，发达经济体失业状况改善不能弥补新兴经济体失业状况恶化

全球失业状况在很大程度上受到发达经济体好于预期的劳动力市场状况的影响。表 1—1 显示了 2014—2017 年世界、主要集团、世界各地区和主要国家失业率和失业人口情况及其预测。可以看到，2015 年，全球失业人数为 1.971 亿人，发达经济体失业人数为 4 670 万人，大约占全球失业总数的 1/4；预计发达经济体失业率将从 2014 年的 7.1%下降至 2015 年的 6.7%。发达经济体失业率下降主要是北欧、南欧和西欧总体失业率下降驱动的，从 2014 年的 10.7%下降至 2015 年的 10.1%，特别是德国和意大利失业率显著下降，同期分别从 5.0%和 12.7%下降至 4.6%和 12.1%；美国失业率同期从 6.3%下降至 5.3%。新兴经济体失业率预计小幅上升，从 2014 年的 5.5%上升至 2015 年的 5.6%。

表 1—1　　2014—2017 年世界、主要集团、世界各地区和主要国家失业率和失业人口情况及其预测

	2014—2017 年失业率（%）				2015—2017 年失业人数（百万人）		
	2014 年	2015 年	2016 年	2017 年	2015 年	2016 年	2017 年
世界和主要集团							
世界	5.8	5.8	5.8	5.7	197.1	199.4	200.5
发达经济体	7.1	6.7	6.5	6.4	46.7	46.1	45.3
新兴经济体	5.5	5.6	5.6	5.6	135.3	137.7	139.1
发展中经济体	5.5	5.5	5.5	5.5	15.1	15.6	16.1
20 国集团	5.5	5.4	5.4	5.3	123.9	124.3	123.8
20 国集团发达经济体	7.3	6.8	6.6	6.5	42.2	41.2	40.2
20 国集团新兴经济体	4.9	4.9	4.9	4.9	81.7	83.1	83.6
欧盟 28 国	10.2	9.4	9.2	9.1	23.2	22.7	22.2
欧元区 19 国	11.6	10.9	10.7	10.4	17.5	17.1	16.7
世界各地区和主要国家							
阿拉伯国家	10.1	10.1	10.2	10.2	5.3	5.5	5.6
沙特阿拉伯	5.9	5.8	5.7	5.7	0.7	0.7	0.7
中亚和西亚	9.1	9.2	9.4	9.4	6.8	7.0	7.1
土耳其	9.9	10.3	10.5	10.4	3.0	3.1	3.1
东亚	4.5	4.5	4.5	4.6	42.1	42.4	42.7
中国	4.6	4.6	4.7	4.7	37.3	37.7	38.1
日本	3.5	3.3	3.2	3.1	2.2	2.1	2.0
韩国	3.5	3.7	3.5	3.4	1.0	0.9	0.9
东欧	6.8	6.9	7.0	6.9	10.2	10.3	10.1
俄罗斯	5.2	5.8	6.2	6.1	4.4	4.7	4.6
拉丁美洲和加勒比	6.4	6.5	6.7	6.7	19.9	21.0	21.2
阿根廷	7.3	6.7	6.9	6.7	1.3	1.4	1.4
巴西	6.8	7.2	7.7	7.6	7.7	8.4	8.4
墨西哥	4.9	4.3	4.1	4.0	2.5	2.4	2.4
北非	12.5	12.1	11.8	11.6	8.8	8.8	8.8
北美	6.3	5.5	5.1	4.9	10.0	9.3	9.0

续表

	2014—2017年失业率（%）				2015—2017年失业人数（百万人）		
	2014年	2015年	2016年	2017年	2015年	2016年	2017年
加拿大	6.9	6.9	6.8	6.8	1.4	1.4	1.4
美国	6.3	5.3	4.9	4.7	8.7	7.9	7.7
北欧、南欧和西欧	10.7	10.1	9.9	9.7	21.8	21.4	21.0
法国	10.3	10.6	10.4	10.0	3.1	3.0	2.9
德国	5.0	4.6	4.6	4.7	2.0	2.0	2.0
意大利	12.7	12.1	12.0	11.5	3.0	3.0	2.9
英国	6.1	5.5	5.4	5.5	1.8	1.8	1.9
东南亚和太平洋	4.3	4.4	4.3	4.2	15.1	15.2	15.1
澳大利亚	6.1	6.3	6.3	5.8	0.8	0.8	0.7
印度尼西亚	5.9	5.8	5.7	5.6	7.3	7.3	7.3
南亚	4.2	4.1	4.1	4.0	28.8	29.1	29.4
印度	3.5	3.5	3.4	3.4	17.5	17.5	17.6
撒哈拉以南非洲	7.3	7.4	7.5	7.5	28.2	29.4	30.4
南非	24.9	25.1	25.5	25.7	5.1	5.3	5.4

注：2015年、2016年和2017年数据为预测值。

资料来源：国际劳工组织根据国际劳工组织研究司2015年11月"计量经济学趋势模型"计算得出数据。

三、预测2016年和2017年全球失业人数仍将继续增加

根据最新预测数据，2016年全球失业人数同比增加大约230万人，2017年同比增加110万人（见表1—1）。表1—1显示，增加的失业人数主要集中在新兴经济体；预计新兴经济体2016年同比增加240万人，2017年同比增加140万人。在新兴经济体中，2015—2017年，预计失业人数增加最多的国家是巴西和中国，分别增加70万人和80万人。2015—2017年，预计发展中经济体失业人数也将增加100万人。换言之，2015—2017年，新兴经济体与发展中经济体将增加失业人数共计480万人。发达经济体失业人数的减少会抵消一部分新兴经济体和发展中经济体失业人数的增加。2015—2017年，预计

发达经济体失业人数将减少 140 万人，这主要是欧盟 28 国和美国失业人数减少做出的贡献。未来全球失业状况将取决于大宗商品出口商如何应对商品价格下降造成收入减少的问题。

表 1—1 还显示，预测 2016 年全球失业率为 5.8%，与上年相比保持不变；2017 年全球失业率略降至 5.7%，主要是由于发达经济体失业状况好转驱动的。2015—2017 年 3 年中，预测新兴经济体和发展中经济体失业率分别保持在 5.6%和 5.5%水平不变。但是，在新兴经济体中，不同经济体失业状况有极大不同。预测与 2015 年相比，2016 年巴西、俄罗斯和南非失业率分别从 7.2%、5.8%和 25.1%上升至 7.7%、6.2%和 25.5%；然而，2017 年巴西和俄罗斯失业率同比略有下降，分别小幅下降至 7.6%和 6.1%，而南非失业率继续上升，达到 25.7%。这些较大经济体的劳动力市场恶化情况将对各自所在地区的国家产生连锁反应。人口外溢、汇款减少和收入增长减缓都会对邻国产生影响。与此同时，发达经济体失业率出现稳定，或者温和下降。欧盟 28 国 2017 年失业率预计为 9.1%，比 2014 年失业率 10.2%下降 1.1 个百分点。预计美国 2016 年失业率下降至 4.9%，2017 年失业率进一步下降为 4.7%。

四、劳动力供给增长减缓

全球共有 20 亿工作年龄人口未进入劳动力市场，成为非经济活动人口。2015 年大约 2 600 万人进入非经济活动人口行列。表 1—2 显示了 2014—2020 年世界和主要集团劳动参与率情况及其预测。可以看到，全球劳动参与率总体呈下降态势：2014 年和 2015 年均为 62.9%；预测 2016 年和 2017 年有所下降，为 62.8%；2018 年和 2019 年继续小幅下降，分别为 62.7%和 62.6%；到 2020 年下降至 62.5%。2014—2020 年，发达经济体和新兴经济体劳动参与率均呈下降趋势，分别从 2014 年的 60.6%和 62.3%下降至 2020 年的 59.8%和 61.8%；而发展中经济体在此期间基本上稳定在 76.8%～76.9%之间。劳动参与率下降主要是由周期性和结构性因素造成的。当由于经济循环周期出现经济衰退或复苏缓慢造成工作岗位稀少时，一些求职者就会丧失求职信心，脱离劳动力市场。在结构性因素方面，很多国家人口老龄化和青年人用大量时间接受教育，导致工作年龄人口增长减缓。这两个因素需要加以区分，以便更好地理解促进工作年龄人口就业的未来发展途径，从而设计和实施一整套有效的政策干预措施。

表 1—2　2014—2020 年世界和主要集团劳动参与率情况及其预测　单位：%

世界和主要集团	2014 年	2015 年	2016 年	2017 年	2018 年	2019 年	2020 年
全体人员							
世界	62.9	62.9	62.8	62.8	62.7	62.6	62.5
发达经济体	60.6	60.5	60.4	60.3	60.1	60.0	59.8
新兴经济体	62.3	62.3	62.2	62.1	62.0	61.9	61.8
发展中经济体	76.8	76.8	76.8	76.9	76.9	76.9	76.9
20 国集团	62.4	62.3	62.2	62.1	61.9	61.7	61.6
20 国集团发达经济体	60.1	60.0	59.8	59.7	59.5	59.4	59.2
20 国集团新兴经济体	63.3	63.2	63.1	63.0	62.8	62.7	62.5
男性							
世界	76.2	76.1	76.1	76.1	76.1	76.0	76.0
发达经济体	69.1	68.9	68.8	68.7	68.5	68.4	68.2
新兴经济体	77.7	77.6	77.6	77.6	77.6	77.5	77.5
发展中经济体	83.0	82.8	82.8	82.8	82.9	82.9	82.9
20 国集团	75.6	75.5	75.5	75.5	75.4	75.3	75.1
20 国集团发达经济体	68.0	67.9	67.8	67.6	67.4	67.2	67.0
20 国集团新兴经济体	78.5	78.4	78.4	78.4	78.3	78.2	78.1
女性							
世界	49.7	49.6	49.6	49.5	49.5	49.4	49.2
发达经济体	52.5	52.6	52.5	52.5	52.3	52.2	52.1
新兴经济体	46.8	46.7	46.6	46.6	46.4	46.3	46.1
发展中经济体	71.0	71.0	71.0	71.0	71.0	71.0	71.0
20 国集团	49.2	49.1	49.0	48.8	48.7	48.5	48.2
20 国集团发达经济体	52.6	52.7	52.6	52.5	52.4	52.2	52.1
20 国集团新兴经济体	47.7	47.6	47.5	47.3	47.2	46.9	46.7

资料来源：国际劳工组织根据国际劳工组织研究司 2015 年 11 月“计量经济学趋势模型”计算得出数据。

在发达经济体，金融危机后劳动参与率下降是由于劳动力市场前景暗淡造成的，特别是对于选择延长受教育时间的青年人更是如此。经历就业大幅减少的一些发达国家，劳动参与率出现显著下降。在发展中经济体，女性和男性劳动参与率相对较高；表1—2显示2015年发展中经济体男性和女性劳动参与率分别为82.8%和71.0%；这反映了发展中经济体的贫困状况，表明人们缺少社会保护，因而需要抓住任何可获得收入的机会，以满足其基本需求。与发展中经济体情况相反，在新兴经济体，2015年女性劳动力参与率仅为46.7%，主要是阿拉伯国家、北非和南亚中新兴经济体女性长期较低劳动参与率造成的。

第二节　雇佣关系的转型对经济和社会发展产生的影响及政策回应[1]

在全球经济不再创造足够数量就业机会之时，劳动世界正在发生深刻的变化。据国际劳工组织估计，2013年全球就业缺口对工资总额带来实质性的直接影响：全世界相应的工资损失约为1.218万亿美元，这大约相当于全球总产量的1.2%，占全球消费总量的2%。除了全球工资总额因失业而减少外，雇佣关系本身所面临着的重大转型也带来了进一步的诸多挑战。

一、雇佣关系越来越不稳定

国际劳工组织的研究显示，人们日渐放弃规范的就业模式——在这种规范的模式中，工人依赖相对于其雇主的雇佣关系赚取工资和薪金，拥有稳定的工作，并且全职工作。在发达经济体中，规范的就业模式越来越不占据主导地位。在新兴和发展中经济体中，已对雇佣合同和关系进行了某些强化，但非正规就业在许多国家仍然司空见惯，而在全球供应链的底层，越来越普遍实行的是极短期合同和不规范的工时。

如今，赚取周薪和月薪的传统就业人口大约只占全球就业的一半，而在诸如撒哈拉以南非洲和南亚等地区只涵盖20%的工人。在一些发达经济体中，

---

[1] 本节内容根据国际劳工组织（International Labor Organization）2015年5月发布的《2015年世界就业和社会展望》（*World Employment and Social Outlook, The Changing Nature of Jobs*）编译。

赚取周薪和月薪的就业发生率一直呈下降趋势，因此非传统就业模式正在兴起。相反，在传统劳动合同安排之外的自营工作和其他形式的就业却在上升。在新兴和发展中经济体中，传统就业趋势正逐渐减缓。在大多数发展中国家中，在非正规经济和无报酬家务工作的发生率依然居高不下。

此外，在赚取周薪和月薪的就业群体中，却只有不足45%的人成为全日制永久雇员，这一比例甚至似乎呈现下降趋势。这意味着世界各地赚取周薪和月薪的工人中每10个人就有6个人不是兼职就是临时就业。妇女在这些兼职和临时赚取周薪和月薪形式的就业中所占的比例较高。简言之，鉴于在永久雇佣模式下的就业人口为1/4左右，规范的就业模式在当今的劳动世界越来越少。

（一）工薪就业只占全球就业总量的一半

图1—2显示了1991年、2000年、2007年和2014年全球和世界各地工薪就业变化情况。可以看到，全球总体上工薪就业占就业总量比例呈上升的趋势。但是，世界各地差异极大。2014年，全球每10名工人中只有5人从事工薪就业。在发达经济体和欧盟，每10名工人中大约有8人为工薪就业人员（雇员）；在南亚和撒哈拉以南非洲，每10名工人中只有2人为工薪就业人员，75%的工人为自雇就业者和无报酬家务工；在东南亚一半的工人和东亚40%的工人为自雇就业者和无报酬家务工，这类人员极有可能从事非正规就业工作，获得劳动和社会保护的可能性极小。

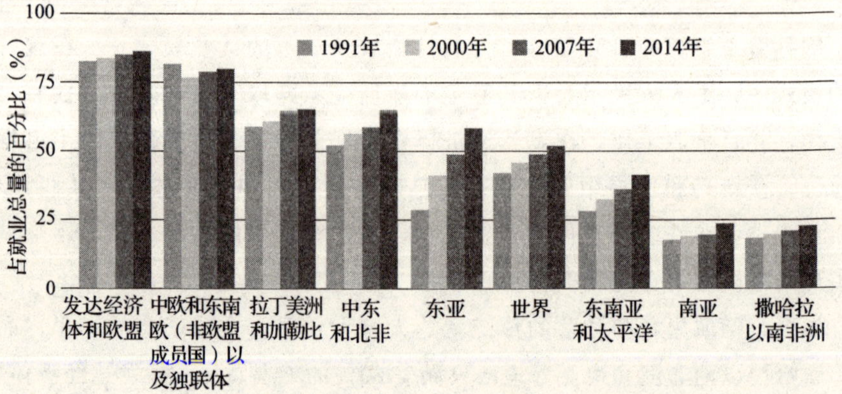

图1—2 1991年、2000年、2007年和2014年全球和世界各地工薪就业变化情况

资料来源：2014年10月“国际劳工组织计量经济学趋势模型”。

据预测，2015—2019 年，世界范围 2/3 的新增就业为工薪就业，其余 1/3 为自雇就业和无报酬家务工（主要是来自撒哈拉以南非洲和南亚的自雇就业和无报酬家务工数量增长）。在撒哈拉以南非洲，新增就业 2/3 为自雇就业和无报酬家务工。在南亚，大约一半的新增就业将为自雇就业和无报酬家务工。在其他发展中地区，预计未来 5 年新增就业主要由工薪就业增长驱动。如果工薪就业在新增就业中所占份额不断增加，将有助于加强就业与经济增长之间更加紧密的互动关系。

（二）非全日制就业普遍存在

图 1—3 显示了近年来按性别和就业模式划分的非全日制就业和全日制就业占就业总量比例情况。可以看到，在覆盖全球 65%就业的 86 个国家中，大约 17%的就业人员从事每周不足 30 小时的非全日制工作。女性比男性更易于从事非全日制工作，24%的女性从事非全日制工作，相比之下，只有 12.4%的男性从事非全日制工作。工薪就业人员从事非全日制工作的发生率较低，只有 11.6%的工薪就业者从事非全日制工作（男性从事非全日制工作的比例为 8.2%，女性为 15.9%）。非全日制工作发生率较高的群体是无报酬家务工，每 3 名工人中超过 1 人从事非全日制工作。非全日制工作发生率较高的另一个群体是自雇就业人员，20%以上人员从事非全日制工作。

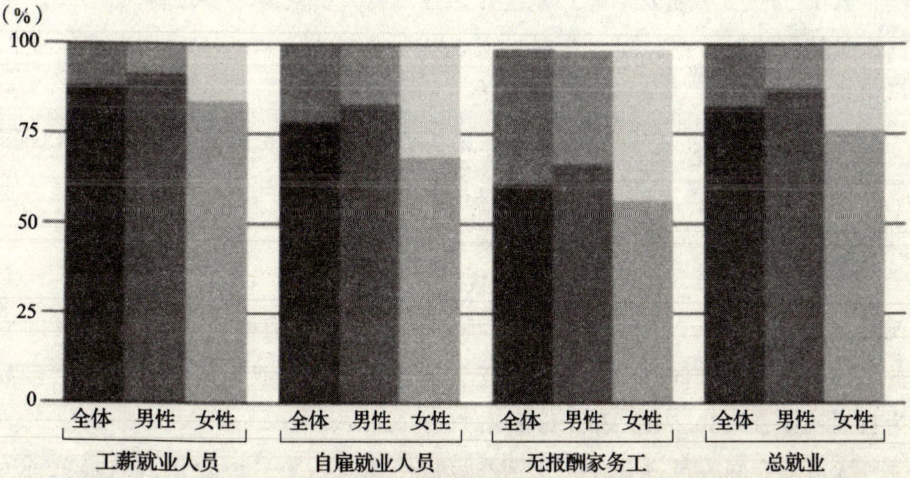

图 1—3　按性别和就业模式划分的非全日制就业和全日制就业占就业总量比例情况

注：本图上半部分浅色柱状代表非全日制工作，下半部分深色柱状代表全日制工作。

资料来源：国际劳工组织研究司基于家庭调查数据计算得出。

在可获得数据的绝大多数国家，2009—2013 年，非全日制就业增长超过了全日制就业增长。在法国、意大利、日本、西班牙以及欧盟 28 个成员国中，伴随着全日制就业人数减少，非全日制就业人数在增加；在某些情况下，导致此期间的就业总量减少。例如，在欧盟 28 个成员国中，全日制就业人员减少了将近 330 万人，非全日制就业人员增加了 210 万人。只有巴西、俄罗斯和美国在此期间就业总量有所增长，并且主要是靠全日制就业增长驱动的，这 3 个国家的全日制就业增长远远超过了非全日制就业减少。需要强调的是，在可获得数据的国家中，大量的非全日制就业是非自愿的（即由于得不到全日制工作，只能从事非全日制工作）。

（三）签订无固定期限就业合同的比例过低

图 1—4 显示了按四种就业模式（雇员、雇主、自雇就业人员和无报酬家务工）和按雇员签订就业合同类型划分的就业分布情况。

图 1—4a 显示，在覆盖全球就业总量 84％的国家中，只有 26.4％的工人签订无固定期限就业合同；12.9％的工人签订临时或固定期限就业合同；绝大多数人员（60.7％）无就业合同，包括雇员（12.3％）、雇主（2.4％）、自雇就业人员（34.9％）和无报酬家务工（11.1％）。

图 1—4b 显示，在高收入国家，76.7％以上人员签订无固定期限就业合同，其中 64.2％人员从事全日制工作，12.5％人员从事非全日制工作；9.3％的人员签订临时就业合同；只有 14％的人员无就业合同，主要由自雇就业人员组成。

图 1—4c 显示，在可获得数据的中等收入国家（覆盖所有中等收入国家就业总量的 88％），只有 13.7％的人员签订无固定期限就业合同，14.4％签订临时就业合同，高达 71.9％的人员无就业合同。

图 1—4d 显示，在 13 个可获得数据的低收入国家（覆盖所有低收入国家就业总量的 49％），仅有 5.7％的雇员签订无固定期限就业合同，7.5％的雇员签订临时就业合同，86.8％人员无就业合同，无就业合同人员中绝大多数为自雇就业者（60.5％）和无报酬家务工（20.7％）。

无就业合同人员占有较大比例与发展中国家占有较大比例的自雇就业人员和无报酬家务工密切相关。图 1—4a 显示，即便是在工薪就业人员（雇员）中，也只有大约一半（26.4％）雇员签订无固定期限合同。这些数据描绘出了全球劳动力市场普遍存在不安全感的现实画面。虽然大部分不安全感直接

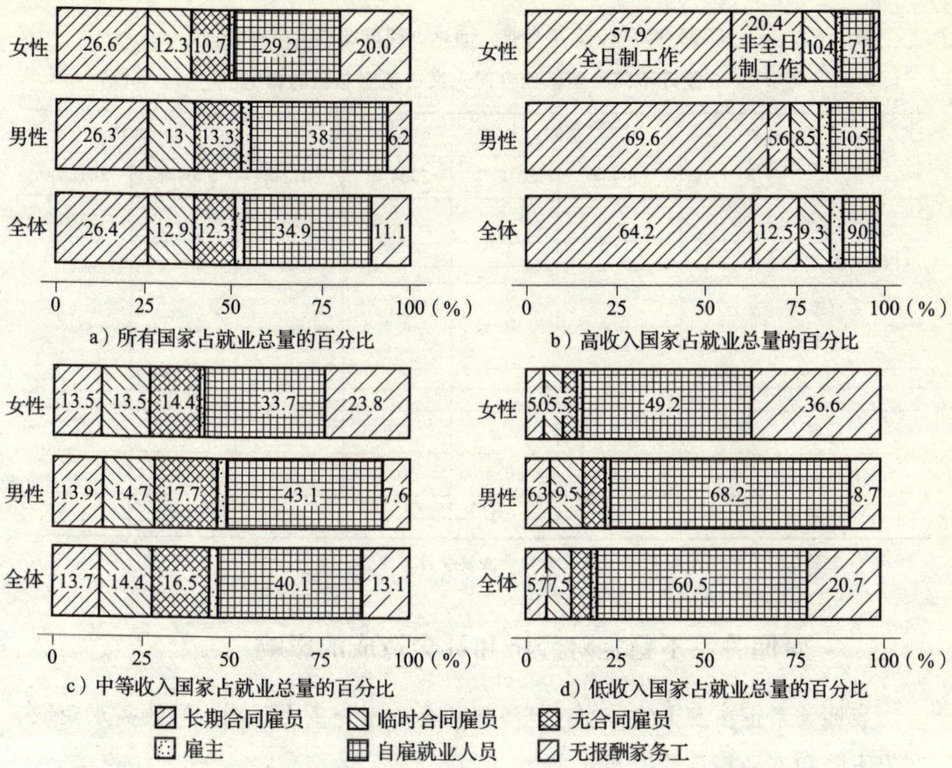

图 1—4 按四种就业模式（雇员、雇主、自雇就业人员和无报酬家务工）和雇员签订就业合同类型划分的就业分布情况

资料来源：国际劳工组织研究司基于家庭调查数据计算得出。

来自高比例的人员从事无报酬工作，但是全球雇员中相当比例的人员也面临着就业合同不稳定的问题。

表 1—3 显示了 33 个高收入国家在 2004 年和 2012 年签订不同类型就业合同人员占就业总量的比例。这 33 个高收入国家就业覆盖所有高收入国家就业总量的 92%。可以看到，2004 年有 74.0%的雇员签订了无固定期限就业合同，10.6%的雇员签订了临时就业合同。到 2012 年，签订无固定期限合同雇员的比例为 73.2%，比 2004 年下降了 0.8 个百分点，签订临时就业合同雇员比例为 10.2%，比 2004 年下降了 0.4 个百分点。2012 年无就业合同雇员的比例为 1.1%。而在 2004 年无就业合同雇员的比例为 0。从表 1—3 中还可以看到，自雇就业人员比例从 2004 年的 9.2%上升至 2012 年的 10.4%，上升了 1.2 个百分点。这些情况表明，与金融危机前相比，金融危机后高收入国家劳动力的就业稳定性在下降。

表 1—3　　2004 年和 2012 年高收入国家不同就业模式和雇员签订不同类型就业合同人员占就业总量的比例　　单位：%

	全体		男性		女性	
	2004 年	2012 年	2004 年	2012 年	2004 年	2012 年
签订无固定期限就业合同雇员	74.0	73.2	73.1	71.2	74.9	75.4
签订临时就业合同雇员	10.6	10.2	9.4	9.2	12.2	11.4
无就业合同雇员	0.0	1.1	0.0	1.0	0.0	1.1
雇主	4.7	3.9	5.9	5.4	3.0	2.2
自雇就业人员	9.2	10.4	10.8	12.3	7.1	8.0
无报酬家务工	1.5	1.3	0.7	0.8	2.7	1.9

资料来源：国际劳工组织研究司基于家庭调查数据计算得出。

二、雇佣关系不稳定对经济和社会造成的影响

雇佣关系正在发生的转型对经济和社会产生着重大影响，导致需求短缺、产出下降和不平等日益扩大。

雇佣关系转型导致劳动力收入与生产力之间的分歧日益加大，而在世界大部分地区后者的增长速度快于工资。这导致长期增长疲弱的总需求持续短缺。据该报告估计，由于失业和滞后的劳动收入，及其对消费、投资和政府财政收入的影响，全球需求损失高达 3.7 万亿美元。

（一）就业模式对劳动生产率的影响

图 1—5 显示，工薪就业人员占就业总量的份额也与平均劳动生产率水平存在极强的正相关性。自雇就业人员和无报酬家务工体现的是较低的劳动生产率。在南亚和撒哈拉以南非洲，这两类群体就业（亦称脆弱就业）占就业总量的 70%以上；在东南亚和太平洋地区，占 40%以上；在东亚、拉丁美洲和加勒比以及北非，占 30%以上。除了较低的劳动生产率和较低的平均工资外，从事这两类脆弱就业的人员在社会保护方面远不如工薪就业人员。特别是在南亚和撒哈拉以南非洲，在过去几十年中，从事脆弱就业的人员处于较高的比例，工薪就业人员所占比例增长十分有限，这是与世界其他地区相比，该地区劳动生产率水平较低的重要原因之一。

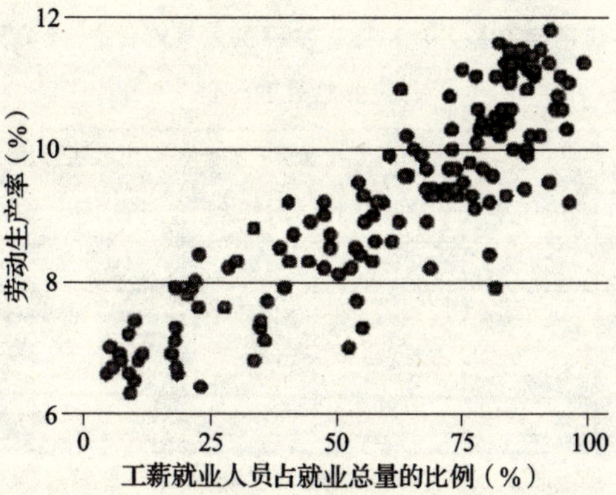

图 1—5　劳动生产率与工薪就业的关系

资料来源：2014 年 10 月“国际劳工组织计量经济学趋势模型”，国际劳工组织劳动力市场主要指标体系（KILM）（第 8 版）。

（二）收入不平等和贫困在全世界工人中广泛存在

雇佣关系的变化可能会加剧收入的不平等。虽然各国的证据混杂不一，但通常情况下，规范形式的雇佣比其他类型的工作会有更好的报酬，而且在过去的 10 年中这种差距趋于扩大。临时和非正规工人、兼职工人和无报酬家庭工，他们之中许多人是妇女，常常受到贫困和社会排斥的影响。

2014 年，全球 25％的工人及其家庭每日人均家庭消费不足 2 美元；全球 10％的工人生活在极度贫困中，每日人均家庭消费不足 1.25 美元。与大约 20 年前全世界 50％的工人生活在 2 美元贫困线以下相比，可以看到，目前状况已取得很大的进步。

新兴和发展中经济体由于缺少生产性的就业机会以及充足的社会保护，大量人口进入低收入就业行列，加大了贫困风险。表 1—4 显示，2014 年发展中国家 28.0％的工人生活在 2 美元贫困线以下，有 25.2％的工人每日人均消费在 2～4 美元之间。撒哈拉以南非洲和南亚情况最为严重，生活在 2 美元贫困线以下的工人比例分别高达 61.1％和 54.4％。尽管自 1991 年以来，在减少贫困工人比例方面发展中国家取得了很大的进步，但是仍有大量工人处于贫困状况，或极易陷入贫困状况。上述情况表明，贫困和脆弱性有可能在一段时间内广泛存在。

表 1—4　1991 年、2000 年和 2014 年发展中国家和世界各地贫困工人（每日不足 2 美元）和接近贫困工人（每日 2～4 美元）占就业总量的比例

单位：%

	贫困（每日不足 2 美元）			接近贫困（每日 2～4 美元）		
	1991 年	2000 年	2014 年	1991 年	2000 年	2014 年
发展中国家	68.2	55.9	28.0	14.3	22.5	25.2
中欧和东南欧（非欧盟国家）以及独联体	6.0	10.5	2.1	16.2	24.7	10.1
拉丁美洲和加勒比	16.5	15.3	5.3	22.6	22.1	13.2
东亚	85.0	56.0	11.4	11.1	27.3	21.7
东南亚和太平洋	74.1	64.0	23.9	14.7	20.8	34.5
南亚	85.1	78.5	54.4	12.4	17.9	34.2
中东和北非	20.3	16.4	10.5	32.0	34.3	31.0
撒哈拉以南非洲	76.1	77.9	61.1	14.4	13.6	23.4

资料来源：2014 年 10 月“国际劳工组织计量经济学趋势模型”，Kapsos 和 Bourmpoula（2013 年）。

三、政策回应

（一）传统就业模式下的政策和机制面临重大挑战

企业生产方式的诸多变革和新技术是雇佣关系转变和新工作模式传播开来背后的关键因素。对于广大工人而言，实现规范的就业模式正在变得更加困难。因此，公共政策不应只注重于推动就业模式从非规范的安排向长期、全职、依赖的就业过渡，也应考虑确保落实对所有类型就业工人的足够保护，应发挥社会保护和就业规定在这方面的作用。

（二）根据日益变化的工作性质制定政策，扩大社会保障覆盖面

薄弱的社会保障覆盖面和对拥有正规合同人员获得多项给付的资格限制削弱了社会保障制度对大部分劳动力大军的潜在贡献和利益增进。因此，应该考虑到工作模式的变化，对现有的规定进行修订。正如国际劳工组织研究揭示的，一些国家已在这方面取得实质性进展，并提供取得这些进展的可能蓝图。凡是社会保障制度正在建立过程中的，都应从一开始就涵盖各种形式的工作。凡是社保制度业已建立好的，都有必要更新现有的资格和覆盖范围，以更准确地反映劳动力大军的构成。

这类政策创新业已通过诸如创设新的缴费种类、简化登记和征税流程以及对社会保障制度给予补贴等多种措施，从法律制度的制定和有效实施两个层面扩大社会保护的覆盖范围，使之惠及那些从事非规范工作形式的人员。例如，在阿根廷、巴西、中国和南非，创新形式的社会保护业已帮助改善弱势就业状况下的工人的收入保障。在众多发达和发展中经济体中，各国政府一直推行社会保障和劳动力市场相结合的政策组合，使正规就业有所回升。

除了这些积极的趋势之外，对不同类型就业人员的社会保护仍然存在着显著的差距。例如，面向自雇人员的缴费型社会保险计划，以及面向非规范形式就业工人（其中大多数为妇女）养老保障制度仍有待进一步发展。

（三）劳工法规必须适应多样化的就业形式

国际劳工组织认为，许多国家的政府业已通过调整和扩大就业法规的范围来应对不断变化的工作模式。在与自雇、兼职工作、长期就业和代理工作等相关的立法领域，业已取得显著的改善。《2015 年世界就业和社会展望：日益变化的工作性质》指出，在所分析的大部分国家中，劳动立法这一领域的保护力度在一段时间以来一直稳步增强，这要部分归功于所引入的“同等待遇”立法，该法要求对非规范和规范就业的工人给予同等保护。尽管如此，在法律框架未能充分反映工作性质变化的地方，大批工人仍然未能得到就业保护立法的覆盖。此外，近年来，一些国家，特别是欧洲，业已做出了某些旨在刺激就业增长的变革，但这些变革降低了对规范和非规范就业工人的保护水平。

然而，国际劳工组织对劳动法规与诸如失业率等关键劳动力市场指标之间关系的分析表明，减少对工人的保护并没有降低失业率。事实上，本报告的调查结果显示，无论从短期还是从长期来看，这些设计欠佳的变革，削弱了就业保护立法，很可能对就业和劳动力市场的参与造成适得其反的影响。很显然，在这一政策空间内，没有“一刀切”的方法；相反，非常明确的是需要根据具体的劳动力市场条件和结果证据而不是意识形态来精心设计多种方法。凡是社会对话有助于找到前进道路的地方，这种做法才更容易实现。

四、社会动荡风险加剧

随着新兴经济体和发展中经济体经济增长减缓，社会动荡已处于上升趋势。在全球金融危机后的几年中曾出现动荡，随后世界很多地区对经济和社会状况的不满情绪开始出现缓和的迹象。但是随着经济状况再次恶化，社会动荡现象在发展中国家较为明显。图 1—6 显示了 2014—2015 年社会动荡指数变化情况。可以看到，与 2014 年相比，2015 年发展中经济体的社会动荡指数上升至接近 6。

图 1—6 还显示，与发展中经济体的情况相反，发达经济体由于经济复苏进一步得到加强和社会稳定持续改善，社会动荡指数为负值。新兴经济体同期基本无变化。如果当前劳动力市场的改善不能持久，形势可能很快会发生逆转。无论是在发达经济体，还是在新兴经济体，男性青年人中普遍存在失业问题（发达经济体青年失业率目前处于高位），这部分群体通常是政治和社会运动的主要驱动者。

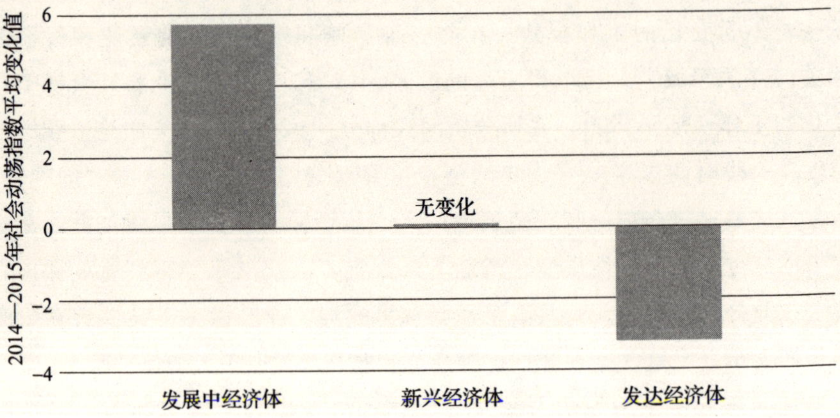

图 1—6 2014—2015 年社会动荡指数变化情况

第三节 体面工作置于可持续发展的核心地位[1]

一、“人人享有体面工作”列入联合国可持续发展目标

新通过的“联合国可持续发展目标（SDGs）”强调了在确保包容性的经济增长、有助于增强社会和环境成果方面体面工作的重要作用，提出了以平

〔1〕本节内容根据国际劳工组织（International Labor Organization）2016 年 1 月 19 日发布的《2016 年世界就业和社会展望》（*World Employment and Social Outlook*，*Trends 2016*）编译。

衡的和相互加强的方式实现可持续发展的三方面内容。先前的“联合国千年发展目标（MDGs）”中只设定一个有关“消除贫困”的子目标。如今，体面工作置于新议程的前沿，“可持续发展目标八”的基本内容就是促进持久的、包容性和可持续的经济增长，促进全面的和生产性的就业，促进人人享有体面工作。此项目标贯穿于整个《联合国2030年可持续发展议程》（以下简称新《议程》）中。由于寻求体面工作是全球普遍关切的问题，“可持续发展目标八”将提供进一步的动力，应对贫困和不平等的根源问题。针对最近发展趋势，新《议程》对于所有国家，包括发达国家、新兴国家和发展中国家都将至关重要。

二、劳动力市场存在的性别差距给可持续发展带来的挑战

性别平等和妇女赋权是新《议程》的关键政策目标。在最近10年中，劳动参与率性别之间差距在大多数地区已略微收窄，全球范围妇女从事不稳定就业的数量已明显减少。尽管取得上述进展，然而，一些差距仍持续存在，需要采取更多的措施来应对这些差距。特别是失业中存在的性别差距仍然较大，尤其是女青年。此外，无报酬家庭工或从事非正规工作的人员主要是妇女，从事这类工作阻碍了她们获得社会保护，包括养老金、失业津贴或生育保护。在世界大多数地区，妇女更有可能处于不充分就业状况，更有可能从事非全日制工作和临时工作。

在工资方面，妇女与男性之间存在显著差距，这是由于职业隔离和歧视以及工时差异造成的。在发达国家，女性主要集中在报酬较低的行业，如医疗保健、社会工作、教育和其他服务业。在许多发展中国家，特别是低收入国家，妇女过度集中在耗时长、劳动密集型的农业，即使她们得到工资，但支付的工资额十分微薄。为了应对就业和工资方面性别之间存在的差距，有必要出台一系列设计精良的政策措施。根据各国国情，这些政策应包括：

• 为自愿选择非全日制就业的人员提供此类工作机会，确保其不集中在低收入工作中。

• 为青年人，特别是女青年，提供职业培训和学徒计划，促进其更顺利地从学校过渡到就业。

• 为女青年提供教育培训计划、辅导计划和各种机会，鼓励更多女青年从事非常规领域的学习和工作。

• 提供可获得的、可承受的儿童保育，为老年人提供高质量照料，以及为女性提供足够的生育保护，为父亲提供陪产假和育婴假。

为了使性别问题社会主流化，需要在中央政策和地方政策层面，针对公共和私营组织制定一套特别的战略方法和机制程序。性别主流化旨在改变根植于法律、文化和社会习俗中的歧视性社会机制。禁止由于性别、母亲与父亲生育责任以及家庭责任的就业歧视立法框架应得到有效实施，并提供充足的补偿。应通过有效的法律和政策实施，来应对有关就业和职业进阶的法律障碍问题，包括对所有权、取得土地或获得金融服务的限制，以及适用于女性的某些职业和适用于女性的特定工时的限制。

在这方面，政府预算方案和财政措施可发挥重要作用，以促进妇女发展和性别平等，特别是当各国认识到，如果政府预算方案不是性别中性的，那么财政措施将对男性和女性产生不同的影响。“性别预算”一词是指将性别问题纳入预算条例和实践中，用于实现范围广泛的各类目标，包括增强女性获得教育、儿童保育和医疗服务，以及提高女性劳动参与率和减少对女性的暴力侵害。

三、“体面工作”贯穿于可持续发展的一些目标中

除“可持续发展目标八”以外，“体面工作”还贯穿其他各项目标，涉及的目标有：

目标一：获得体面工作的机会和扩大社会保护底线并覆盖全体人员是减贫最有效的方法，可确保生活在贫困线下的人口能够将自身及其家庭的生活水平提升至贫困线以上。

……

目标三：确保健康的生活和促进福祉。

目标四：提供体面工作所需的教育和技能开发机会是成为生产性劳动力的前提条件。

目标五：给妇女赋权和实现性别平等是体面工作议程的核心内容，尤其是在提高妇女劳动参与率和应对男女之间存在工资差距方面。

……

目标八—子目标8：新《议程》呼吁更严格地遵守国际和国内劳工标准，以保护所有群体就业人员，特别是保护移民工人和各类弱势就业群体。

目标九：涉及可持续的工业化进程，要求促进具有包容性的、可持续的工业化进程。到2030年，根据各国国情，大幅提高工业就业占就业总量的比例，以及工业产值占GDP的比例，使这一比例在最不发达国家中翻一番。

目标十：减少劳动力市场不平衡非常有助于减少本国和各国之间存在的不平等现象。

实施国际劳工组织《全球就业契约》中列举的劳动力市场和社会保护政策是实现新《议程》中体面工作成果的手段。体面工作议程的要素还与环境成果密切相关，特别是在可持续消费和可持续生产领域（目标十二）、气候变化（目标十三）、海洋保护（目标十四）和促进社会和平、加强法制和国家机制（目标十六）。

四、普遍存在的强迫劳动、人口贩卖和童工劳动阻碍全体人员以及子孙后代获得体面工作

新《议程》呼吁立即采取有效措施，根除强迫劳动，结束现代奴役和人口贩卖，禁止和消除最恶劣形式的童工劳动，到2025年，消除一切形式的童工劳动。国际劳工组织估算，全球约2 100万人是强迫劳动的受害者，他们被强迫或被欺骗从事某种劳动，陷入其中，无法摆脱。他们当中，90%的人员在私营经济部门，或是遭受性剥削，或被迫从事家政服务业、农业、建筑业、制造业而遭受剥削。

亚太地区新兴和发展中国家的强迫劳动数量占全球强迫劳动总数比例最高，达56%（1 100万人），其后是非洲、拉丁美洲和加勒比地区，分别是18%（370万人）和9%（180万人）。每千名居民中处于强迫劳动人数最多的地区是中东欧，为4.2人；紧随其后的是撒哈拉以南非洲，为4.0人。

与此同时，国际劳工组织估算，全球大约1.68亿年龄在5～17岁之间的儿童从事童工劳动，占该年龄组总数的10.6%；其中，8 530万名童工从事有危害的工作，占该年龄组总数的5.4%。尽管自千年发展目标启动以来已取得很大进展，但童工劳动数量仍处于高位。与2000年全球童工数量2.455亿人（占5～17岁年龄组总数的15.5%）和全球从事危险工作童工数量1.705亿人（占该年龄组总数的11.1%）相比，目前无论是童工劳动数量和比例，还是从事危险工作的童工数量和比例均有所下降。全球男童工所占比例高于女童工，分别为50.7%和49.3%。然而，女童工的数量有可能被低估，这是因为缺少

女童从事家庭作坊劳动特别是有危害劳动的数据，以及缺少其他各种隐性童工劳动的数据。

五、监测新《议程》取得的进展需要可比较的、可靠的和及时的数据

新《议程》包含17个可持续发展目标和169个子目标，目前提出了200多个指标用于跟踪目标和子目标的落实情况。计划各国政府于2016年年底就最终的指标清单达成一致。然而，需要可比较的、可靠的和及时的数据跟踪指标进展情况，而通常缺少这些数据。数据采集工作需要创新，内容涵盖几个层面的工作，包括：（1）扩大行政登记范围，此方法已证明是有效的、廉价的数据采集方法；（2）确保国家统计局（NSOs）有能力、有技术收集高质量的、国际层面可比较的数据；（3）使数据统一标准，具有跨国可比性。

第二章

欧盟就业与社会发展趋势

第一节 发展概况

金融危机给欧盟各成员国的影响差别很大。尽管受金融危机创伤最严重的国家显示出就业增加、失业率降低，各国差距有缩小的迹象，但是这种差距还是非常明显的。在一些国家，收入不平等和贫困问题日益严重。

2015 年，所有成员国都有经济复苏的迹象，但是在一些国家失业率还是居高不下。相比 2008 年，不论是就业率还是失业率，各国的差距都在扩大。造成这种现象，不仅是因为最初危机给各国造成的经济创伤规模和性质有所不同，还由于各国应对危机的能力不同。这种差距能否进一步缩小，取决于最脆弱经济体应对危机的能力和弹性是否能够改善，特别是能否排除经济增长和岗位创造的障碍、增强劳动力市场活力、增加人民福利。这一点在欧洲货币联盟（EMU）国家非常重要，在这些国家，货币和财政调整机制并不适用或者作用非常有限。

欧盟目前经济正在复苏，但增速仍然缓慢。金融危机使欧元区陷入长时期的深度衰退，直到 2013 年，欧元区的实际 GDP 增长率仍为负数。从 2014 年年初开始，不论是欧盟还是欧元区，经济都开始复苏，尽管复苏比较缓慢。从 2014 年第二季度到 2015 年第二季度，欧盟实际 GDP 增长达到 1.9%，欧元区为 1.5%。目前，欧盟和欧元区的 GDP 已经恢复到 2008 年时期水平。相对应地，同期美国的增长率明显高于欧盟和欧元区，因此，目前美国的GDP已经远远超过危机前的水平（见图2—1）。

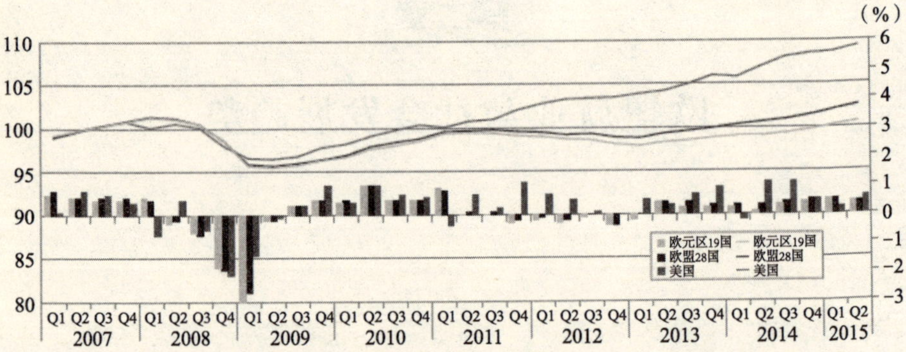

图2—1 欧盟、欧元区和美国实际GDP（2007—2015年，以2007年为100）

注：左边纵坐标——以2007年为100；右边纵坐标——与上一季度相比实际GDP增长率；横坐标中的Q1、Q2、Q3和Q4分别代表第一季度、第二季度、第三季度和第四季度。

资料来源：Eurostat国民账户，数据经季节调整。

2015年第二季度，欧盟所有成员国的实际GDP都有所增加。欧盟的通货膨胀率降到了非常低的水平，处于0～1%的范围，尽管现在开始出现增长的趋势。

预计2015—2017年欧盟经济将继续缓慢复苏，2015年欧盟实际GDP增长率预期达到1.9%，2016年达到2.0%，2017年达到2.1%。预期欧盟年通胀率（消费者物价指数上升）将从2015年的0%提高到2016年的1.1%，2017年将提高到1.6%。在欧元区，预期年通胀率将从2015年的0.1%提高到2016年的1%，2017年将提高到1.6%。

目前，欧盟经济增长具备三大有利条件：一是油价下降将降低生产成本，可以增加其他消费支出；二是欧元贬值将使欧元区国家出口受惠；三是货币政策调整（量化宽松）将对低通货水平以及一些国家所出现的通货紧缩苗头产生中和作用。

在欧盟和欧元区经济复苏过程中，目前GDP的实际增长速度还是低于危机前水平。欧盟各成员国间的经济增长速度不等，有些国家甚至还是负增长。预计2015年、2016年和2017年经济仍保持适度增长水平（见表2—1）。低水平的投资、高水平的私人和公共债务，以及预期温和的经济增长，反过来可能会限制未来一段时间劳动力市场的复苏。在欧盟，预期就业增长率2015

年为1%，2016年为0.9%，2017年为0.9%，同期，欧元区的就业增长率预期分别为0.9%、0.9%和1%。预期失业率将继续缓慢下降，但是各成员国间的情况还是差距甚大。

表2—1 欧盟和欧元区实际GDP增长率 单位：%

年份	1996	1997	1998	1999	2000	2001	2002	2003	2004	2005	2006
欧盟	1.9	2.7	3.0	3.0	3.9	2.2	1.3	1.5	2.5	2.0	3.4
欧元区	1.6	2.6	2.9	2.9	3.8	2.1	0.9	0.7	2.2	1.7	3.3
年份	2007	2008	2009	2010	2011	2012	2013	2014	2015	2016	2017
欧盟	3.1	0.5	−4.4	2.1	1.7	−0.5	0.04	1.4	1.9	2.0	2.1
欧元区	3.1	0.5	−4.5	2.0	1.6	−0.8	−0.4	0.9	1.6	1.8	1.9

注：2015年、2016年和2017年数据为预测值。

资料来源：服务委员会，AMECO。

第二节 促进岗位创造

一、通过自雇和创业促进岗位创造

不论是欧洲各成员国还是地区的决策者，都非常强调促进创业和自雇就业，因为这样可以有力地推动岗位创造，增强欧盟创新能力，为失业者和不利群体提供全面参与社会和经济生活的机会。

《欧洲2020战略》（2010年通过）承认，创业和自雇就业是促进就业增长的关键因素，可以应对因结构性变化（包括技术进步、全球化和社会老龄化的加速以及绿色经济的发展）带来的机遇和挑战。[1] 同样，《小企业法》（2008年通过）[2] 强化了在决策过程中"首先考虑小企业"原则[3]。此外，《就业一揽子计划》（2012年通过）认可自雇就业和创业对岗位增加的潜在作

〔1〕 更重要的是，自雇就业和创业对于实现《欧洲2020战略》中有关就业、社会统一、研究创新战略以及气候变化战略具有重要的意义。

〔2〕 见 http://ec.europa.eu/growth/smes/business-friendly-environment/small-business-act/index_en.htm。

〔3〕 "首先考虑小企业"原则要求在立法过程中，在政策制定的最初阶段就要考虑中小企业利益，以使立法能够对中小企业更加友好。

用。《创业2020行动计划》[1]（2013年通过）构建了一个战略框架，在欧洲重燃创业精神，通过中小企业绿色行动计划为中小企业提供渠道，促使其将环境变化引起的挑战转变为企业的机会[2]。

（一）最近进展情况

微型企业是指雇员在10人以下的企业，小企业是指雇员在50人以下的企业。自雇人员是指在自己的家庭企业、农场或专业工作室工作的人员。[3]由于自雇人员通常从事一些常规工作，而创业者试图开发一些新业务，因此创业者更有可能创造额外岗位。

创业者群体还是有区别的，有的只想保持小本经营或地方经营（如当地干洗店或理发店）；有的计划扩展事业范围，实现跨区域或跨国经营（即创新驱动型企业[4]）；有的只是形式上的自雇，和其他被雇人员在同等条件下工作。尽管这三类创业都会对岗位增加产生直接效果，但是在促进岗位增加的潜在数量方面三者差别还是非常大的。小业主通常发展有限，创造的岗位也有限。创业者起步时规模较小，他们通过创新理念进而驱动产品创新和生产程序创新来发展企业，增加就业，同时需要应对各种不确定性风险。

2014年，欧盟就业人群中有16%是自雇人员，其中希腊比例最高，为32%；罗马尼亚其次，为30%。比例最低的是瑞典，为5%；其次是卢森堡，为6%[5]（见图2—2）。

与2000年相比，欧盟整体自雇就业比例下降了近2个百分点。下降幅度最大的是罗马尼亚，下降了15个百分点；其次是立陶宛和匈牙利，分别下降了8个百分点和7个百分点。斯洛伐克上升幅度最大，增加5个百分点；其

---

〔1〕如果要产生持久的效果，加大投资力度来改变公众的创业意识、促进创业教育、支持创业者中代表人数不足的群体是必不可少的。见 http://ec.europa.eu/transparency/regdoc/rep/1/2012/EN/1-2012-795-EN-F1-1.pdf。

〔2〕通过改善欧洲中小企业的资源效率，支持绿色企业发展，探索更加绿色的产业链的发展可能性，为绿色中小企业进入市场提供机会。见 http://ec.europa.eu/growth/smes/business-friendly-environment/green-action-plan/index_en.htm。

〔3〕自雇人员是指符合以下一项条件的人员：以营利为目的进行工作，工作时间用于经营企业或者创建企业。可以参见欧盟统计的说明，http://ec.europa.eu/eurostat/cache/metadata/en/lfsa_esms.htm。但不能与已经拥有公司的企业主相混淆。

〔4〕指数型企业在不断扩张的情况下，见 Diamandis and Kotler (2015)。

〔5〕统计中所称的自雇人员，是指在自己的家庭企业、农场或专业工作室工作的人员。一个人如果满足以下条件之一，将被认定为自雇人员：以营利为目的进行工作，工作时间用于经营企业或者创建企业。

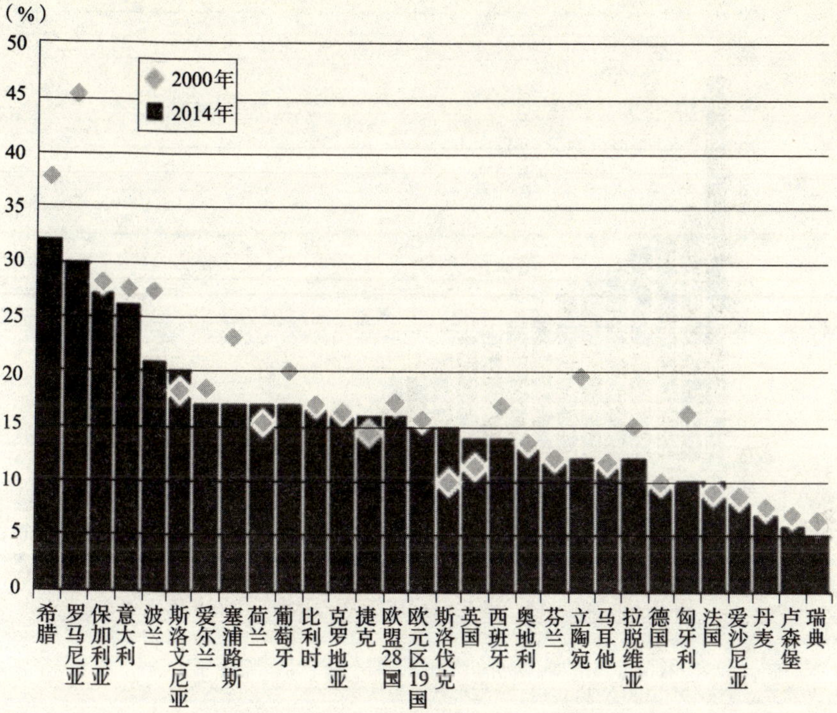

图 2—2　自雇就业占就业的比例

注：数据是指 15 岁及以上人口，法国和卢森堡是 2013 年数据。

资料来源：DG EMPL 根据 Eurostat 国民账户计算所得。

次是英国和斯洛文尼亚，分别上升 3 个百分点和 2 个百分点。

在罗马尼亚、葡萄牙、波兰和克罗地亚，农、林、渔业自雇比例非常高，分别达到 86%、57%、49%和 48%（见图 2—3）。

2014 年，在欧盟范围内的自雇人员中，雇佣他人的比例不及 1/3，也就是说，超过 2/3 的自雇就业是自己一个人谋生。但是各成员国的情况又有很大的区别。雇主（雇用他人工作的自雇人员）比例最高的是匈牙利，为 49%；德国、奥地利和丹麦分列第二位、第三位、第四位，分别为 45%、42%和 42%。雇主比例最低的是罗马尼亚，为 6%；英国其次，为 17%；捷克和希腊分列第三位、第四位，均为 20%（见图 2—4）。

2014 年，有 1.5%的雇员兼做自雇工作，其中波兰和瑞典的比例最高，比利时和斯洛伐克的比例最低（见图 2—5）。

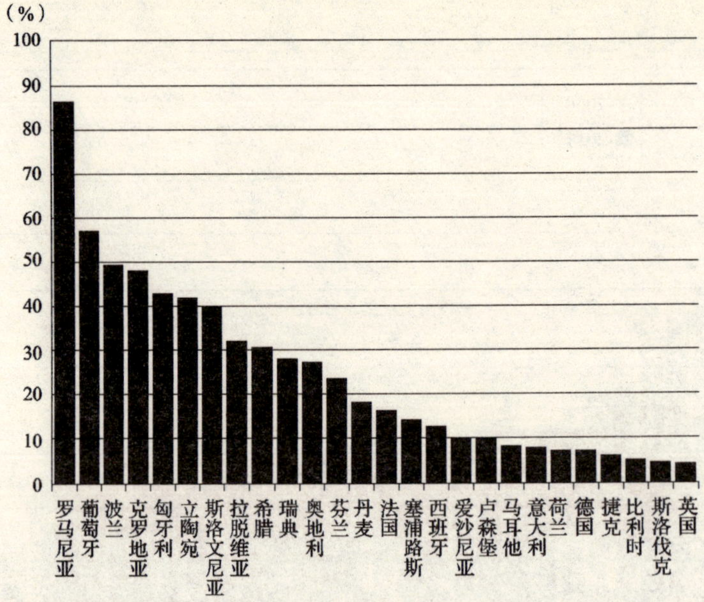

图 2—3　农、林、渔业自雇就业所占比例（2014 年）

注：数据是指 15 岁及以上人口。

资料来源：DG EMPL 根据 Eurostat 国民账户计算所得。

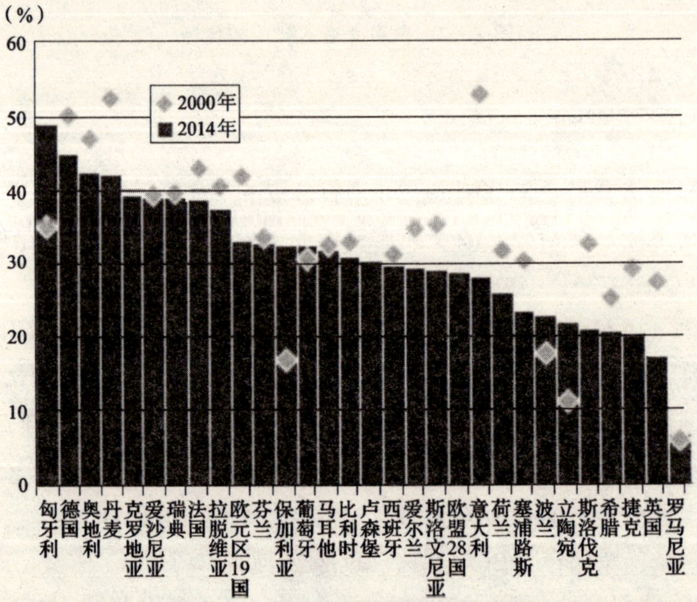

图 2—4　自雇就业中的雇主比例

注：数据是指 15～64 岁人口。

资料来源：DG EMPL 根据 Eurostat、EU-LFS 计算所得。

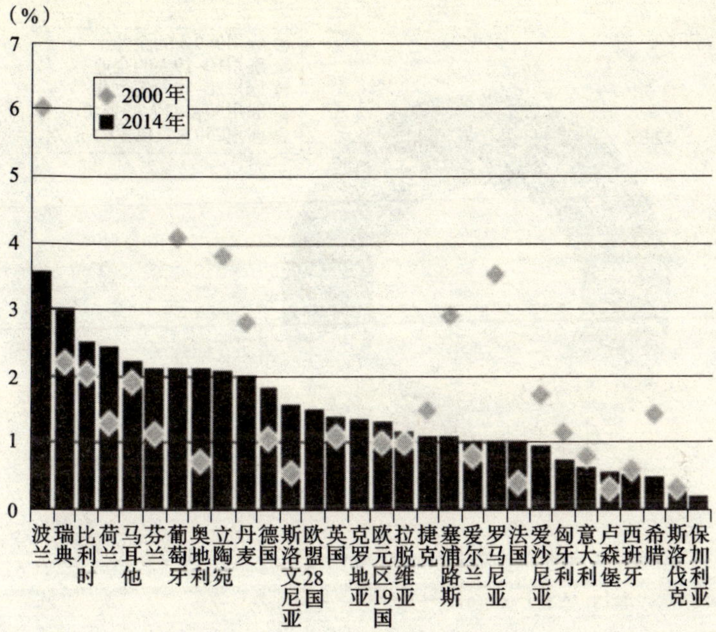

图 2—5　雇员兼做自雇工作比例

注：数据是指 15 岁及以上人口，保加利亚和克罗地亚缺 2000 年数据。

资料来源：DG EMPL 根据 Eurostat、EU-LFS 计算所得。

在欧盟，2013 年的非经济活动人口中有 5%左右在 2014 年转为自雇人员，而就业人员和失业人员转为自雇就业的比例分别为 4.5%和 2.7%。此外，2014 年在转为自雇的就业人员中，有 3%拥有雇工，而非经济活动人口和失业人员这一比例仅为 1.2%和 0.7%。

在英国，2013 年的失业人员中有 5%在 2014 年转为自雇人员；而在匈牙利，这一比例仅为 1%。同时，在塞浦路斯，女性失业人员有 5%在 2015 年转为自雇人员；而在克罗地亚、希腊、保加利亚和德国，这一比例不到 1%。

2011 年，欧盟范围内在微型企业就业的人员约占所有就业人员的 1/3[1]（见图 2—6）。其中 1/3 是在批发、零售业和机动车、摩托车修理业。

2012 年，新企业净增岗位主要来自雇员人数在 9 人及以下的企业（见图 2—7）。同时，因企业破产而造成的岗位流失，主要发生在 9 人以下的企业（见图 2—8）。

〔1〕 最近年份可利用的数据。

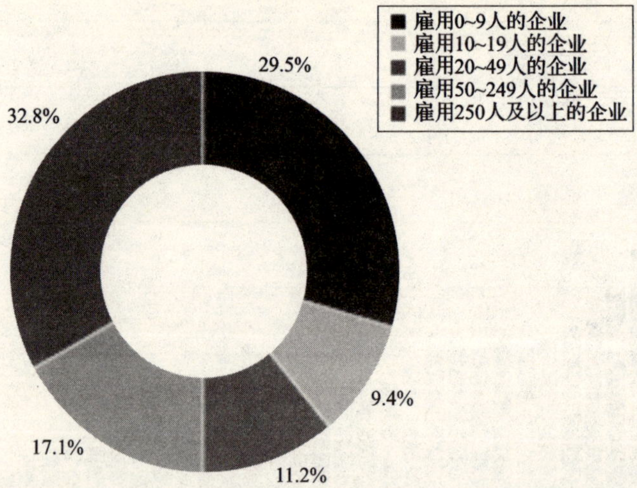

图 2—6　就业在不同规模企业的分布情况（2011 年欧盟 28 国）

资料来源：DG EMPL 根据 Eurostat、结构性商业统计计算所得。

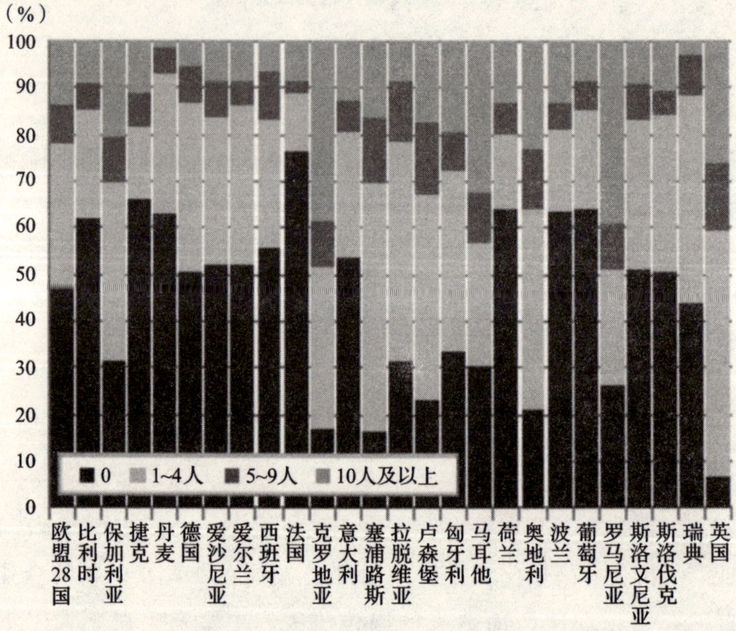

图 2—7　新企业净增岗位情况，按企业规模划分（2012 年）

资料来源：DG EMPL 根据 Eurostat、SBS 企业人口统计计算所得。

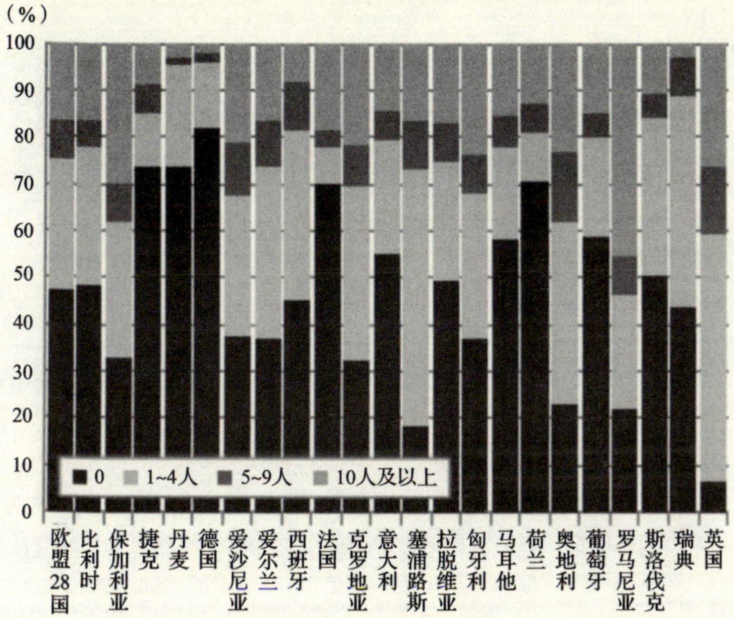

图 2—8　企业破产导致岗位流失情况，按企业规模划分（2012 年）

资料来源：DG EMPL 根据 Eurostat、SBS 企业人口统计计算所得。

在欧盟自雇人员中，显示出很大的性别不平衡现象，女性自雇人员仅占 1/3。2013 年数据显示，在欧盟所有成员国中，女性自雇人员比例都非常低。女性自雇人员比例最高的是立陶宛，自雇人员中女性占 41.6%；其次是卢森堡和拉脱维亚，分别占 40.3%和 38%。比例最低的是马耳他，自雇人员中女性占 19.6%；其次是爱尔兰，占 20.8%。女性自雇人员雇佣他人的比例也低于男性，在塞浦路斯和马耳他，这一现象尤为明显。在所有成员国中，青年人自雇比例都非常低，2014 年青年人自雇比例介于 1%（斯洛文尼亚）～6%（荷兰）之间（见图 2—9）。

在欧盟，约 1/3 的自雇人员拥有高等教育水平，45%的自雇人员拥有高中及大专非高等教育水平，20%拥有初中、小学及以下教育水平。但是，各成员国之间自雇人员的受教育程度有较大差距。在葡萄牙、马耳他、罗马尼亚和西班牙的自雇人员中拥有低教育水平的比例最高，分别为 65%、60%、47%和 41%；而在斯洛伐克、捷克、波兰的自雇人员中接受高中及大专非高等教育的比例最高，分别为 75%、73%和 67%。在卢森堡、爱沙尼亚、比利

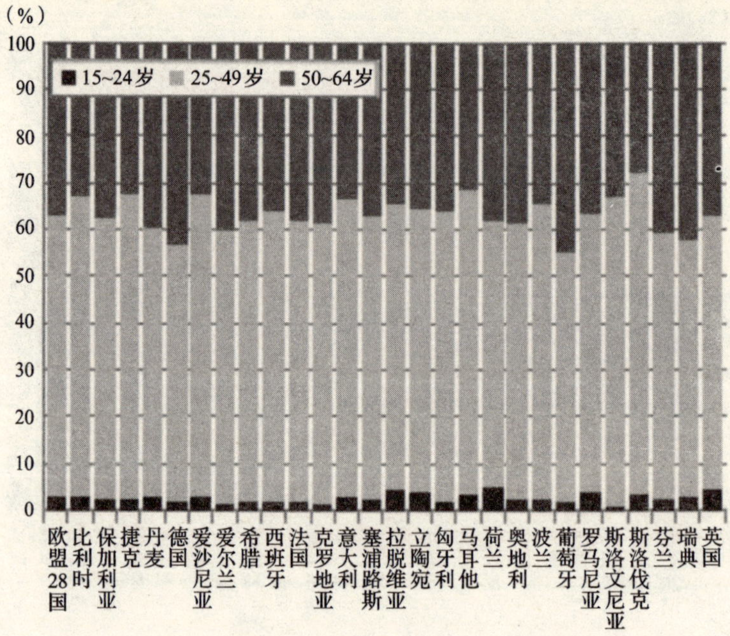

图 2—9　自雇人员年龄分布情况（2014 年）

注：立陶宛缺 15～24 岁年龄段的统计数据，爱沙尼亚为 2013 年数据。

资料来源：DG EMPL 根据 Eurostat、EU-LFS 计算所得。

时和德国的自雇人员中拥有高等教育的比例最高，分别为 61%、49%、48%和 47%（见图 2—10）。在拥有雇员的自雇人员中，44%拥有中等教育水平，38%拥有高等教育水平。

由于各成员国间数据统计指标不统一，因此自雇人员的收入水平不能准确衡量。根据 EU-SILC 的估计，相当高比例的无雇员自雇人员总收入低于雇员总收入的中值水平，其中 2011 年比例最高的是爱沙尼亚、斯洛文尼亚和罗马尼亚，比例最低的是保加利亚、斯洛伐克和匈牙利（见图 2—11）。

ECB 调查[1]显示，2014 年自雇人员和创业者面临的最急迫问题是寻找客户、融资渠道、获得技能工人和劳动力成本（见图 2—12 和图 2—13）。

从有关研究中可以得出潜在岗位创造问题的如下几条结论：

- 大多数小企业仍然维持小型规模，岗位创造能力有限（见图 2—5）。

---

〔1〕 见 ECB 关于企业融资渠道的调查报告（SAFE），http://www.ecb.europa.eu/stats/money/surveys/sme/html/index.en.html。

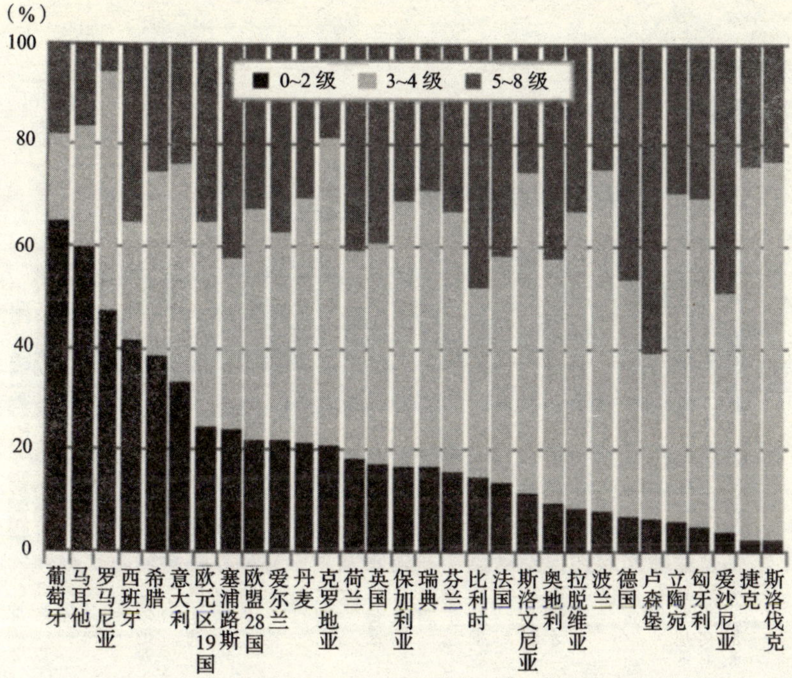

图 2—10　自雇人员受教育水平情况（2014 年）

注：0～2 级为初中、小学及以下教育水平；3～4 级为高中及大专非高等教育；5～8 级为高等教育。

资料来源：DG EMPL 根据 Eurostat 数据计算所得。

• 创新性企业创造出更多的岗位，并且在危机情况下解雇人员较少，见 Kok 等（2011）。

• 同等规模下，公司越年轻，能够创造的岗位越多。然而，年轻企业退出市场的可能性也更大，见 Criscuolo 等（2014）。

• 岗位净增情况主要发生在初创企业、成长型企业，见 Henrekson 和 Johansson（2010）。

• 在微型企业，增长较快则成活率较高；相反，在大型企业，低速增长企业越能持久经营，见 Halabisky（2006）。

• 女性创业者的企业规模相对较小、融资渠道更加缺乏，见 Parker（2009）。

• 相比年轻创业者，年长创业者倾向于较少增长导向型，见欧盟委员会和经合组织（2012）。

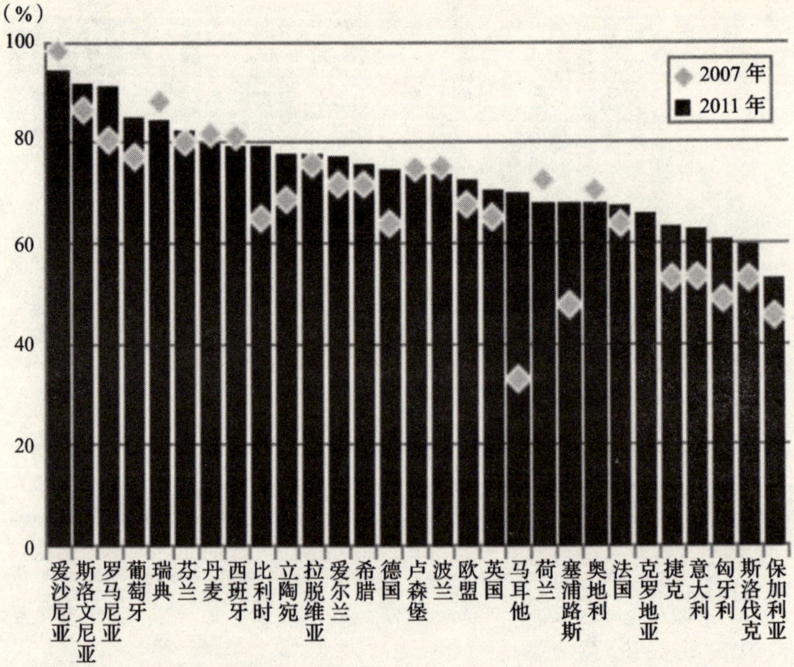

图 2—11 无雇员自雇人员总收入低于雇员总收入中值水平的比例

资料来源：Applica（2015），使用 EU-SILC 微观数据，2014 年 8 月版。

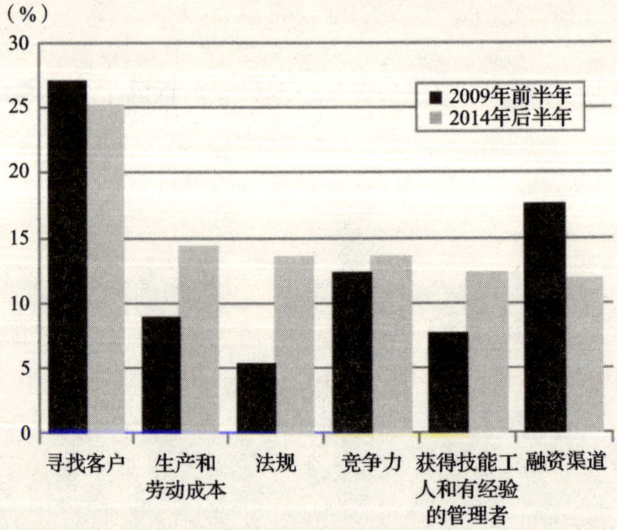

图 2—12 微型企业面临的急迫问题

资料来源：ECB 对企业融资渠道的调查（SAFE）。

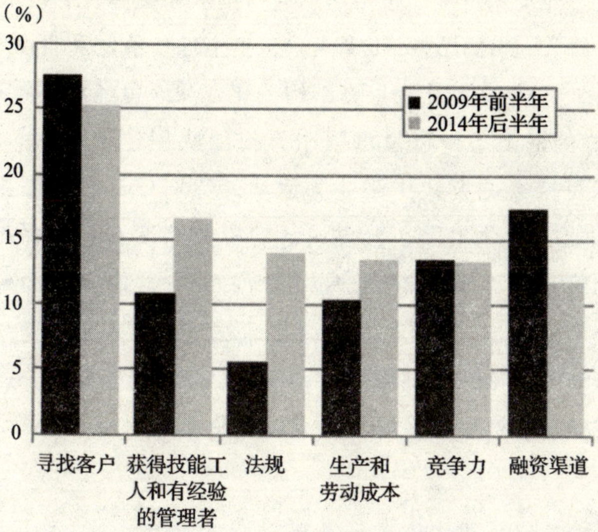

图 2—13 中小企业面临的急迫问题

资料来源：ECB 对企业融资渠道的调查（SAFE）。

• 在成年人中，少数族群的自雇比例更高，见经合组织（2014）。

• 家庭企业在岗位创造方面动力较小，见奥地利 KMU Forschung（2008）。

• 企业存活率与将职业生活和家庭责任融合的能力紧密相关，见 Willians（2004）。

• 与雇员转为自雇人员相比，自雇人员成为失业人员后更有可能退出自雇，见 Carrasco（1999）和 Pfeiffer 和 Reize（2000）。

• 团队创建的企业比个人创建的企业成长性更好，但是如果团队成员间合作产生问题，企业将走向衰退，见 Shrivastavay 和 Tamvada（2011）。

• 较少依存型自雇人员能够为他人提供就业机会，见 Böheim 和 Mühlberger（2009）对英国情况的研究。

• 社会创业者要为那些在私人营利性企业中难以找到工作的人提供就业机会。

• 地理位置对于企业发展具有重要作用，在一些地方能够比其他地方造就更多的高速成长型企业，见 Mason 和 Brown（2010）。

（二）保证正确的框架条件

对于自雇人员和（自雇）创业者，主要的长期挑战和机遇来自正在进行的结构性转变，如技术进步［包括信息通信技术和关键有利技术（KETs）[1]方面的最新发展］、全球化进一步深入（包括全球价值链和自由贸易协定的扩张）、人口变化（包括老龄化和家庭结构变化）和绿色经济发展（包括加强循环经济）。正确的框架条件可以增强个人或团队创建新企业的动力和手段，同时保证其以可持续的方式扩张业务活动。特别是自雇和创业的发展需要更加有利于创业的文化氛围、合理设计的税收制度和社会保护制度、便利的融资渠道、有效的企业支持和产品市场、较少官僚主义和稳定的宏观经济环境。

加强法规的可预见性、排除障碍、促进单一市场发展，对于充分挖掘欧盟的创业和自雇潜力是非常重要的。通过欧盟或国家层次的补充行动可以实现这一点。

在欧盟层次，进一步深化单一市场发展日益提上议事日程，特别是在发展资本市场联盟、进一步深化产品和服务的单一市场[2]、建立一个数字化单一市场[3]以及创建一个能源联盟[4]方面提出倡议。这些深化单一市场的倡议本身就起到推动创业的作用。在“更佳法规”议程中，委员会寻求简化立法框架、减少通往单一市场的法定负担，从而实现更好的法律可预见性。

在国家层面，最主要的是各成员国要排除具有国家特性的创业障碍。实施相关改革，包括建立一整套关于改善劳动力市场和产品市场功能、改善经济活动运营框架条件的政策措施。但是，各成员国的情况有很大的差别。阻碍创业的既有法规性的，也有非法规性的，从术语上包括限制、复杂性和不可预见性，这些在建立投资模型时必须予以考虑。因此不存在哪一种方法可以解决所有问题。

1. 营造更加有利于创业的文化氛围

人们选择自雇或者创业不仅出于追求财富的动机，还受到精神层面因素（如需要更多的自主权和自控[5]）和社会文化因素（如教育）的驱动。Gian-

---

〔1〕 KETs包括微电子、纳米电子、纳米技术、光子学、先进材料、工业生物技术和先进制造业技术，见欧盟委员会（2012）。

〔2〕 见 http://ec.europa.eu/finance/capital-markets-union/。

〔3〕 见 http://ec.europa.eu/growth/single-market/index_en.htm。

〔4〕 见 http://ec.europa.eu/priorities/digital-single-market/。

〔5〕 见 Eurofound（2015a）。

netti 和 Simonov（2004）[1] 提出，文化因素会使创业活动更受欢迎，即使在利润较低的情况下也会有更多的人选择创业。

在欧盟，一些社会文化瓶颈阻碍了创业和自雇的发展。例如，由于缺乏创业教育以及经营失败导致的羞耻感，欧盟新成员国中的老一代人强烈抵制自雇和创业等。因此，提升社会所有成员（尤其是在一些代表性不强的群体，如青年、妇女和老年人）的创业意识和社会公众对创业的认识和认可是非常重要的。

2. 改善金融资本获取渠道

企业发展阶段不同、企业发展目标不同，对资金的需求是不一样的。但是创业者由于缺乏抵押品[2]，贷款固定成本高[3]，性别、年龄或种族歧视[4]，代表银行的信息不充分[5]等原因而不能通过传统途径（如银行）融资。为了解决这些问题，除了需要加强金融中介间的竞争[6]，还需要为新创企业和中小企业开发新的替代性融资渠道（如集资），简化税收法律制度，为进一步发展替代性金融市场（如商业天使投资）设计出更佳的税收体系。同时，利用公共基金建立微金融支持计划，通过地方金融机构，以贷款、担保、股权融资的形式主动为创业者和企业提供融资渠道，支持创业者和投资者创建网络平台。[7]

3. 完善税收制度

税收水平和组成部分也是影响个人创业、小微企业创建及其发展的一个重要因素，这将对创业动机以及税收相关成本[8]产生直接影响。

与个人创业、小微企业相关的税收包括个人所得税、营业税、企业所得税、资本收益税和遗产税等。[9] 从劳动力市场前景角度看，个人所得税将是

---

〔1〕 使用大量 1995—2000 年瑞典人口样本。

〔2〕 见 Johansson（2000）。

〔3〕 见 Duell（2011）。

〔4〕 见 Eurostat（2012）。

〔5〕 见 Evans 和 Jovanovic（1989）和 Henley（2005）。

〔6〕 见 Kerr 和 Nanda（2009）。

〔7〕 见欧盟委员会和 OECD（2014）。

〔8〕 例如保存记录、准备税收申报表、处理税收审计等，见 Tunner 等（1998）。

〔9〕 见 Parker（2009）。

影响个人选择自雇（非公司型或公司型[1]）、继续作为雇员工作、进入无须税收申报领域工作或者成为非经济活动人口的一个重要因素。

税收相关成本同样会影响人们是否做出选择自雇的决定，即便税率本身对于自雇是比较合适的。[2] 税收相关成本源于一系列因素，如税收制度的复杂性、税收管理机构多样、税收法律和形式不易理解、税法变化频繁、税收支付期限短且不灵活（导致现金流问题）等。

4. 加强社会保护制度

首先，为自雇和创业提供充分的社会保护。其次，设计充分的劳动力市场制度。对自雇的社会保护同样受一些劳动力市场制度的影响，这些劳动力市场制度将会对劳动力需求产生负面刺激效果。例如，过度刚性的劳动力市场和高水平的税收将会强烈推动雇主将工作外包给自己的雇员，让他们以依存性自雇的方式为自己提供产品和服务，而这些雇员或因缺乏谈判能力，或出于获取为促进自雇而设计的低税收或津贴利益而做这项工作。

5. 增强企业发展服务

提供便利的企业发展服务对于促进企业创建、获得项目、提升创新能力、加强企业扩展能力（从而增加就业）和便利日常经营是非常重要的。这些服务包括：会计和法律服务，标准化和认证服务，咨询服务，企业和管理培训，支持可行性评估和示范效应，支持招聘、薪水和社会保障等。应该设计包括咨询、指导和顾问（特别是针对特定群体）以及资金支持等项目的一揽子服务计划，在整个企业发展阶段，包括创建前、创建中和创建后支持创业。增强企业发展服务对于缺乏抗挫折能力的小型初创企业特别有益。

6. 产品市场的成本节约渠道

不论是创建企业还是扩展企业，只有能够比较方便地进入国内和国外产品市场才能获得成功。有几个影响进入产品市场的因素是与劳动力市场和社会政策相关的，包括单一市场的进一步深化将通过外包和离岸业务的方式为自雇提供新的机会——从某种程度上说这种垂直分解需要更小、更专业化的企业参与到相互依存的商业网中。更加宽泛的合作可能提供知识外溢、投入产出关联和劳动力市场集聚等，这会对企业提供发展机会。交通不充分、信

---

〔1〕 非公司型（个人）企业收入需要缴纳个人所得税，而公司型企业需要缴纳企业所得税或者个人股权分红相关的税收，见 OECD（2009）。

〔2〕 见 Schuetze 和 Bruce（2004）。

息通信技术缺乏互联互通会阻碍企业的扩展。从某种程度上说，公共部门活动的扩展，如教育和医疗等，也会对自雇计划产生挤出效应。

7. 减少官僚主义，增强服务意识

官僚主义造成时间和资源的浪费，会降低人们创建企业和扩展现有业务的意愿，特别是对于难以承担负荷的小微企业，影响更大。

8. 保证宏观经济稳定

商业周期循环将对自雇和创业产生不确定影响，影响程度因企业特点和企业规模不同而有所差别。

（三）完善劳动力市场和社会政策，促进自雇和创业

正在进行的结构性变化将为自雇和创业带来新的机会。例如，经济的进一步数字化，如应用经济高效的电子贸易方式可以在一些领域创造新的机会。此外，欧盟创新知识的能力不断增强并不再集中于大学等知识中心，这就为一些企业将知识转化为生产力提供了机会。同时，绿色经济的发展和社会问题的处理将会产生新的商业机会。

（四）以改进对弱势群体的支持为目标

劳动力市场和社会政策应为代表性不强群体提供便利，促使其向自雇转变，从而增强社会凝聚力，包括：（1）支持失业人员创业；（2）处理性别歧视；（3）帮助青年创业；（4）鼓励自雇人员在退休前转型；（5）在少数族群中促进自雇；（6）在不利群体和残疾人群中促进自雇。

（五）完善劳动力市场和社会政策，通过自雇和创业推动岗位创造

岗位主要由微型企业创造。对微型企业发展潜力产生直接影响的关键因素包括生产力和创新能力，以及成本和非成本竞争能力。这些都受各国的特定条件影响。换句话说，加强岗位创造潜力需要完善劳动力市场和社会政策（与其他政策紧密结合，如创造更加统一、更具竞争力的产品市场和服务市场[1]），提高新创企业的存活率，增强企业创新能力，降低雇佣成本，提供更好的工作条件，考虑各国的特殊性（如迎头赶上的能力和经济特性）等。

---

〔1〕 正如《2016年度增长调查》所指出的，完善产品市场和服务市场功能对于许多成员国而言都还是一个挑战，包括提高产品市场和服务市场的灵活性、改善研究和创新的质量、减少监管和管理负担、加强公共管理、完善司法制度和破产框架。见 http://ec.europa.eu/europe2020/makingit-happen/annual-growth-surveys/index_en.htm。

二、通过劳动立法支持岗位创造

和其他制度条件、公共管理条件、产品市场条件一样，劳动立法也是决定岗位创造的一个关键因素。现今的欧盟劳动立法经历了两个多世纪的历史发展，是一个多维的立法体系。同时各国在法规和程序上具有差异性。这反映了法律和制度传统的不同，如民法和习惯法的区别。欧盟立法在一些重要领域制定了最低标准，促进整体工作条件的改善，避免欧盟范围的社会倾销现象。

对于劳动法的存在有两大理论支撑：一种理论解释是劳动立法的存在与社会公平目标以及保证财富、权力和物品更加平等的分配有关；另一种理论提出劳动立法是为了解决因交易成本和信息不对称而引起的市场失灵问题、雇主为实施合同而施加的潜在高压手段和投机行为，以及通过较好合作和劳动力灵活分配而促进效率和竞争力的意愿。除此之外，还发展了一种基于权利的理论依据，即市场经济的劳动法是由一些更加强有力的权利来证明其正当合理的。

劳动立法作为岗位创造的一种支持手段，必须与其他决定性因素结合起来，并将社会经济的持续变化考虑进去。社会经济和结构变化（与技术进步、全球化发展、人口老龄化、绿色经济发展、促进机会平等因素相关）正在改变着工作世界。技术进步和全球化既因新产品和新市场的出现而创造新的机会，也创造新的工作结构。

技术创新可以使生产过程更加安全，有助于减少妇女、老年工作者、承担家庭责任的劳动者以及残疾人进入劳动力市场的障碍。它也可以使工作安排更加灵活（不论是在工作时间上，还是在工作地点上），从而使劳动者能力和意愿更加匹配，实现更好的工作生活平衡。例如，在全球化更加深入的情况下，即使微型企业也要参与全球活动，这就要求工作时间和工作地点能够更加灵活。

劳动立法通常界定了正规的工作时间、休息休假和工作地点。为了使劳动者能够实现工作、家庭和私人生活更加协调，鼓励各类人群参与劳动力市场，需要思考是否应该在工作时间、休息休假和工作地点方面实行更加灵活的规定的问题。劳动合同确实变得更加多样化以适应现实的变化，各种其他形式的合同规定了事实上属于工作服务的合同条款。劳动立法应该基于新的社会经济现实进行修改、更新、说明或者进行巩固。

当然，重要的问题是，是否应该以牺牲工作质量为代价来引进这些合同。稳定、可预见的工作关系，特别是期限较长的合同提升了雇主和雇员对进行技能提升和终生学习投资的意愿。由于职业稳定、收入逐级增加，劳动者可以对未来进行规划；反之，临时合同增多，特别是在工人不愿意的情况下，可能导致低水平的培训、动力不足、生产率低、缺乏社会保护、工作中的贫困。

就业保护较多会减少岗位创造吗？答案是并不一定。就业促进法必须与其他维度的因素，特别是司法制度的效率结合起来进行考量。

第三节　改善劳动力市场效率

一、预防并减少长期失业

（一）概述

欧盟目前的长期失业率和青年失业率都非常高，超过一半的失业人群失业时间超过 12 个月。

目前欧盟长期失业（LTU）约有 1 240 万人，约占欧盟经济活动人口的 5%，超过 600 万人至少连续两年长期失业。尽管总体失业率在 2013 年开始下降，但是长期失业率直到现在才停止增长，但是各成员国和各地区的情况有很大的差别。

不论是欧洲理事会（ECOFIN 和 EPSCO）还是欧洲中央银行[1]都认为长期失业严重影响了经济的增长，《2016 年度增长调查》也将解决长期失业问题作为一个重要的政策挑战。在欧洲就业战略中，成员国就业政策指南提出通过综合的、相互加强的策略来大幅减少长期失业数量，包括规定了支持长期失业者重返劳动力市场的特别行动。

在成员国层次，政策行动是不均衡、碎片化的，过于重视覆盖范围，而对处理服务中断问题和积极劳动力政策设计等缺乏足够重视。不充分的积极劳动力政策支持，对失业者所提供服务的中断以及积极劳动力政策项目的效

〔1〕 见 http://www.ecb.europa.eu/press/key/date/2014/html/sp140822.en.html。

果有限被认为是劳动力市场长期失业问题不能有效解决的重要原因。

认识到在欧盟层次政策响应的重要性，欧洲理事会邀请欧盟委员会提出一个旨在有助于支持长期失业者的提案。由此，2015 年 9 月 17 日通过了一个理事会建议书的欧盟委员会提案[1]，旨在要求成员国积极采取行动，促使长期失业者以有效、平和的方式融入劳动力市场。目标是总结在欧盟层次相互合作和相互学习的经验，将之转为各国的行动计划框架，提高各国的服务水平。

欧盟长期失业倡议旨在从以下三个方面支持成员国的行动：

- 扩大长期失业各项支持行动的规模，增强效果。
- 保证公共服务及相关外部服务的提供更加连续。
- 不论是对长期失业者还是对潜在雇主都增加有效的干预。

（二）现状

不论是从持续时间看还是从受影响人群的教育、年龄、性别和国籍看，长期失业在不同时期、不同的成员国，其后果是不一样的（见表 2—2 和表 2—3）。

表 2—2　长期失业率（占经济活动人口的比重），按性别、受教育程度划分　单位：%

	总体情况			性别						受教育程度								
				男			女			低			中			高		
	2007年	2014年	变化	2007年	2014年	变化	2007年	2014年	变化	2007年	2014年	变化	2007年	2014年	变化	2007年	2014年	变化
欧盟 28 国	3.1	5.0	1.9	2.9	5.0	2.2	3.3	4.9	1.6	4.7	10.0	5.3	3.1	4.4	1.3	1.3	2.5	1.2
奥地利	1.3	1.5	0.2	1.2	1.7	0.4	1.5	1.4	−0.1	2.9	3.5	0.7	1.0	1.2	0.2	0.8	1.1	0.3
比利时	3.8	4.3	0.5	3.3	4.7	1.4	4.4	3.8	−0.6	7.7	9.7	2.0	3.6	4.2	0.6	1.4	1.8	0.4
保加利亚	4.1	7.6	3.5	3.7	8.5	4.8	4.5	6.6	2.1	12.0	19.4	7.4	3.0	7.2	4.2	1.3	3.1	1.8
塞浦路斯	0.7	7.7	7.0	0.8	8.3	7.5	0.7	7.0	6.4	1.0	10.7	9.6	0.9	9.0	8.2	0.4	5.3	4.9
捷克	2.8	2.5	−0.3	2.1	2.1	0.0	3.6	3.0	−0.6	13.8	14.0	0.2	2.2	2.3	0.1	0.4	0.7	0.2

[1] 欧盟委员会关于将长期失业者融入劳动力市场的理事会建议书的提案［COM（2015）462］。

续表

	总体情况			性别						受教育程度								
				男			女			低			中			高		
	2007年	2014年	变化	2007年	2014年	变化	2007年	2014年	变化	2007年	2014年	变化	2007年	2014年	变化	2007年	2014年	变化
德国	4.8	2.2	−2.6	4.9	2.4	−2.5	4.7	1.9	−2.8	9.6	5.6	−4.0	4.7	2.1	−2.7	1.8	0.9	−0.9
丹麦	0.6	1.6	0.9	0.5	1.5	1.0	0.7	1.6	0.9	0.8	2.5	1.7	0.5	1.4	0.9	0.6	1.2	0.6
爱沙尼亚	2.3	3.3	1.0	2.9	3.9	1.1	1.7	2.7	1.0	4.6	5.9	1.3	2.5	3.9	1.4	1.2	2.1	0.8
西班牙	1.7	12.6	10.9	1.3	12.1	10.9	2.4	13.1	10.8	2.4	18.4	16.0	1.4	12.2	10.8	1.1	6.9	5.8
芬兰	1.6	1.9	0.2	1.7	2.1	0.3	1.5	1.7	0.2	3.0	3.9	0.9	1.6	2.1	0.5	0.9	1.0	0.0
法国	3.1	4.2	1.2	2.8	4.6	1.8	3.3	3.8	0.5	5.5	8.6	3.0	2.5	4.2	1.6	1.6	2.3	0.6
希腊	4.2	19.5	15.3	2.2	17.2	15.0	7.0	22.4	15.4	3.7	21.7	18.0	5.3	22.2	16.8	3.0	14.0	11.0
克罗地亚	6.0	10.1	4.1	5.0	9.6	4.6	7.2	10.6	3.4	8.2	18.0	9.8	6.1	10.9	4.8	3.3	4.0	0.7
匈牙利	3.5	3.7	0.2	3.3	3.6	0.3	3.6	3.7	0.1	9.4	8.8	−0.5	3.0	3.6	0.6	0.9	1.2	0.3
爱尔兰	1.4	6.6	5.2	1.8	8.3	6.5	0.9	4.6	3.6	3.1	13.3	10.1	1.0	7.9	6.8	0.5	3.0	2.5
意大利	2.9	7.7	4.8	2.3	7.1	4.8	3.9	8.6	4.6	3.8	10.9	7.1	2.6	7.1	4.4	1.8	3.8	2.0
立陶宛	1.4	4.8	3.4	1.5	5.4	4.0	1.3	4.2	2.9	2.6	13.2	10.6	1.7	6.4	4.7	0.5	1.4	0.9
卢森堡	1.2	1.7	0.5	1.3	1.7	0.4	1.1	1.6	0.6	2.0	2.7	0.7	0.9	2.2	1.3	0.7	0.9	0.2
拉脱维亚	1.6	4.7	3.0	2.0	5.3	3.4	1.3	4.0	2.7	2.8	11.0	8.1	1.7	5.2	3.5	0.7	1.8	1.1
马耳他	2.7	2.8	0.1	2.8	3.2	0.4	2.5	2.0	−0.4	4.1	4.9	0.8	1.1	1.1	0.0	0.3	0.9	0.6
荷兰	1.4	2.5	1.1	1.3	2.6	1.2	1.5	2.4	0.9	2.2	4.0	1.8	1.3	2.7	1.3	0.9	1.2	0.3
波兰	4.9	3.8	−1.1	4.6	3.7	−0.9	5.4	4.1	−1.3	9.5	9.3	−0.2	5.3	4.3	−1.0	1.6	1.7	0.1
葡萄牙	3.9	8.4	4.6	3.2	8.4	5.1	4.6	8.5	3.9	4.3	10.0	5.8	3.3	8.3	4.9	2.3	4.9	2.5
罗马尼亚	3.2	2.8	−0.4	3.6	3.1	−0.5	2.7	2.4	−0.3	3.5	2.6	−0.9	3.5	3.1	−0.3	1.4	2.0	0.6
瑞典	0.8	1.4	0.6	0.9	1.6	0.7	0.8	1.3	0.5	1.3	3.5	2.2	0.8	1.2	0.4	0.6	0.8	0.3
斯洛文尼亚	2.2	5.3	3.1	1.8	5.0	3.1	2.7	5.7	3.0	3.6	10.0	6.3	2.3	5.6	3.4	1.1	2.9	1.8
斯洛伐克	8.3	9.3	1.0	7.4	9.4	1.9	9.3	9.1	−0.2	39.8	32.9	−6.9	6.6	8.9	2.2	1.7	3.3	1.6
英国	1.3	2.1	0.8	1.6	2.5	0.9	0.9	1.6	0.7	2.8	5.0	2.2	1.0	2.0	1.0	0.4	0.6	0.2

资料来源：DG EMPL 根据 EU-LFS（lfsa_urgacob 和 lfsa_upgacob）计算所得。

表 2—3　　长期失业率（占经济活动人口的比重），按年龄、国籍划分　　单位：%

	年龄						国籍								
	15～24 岁			55～74 岁			本国			欧盟其他国家			第三国		
	2007年	2014年	变化	2007年	2014年	变化	2007年	2014年	变化	2007年	2014年	变化	2007年	2014年	变化
欧盟 28 国	4.1	7.6	3.5	3.1	4.3	1.2	2.9	4.8	1.9	2.0	5.7	3.7	3.6	9.7	6.1
奥地利	1.3	1.4	0.1	1.8	1.8	0.0	1.0	1.2	0.2	1.9	1.7	−0.2	3.5	3.7	0.2
比利时	5.7	8.0	2.4	3.3	3.7	0.3	3.1	3.2	0.1	4.5	5.1	0.6	13.2	13.9	0.7
保加利亚	6.3	12.7	6.4	4.4	8.3	3.9	4.1	7.0	2.9						
塞浦路斯	2.4	10.7	8.3	0.7	8.9	8.2	0.7	8.0	7.3	5.9	5.9	1.3	7.2	5.9	
捷克	3.5	3.8	0.3	2.2	2.2	0.0	2.7	2.6	−0.1	7.2	4.2	−3.0	4.4	2.7	−1.7
德国	3.9	1.8	−2.1	7.1	2.9	−4.2	N/A	N/A	N/A	N/A	N/A	N/A	N/A	N/A	N/A
丹麦	0.3	1.1	0.8	1.3	1.7	0.5	0.5	1.4	0.8	2.3	2.3	1.7	4.9	3.2	
爱沙尼亚	3.1	4.4	1.4	2.2	3.0	0.8	2.1	3.1	1.0	3.5	6.0	2.5			
西班牙	1.7	21.4	19.7	2.7	13.3	10.6	1.8	12.1	10.4	1.4	13.4	12.1	1.3	18.5	17.2
芬兰	1.0	1.0	0.1	3.0	3.1	0.0	1.5	1.8	0.3	3.8	6.8	6.0	−0.8		
法国	4.3	6.7	2.4	2.8	4.8	2.0	2.7	4.1	1.4	3.0	3.4	0.5	7.5	9.8	2.4
希腊	9.4	31.5	22.1	1.9	13.7	11.8	4.3	18.8	14.6	3.1	20.0	16.9	3.6	26.8	23.2
克罗地亚	11.6	22.6	11.0	3.8	7.3	3.5	5.9	9.9	4.0	7.7	9.5	1.8	6.7	12.0	5.3
匈牙利	6.5	6.7	0.1	2.2	3.8	1.6	3.5	3.7	0.2	4.4					
爱尔兰	1.9	9.3	7.4	0.9	6.0	5.1	1.4	6.4	5.0	1.2	7.7	6.4	2.1	7.4	5.3
意大利	8.6	24.8	16.3	1.2	3.4	2.3	2.9	7.5	4.7	3.2	9.1	5.9	3.1	9.6	6.5
立陶宛	1.8	4.4	2.6	1.5	5.6	4.1	1.4	4.8	3.4						
卢森堡	3.5	3.6	0.1	0.9	2.2	1.3	1.0	1.2	0.2	1.0	1.6	0.5	4.0	4.1	0.1
拉脱维亚	1.2	4.7	3.6	1.5	4.0	2.5	1.6	4.5	2.9	2.1	6.0	3.9			
马耳他	3.7	3.2	−0.5	2.2	3.4	1.2	2.7	2.7	0.1	0.0					
荷兰	1.0	1.5	0.5	2.9	3.9	0.9	1.0	2.6	1.5	1.8	3.8	1.9	3.5	7.2	3.7
波兰	7.5	7.4	−0.1	3.9	3.4	−0.6	4.9	3.8	−1.1						
葡萄牙	4.6	12.6	8.0	3.3	9.0	5.7	3.8	8.2	4.4	7.1	3.9	11.0	7.2		
罗马尼亚	9.7	8.7	−0.9	0.8	1.0	0.2	N/A	N/A	N/A	N/A	N/A	N/A	N/A	N/A	N/A
瑞典	0.7	1.3	0.5	1.1	1.6	0.4	0.6	0.9	0.2	1.5	1.9	0.4	2.6	5.4	2.8
斯洛文尼亚	3.0	7.6	4.6	1.5	4.7	3.2	2.2	5.1	3.0	5.3	3.9	7.5	3.6		
斯洛伐克	11.6	17.0	5.4	6.8	8.0	1.3	8.3	9.3	1.0						
英国	2.3	4.4	2.2	1.0	1.9	0.8	1.2	2.2	1.0	0.8	1.4	0.7	2.2	2.9	0.7

注：N/A 表示未获得数据。

资料来源：DG EMPL 根据 EU-LFS（lfsa_urgacob 和 lfsa_upgacob）计算所得。

年轻人、低技能人群和第三国移民工人在危机前面临更高的成为长期失业者的风险。危机时期欧盟汽车行业受到最严重的打击，老年人和低技能人群重返就业的机会更低。危机降低了男性和女性在长期失业方面的差距。但是在大多数成员国，男性有更多的机会重返就业。低技能人员不仅长期失业问题最严重，而且在危机时低技能人群的长期失业人数翻了一倍多。在大多数成员国，教育增加了长期失业人员求职的机会（见表2—4）。

表2—4　长期失业的构成（占长期失业的比重），按群体划分　单位：%

	性别		受教育程度			年龄		国籍		
	男	女	低	中	高	15～24岁	55～74岁	本国	欧盟其他国家	第三国
欧盟28国	54.6	45.4	41.3	42.8	15.6	14.7	14.5	84.3	3.7	12.0
奥地利	57.1	42.9	33.9	43.6	22.5	11.8	14.5	66.3	9.4	24.3
比利时	59.2	40.8	44.4	38.4	17.2	15.1	11.6	62.9	8.8	28.3
保加利亚	59.8	40.2	34.2	53.7	12.1	9.9	20.6	99.8	0.0	0.1
塞浦路斯	55.7	44.3	25.5	44.9	29.5	13.6	15.8	79.4	8.9	11.7
捷克	47.4	52.6	27.7	66.3	6.0	10.2	14.5	95.4	3.2	1.4
德国	59.2	40.8	33.2	56.1	10.6	8.1	26.4	N/A	N/A	N/A
丹麦	52.5	47.5	31.6	35.4	22.9	10.3	19.4	71.9	6.2	21.9
爱沙尼亚	60.9	39.1	15.1	60.5	24.4	11.2	18.8	80.7	0.2	19.1
希腊	49.4	50.6	30.4	47.6	22.0	10.3	8.8	86.4	2.1	11.4
西班牙	51.8	48.2	56.5	22.7	20.8	11.9	14.4	78.3	5.2	16.5
芬兰	56.6	43.4	26.4	52.5	21.1	6.9	33.1	85.2	4.6	10.2
法国	56.6	43.4	36.3	44.0	19.7	14.9	17.1	77.8	2.6	19.5
克罗地亚	51.0	49.0	21.1	69.1	9.5	19.6	10.3	87.2	1.1	11.7
匈牙利	53.6	46.4	30.6	61.1	8.3	13.6	15.5	97.7	2.0	0.3
爱尔兰	69.1	30.9	32.3	46.2	19.0	12.7	14.0	76.1	16.6	7.3
意大利	52.8	47.2	47.3	43.1	9.6	20.5	7.2	83.0	5.3	11.6
立陶宛	56.3	43.7	15.1	73.2	11.7	8.1	21.0	96.7	0.1	3.2
卢森堡	56.1	43.9	25.9	44.4	24.2	13.2	14.1	34.0	43.9	22.0
拉脱维亚	57.1	42.9	22.0	65.3	12.7	8.8	16.4	86.8	1.1	12.1
马耳他	72.1	27.9	80.3	12.2	7.5	17.0	17.7	91.6	2.3	6.1
荷兰	55.8	44.2	36.1	45.9	16.7	9.4	28.1	75.3	3.9	20.7

续表

	性别		受教育程度			年龄		国籍		
	男	女	低	中	高	15～24岁	55～74岁	本国	欧盟其他国家	第三国
波兰	52.2	47.8	15.9	70.5	13.5	16.2	13.8	99.5	0.1	0.4
葡萄牙	50.7	49.3	62.2	24.3	13.4	11.0	19.0	88.4	2.3	9.3
罗马尼亚	62.1	37.9	23.4	63.6	13.0	22.6	6.4	N/A	N/A	N/A
瑞典	58.3	41.7	38.5	39.9	21.6	11.3	22.3	47.5	6.9	45.6
斯洛文尼亚	50.3	49.7	22.1	61.1	16.8	10.0	11.3	87.3	2.3	10.4
斯洛伐克	56.0	44.0	23.2	69.3	7.4	14.2	12.2	99.7	0.2	0.1
英国	64.5	35.5	44.8	39.2	12.0	30.0	16.0	83.5	3.9	12.7

注：N/A表示未获得数据。

资料来源：DG EMPL根据EU-LFS（lfsa_urgacob和lfsa_upgacob）计算所得。

长期失业水平在欧盟达到了历史高值，即使当前经济已经开始恢复，但是长期失业问题并不特别乐观。这是由于对于经济恢复，长期失业退出率相较于短期失业并不敏感。

（三）政策干预

对于长期失业的政策干预，各成员国间差别很大且并没有均匀、充分地覆盖所有长期失业人口。

在危机期间，培训/终身学习和公共就业服务总体上有很大的提升，但是失业津贴的覆盖范围在最近几年有所减小。各成员国在长期失业覆盖范围方面差别较大，在失业津贴领取率方面，范围从1%到90%不等；在公共就业服务登记率方面，范围从22%到100%不等；在培训/终身学习的参与率方面，范围从1%到55%不等。这也部分解释了不同成员国在经济恢复和危机应对方面是不一样的。

另外，政策的覆盖范围对于不同群体也有很大差别。例如，最有可能陷入长期失业困境的老年工作者和低技能人群公共就业服务和失业津贴（欧盟平均水平为72%）的覆盖率最高，但是终身学习比例最低，为4%～6%（欧盟平均水平为11%）。相对应地，青年人（25～29岁）更有可能参加培训（比例为21%，欧盟平均水平为11%），但不太愿意到公共就业服务部门进行登记并领取失业津贴。高技能人群、中等技能人群、男性和女性劳动者、主要劳动年龄人群（25～49岁）的政策覆盖范围均接近欧盟平均水平。但是高技能人群比起中等技能人才，有更强的意愿参加培训和终身学习（比例为

18.8%，中等技能人群比例为8.8%），也远高于欧盟平均水平（10.7%）。

不论是持续时间还是年龄方面，公共就业服务登记都趋向上升，而培训参与情况在持续时间和年龄两方面都趋向下降。对于领取失业津贴这一最为普遍的形式，在失业的前5个月趋向上升而之后趋向下降，在一些国家，长期失业领取失业津贴的比例不足10%。而终身学习情况趋好，欧盟失业人群（不论是短期失业还是长期失业）都更多地参与培训和教育活动，2014年的比例为10.7%，高于危机前2007年9.3%的水平。

考虑到长期失业人员特点和宏观经济发展情况，政策干预对于帮助长期失业人员重新获得稳定工作发挥了关键作用。2005—2013年，经济增长对于长期失业人员重获工作起到了最主要的作用，但是最近几年，经济发展因素的影响在降低，其他因素发挥了更大的作用。

在其他因素相同的情况下，参加培训和教育、具备工作经验的长期失业人员更有可能获得可持续的工作。对于低技能人群，这种现象更加明显。与高技能人群相比，中等技能人群和低技能人群之间的差距因参加培训/终生学习或具备工作经验而缩小。这非常明确地表明，求职者的受教育程度差距可以通过特定目标的培训和工作经验来弥补，并进一步有力证明了因长期失业而受影响最大的群体——低技能者和老年工作者，从培训/终生学习中所获好处最少。

在公共就业服务部门登记，特别是这项工作与领取失业津贴相结合的情况下，极大增加了长期失业人员转为可持续就业的可能性。但是最近几年，领取失业津贴的相关性在下降。在公共就业服务部门登记和领取失业津贴能发挥多大的正面效应，取决于服务的提供和设计是否体现了平等，该因素对求职率的影响在各成员国之间有很大的差别。

尽管积极劳动力市场政策覆盖的影响只在成员国层次有所体现，但是结果表明，积极劳动力市场政策的高覆盖率将对促进长期失业人员进入就业产生正面效应。积极劳动力市场政策干预的效果在不同国家相差悬殊。

就业保护立法的刚性越大，长期失业人员的就业机会越少。许多研究表明，就业促进法保护程度越高，长期失业人员重新融入就业市场的障碍越大。

不同人群特点不同，政策干预的效果也不同。研究发现，公共就业服务登记和领取失业津贴对于年轻人的正面作用较大，而公共就业服务登记单独政策对老年人的正面作用比较大。这与年轻人受失业津贴政策覆盖和公共就业服务登记最少的现实形成了鲜明的对比。需要进一步加大以下方面的研究，即造成这一现象的原因是什么，这是否意味着长期失业的年轻人比起老年人更加需要收入方面的支持，以促其求职成功。

而且分析表明，低水平的教育在阻碍进入就业市场的作用方面对长期失业的年轻人的影响程度高于老年失业人员。需要进一步研究造成这种现象的原因，是否由于老年个人的整体受教育水平相对较低，缺乏正规教育的影响没有那么大，或者是否正规教育现在主要只在一些针对年轻工人教育的部门或职业领域发挥重要作用。

研究分析表明，对待长期失业问题需要通过一系列综合性的措施，包括：最重要的是积极劳动力市场政策，特别是培训/终生教育，与工作经验相结合更好；提供公共就业服务，为求职过程提供指导；领取失业津贴，从资金上保障其能够参与到旨在提升其就业能力的政策干预中来。然而，这些政策的效果是不一样的，取决于个人特点，这就需要更具个性化、目标更加明确的政策措施。

二、社会对话

社会对话被认为是欧洲社会模式[1]的基本构件，是社会市场经济发挥良好作用的前提条件。然而，最近几年，社会伙伴开展谈判活动面临一个艰难的环境。即使在危机前欧洲经济和劳动力市场还未受到经济和金融危机的重创，社会对话也受到全球化、工作环境变化和劳动关系个别化的挑战。而且，劳动关系个别化机制随着欧盟范围的扩大而不断扩散。在中东欧，社会对话经历了一个艰难的转型。在这些国家，社会伙伴地位较低，三方社会对话的作用受到质疑，比起西欧国家，这些国家的产业关系机制，例如集体谈判并没有得到较好发展。[2]

即使在社会对话发挥较大作用的国家，危机也对其效率和履行能力产生负面影响，特别是在经济衰退后期。尽管在一些国家，强大的社会对话制度对于抵制危机发挥了有效作用，但是在另一些国家，集体谈判制度经历了变化，现在变得更加碎片化。从某种意义上说，危机加速了之前存在的社会对话制度的衰落进程，集体谈判覆盖面下降，集体谈判更加分权。虽然在一些

---

〔1〕 其关键作用被欧洲条约、欧盟基本权利宪章、欧洲社会宪章和国际劳工组织公约所承认。
〔2〕 见欧盟委员会（2013a 和 2015a）。

国家，分权的集体谈判牢固存在于社会协调体系中，但是在另一些国家，分权集体谈判发挥作用的关键条件，如企业层次的工人代表都不到位。面对经济的不确定性，雇主和工人为应对危机就准确的政策组合或所需要的改革问题进行协商，从而达成一致意见将变得越发困难。缺乏共识，政府和公共权力部门更加频繁地采取单边决定，脱离了社会伙伴的支持。[1]

社会伙伴和社会对话地位的下降，削弱了欧盟委员会议程中所规定的社会伙伴对岗位创造、就业增长、社会公平和民主政体变化的潜在贡献。欧盟和成员国要成功引导经济增长和就业调整，就需要在正确的政策集合方面达成更宽泛的一致意见，得到实施结构性改革的所有利益相关方的支持，特别是社会伙伴。

在提出欧盟层次社会对话的30年后，欧盟委员会现在正在进行新的社会对话推进行动。2015年3月5日，在欧盟机构代表、欧盟和各国社会伙伴组织代表的参与下，欧盟委员会提出了“社会对话新的开始”倡议。

“社会对话新的开始”旨在改善社会伙伴在“欧洲学期”的参与以及增强其在欧盟政策和法律制定方面的作用。实现这一目标，需要在国家层面具有良好机制、有效的社会对话。欧盟委员会在其通讯中就分步实现经济和货币联盟（2015a）问题，要求成员国更加重视国家社会伙伴的作用，特别是通过促使其更加深入地参与国家改革项目之中，增强其改革成就的所有者意识。

2015年10月5日，以理事会决定的形式通过了就业政策方针，反映出各成员国在设计和实施相关改革和政策时，需要紧密联系国家议会和社会伙伴，符合国家惯例，从而在国家层面提高社会对话的作用和效果。

如欧洲社会基金所预计，在国家层面，在社会伙伴的能力建设方面需要投入更加充分的资源和支持。这在一些国家尤其重要，如产业关系机制在危机中遭到严重破坏的国家，危机前社会伙伴能力建设就存在问题的国家（包括一些中东欧国家）。

[1] 见欧盟委员会（2015a）。

第四节　排除岗位创造方面的障碍

一、支持技能提升和技能匹配

工人拥有的技能和正式文凭与岗位需要和雇主需要的技能之间实现匹配，劳动力市场才能运行良好。工人的正式文凭往往不能反映其实际技能水平，但是毋庸置疑是一个衡量技能水平的重要方法。

通常，技能往往被作为一个包罗万象的术语使用，经常与能力、素质和行为品质交换使用。但是，劳动力市场经济学家、政策制定者、教育和人力资源从业者会坚持获得其更精确的含义，在正式获得的技能或素质、狭义的技能或一个人通过正式教育以及工作经历而获得的做事能力、软技能，以及最终资格能力（即一个人的技能在工作中能得到多大程度的应用，包括态度、动机和个人品质在内的一个概念）等概念间寻求区别点。

如今经济快速变化，由于知识过时的速度比原来任何时候都快，因此要求人们具有更强的知识和创新能力。有时需要获得完全新的技能，这对工人、雇主、决策者和研究人员都提出了新的要求。工人需要更新知识适应要求的变化，雇主需要为工人提供良好的培训计划、现代化招聘手段和人力资源政策。对教育和技能培训进行有效果的、有效率的投资，实施相关制度促进技能发展是必要的。这就要求根据对未来劳动力市场需求的研究预测做出长远的计划。

支持工人的技能提升和劳动力市场技能匹配对于任何国家、任何地区都适用。欧盟在这方面面临着特殊的挑战。生育率下降导致的劳动力减少，再加上出生时预期寿命增长的因素，导致欧盟社会快速老龄化，这意味着目前的生活标准在未来只能依靠更高的生产力才能维持。生产力增加的机会主要在知识部门，该部门要求更高水平的技能、创造力和灵活性。

预计未来劳动力市场将向技能需求方向发展，政府、企业和工人都同样会从中受益。这有助于进行更好的投资决定和职业选择。

由于预见到未来劳动力市场的需求，欧盟通过一项政策，要求在 2020 年 30～34 岁年龄段的劳动力受到高度教育水平的比例达到 40%。2013 年这一比例是 36.9%，如果依照 2010 年以来的趋势推算，2020 年的政策目标应该能够达到。[1] 在过去，更高的受教育水平与更高的工作质量和更高的收入紧密相连。然而，从某种程度上看，目前和将来并不能确定毕业生在劳动力市场能够复制老一辈劳动者的成功经历，因为目前的毕业生更多地经历了“过度资质”。

一些成员国对面临的全球化挑战做了较好准备，而另一些成员国却没有做好准备。最近的 PISA 结果表明，在五种关键技能中，欧盟整体水平与美国、加拿大、澳大利亚等国家相似，但低于日本和韩国。而且各成员国的水平差距也很大。根据 PISA 的测算，对于数学、阅读和科学这三种主要技能，一些国家在其中一项或几项有进步，而另一些国家则持续下降。一些学校体系需要做出重大改善（见图 2—14）。

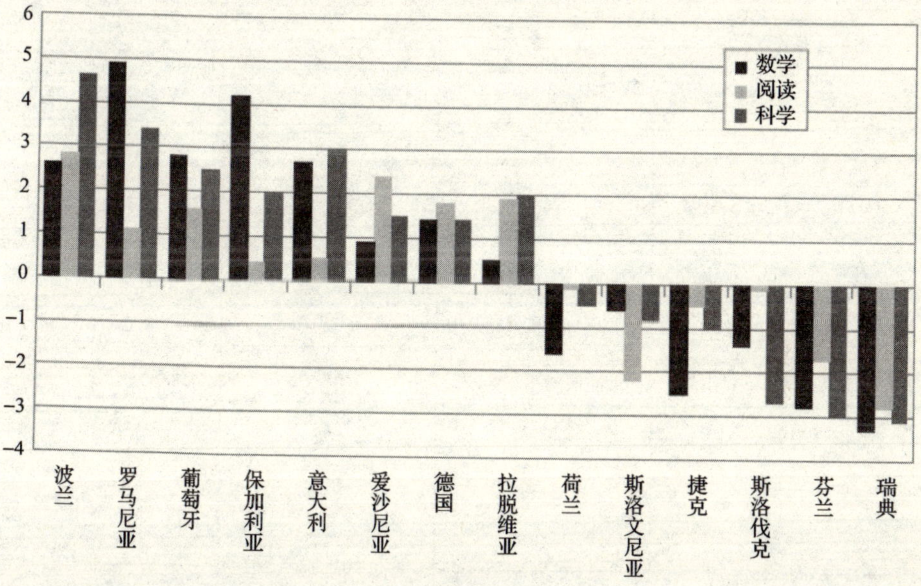

图 2—14 PISA 三种主要技能得分变化情况（2006 年和 2012 年）

资料来源：OECD-PISA 2012 调查。

成年技能调查（PIAAC）表明，成年人技能水平在一些国家偏低。这更加表明了在这些国家改善工人培训项目的紧迫性（见表 2—5）。

在欧盟，受过高等教育日益成为获得中等收入或高收入工作的前提条件，但并不是受过高等教育就能够保证得到中等收入或高收入工作。从一定程度

〔1〕 更多信息见“教育和培训监督”，http://ec.europa.eu/education/tools/et-monitor_en.htm。

表 2—5　PIAAC 对三种技能的调查结果（欧盟 18 国、2 个欧盟地区、4 个非欧盟国家和经合组织平均水平）

	口头表达能力	算数能力	问题解决能力
日本	296	288	294
芬兰	288	282	289
荷兰	284	280	286
澳大利亚	280	268	289
瑞典	279	279	288
爱沙尼亚	276	273	278
弗兰德斯（比利时）	275	280	281
捷克共和国	274	276	283
斯洛伐克	274	276	281
加拿大	273	265	282
经合组织平均水平	273	269	283
韩国	273	263	283
英格兰和北爱尔兰（UK）	272	262	280
丹麦	271	278	283
德国	270	272	283
美国	270	253	277
奥地利	269	275	284
波兰	267	260	275
爱尔兰	267	256	277
法国	262	254	
西班牙	252	246	
意大利	250	247	

注：法国、西班牙和意大利的问题解决能力不可测量。

资料来源：PIAAC。

上看，较高受教育水平和较好工作之间的关联性已经被打破。欧盟技能研究机构 Cedefop 预言，2025 年最大的岗位份额（24%）将面向“职业”高技能人员。

与劳动力市场紧密关联的设计良好、高效、可获得的教育制度和培训计划，对于劳动力市场所需技能水平的培养和维持是至关重要的。至于成年人的教育和培训问题，需要特别关注目前市场中的不利群体，即低技能人员、失业人员和非经济活动人口。就业导向的培训对于学生从学校向社会的角色转变起到关键作用。在大多数欧盟成员国，对于 20～35 岁不具备高等教育水平的人口，接受过就业导向培训的工人比没有接受过就业导向培训的工人就业层次要高。

培训项目将被认为是积极劳动力市场政策的关键组成部分，并成为政府的责任。应鼓励雇主不断改善其员工的技能。此外，激发工人自身的积极性对于提升其技能水平也是十分必要的。

此外，欧盟还需要在技能水平转换的认可制度方面发挥作用，继续在行政和法律方面努力对于保证欧盟范围内职业资格和所获文凭的效力是非常重要的。

二、社会保护的效率和效果

自 2009 年起，经济和劳动力市场状况的恶化以及欧洲福利制度的财政紧缩，对家庭收入产生了巨大压力。其结果是人们对整个生命周期的社会保护体系效果和效率的提升更加予以关注。

2001—2012 年，社会保护支出的结构逐渐从失业保护和家庭支出转向年金和医疗支出（较少程度转向社会排斥和住房）。这种社会保护转移支出的方向在最近几年更加明显。2011 年和 2012 年可得数据显示，在失业水平居高的背景下，每个失业人员的平均失业支出发生大幅下降（每个孩子的平均家庭支出也出现了较小幅度的下降），而年金和医疗支出相对较少受到影响。社会保护支出在危机前期快速增加，在很大程度上促进了家庭收入的稳定，而 2011—2012 年，特别是在 2012 年开始下降。2013 年社会保护支出再次增长，2014 年增长幅度较大。

社会保护支出趋势不仅反映了潜在受益人数量的变化（特别是在失业增加的情况下），而且在指数机制设计的极大影响下，反映了平均支出的变化。

通过整个周期的平滑指数机制（这也适用于大多数福利津贴，特别是年金），社会保护制度稳定社会功能的效果得到增强。而且，活动年龄人口的平均支付水平，特别是每个失业人员的平均失业支出（以及每个孩子的平均家庭支出）在整个周期内较少出现下降倾向，通过失业津贴的领取期限它与周期变化更紧密地结合。津贴的平滑指数可以通过平均几年的通货膨胀率获得。这可以维持整个经济周期津贴价格指数不受影响，为其他政策留出足够的财政空间，以充分发挥其稳定社会的作用。

在2011年和2012年，当实际支出下降的时候，支出的增加并不必然带来需求的提升；反之亦然。在一些国家，某些领域的支出水平相对较高，但是相对较快的支出增长并没有反映实际需要，如塞浦路斯、希腊和奥地利的年金领域就是如此；反之，在其他一些社会支出水平较低且执行情况中等或较低的成员国，社会支出的实际水平在下降。如保加利亚、爱沙尼亚、拉脱维亚和爱尔兰在年金领域，西班牙、拉脱维亚、波兰和葡萄牙在家庭领域，克罗地亚和意大利在社会排斥和住房领域。几乎一半的成员国都发生了类似的无理由的失业支出下降情况，如保加利亚、克罗地亚、立陶宛、拉脱维亚、希腊、西班牙、匈牙利、意大利、波兰、斯洛文尼亚和罗马尼亚。

对家庭政策的分析表明，对不同政策目标，包括促进母亲就业、家庭收入支撑和加大儿童福利投入等采取历史分析的方法是非常重要的。研究结果表明，儿童照顾服务的大范围提供和利用、可行的非全日制工作等与母亲高比例的参与劳动力市场之间呈正相关关系，而工资的性别差距和对家庭津贴的总支出与母亲的劳动力参与率呈负相关关系。而且，工作可以防止贫困，更高水平和更加平等的家庭津贴分配同样与低贫困率相关。这强调了津贴再分配情况和总体水平高低的重要性。

但是，其他风险因素依然存在。父母的劳动力市场状况强有力地决定着孩子的成长条件以及他们的长远发展机会。家庭工作人员越多，贫困的风险越小。与母亲就业的情况相对照的是，在其他条件相同的情况下，女性非全日制工作往往面临更高的贫困风险。这表明需要更加灵活的劳动条件，支持母亲参与劳动力市场，获得充分的收入支持家庭生活。

带薪双亲假的充分实施（使父母仍然处于劳动力市场，有工作收入）和可得的高质量儿童照顾服务，对支持母亲就业发挥着关键作用。降低女性成为长期家庭主妇的动机，同样要求给各个教育层次的母亲提供就业机会，特别是低技能母亲和有移民背景的母亲。另外，尽管母亲从事全日制工作对于家庭和社会而言都是好事，但是母亲可能会面临双重负担。从这个方面讲，需要在工作时间上更加体现性别平衡，使工作和家庭生活能够更好地协调起来。更加灵活的工作场所将有助于解决家庭状况的差异性。

对社会保护政策促进工作年龄延长的研究分析表明，在欧盟绝大多数地方，即使是经济衰退时期，劳动力市场对于老年工人仍是友好的。

增加老年人口的就业率，特别是老年妇女的就业率，对于实现欧盟 2020 年就业目标和年金支付的可持续是至关重要的。2014 年，老龄化带来的教育和社会问题对于大多数成员国仍是一个挑战，特别是对于斯洛文尼亚、罗马尼亚、希腊、克罗地亚和马耳他等一些国家。

对于老年人口的状况进行综合评估非常重要。例如，在保加利亚、立陶宛、爱沙尼亚和拉脱维亚，老年工人具有相对较高的就业率，但是生活状态并不好。在这些国家，老年人继续工作主要是因为他们缺乏足够的收入，这不是延迟工作生命的一个好的模式。期限更长、更丰富多样的工作生活的成功模式发生在丹麦、芬兰、德国、荷兰、瑞典、英国等一些国家，这些国家将运行良好的劳动力市场和充分的、平衡的社会支出结合起来。在这些国家，老年人继续工作并不是因为金钱的原因。劳动力市场对于老年人是友好的（例如可以减少工作时间或在家工作），他们的雇主继续愿意为他们提供培训。在这些国家，人们愿意延迟工作时间，表明这是一个成功的模式。但是这些国家也不能免于其他一些问题，如老年失业人群重新求职困难，一旦退休并不能获得足够的收入。

延长工作年限需要一系列因素的支持。在过去的 10 年，劳动力教育水平的提高是老年工人就业率提高的主要原因。受教育程度高的老年人继续活跃于劳动力市场。年轻一代受教育水平的提高可以预测未来老年人就业率将是令人鼓舞的，而且他们已经完全受到之前年金改革的影响。

年金改革可以解释危机中老年人劳动力市场参与率的持续增加。在欧洲几乎所有地方，老年工人参与劳动力市场的现象在经济衰退时愈加明显。过去 10 年持续的改革，如严格提前退休计划、延长缴费期限、提高养老金领取年龄等，都可以解释这种趋势。领取养老金年龄对于老年人选择是否继续就业起到关键作用。但是统一提高养老金领取年龄不能与不同职业所展现出来的生命周期梯度相匹配。

其他类型的社会支出也对工作年龄的延长起到作用，如对儿童照顾和长期护理的规定。通过限制年金储蓄的税收支付以掩盖老年工人税收楔子的减少同样被证明是有效的、范围广泛的。雇主也为老年人积极参与劳动力市场创造了有利条件，他们通过为老年人继续提供培训服务鼓励他们继续参与劳动力市场。

第三章

经合组织国家劳动力市场发展趋势[1]

全球金融危机对就业和工作收入产生了深远影响。虽然经合组织（OECD）国家终于开始逐渐复苏，但仍有一些国家存在着严重的岗位流失和高失业率问题。许多国家的实际工资增长仍然受挫，从而对提振家庭消费产生了阻力并造成了经济困难。经济的急剧衰退以及随后缓慢而参差不齐的经济复苏为劳动力市场政策制定者带来了一系列的困难和挑战，至少从中短期来看确是如此，这加重了人们对低工作质量和弱势群体就业的担忧，而这种担忧早在经济衰退之前即已存在。本章主要概括论述经合组织国家近期劳动力市场的发展趋势，并重点讨论就业数量和就业质量问题。

第一节　就业发展趋势

一、从劳动力市场发展状况中得以窥见 2007 年以来过山车式的宏观经济走势

近些年来，2008—2009 年间严重的经济衰退以及随后参差不齐又磕磕绊绊的经济复苏对就业和失业的发展趋势产生了显著影响。正如人们所预期的，

---

〔1〕 本章内容根据经合组织（OECD）2015 年发布的《经合组织就业展望 2015》（*OECD Employment Outlook 2015*）编译。

经济衰退期间实际GDP大幅下跌，导致各国出现了大量的岗位流失和失业率的急剧攀升，而随后经济产出重现增长为劳动力市场复苏创造了有利条件（见图3—1）。到2014年第四季度，经合组织国家失业率已降至7.1%。这虽然比出现于2010年第一季度的8.4%的战后最高水平低了1.3个百分点，但仍然比危机前的失业率高1.6个百分点。目前，经合组织国家仍有超过4 300万名失业人员，比危机前多近1 100万人。

经合组织各国劳动力市场之间无论是在初始就业率的下降幅度，还是在随后经济复苏的活力方面均存在显著差异。例如，相较于日本和欧元区国家而言，美国起初出现了大量的岗位流失问题，但随后美国却实现了经济产出的平稳回升以及就业市场的同步复苏。日本和美国的失业率均在2009年下半年攀升至峰值之后开始逐步下降到危机前水平，而欧元区在主权债务危机影响下面临经济困境，欧元区国家失业率一直持续攀升，直至2013年达到近12%的峰值后才开始出现缓慢回落。

经合组织对2016年年底之前的经济预测显示，经合组织国家总体上将呈现经济适度增长，而这将继续推动劳动力市场状况的日益改善。然而，预测

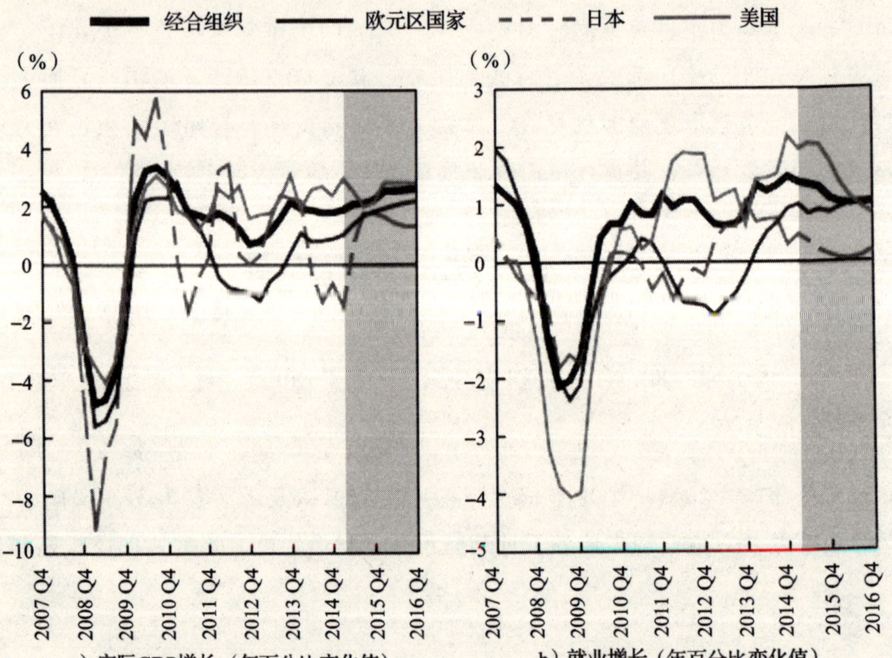

a）实际GDP增长（年百分比变化值）　　b）就业增长（年百分比变化值）

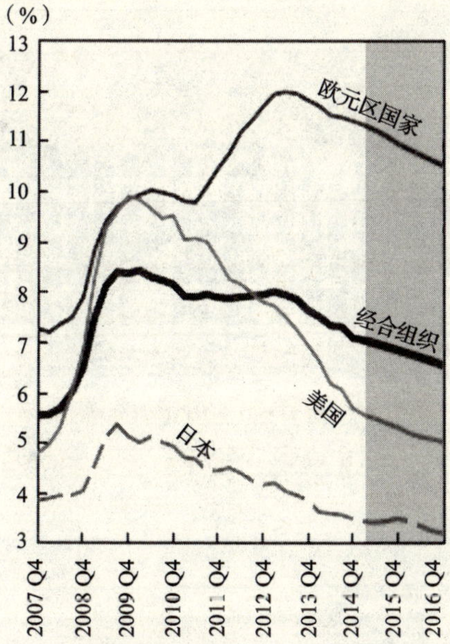

c）失业率（失业人口占劳动力的比重）

图 3—1　经合组织国家近期和预测的实际 GDP 增长、就业增长和失业率变化情况

注：1. 图中阴影区为经合组织的预测情况。

2. 图中欧元区国家代表欧元区中 15 个经合组织国家的综合情况。

3. 图中 Q4 代表第四季度。

资料来源：经合组织根据《经合组织经济展望》（*OECD Economic Outlook*）数据库计算得出，http://dx.doi.org/10.1787/eo-data-en。

也显示将有许多经合组织国家到 2016 年年底仍难以实现劳动力市场的完全复苏，而此时距离危机开始已有 9 年光景。

二、一些经合组织国家劳动力市场的复苏之路仍任重道远

衡量劳动力市场复苏状况的一种实用方式是将目前的 15 岁及以上就业人员所占比重与危机前进行对比。图 3—2 显示，经合组织国家的总体就业率从 2007 年第四季度的 55.8%跌至 2014 年第四季度的 54.4%，预计到 2016 年第四季度也仅小幅恢复至 54.8%。用此种方式测量的岗位流失状况在遭受金融危机重创的国家最为严重，如希腊、爱尔兰和西班牙，与 2007 年第四季度金融危机爆发时的就业率相比，这 3 个国家 2014 年第四季度就

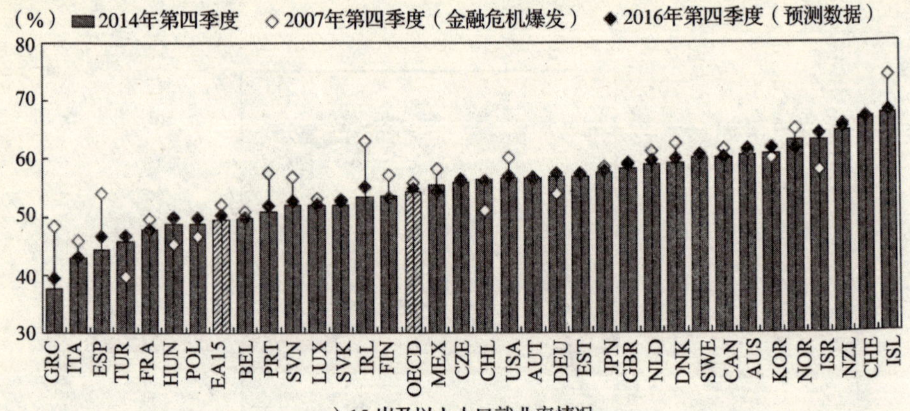

a）15岁及以上人口就业率情况

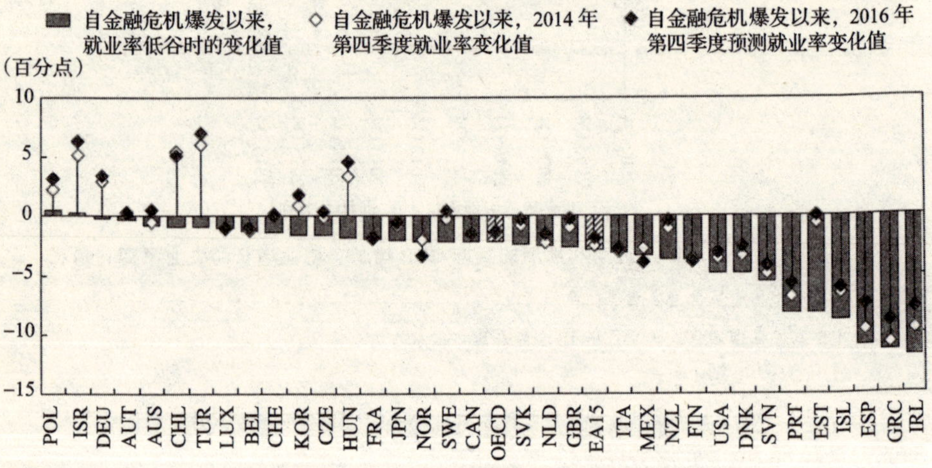

b）自金融危机爆发（2007年第四季度）以来就业率变化值

图3—2 就业仍未完全复苏的情况

注：图3—2a中的国家按照当前（2014年第四季度）就业率高低呈升序排列，图3—2b中的国家按照自金融危机爆发以来就业率最大减幅呈升序排列。

国别缩写为：AUS——澳大利亚，AUT——奥地利，BEL——比利时，CAN——加拿大，CHE——瑞士，CHL——智利，CZE——捷克，DEU——德国，DNK——丹麦，ESP——西班牙，EST——爱沙尼亚，FIN——芬兰，FRA——法国，GBR——英国，GRC——希腊，HUN——匈牙利，IRL——爱尔兰，ISL——冰岛，ISR——以色列，ITA——意大利，JPN——日本，KOR——韩国，LUX——卢森堡，MEX——墨西哥，NLD——荷兰，NOR——挪威，NZL——新西兰，POL——波兰，PRT——葡萄牙，SVK——斯洛伐克，SVN——斯洛文尼亚，SWE——瑞典，TUR——土耳其，USA——美国，EA15——欧元区中15个经合组织国家的综合情况。

资料来源：经合组织根据《经合组织经济展望》（*OECD Economic Outlook*）数据库计算得出，http://dx.doi.org/10.1787/eo-data-en。

业率分别下降了10.8、9.6和9.7个百分点。虽然34个经合组织国家中已有25个国家的就业率重返其危机前水平，但仍有9个国家的就业率高于危机前水平。最引人注目的是，智利、以色列和土耳其的就业率较其2007年年底高出近5个百分点。德国、匈牙利和波兰的就业率也实现了显著上涨。[1]

对于大多数就业率仍低于危机前水平的国家而言，重要的是要弄明白这一现象在多大程度上反映了失业水平的上升，又在多大程度上是由自愿退出劳动力市场所引起的，如与人口老龄化相关的退休率的提高。事实上，经合组织国家的平均劳动参与率水平并未发生显著变化，因而危机后就业率的下降几乎可以一对一地转化为失业率的上升（见图3—3）。[2] 经合组织最新预测认为，这种周期性主导的失业上升只有到2015年和2016年才逐渐减轻。最令人担忧的是，希腊失业率预计仍将保持在20%以上的水平，而其他4个经合组织国家也将保持在10%以上。与此形成鲜明对比的是，少数几个国家的失业率已经降至低于危机前水平，其中德国失业率的下降尤为显著。

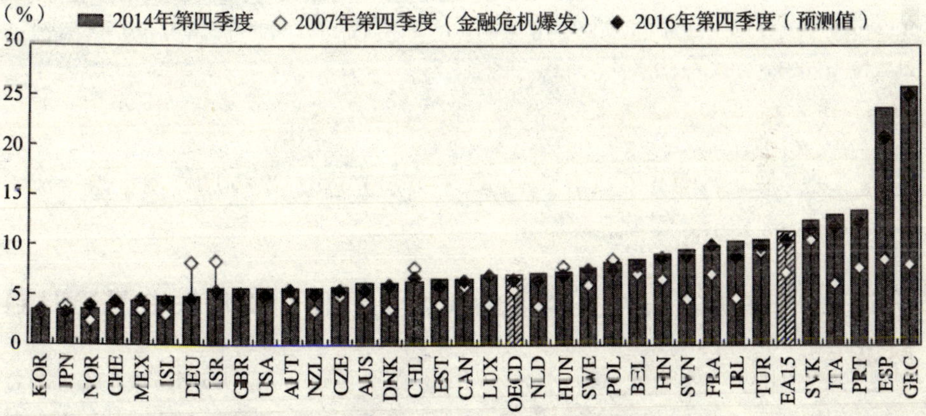

a）失业率（失业人口占劳动力的比重）

---

〔1〕德国就业率的大幅上涨与希腊和西班牙就业率的大幅下跌形成强烈对比，从而显示出经济危机对欧元区各国劳动力市场的影响程度存在显著差异，这种差异也同样存在于欧元区国家和OECD非欧元区国家之间。

〔2〕美国是个例外，其危机后就业率的下降主要源自参与率的下降，而非失业率的上升。随着经济继续复苏以及就业机会的不断增加，参与率近期所呈现的下降趋势将在多大程度上出现逆转尚不明晰。

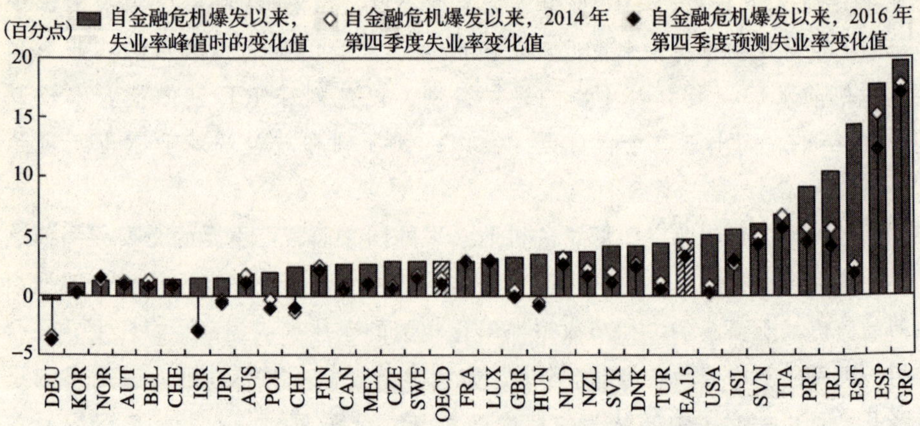

b）自金融危机爆发（2007年第四季度）以来失业率变化值

图 3—3　大多数经合组织国家的失业率仍高于危机前水平

注：图 3—3a 中的国家按照当前（2014 年第四季度）失业率高低呈升序排列，图 3—3b 中的国家按照自金融危机爆发以来失业率最大增幅呈升序排列。

国别缩写为：AUS——澳大利亚，AUT——奥地利，BEL——比利时，CAN——加拿大，CHE——瑞士，CHL——智利，CZE——捷克，DEU——德国，DNK——丹麦，ESP——西班牙，EST——爱沙尼亚，FIN——芬兰，FRA——法国，GBR——英国，GRC——希腊，HUN——匈牙利，IRL——爱尔兰，ISL——冰岛，ISR——以色列，ITA——意大利，JPN——日本，KOR——韩国，LUX——卢森堡，MEX——墨西哥，NLD——荷兰，NOR——挪威，NZL——新西兰，POL——波兰，PRT——葡萄牙，SVK——斯洛伐克，SVN——斯洛文尼亚，SWE——瑞典，TUR——土耳其，USA——美国，EA15——欧元区中 15 个经合组织国家的综合情况。

资料来源：经合组织根据《经合组织经济展望》（*OECD Economic Outlook*）数据库计算得出，http://dx.doi.org/10.1787/eo-data-en。

二、一些国家长期失业率的大幅上升使结构性失业风险日益突出

总体来看，在 2014 年第四季度，经合组织国家中失业时间长达 12 个月或更久的失业人员超过 1/3（见图 3—4），相当于有 1 520 万名长期失业人员。这一群体的规模自 2007 年以来已经增长了 77.2%。

随着就业重现增长，一些经合组织国家长期失业人员的占比开始下降。美国的长期失业人员占比在 2011 年第三季度升至战后峰值（近 1/3）之后开始下降，到 2014 年第三季度降至 21.5%，但仍高于危机前约 10%的水平。然而，在那些总体失业率达到经济衰退期峰值后出现大幅下降的国家，长期

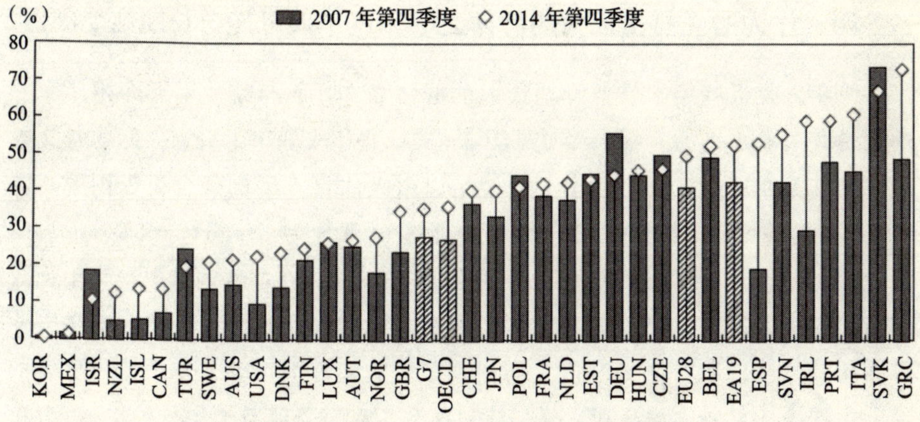

图 3—4　2007 年第四季度和 2014 年第四季度经合组织国家的长期失业率[a, b]

(失业 1 年以上的人员占失业总数的比重)

注：a. 图中数据并未进行季节调整，而是运用前三季度移动平均值平滑处理的数据。经合组织数值为除智利外 33 个经合组织国家的加权平均值。

b. 以色列使用的是 2014 年数据。

图中国家按照 2014 年第四季度长期失业率高低呈升序排列。

国别缩写为：AUS——澳大利亚，AUT——奥地利，BEL——比利时，CAN——加拿大，CHE——瑞士，CHL——智利，CZE——捷克，DEU——德国，DNK——丹麦，EA19——欧元区国家，ESP——西班牙，EST——爱沙尼亚，EU28——欧盟 28 国，FIN——芬兰，FRA——法国，G7——七国集团，GBR——英国，GRC——希腊，HUN——匈牙利，IRL——爱尔兰，ISL——冰岛，ISR——以色列，ITA——意大利，JPN——日本，KOR——韩国，LUX——卢森堡，MEX——墨西哥，NLD——荷兰，NOR——挪威，NZL——新西兰，POL——波兰，PRT——葡萄牙，SVK——斯洛伐克，SVN——斯洛文尼亚，SWE——瑞典，TUR——土耳其，USA——美国。

资料来源：经合组织根据国家劳动力市场调查数据计算得出。

失业率的下降速度通常相对较慢。

较高的长期失业率问题在一些国家引起了强烈关注，原因在于在技术陈旧以及受此影响的个人失去了工作活力这两方面因素的作用下，存在着失业长期高于金融危机之前的风险。[1] 一些长期失业人员会丧失信心，并退出劳动力市场，而另外一些人员被迫接受新的未充分就业的工作岗位。

---

〔1〕 难以评估长期失业者实现再就业的可能性有多大，因而也难以评估他们是否应该被视为已经转变为结构性失业。越来越多的综合性分析研究显示，当前失业率高于危机前失业率的那部分差额中，大多数是周期性的，而非结构性的，尽管失业时间长达 1 年以上的长期失业人员占比越来越高。

四、作为遭受打击最大的群体之一，青年人可能会长期饱受创伤

青年人是近些年来就业降幅最大的群体之一，而与就业率下降相伴而生的则是其失业水平的大幅上涨（见图 3—5）。青年失业率上升这一问题备受关注，尤其是在那些青年失业率上升至足以引人注目水平的经合组织国家。图 3—5 显示，2014 年第四季度，青年失业率西班牙为 51.8%，希腊 50.1%，意大利 42.3%，葡萄牙 33.4%，斯洛伐克 28.8%。在这些国家中，青年失业率曾出现峰值，其中一些国家青年失业率近期出现回落。有些国家青年失业率在达到经济危机时期的峰值之后出现了较大幅度的下降，其中尤为显著的国家包括爱沙尼亚、匈牙利、爱尔兰和冰岛，降幅分别为 23.6、9.9、8.7 和

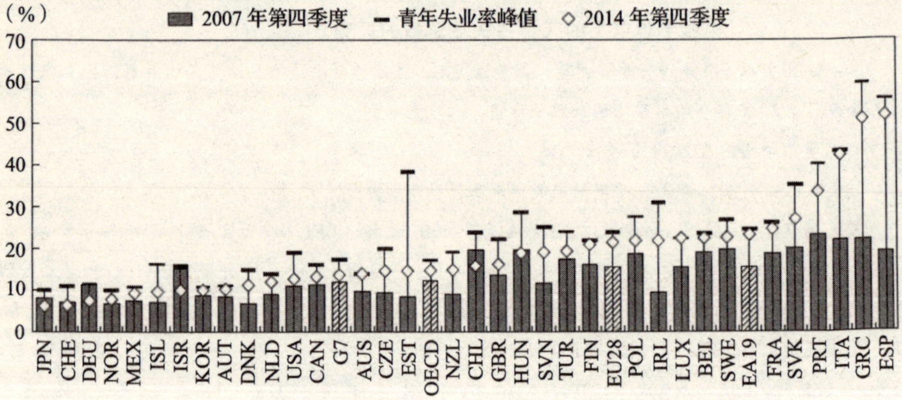

图 3—5　2007 年第四季度[a]和 2014 年第四季度经合组织国家青年失业率

［青年失业人口占青年劳动力（15～24 岁）的比重[b]］

注：a. 瑞士数据为 2007 年第二季度。

b. 希腊、土耳其和英国数据为 2014 年第三季度。

图中国家按照 2014 年第四季度青年失业率高低呈升序排列。

国别缩写为：AUS——澳大利亚，AUT——奥地利，BEL——比利时，CAN——加拿大，CHE——瑞士，CHL——智利，CZE——捷克，DEU——德国，DNK——丹麦，ESP——西班牙，EST——爱沙尼亚，FIN——芬兰，FRA——法国，GBR——英国，GRC——希腊，HUN——匈牙利，IRL——爱尔兰，ISL——冰岛，ISR——以色列，ITA——意大利，JPN——日本，KOR——韩国，LUX——卢森堡，MEX——墨西哥，NLD——荷兰，NOR——挪威，NZL——新西兰，POL——波兰，PRT——葡萄牙，SVK——斯洛伐克，SVN——斯洛文尼亚，SWE——瑞典，TUR——土耳其，USA——美国。

资料来源：经合组织短期劳动力市场数据库（截止日期为 2015 年 3 月 10 日），http://dx.doi.org/10.1787/data-00046-en。

8.3 个百分点。虽然这足以振奋人心，但绝大多数国家的青年失业率仍高于危机前水平。2014 年第四季度，经合组织国家青年平均失业率比危机前高 2.7 个百分点。青年人持续高失业率会对其长远职业前景产生危害。

2007 年以来青年就业率的大幅走低反映了青年劳动参与率（工作或者失业）的下降。如果青年人低劳动参与率在一定程度上代表着较高的入学率或职业培训参培率，那么低就业率意味着青年未来将有更好的就业机会。但令人遗憾的是，劳动参与率下降中只有一部分是由于较高的入学率和参培率。自 2007 年以来，在可获得数据的 32 个经合组织国家中，既未被雇佣也未参加教育或培训的 15～29 岁青年人所占比重［即 NEET（尼特族）比率］出现上升的国家占 2/3 以上（见图 3—6a）。在全球经济危机中饱受打击的国家，这一比率的涨幅尤为显著，如希腊、爱尔兰、意大利、斯洛文尼亚和西班牙。自 2007 年以来在 NEET 比率出现下降的少数几个国家中，土耳其的降幅尤为显著，而德国、墨西哥和日本也均出现较大降幅。一些 NEET 群体被归类为积极求职者并被统计在青年失业人员的数据中，但大多数国家将半数以上的此类群体归类为非经济活动人口。[1]

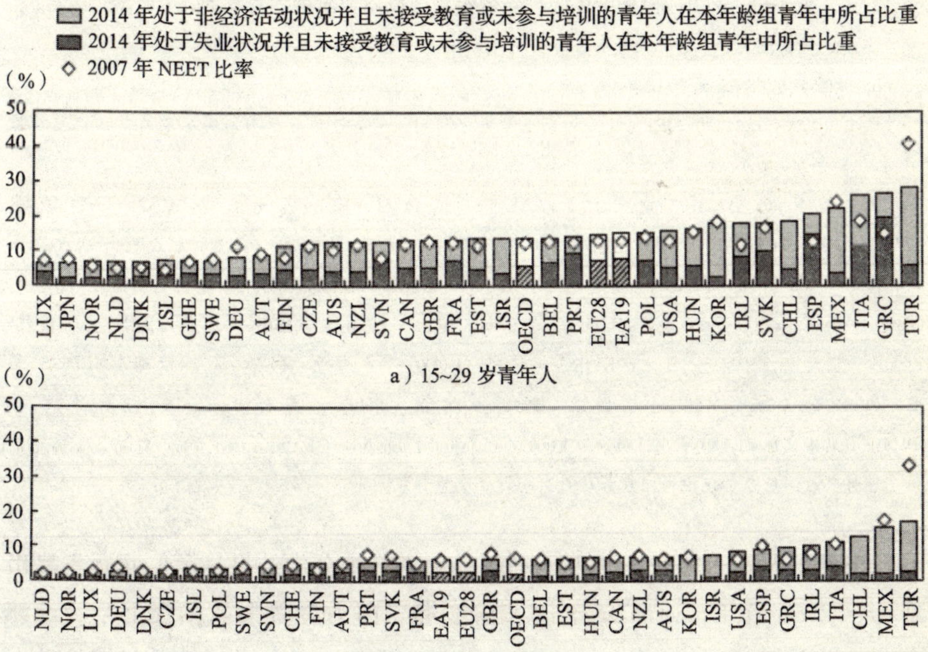

a）15~29 岁青年人

b）15~19 岁青年人

〔1〕 OECD 国家将平均 65.5%的 NEET 群体归为非经济活动人口。

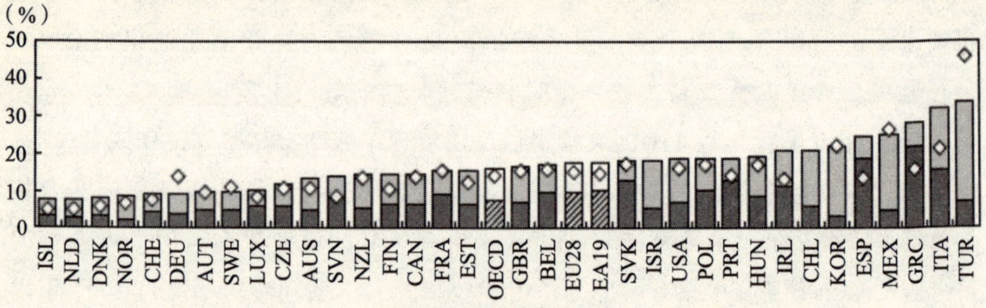

c）20~24 岁青年人

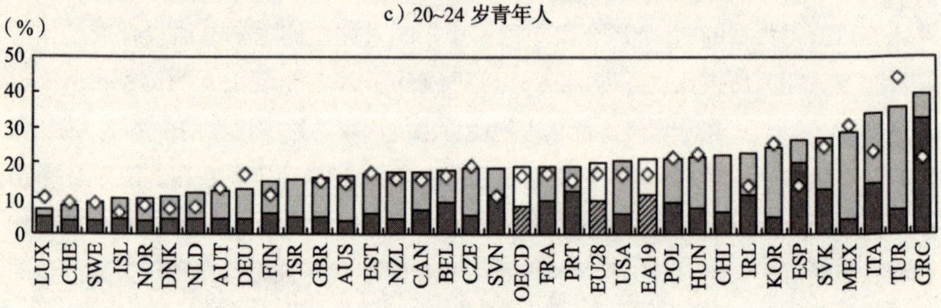

d）25~29 岁青年人

图 3—6　2007 年[a]和 2014 年[b]经合组织国家不同年龄组青年 NEET 比率

注：a. 缺少智利和以色列的数据，韩国数据为 2008 年。

b. 韩国和美国数据为 2013 年。

图中国家按照 2014 年 NEET 比率的高低呈升序排列，经合组织数值为所列国家的非加权平均值（智利和以色列除外），日本数据指 15～24 岁青年人。

国别缩写为：AUS——澳大利亚，AUT——奥地利，BEL——比利时，CAN——加拿大，CHE——瑞士，CHL——智利，CZE——捷克，DEU——德国，DNK——丹麦，EA19——欧元区国家，ESP——西班牙，EST——爱沙尼亚，EU28——欧盟 28 国，FIN——芬兰，FRA——法国，GBR——英国，GRC——希腊，HUN——匈牙利，IRL——爱尔兰，ISL——冰岛，ISR——以色列，ITA 意大利，JPN 日本，KOR 韩国，LUX 卢森堡，MEX 墨西哥，NLD——荷兰，NOR——挪威，NZL——新西兰，POL——波兰，PRT——葡萄牙，SVK——斯洛伐克，SVN——斯洛文尼亚，SWE——瑞典，TUR——土耳其，USA——美国。

资料来源：经合组织根据国家劳动力市场调查数据计算得出。

将青年人 NEET 比率按照不同年龄组进行细分的结果显示，问题主要出在 25～29 岁青年，而非 15～19 岁青少年，因为后者大都在校上学。虽然 20～24 岁以及 25～29 岁青年人的 NEET 比率均出现上升，且非经济活动人口也出现上升，但这一增长趋势是由于一些国家中占相当比例的年轻女性不再选择同时兼顾工作和照顾家庭，如墨西哥和土耳其。自全球经济危机爆发以来，超过3/4的经合组织国家中20～24岁青年人NEET比率出现上升，大约2/3的经合组织国家中25～29岁青年人NEET比率出现上升（见图3—6c、图3—6d），其中希腊、爱尔兰、意大利、葡萄牙、斯洛文尼亚和西班牙的增幅尤为显著。未完成高中学业即离开学校，且既没有工作也不提高技能水平的青少年和年轻成人是尤为值得关注的群体。许多经合组织国家半数以上15～29岁的尼特族都是提前离开学校者，包括日本、西班牙和土耳其。这类群体尤为可能面临有限的职业前景。

第二节　就业结构的发展趋势

劳动力市场政策应该致力于促进开发更多更好的就业岗位。现实中却有许多劳动者从业于提供较少就业保障或低工时或低工资的工作岗位，且这样的劳动者数量有可能越来越多，危机之前人们就对该问题关注已久。在某些情况下，金融危机对劳动力市场的冲击进一步强化了人们对这些问题的关切。某些劳动力群体从业于低质量工作岗位的风险较高，包括女性、移民、近期离校生以及低技能劳动者。下面将对金融危机和经济复苏如何对体现工作质量的部分职业特征产生的影响进行概述，或者说对劳动者的技能和工作经验如何与可获得的工作岗位之间实现良好匹配进行概述。

一、经济危机并未导致各国临时就业的统一增长

人们对不稳定就业形式的关注与欧洲雇主大量使用固定期限劳动合同有关。金融危机以来，欧盟国家临时就业所占比重总体出现小幅下降，从2007年第四季度的14.5%降至2014年第三季度的14%（见图3—7）。这意味着在欧盟国家中，每7个被雇佣劳动者中有1个以上人员签订固定期限劳动合同。虽然难以评估金融危机是否会对临时就业所占比重产生持续性影响，但有一点是清楚的，即签订固定期限劳动合同的劳动者数量受商业周期变化的影响尤为快速和显著。这一群体在经济衰退初期的大部分岗位流失，以及经济复苏初期的大部分雇佣岗位中均占据相当比重。

近期临时劳动合同签订率的变化显示出各国在临时就业的绝对数量及其发展趋势方面均存在重大差异。

在2014年第三季度，波兰、西班牙、葡萄牙和荷兰的固定期限劳动合同

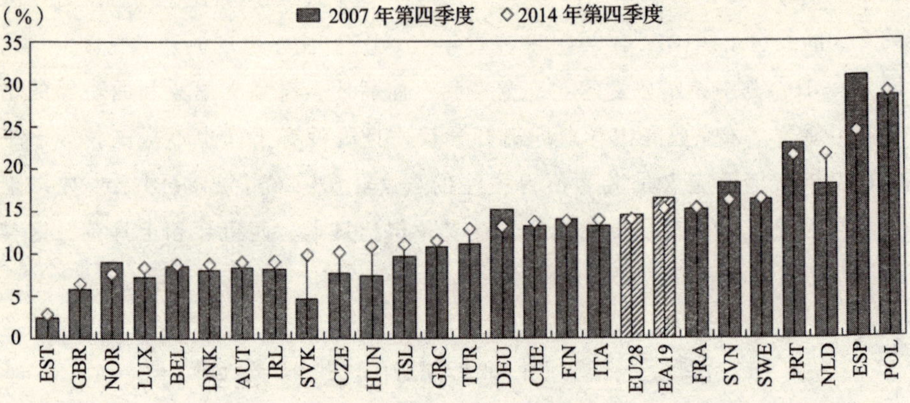

图3—7　2007年第四季度和2014年第四季度欧洲国家临时就业雇员人数占15～64岁雇员总数的比重

注：国别缩写为：AUT——奥地利，BEL——比利时，CHE——瑞士，CZE——捷克，DEU——德国，DNK——丹麦，EA19——欧元区国家，ESP——西班牙，EST——爱沙尼亚，EU28——欧盟28国，FIN——芬兰，FRA——法国，GBR——英国，GRC——希腊，HUN——匈牙利，IRL——爱尔兰，ISL——冰岛，ITA——意大利，LUX——卢森堡，NLD——荷兰，NOR——挪威，POL——波兰，PRT——葡萄牙，SVK——斯洛伐克，SVN——斯洛文尼亚，SWE——瑞典，TUR——土耳其。

资料来源：经合组织根据国家劳动力市场调查数据计算得出。

签订率最高，分别为28.6%、23.9%、21.7%和21.5%。芬兰、法国、斯洛文尼亚和瑞典的固定期限劳动合同签订率也相对较高，均超过15%。相比较而言，爱沙尼亚、英国、卢森堡、挪威和丹麦的固定期限劳动合同签订率相对较低，分别为3.4%、6.3%、6.5%、7.9%和8.2%。

西班牙的固定期限劳动合同签订率降幅最大（金融危机以来下降了近7个百分点），虽然近期已降至低谷并开始回升。西班牙这一数据大幅下降对驱动欧盟临时就业下降起到重要的作用。一些国家目前的固定期限劳动合同签订率比金融危机前低1～2个百分点，包括德国、挪威、葡萄牙和斯洛文尼亚。

然而，也有一些欧盟国家的固定期限劳动合同签订率出现大幅上升，包括涨幅在3～4.4个百分点的荷兰、斯洛伐克和匈牙利，以及上涨2.2个百分点的捷克。3个中欧国家的涨幅尤为显著，但其基数相对较低，其中斯洛伐克增长了1倍，捷克、匈牙利以及爱沙尼亚的涨幅也均在25%～50%之间。

二、非全日制就业继续增多

2014年第三季度，经合组织国家中大约每5个被雇人员中有1个从事非全日制工作，非全日制工作的重要性几乎得以全面提升（见图3—8）。[1] 自2007年第四季度金融危机爆发以来，经合组织国家的非全日制就业平均增幅达2个百分点以上。绝大多数国家增加的非全日制就业大都是非自愿的，而

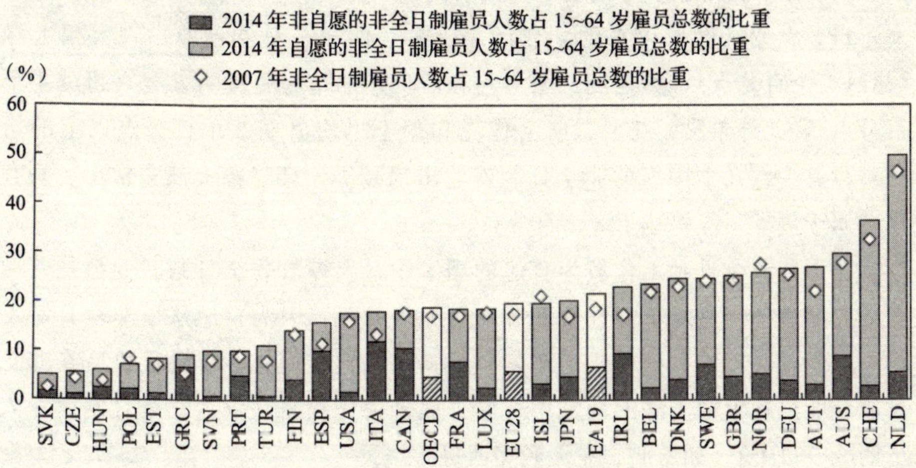

图3—8　2007年和2014年非全日制雇员人数占15～64岁雇员总数的比重

注：按国际统一定义计算所得出的非全日制就业率将低于图中数据，图中国家按照2014年非全日制就业率的高低呈升序排列，经合组织数值为图中所列29个国家的加权平均值。

国别缩写为：AUS——澳大利亚，AUT——奥地利，BEL——比利时，CAN——加拿大，CHE——瑞士，CZE——捷克，DEU——德国，DNK——丹麦，EA19——欧元区国家，ESP——西班牙，EST——爱沙尼亚，EU28——欧盟28国，FIN——芬兰，FRA——法国，GBR——英国，GRC——希腊，HUN——匈牙利，IRL——爱尔兰，ISL——冰岛，ITA——意大利，JPN——日本，LUX——卢森堡，NLD——荷兰，NOR——挪威，POL——波兰，PRT——葡萄牙，SVK——斯洛伐克，SVN——斯洛文尼亚，SWE——瑞典，TUR——土耳其，USA——美国。

资料来源：经合组织根据国家劳动力市场调查数据计算得出。

---

[1] 图3—8中数据的统计口径以各国关于非全日制就业的定义为准，因而各国间并不完全相同。经合组织劳动力数据（OECD Labor Statistics）中所使用的国际统一定义为：将在主要工作岗位工作时间不足30小时的人员视为非全日制就业。依各国定义统计的非全日制就业率，大多数情况下要高于依该国际统一定义所统计的结果。

一些国家自愿的非全日制就业数量出现下降。[1] 近期经合组织国家的非全日制就业主要呈现出以下几个方面的显著趋势。

荷兰非全日制就业的占比最高，半数以上（51.7%）劳动者从事于非全日制工作。瑞士有超过1/3以上（36.8%）的雇员从事于非全日制工作，而奥地利、比利时、丹麦、德国、挪威、瑞典和英国从事于非全日制工作的雇员均超过1/4。相比较而言，在中东欧国家、爱沙尼亚、希腊、葡萄牙和土耳其，从事于非全日制工作的雇员人数不超过1/10。

自金融危机爆发以来的7年间，爱尔兰的非全日制就业出现大幅上涨（超过5个百分点），奥地利、意大利和西班牙的增幅也较为显著（超过4个百分点），此外希腊、荷兰、斯洛伐克和瑞士也均出现3个百分点以上的增长。只有少数几个国家的非全日制就业出现减少，且降幅大都非常小。只有挪威属于例外，降幅达1.8个百分点。

在那些非全日制工作较为普遍的国家中，大多数非全日制就业都是劳动者的自愿选择。这对于女性劳动者而言尤为常见，因为自愿从事非全日制工作可以使其在工作和家庭生活中实现平衡。相比较而言，金融危机后在非全日制就业出现大幅上涨的国家中，非自愿者占比相当高（占非全日制就业人员的3/5以上），如希腊、意大利和西班牙。

三、在经济衰退中丧失的许多生产性工作岗位可能将永远不再重现

经济复苏中所创造工作岗位的行业构成与经济衰退期间所丧失工作岗位的行业构成之间存在重大差异（见图3—9）。从美国的情况可清晰地看到这种差异，美国就业市场已复苏4年之久，在经济衰退期间，美国制造业、采矿业、公共事业和建筑业丧失的工作岗位远远多于经济复苏期间这些行业所创造的就业岗位。类似情况在日本和欧盟国家也均有所体现。这意味着受全球金融危机影响所丧失的建筑业和制造业工作岗位中有相当大一部分将不再重现，即便劳动力市场实现完全恢复。这凸显了制定有助于制造业或建筑业中失去工作岗位的人员在其他行业实现就业的政策的重要性。

---

〔1〕 在2008—2009年的经济衰退期间，许多国家的非全日制就业出现了适度增长，即便该期间其全日制就业出现了大幅下跌。该期间增长的非全日制就业反映出之前全日制的劳动者被安置在工时有所缩短的岗位，或者丢掉全日制工作的劳动者因为找不到新的全日制工作而不得不接受非全日制工作。

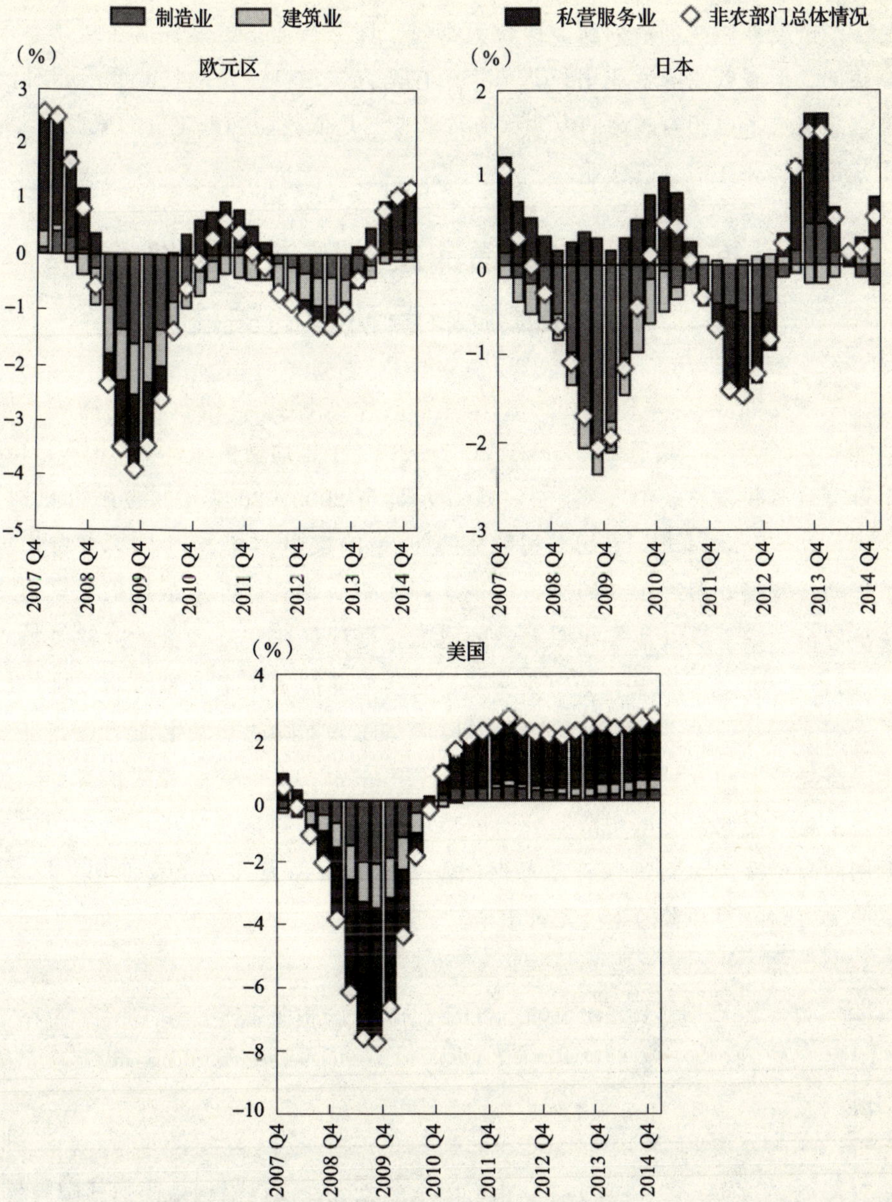

图 3—9　2007 年第四季度至 2014 年第四季度非农行业雇员人数所占比重季度数据年同比变化值

注：1. 工业主要包括采矿业、制造业和公共事业；私人服务业主要包括贸易、交通运输、住宿和餐饮服务、金融服务、地产及商务服务。

2. 图中 Q4 代表第四季度。

资料来源：经合组织根据欧洲季度国民经济核算、日本劳动力调查以及美国当前就业数据调查计算得出。

经济复苏中所创造的就业岗位大都属于服务行业。虽然各国之间并不完全相同，但服务业的就业增长趋势集中在两大领域：一是对技能要求相对较高、工资水平也相对较高的专业服务行业；二是低技能和低工资的服务行业，尤其是贸易和住宿、餐饮业。

第三节　工资增速减缓引发了人们对最脆弱劳动者的关注

金融危机爆发以来，经合组织国家的年实际工资增长有所减缓，从2000—2007年年均增长1.8%降至2007—2014年年均增长0.5%，下降了1.3个百分点（见图3—10）。图3—10a显示，与2000—2007年（金融危机前）相比，2007—2014年，在可获得数据的30个国家中，有25个国家普遍出现工资增长减缓，超过1/3的国家出现实际工资负增长。在金融危机期间，受经济产出大幅下滑以及失业率上升的影响，爱沙尼亚实际工资下降幅度最大（见图3—10b）。虽然受岗位流失影响，爱沙尼亚的工资增速短时间内即出现了大幅下跌，但大多数国家的工资增速都是逐渐下降的，发生在2009—2014年经济复苏期间（见图3—10c）。经合组织在《2014年就业展望报告》中指出，上述工资调整变化在帮助劳动力市场度过经济和金融危机、减少经济衰退期间岗位流失、促进经济复苏期间就业增长方面发挥了重要作用，但是，也使受影响的劳动者的生活尤为艰辛。

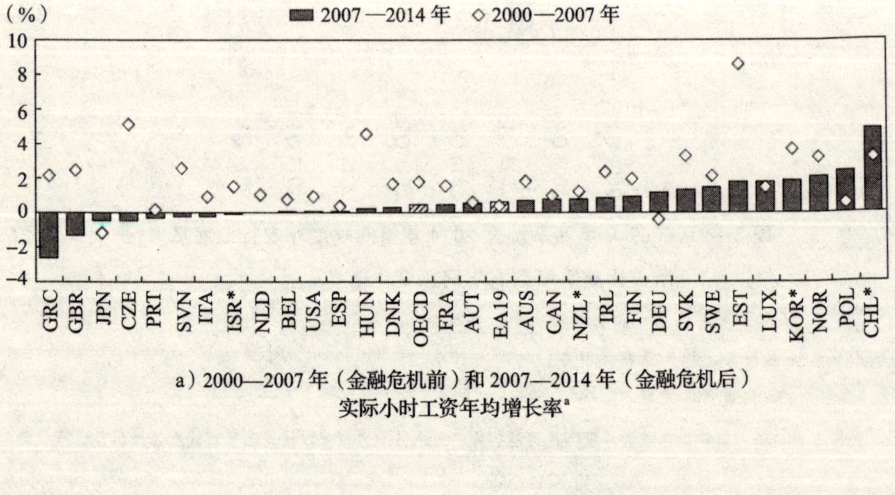

a）2000—2007年（金融危机前）和2007—2014年（金融危机后）
实际小时工资年均增长率[a]

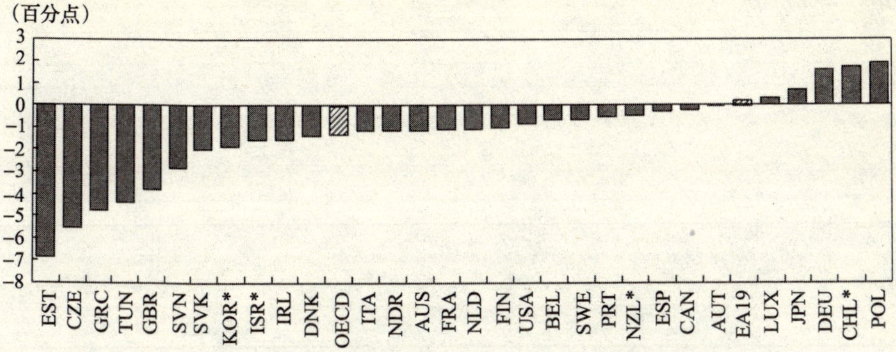

b）与 2000—2007 年（金融危机前）实际小时工资年均增长率相比，2007—2014 年（金融危机后）实际小时工资年均增长率变化值[a]

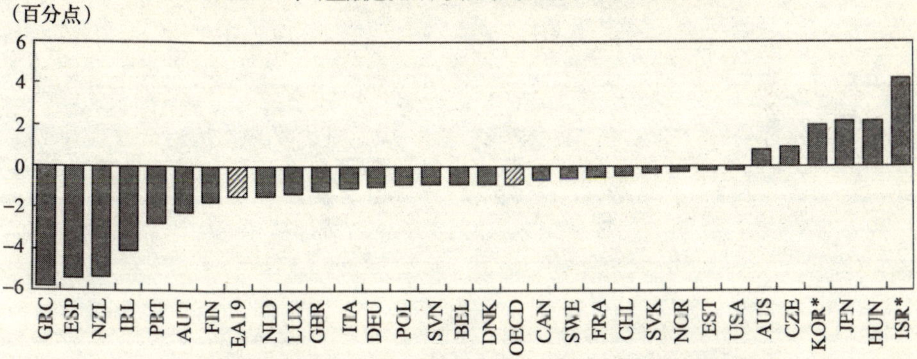

c）与金融危机期间（2007—2009 年）实际小时工资年均增长率相比，经济复苏期间（2009—2014 年）实际小时工资年均增长率变化值[b]

图 3—10　经合组织国家实际小时工资增长情况

注：按照总工资除以总工时（雇员）并使用消费者物价指数消除通货膨胀因素计算得出，经合组织数值为图中所列国家的非加权平均值。

*根据雇员全部薪酬计算得出。

a. 以色列、韩国和波兰 2000—2007 年数据实际上分别是 2006—2007 年、2004—2007 年和 2002—2007 年数据；加拿大、智利、法国、以色列、日本、韩国、卢森堡、新西兰和波兰 2007—2014 年数据实际上是 2007—2013 年数据。

b. 加拿大、智利、法国、以色列、日本、韩国、卢森堡、新西兰和波兰 2009—2014 年数据实际上是 2009—2013 年数据。

国别缩写为：AUS——澳大利亚，AUT——奥地利，BEL——比利时，CAN——加拿大，CHL——智利，CZE——捷克，DEU——德国，DNK——丹麦，EA19——欧元区国家，ESP——西班牙，EST——爱沙尼亚，FIN——芬兰，FRA——法国，GBR——英国，GRC——希腊，HUN——匈牙利，IRL——爱尔兰，ISR——以色列，ITA——意大利，JPN——日本，KOR——韩国，LUX——卢森堡，NLD——荷兰，NOR——挪威，NZL——新西兰，POL——波兰，PRT——葡萄牙，SVK——斯洛伐克，SVN——斯洛文尼亚，SWE——瑞典，USA——美国。

资料来源：经合组织根据国民经济调查评估得出。

社会保障篇

第四章

全球社会保障状况[1]

第一节　社会保障法律规定及进展

一、法律规定的社会保障覆盖面

社会保障的目的是为个人和家庭在需要时提供保护。虽然在许多国家都存在这样的制度，但不一定有充分的或有效的保护，主要原因有三：首先，在没有社会保护立法的情况下，覆盖面是根本不够的。2013 年，刚刚超过1/3 的国家具有根据国际劳工组织的社会保障（最低标准）公约 1952（102 号）规定而依法建立的社会保护计划，建立了覆盖全社会突发状况的社会保障制度。即使在很多这些国家中也仅覆盖了一小部分的人口。其次，社会保障制度覆盖不足，某些群体被排斥在制度覆盖范围之外。最后，法定覆盖面没有充分执行或无法实施。尽管有这些局限性，但在社会保障方面已经有了实质性的进展。

---

〔1〕 本章内容根据国际劳工组织（International Labor Organization）2015 年 5 月发布的《2015 年世界就业和社会展望》（*World Employment and Social Outlook*，*The Changing Nature of Jobs*）编译。重点关注金融危机以来各国养老与失业保障的发展趋势。

（一）养老保险的总体法定覆盖率不断增加，但不同地区和群体之间差距较大

近20年来，养老保险的法定覆盖率不断增加。到2013年，在研究分析的178个国家中，93个国家提供法定养老金。而在20世纪50年代只有约1/3的国家有法定养老金。在大多数国家中，养老金是社会保障支出的最大部分。自1990年以来，许多发展中国家都采用了新的法律或改革现有的立法以扩大覆盖面。扩面的方式多种多样，如建立了大型非缴费型养老金计划；扩大现有计划的覆盖范围，放宽或移除获取的资格条件，或为自谋职业者设计专门的方案，等等。这些变化修正了原先将大部分人口排除在外的不恰当的规定。所观察到的趋势反映了基本政策思维的变化。人们日益认识到，社会保护应扩展到标准的就业关系以外的群体。

2013年，世界上77%的工作年龄人口在法律上被养老保险所覆盖，相比较而言，2000年时这一数据是47%，而1990年时仅为32%。女性的法定养老保险覆盖率低于男性。74%的妇女被法定的养老保险覆盖，但其中只有26%是强制计划所覆盖的。这反映了妇女较低的劳动力市场参与率以及她们更多地处在不太可能被立法覆盖的部门或就业的状况。

亚太地区、拉丁美洲和加勒比国家都处在增加法律覆盖方面的最前沿。在亚洲，1990年只有超过10%的工作年龄人口被法律所覆盖，1990—2000年这一比例几乎上升了3倍，而2000—2013年这一比例再次翻番。这种扩张在很大程度上是由非缴费型养老金的发展和通过立法允许参与自愿缴费计划引起的（见图4—1）。在这方面，亚洲地区最大的国家中国和印度提供了重要的例子。拉丁美洲，改革主要集中在将养老金制度扩大到正规就业以外的人群。到2013年，90%以上的工作年龄人口（包括非正式工人）被法定退休金计划覆盖，而1990年这一数据仅为60%。虽然非缴费型计划已经存在了几十年，但是观察到的情况是在过去的几年里增长速度加快。2000—2013年，在该地区至少有18个国家通过非缴费型养老金计划进行改革以扩大覆盖面（世界银行，2014；国际劳工组织，2014a）。

（二）法定养老金覆盖的主体是雇员

在不同的就业状态中，覆盖率差距很大，其中雇员的法定养老保险覆盖面是最高的，尤其是在撒哈拉以南非洲、中东和北非（见图4—2）。1990年时，64.7%的雇员是由退休后的法定养老金所覆盖的，其中97%是被强制缴

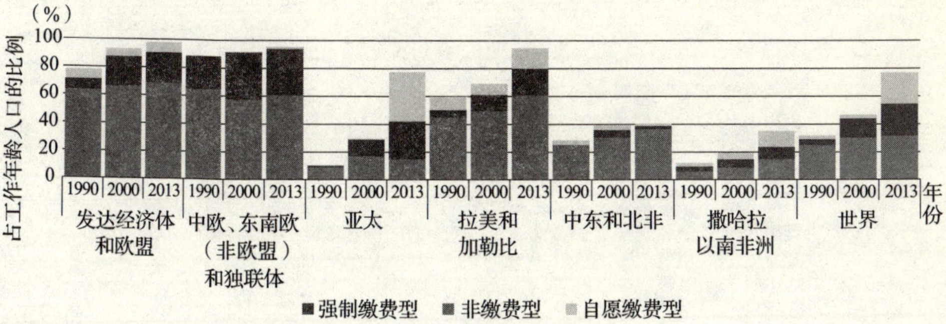

图 4—1 被养老保险金法定覆盖的工作年龄人口比例

资料来源：国际劳工组织研究司根据国际社会保障协会、欧洲委员会、联合国以及国别最新数据计算所得。

费机制所覆盖的；到 2013 年，88.3%的雇员被覆盖，其中 76%要符合强制缴费的规定。因此，不论所提供的保护水平如何，强制的社会保险对于扩大为雇员提供法定覆盖范围的贡献不如非缴费计划或自愿加入计划。自愿加入占该群体的法定覆盖范围扩大到 75%，但是，应该指出的是，自愿加入养老保险计划很少能够导致有效覆盖率的显著上升。在小型企业中的雇员、家庭工人、临时工受这种自愿加入的机制影响较大，尽管有很多人参与，但是实际覆盖面显著上升有难度。不同社会保障计划的社会保护水平及其社会包容、就业正规化和公共财政的结果迥异。

尽管有这些进步，在低收入国家 20%的雇员以及全球 12%的雇员仍没有被法定的养老金计划所覆盖。影响工人是否被排除在法定范围之外的主要因素是：

- 没有雇佣合同或使用的合同排除了临时工、学徒、短暂的季节性工人或不超过规定的最小时间的工人。这样的法定排除较少适用于养老金，但更多适用于工伤、失业救济、有些疾病和生育津贴也如此。

- 雇主的类型：公共雇主、私人雇主或家庭（如在家庭工人的情况下）。

- 企业的规模：其逻辑是越大的企业，越能缴费，并消化社会保障的管理成本。随着有助于减少雇主管理成本的 IT 技术的发展，一些国家逐渐降低或取消了企业规模门槛，即小于该规模不需要社会保障缴费。巴林、印度、韩国和越南是逐步扩大覆盖的国家的例证。

- 每周或每月工作的小时数。

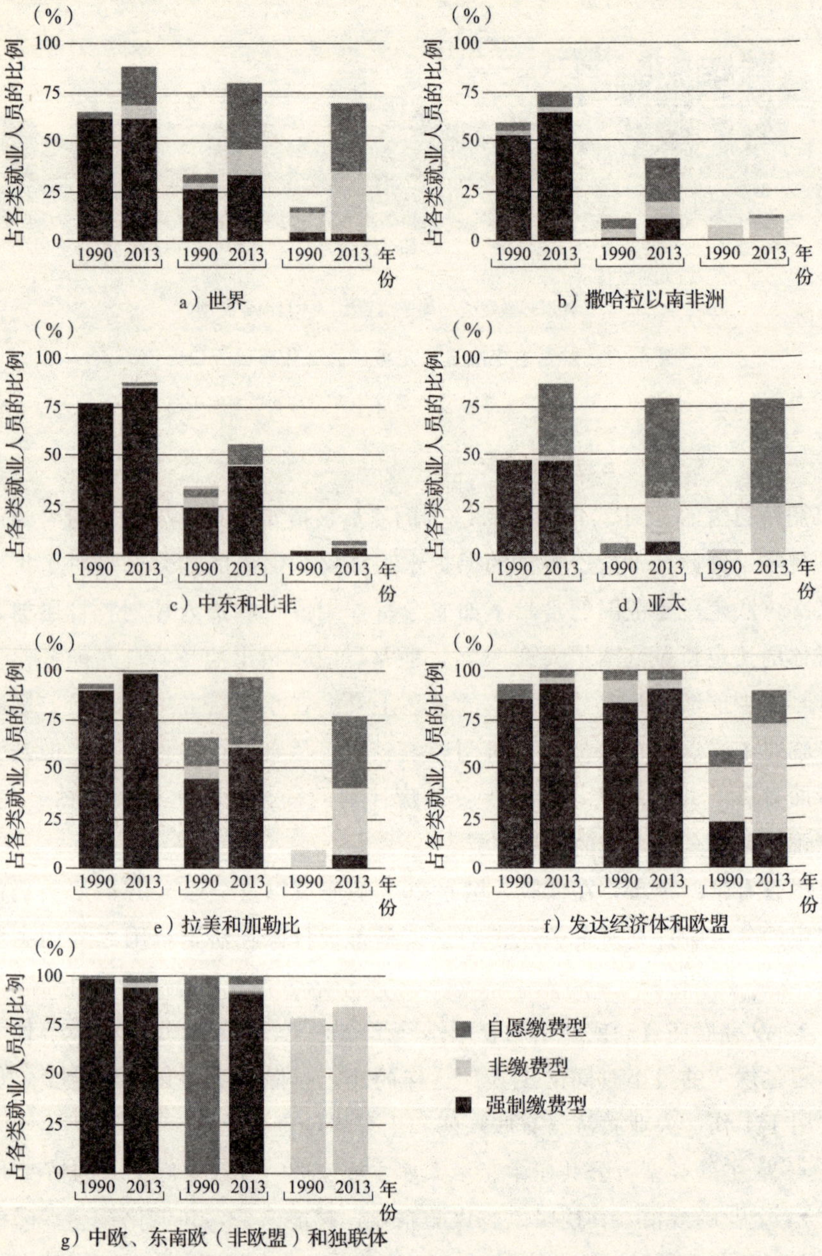

图 4—2 根据就业状态分类的养老金法定覆盖率

资料来源：国际劳工组织研究司根据国际社会保障协会、欧洲委员会、联合国以及国别最新数据计算所得。

• 经济部门：如果不提供一种替代方案，农业部门往往被排除在外，这种情况即使在一些农业为就业主渠道的国家也是如此。

存在其他可能对非标准就业不利的因素。例如，较低水平的津贴或减少的领取时间或更严格的资格条件，但是这些不利因素并不必然导致完全排除覆盖。

（三）主要通过非缴费和自愿缴费养老金计划逐步覆盖其他群体

在过去的20年间，就业和社会保护之间的关系发生了变化。非缴费型的社会保护机制作用越来越大，并试图通过自愿的参与扩大覆盖范围，这种情况已经降低了通过扩大或引入强制性养老保险以扩大覆盖面的重要性。

1990—2013年，非缴费型计划基础上的法定养老保险比例增加了逾5倍，导致全球法定覆盖总增幅超过40%。正如在亚洲及太平洋地区和撒哈拉以南非洲最近的发展那样，一些国家建立了大规模的自愿缴费计划，甚至在某些国家中自愿缴费计划是主要或唯一的计划。

同样的情况是，在过去的20年间，通过自愿参加缴费养老金计划以扩大覆盖范围的努力占到法定覆盖面增长的44%。在相当多的国家，制定了法律让人们自愿加入，这种情况在中国是最显著的。它是撒哈拉以南非洲和亚洲及太平洋地区通过社会保护立法扩大到自谋职业者的主要途径之一。

其结果是，强制性缴费计划不再是为老年人提供养老金的主要法律安排，尤其是在低收入和中等收入国家中。2013年，强制缴费养老金只占总法定养老保险41%的比例，而在1990年是78%。通过扩大强制缴费型退休金计划，法定覆盖率一直受制于各种因素，包括持续的非正规就业和高比例的低薪工作。拉丁美洲和加勒比地区可以被看作是一个例外。在这一地区，强制缴费机制占了法定覆盖率增加的较高份额。例如，哥伦比亚和哥斯达黎加（杜兰·巴尔韦德等，2013）将自谋职业者的初始覆盖从自愿转变到强制参与，同时采取的配套措施，如资助缴费或简化支付流程登记，以方便过渡。

自从20世纪90年代以来，对自谋职业者的法定覆盖率迅速增加是一项最重要的进展。更多使用非缴费机制以及通过立法自愿参加提供的选项支持了法定覆盖面显著扩大至这个团体（见图4—3）。在2013年，研究的181个国家中的147个（81.2%）为自谋职业者提供养老金覆盖，这是1990年的两倍。

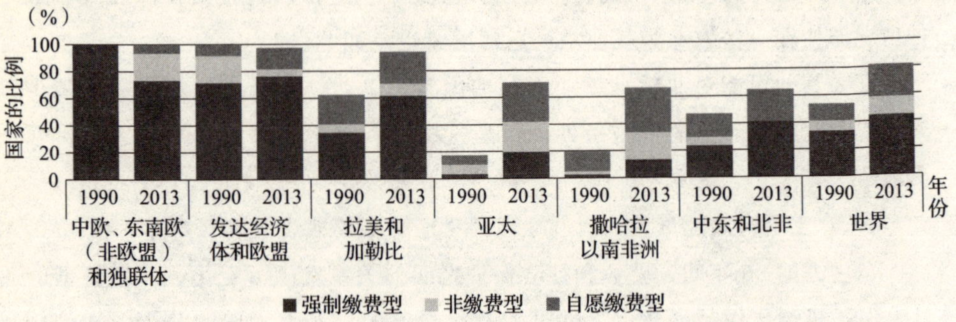

图 4—3 为自谋职业者提供各类养老金计划的国家比例

资料来源：国际劳工组织研究司根据国际社会保障协会、欧洲委员会、联合国以及国别最新数据计算所得。

其结果是法定覆盖的自谋职业者比例增加了（不论提供的保障水平和有关法律覆盖的有效实施情况）。到 2013 年，77%的自谋职业者被某种类型的养老金计划所法定覆盖，而 1990 年这一比例仅为 29%。换句话说，覆盖率提高了 2.5 倍。同期，这一比例在中等收入国家增加了 8 倍，在低收入国家增加了 4 倍。同样，无薪家庭工人的覆盖率从 20 世纪 90 年代的 20%上升到 2013 年的 61%，增加了 3 倍，主要是通过非缴费机制覆盖了更大的人口群体。

二、失业保险覆盖率的情况分析

（一）失业保险覆盖面落后于养老保险

虽然扩大法定养老保险的覆盖面存在明确和普遍的趋势，但是我们尚未观察到在失业保障方面出现同样的情况。这其中的一个原因与在许多新兴国家和发展中国家“失业”的概念相关。在这些国家至少是通过就业保障计划或其他形式的公共就业方案为工作着的穷人和半失业人员提供基本的收入保障。

其结果是，在大多数国家仍然没有失业津贴，劳动者获得法定失业保险十分有限（见图 4—4 和图 4—5）。在 2013 年，205 个国家中只有 87 个（42.4%）有立法规定的失业保护计划提供定期现金津贴——主要是发达经济体和欧盟以及中欧和东南欧、独联体国家——而在 20 世纪 90 年代初有 68 个（33.5%）。数量有限的新兴国家和发展中国家（主要是亚洲和拉丁美洲）已经建立失业计划。在2013年，有略多于30%的劳动力被法定的失业津贴（定期现金津贴）所覆盖，而在20世纪90年代初仅有17.5%的劳动力有法定失业津贴。在2013年，强制性缴费的失业津贴占到法定总覆盖率的71.4%，而这一比例在1990年是94.2%。非缴费失业保障计划变得更加重要了，占法定覆盖的1/4。3%是基于自愿的参与。这部分是由于采用新类型的计划，如印度国家就业保障计划覆盖了以前被排除在外的工人。然而，它也反映了一些国家降低雇主的社会保障缴费趋势，即向鼓励就业增长的社会保障政策转变。俄罗斯是在2001年由非缴费体制代替了1991年推出的强制性失业保险制度。

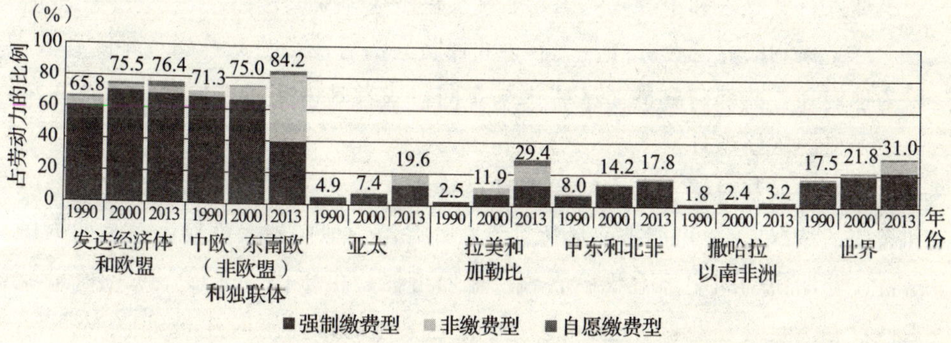

图4—4　被周期性失业津贴法定覆盖的劳动力比例

资料来源：国际劳工组织研究司根据国际社会保障协会、欧洲委员会、联合国以及国别最新数据计算所得。

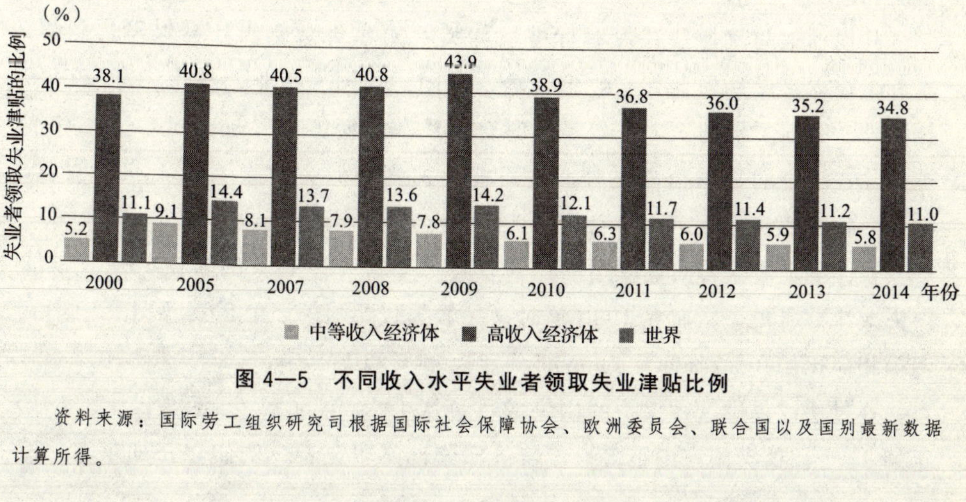

图4—5　不同收入水平失业者领取失业津贴比例

资料来源：国际劳工组织研究司根据国际社会保障协会、欧洲委员会、联合国以及国别最新数据计算所得。

（二）失业保险几乎全部提供给标准就业者

2013 年，40%的雇员由法定失业津贴（见图 4—6）所覆盖；这些构成了接近由立法规定全体人员的 90%。从 20 世纪 70 年代开始，一些国家逐渐扩大法定失业津贴的覆盖范围，通常涵盖各类雇员。1972 年，加拿大已经包括了公务员，美国也删除了限于覆盖到雇员达到最低数量的雇主这一限制条件。1998 年，韩国就业保险制度的覆盖范围扩大到所有的工作场所雇员，而不论企业大小。越南失业保险覆盖面目前限制于 10 人以上企业中具有永久的或长期合同的雇员，虽然它正计划去除雇员 10 人以上这一限制条件（卡特等，2013）。1990—2013 年，超过 80%的失业津贴法定覆盖率增长来自雇员的进一步加入。低收入和中等收入国家通常提供最少失业的保障。

除了提到的养老金标准，现有失业保险立法可能会将某些雇员排除在外，因为他们是公共部门雇员而具有永久合同，或者是由于对他们获得失业津贴设置严格的资格条件。

季节性或临时性工人有时也明确被排除在法定范围之外（如埃及、泰国和越南的情况），也可能被间接地排除在外，因为他们不太可能满足某些资格条件。非明说的间接排除数不胜数。他们可能会由于没有完成一定期限的缴费或没有满足合格标准，也许是没有满足工作的最低工时或最低收入要求。这些排除对妇女产生重大影响。一些国家，如日本、韩国和南非，通过确定最少工作时间有可能限制非全日制工人的资格（国际劳工组织，2014d），也可能使临时工的工时低于最低门槛。在德国、日本和韩国，低收入的工人被排除在外。

其他形式的就业往往没有标准雇佣关系的雇员享受的社会保障。例如，家务工很少享受到失业保护，但巴西、法国、德国、南非、乌拉圭和委内瑞拉除外。其他类别的工人，如零小时合同或“微型工作（minijobs）”也经常被排除在法定的覆盖范围之外。这可能会加剧与低劳动收入相关联的问题。除了面临在职贫穷外，这些雇员一旦退休或失业往往缺乏收入保障。

自谋职业者获得失业津贴的比例有限。全球只有 11%的自谋职业者被法定失业津贴所覆盖，而在 1990 年时这一数据仅为 5%。在高收入国家中，这两个相应比例在 2013 年和 1990 年分别为 32%和 17%。

通过法律提供这种保护的国家的数量从 1990 年的 27 个略微上升到 2013 年的 34 个。这类国家中很多只覆盖一部分自谋职业者；例如，在加拿大，被

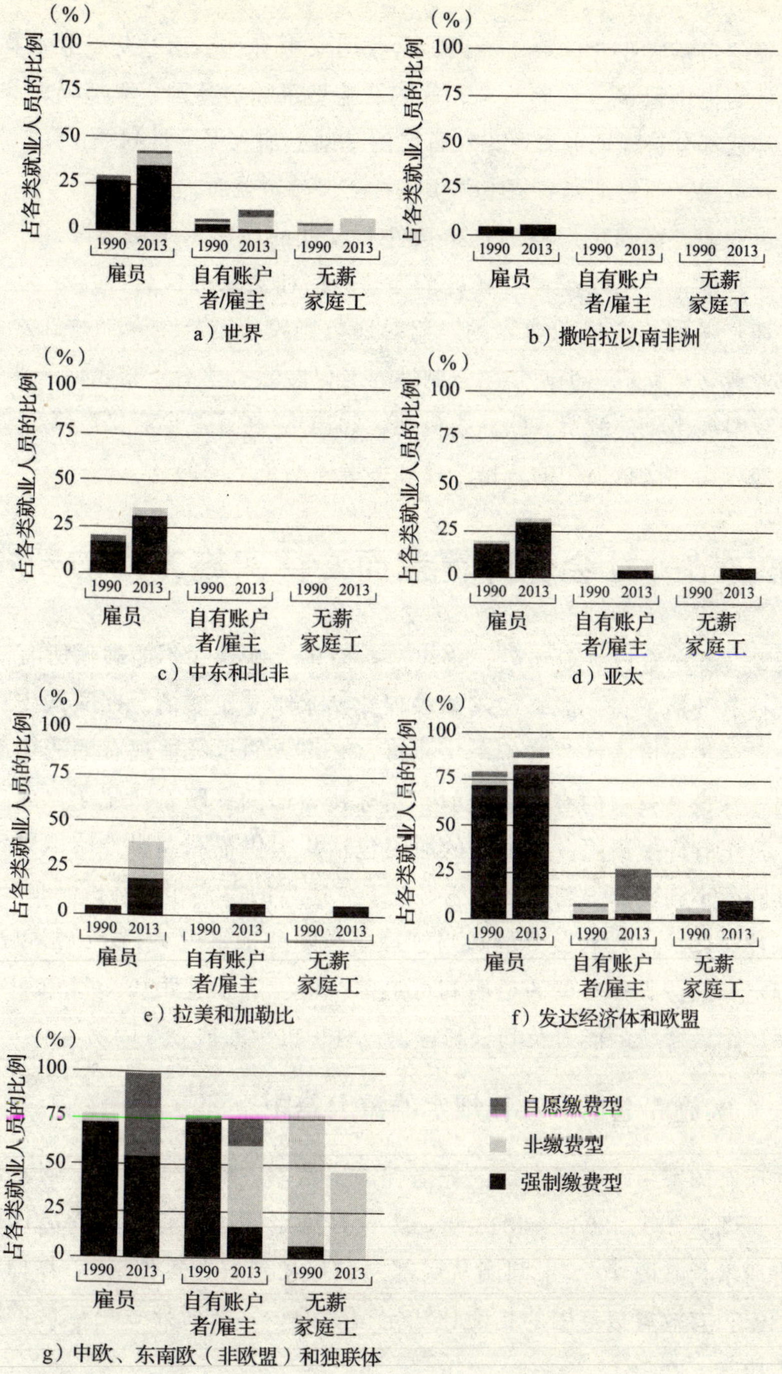

图 4—6 各类劳动者失业津贴的法定覆盖率

资料来源：国际劳工组织研究司根据国际社会保障协会、欧洲委员会、联合国以及国别最新数据计算所得。

法定覆盖的自谋职业者仅限于渔民。这些国家中有一半通过基于非缴费的或自愿的计划提供保护。在奥地利、德国、毛里求斯、韩国、罗马尼亚和乌克兰，全部或部分自谋职业者可以在自愿的基础上加入保险计划。在爱沙尼亚、爱尔兰和英国，通过非缴费方案提供了社会保障覆盖面。

自谋职业者面临更严格的资格条件和较低的津贴水平的情况并不鲜见。例如，在丹麦，自谋职业者与雇员享受同样的社会保护权利，但是3个星期的等待期是强加给自谋职业者的，而对雇员则没有这样的限制。在卢森堡，自谋职业者必须完成至少两年的强制性养老保险缴费才有资格领取失业津贴，而雇员仅需要半年的缴费（欧洲委员会，2015）。在芬兰也有更严格的条件限定，自雇人士和雇员适用的资格条件和参考周期是不同的。

第二节　社会保障覆盖面法律实施方面的差距

无论是养老金或失业津贴，法律覆盖面扩大本身并不能确保所有法定涵盖的人被有效地覆盖，或者说不能确保津贴水平是足够的。在实践中，有效覆盖范围的扩展可能显著落后于法律覆盖。当人们尽管被现有的法律法规包含在内，却没有获取的有效途径时，实际覆盖面的差距就产生了。为什么会这样？这里有许多原因。决定性的原因包括从提供福利和服务的国家机构的有效性和效率到预算限制和制度能力低下。适当的实施和执行机制是必要的，以确保社会保护机构和服务的适当管理（国际劳工组织，2013c），包括能够有效确定和到达服务对象的透明和可追踪机制。实施差距还来自诸如津贴的适当性、个人缴费的能力及其权利意识、对于机构的信心等因素。

一、实施养老保险法律规定的重大差距

在所有国家中，实际有效的养老保险覆盖率一直低于法律上规定的覆盖范围（见图4—7）。2000—2013年，无论是法定的还是有效的养老保险覆盖率均有所增长（图4—7中圆圈从底部左侧移动到右上角位置）。然而，在大多数国家，有效覆盖范围的扩大比法定覆盖的少，从而导致更广泛的覆盖面实施差距。

2013年，77%的工作年龄人口由法定养老金计划所覆盖，51.5%的老年人实际领取养老金。1990年，在缺乏有效的养老保险覆盖中，几乎80%的情

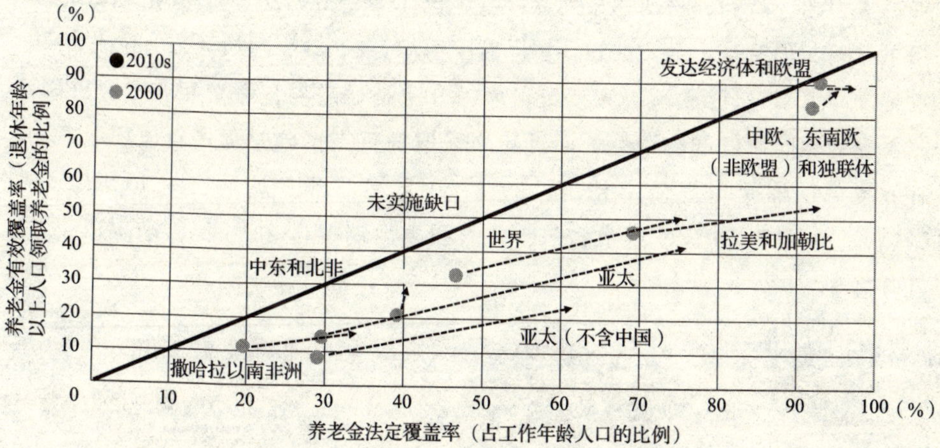

图 4—7　各地区法定和有效养老金覆盖率

资料来源：国际劳工组织研究司根据国际社会保障协会、欧洲委员会、联合国以及国别最新数据计算所得。

况是由于法律覆盖空白造成的，剩下的20%则是由于覆盖面实施空白造成的。到2013年，情况就相当不同了，覆盖实施空白占养老保险覆盖率总缺口的55%，这说明执法问题较多。

目前，43个国家存在法定养老保险覆盖率和有效养老保险覆盖率两个方面均较低的问题（见图4—8的第一组）。相比之下，65个国家已接近养老保险全民覆盖（见图4—8的第四组）。发达经济体和欧盟以及中欧和东南欧、独联体国家占到这个全民覆盖组中所有国家的70%以上。尽管这些国家很成功，但是由于财政紧缩政策，要维持津贴的充足水平（国际劳工组织，2014a）存在严重担忧。这组中其他国家，如玻利维亚、博茨瓦纳、莱索托、纳米比亚、南非、斯威士兰和东帝汶这些国家，非正规就业占据主导地位，非缴费型养老金占据重要地位。

自2000年以来，仅有不到60%的法定养老保险覆盖率提高已得到有效落实。对于许多国家，在法律方面的重要改革尚未完全实施，导致执行方面差距（见图4—8的第二组和第三组）的显著上升。广泛依赖于自愿参与（这种方式影响到第二组60%的国家）是抑制扩面的因素之一。解决这些差距的政策（包括完善立法和重新设计制度）使一些国家（见图4—8的第三组）的养老保险有效落实情况有了明显好转。在这方面，不同机制之间的协调也很重要。佛得角、智利、哥斯达黎加（杜兰·巴尔韦德等，2013）、突尼斯（弗里德里希·艾伯特基金会，2011；国际劳工组织，2002）、阿根廷和乌拉圭自20世纪90年代以来已逐渐扩大了覆盖面，方法是通过混合缴费和非缴费机制，完善养老保险制度的协调性，而近年来采取的重点措施是促进自谋职业者的有效覆盖（杜兰·巴尔韦德等，2013；国际劳工组织，2014e；FORLAC，2014a，2014b）。中国、厄瓜多尔、韩国和委内瑞拉自2000年以来也取得了显著进步。

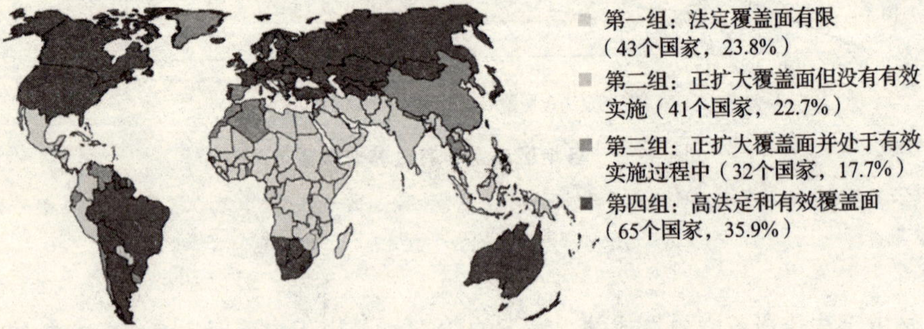

图4—8　世界养老保险法定情况和实施情况

二、依靠自愿参与机制很难扩大有效覆盖面

基于自愿参与的法定覆盖面通常会导致更大的实施方面的差距。2000年，仅有略超1/4的法定覆盖自愿参与机制得到有效执行。到2013年，这一比例有所提高（53%），主要是由于中国的有效执行。如果不包括中国，这一数字会下降到约1/3。可见，法规执行力较差。

来自拉丁美洲和加勒比地区的例子证实吸引自谋职业者自愿参与很困难。在该地区，8个国家针对自谋职业者的养老保险覆盖是自愿的。这些国家包括玻利维亚（虽然在玻利维亚，非缴费伦塔·迭戈达特计划适用于所有公民）、萨尔瓦多、格林纳达、危地马拉、墨西哥、尼加拉瓜、巴拉圭和委内瑞拉。在包括阿根廷、巴西、哥斯达黎加和乌拉圭在内的24个国家中，参与社会保障是强制性的，因此在这些国家自谋职业者的覆盖比率较高就毫不奇怪了。阿根廷、巴西和乌拉圭的这方面覆盖率分别约为30%、28.5%和43.3%。在萨尔瓦多（10.1%）、危地马拉（2.8%）、尼加拉瓜（小于0.5%）、巴拉圭（小于0.5%）覆盖率显著降低。观察家庭工人会得到类似的结果。如果覆盖是强制性的，那么计划通常可以实现有效覆盖 20%～30%的目标人口，而自愿计划则仅实现低于 5%的有效覆盖（梅萨-拉戈，2008）。

一般情况下，强制缴费机制已被证明达到预定目标群体更有效。往往是在法定养老保险全民覆盖的国家更有效，即通常在雇员比例和长期合同比例较高的国家更是如此。在这些国家，在法律上被覆盖的人群超过 90%会有效实现。在其他通常有较高比例的非正规就业的国家，基于强制性缴费制度的立法实施面临制约因素：被法定覆盖者的资金困难再加上机构能力弱小会导致法定覆盖实施比例降低（2013 年小于 50%）。在这样的背景下，非缴费型制度（法定覆盖有效执行率达到 75%）可能在达到预期的受益者方面更有效。

三、非标准就业和自谋职业者的实施情况较差

分析各就业状况的有效参与侧重于强制性或自愿缴费制度。观察到的情况是：首先，缴费养老金计划仅有普遍较低比例的有效实施——这表明，必须采取措施加强实施，并在某些情况下应该强调非缴费型计划的作用。其次，雇员比其他工作群体更有效、更好地被覆盖。在全球层面，目前 52%的雇员参加养老金计划，而自谋职业者仅 16%（见图 4—9）。最后，不同就业状况缴费型计划覆盖面的差异在低收入国家群体被放大。男性的覆盖比女性要好，但不同的地区有着显著的差别。在撒哈拉以南非洲地区，8%的女工向养老金计划缴费，而男工则有 13%缴费。在中东和北非以及拉丁美洲和加勒比的某

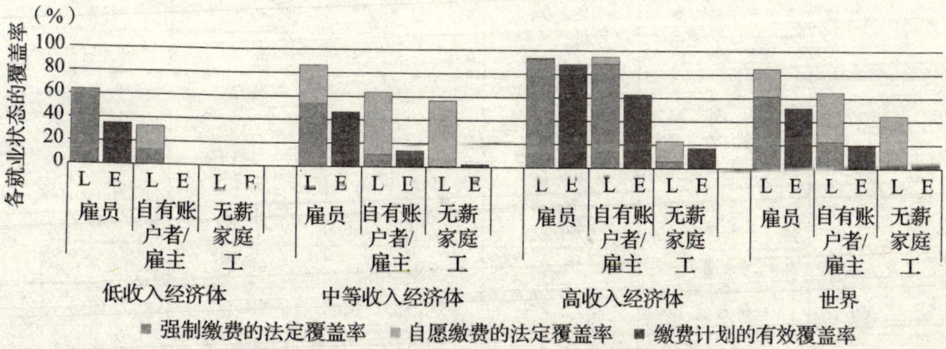

图 4—9　各就业状态的养老金法定和有效覆盖率

注：L 代表法定覆盖率，E 代表有效覆盖率。

资料来源：国际劳工组织研究司根据国际社会保障协会、欧洲委员会、联合国以及国别最新数据计算所得。

些地区，妇女的参与率较低造成了缴费计划养老保险有效覆盖率的性别差异。老年妇女仍会比男性面临更高的贫穷风险，这是由于她们的低覆盖率，更重要的是她们的津贴水平较低（国际劳工组织，2014a）。

发达经济体和欧盟以及拉丁美洲和加勒比地区之外一些国家，缴费计划的养老保险主要覆盖雇员。雇员不仅受益于相对高的法定覆盖范围，而且还得益于该法定覆盖最有效率的实施。在世界范围内，仅有略高于一半的雇员向养老金计划缴费（51.8%）能够在未来领取养老金。另外，有2.7%的人期望从非缴费养老计划中受益。雇员的参与率范围从低收入国家的35.1%到中高收入国家的88.5%不等。亚洲和太平洋地区、撒哈拉以南非洲和中东和北非仅有不到45%的雇员向养老金计划缴费，而发达经济体与欧盟90%的雇员参与缴费，中欧、东南欧和独联体国家为76%，拉丁美洲和加勒比地区是65%。在世界范围内，39.1%的由法定缴费型津贴计划覆盖的雇员目前还没有缴费（见表4—1）。

表4—1 各就业状态有效实施的缴费机制的法定养老金计划覆盖率

单位：%

	就业状态	缴费计划的养老金覆盖率	养老金计划的有效参与	有效实施的缴费型计划的法定覆盖率	非缴费型计划的法定覆盖率
低收入国家	雇员	63.7	35.1	55.1	18.5
	自有账户者/雇主	33.0	0.3	0.8	19.2
	无薪家庭工	0.1	0.0	0.0	20.1
中等收入国家	雇员	80.5	46.7	54.0	0.3
	自有账户者/雇主	63.7	13.8	21.6	16.0
	无薪家庭工	56.8	2.3	4.1	21.1
高收入国家	雇员	93.6	88.5	94.6	2.3
	自有账户者/雇主	94.7	62.9	66.4	4.0
	无薪家庭工	23.0	17.3	75.1	61.5
总计	雇员	85.0	51.8	60.9	2.7
	自有账户者/雇主	64.9	19.6	30.2	14.5
	无薪家庭工	45.1	5.1	11.3	27.1

资料来源：国际劳工组织研究司根据国际社会保障协会、欧洲委员会、联合国以及国别最新数据计算所得。

雇员的缴费型社会保障计划实施的一个障碍是缺乏正式的劳动合同。所有的雇员中有近25%的人没有任何劳动合同。一些国家非正规就业规模超过正规就业（国际劳工组织，2014f）。没有就业合同的雇员中仅有不到1/5的人参与养老保险计划，而且通常是自愿性的计划，而签订劳动合同（长期或临时）的雇员则有超过70%的人在缴费。

有效参与缴费型社会保障计划不仅取决于劳动合同的存在，而且还取决于合同的类型和持续时间。根据现有数据，所有雇员的42.1%有长期合同（在亚洲和太平洋地区只有23.1%），24.9%有临时合同。在任何地方都是非长期雇员参与率低于长期雇员。在就业总人数中长期雇员的比重和就业人员养老金计划的缴费比例之间存在近乎完全的相关性。有长期合同的雇员中，近80%的人目前在向养老金计划缴费，而在临时合同的雇员中仅有一半以上（51%）缴费。在发达经济体和欧盟中，覆盖面的差别是比较有限的，而在其他地区，永久性和临时性雇员之间在保护方面的差距都显著较高。在低收入国家，甚至是永久性的雇员（他们通常是就业群体中的少数）也缺乏缴费型社会保障。根据现有的数据，45%的长期雇员以及不到18%的临时雇员正在给未来的养老金计划缴费。据估计，19%的雇员可以从非缴费养老金中受益，无论这类养老金是普惠的或根据生计调查的。与就业有关的工人养老金的覆盖面，非洲国家最低，多数非洲国家也存在缺乏非缴费型保障的情况；人们在老年时的收入保障依赖于工作、家庭、社区或其他非政府的支持。

与工作小时数和企业的大小一样，就业的公共或私人部门属性也影响养老金计划的有效参与率。公共部门近75%的雇员都参加缴费型养老金计划。这一比例在私营部门的雇员中急剧下降（41%），如果考虑所有的就业状态则更低（31.2%）。低收入国家这一比例（不到2%）可忽略不计。

对于非全日制工人而言，有关最低工时数的门槛往往导致实际情况下有很多人被排除在社会保障之外。从全球范围来说，超过55%的全职工作雇员都参加了养老金计划，而非全日制工作者仅有41.6%的人参加。

企业规模是影响参与率的另一个决定因素。大型企业通常有最高水平的生产力，提供更高的工资，而且更能够负担得起标准化的成本（包括社会保障费用）。此外，社会对话机制更多地存在于规模较大的企业中，从而可以促进参与社会保障计划。此外，大型企业更容易接受劳动监察。10人以下的企业中仅有40.3%的雇员被覆盖。50人以上的企业中，员工参与的比例达到70%。当然，如果包括个体户，那么参与率会更低。

自谋职业者按照法律被覆盖的可能性较低，而且给养老金计划缴费的可能性也较低。部分原因是基于自愿的参与机制和持续的高比例非正规化。从全球范围来看，略高于20%的自雇就业人员和雇主以及5%的无报酬家务工参与缴费型养老金计划。在低收入国家，自谋职业者参与缴费养老金计划的情况几乎不存在。15%的自雇就业人员和雇主以及27%的无报酬家务工一旦到达退休年龄可能会得到非缴费型福利。最严重的情况是自谋职业者超过半数的国家。在那些国家中，非雇员中有效参加缴费型养老金计划的比例低于2%。这是由于低收入国家的群体缴费机制方面的法律规定实施率较低，或由于在这些国家自雇就业占主导地位。

在高收入国家，自谋职业者的参与率较高；然而，仍有超过30%的雇主和自雇就业人员不缴费，尽管他们受到法定范围覆盖。在高收入国家的主要问题与实施相关。例如，在德国，大多数自谋职业者都有自愿加入公共养老保险制度的选项，但只有不到一半人这样做（欧洲联盟，2013）。一些国家，特别是拉丁美洲和欧洲国家，已经采取措施以克服这些障碍，提高自谋职业者缴费计划的参与率。

四、促进自谋职业者与其他形式的劳动者有效参与社会保障计划的政策措施

自谋职业者参与社会保障计划的障碍可能包括缴费的财务能力，有时是烦琐的行政程序、津贴的不合理、费用收缴的水平和周期性、对机构缺乏信心以及对权益缺乏认知。就自愿缴费的情形而言，这些障碍的发生率很高，能够克服这些障碍的激励措施有很多。克服参与缴费计划障碍的方法包括缴费种类的差异化、简化程序和实施缴费补贴。

首先，可以实施缴费种类的差异化。这套措施可以以佛得角为例说明。佛得角全国社会福利局实施了重大改革，以改善自谋职业者的登记办法。2009年，个体户办理社会保险登记成为强制性的，给予这类人员的津贴与雇员依法获得的相匹配。这个过程是通过采用基于收入的类别做出的特殊缴费安排，也为工人选择哪一类缴费留下一些灵活性。缴费数值要基于基准收入，但不能低于公共管理的最低工资标准（杜兰·巴尔韦德等，2013）。

其次，可以简化程序，包括简化登记和税务征收程序。简化登记手续以及社会保障缴费和税金组合都是鼓励正规化的措施。这些措施针对自雇就业人员和销售、利润或收入低于一定水平的微型企业。这些措施通常与强化的监测和识别系统相关联，例如在厄瓜多尔的纳税人注册号制度以及哥伦比亚的缴费结算一体化表格和缴费者单个注册表（杜兰·巴尔韦德等，2013）。

乌拉圭的“单一税”和法国“自动企业家”也是这些机制的例子。在21世纪初，大多数乌拉圭个体劳动者被排除在社会保障覆盖范围外。“单一税”制度于2001年发起。其好处并不是立竿见影的，因为在其推出6年之后，仅有17.6%自谋职业者被社会保障体系覆盖。在2007年进行了一项重要改革，带来了显著变化，消除了一些参加社会保障计划的条件限制。在此之后，2011年为个人企业或合资创业创立了“社会单一税”，作为特殊的单一税机制。家庭收入在贫困线以下或社会经济脆弱（国际劳工组织，2014e）情况下的个人可以获得社会单一税。到2013年，乌拉圭个体户的42.7%被社会保障所覆盖。

法国政府在2008年推出了“自动企业家”状态系统。这种简化的系统在许多方面与巴西的超级简单系统和乌拉圭的单一税类似。“自动企业家”是指从事贸易活动年营业额在81 500欧元以下或从事服务业年营业额在32 600欧元以下的个体户（法国政府，2015）。其主要目标是简化创建非常小的个人公司的过程，并使未申报的工作合法化。创建过程可以在两天内网上完成。社会保障缴费按照规定可按收入的某个百分比缴纳，它也可以与所得税（通用包）结合在一起缴纳。“自动企业家”与雇员在医疗保健福利、生育和家庭津贴方面得到同样的保障。缴费给予了个体户享受现行计划管理的基础和补充养老金的权利，具体待遇水平根据年营业额而定。6年后，已创建接近1.5万家企业，并有了100万个活跃的“自动企业家”（2014）。该计划的直接成果是使3/4的“自动企业家”创立了他们的企业（法国国家统计局，2012）。

最后，可以采取缴费补贴措施。在一些国家中，针对穷人的社会保障经常获得资助。例如在哥斯达黎加，对低收入个体户的缴费资助帮助医疗保险覆盖率提高到2009年的60%，养老保险覆盖率提高到44.8%（杜兰·巴尔韦德等，2013）。在新西兰，几维储蓄（KiwiSaver，一种缴费确定型的国民养老金储蓄计划）为自谋职业者提供了 1 000 新西兰元（NZD）补贴作为那些参加该计划的“启动”款。此外，为了鼓励缴费，参与成员缴费一半的税收减免最高可达每年 542 新西兰元。自谋职业者参与方式灵活，可以选择自己的缴费额，允许一次性缴费，也可以采取定期多次缴费（ISSA，2012）。

五、扩大覆盖范围可能仍然不能满足老年收入保障的目标

虽然养老金覆盖面的有效扩张有利于老年收入保障，但是收入保障水平最终将取决于获得的津贴水平。在一些情况下，对非正规就业或低报酬工作扩大覆盖范围的最有效手段就是非缴费性养老金；然而，在 62 个实施非缴费型养老金制度的发展中国家中，有超过 25%的国家的受益人每天领取的津贴按照 PPP（购买力平价）计算不到 1.25 美元，75%的国家低于 5 美元（见图 4—10）。在孟加拉国、印度和莫桑比克，每月的养老金不到 5 美元，按照购买力平价计算也低于 10 美元。

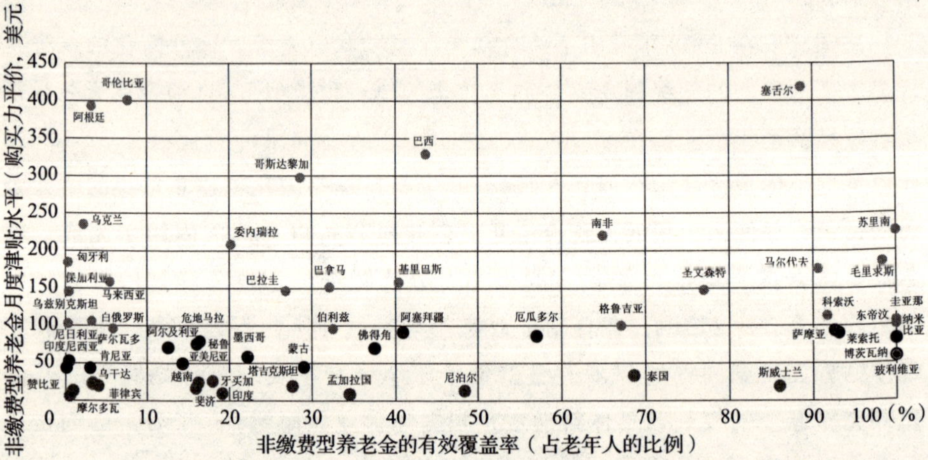

图 4—10 新兴经济体和发展中国家非缴费型养老金覆盖率和津贴水平

鉴于政府预算有限，就会出现在可扩展的覆盖量和可支付的津贴水平之间的权衡折中。到目前为止，这种权衡往往造成津贴水平较低——提供相对稳定的收入水平，以使资金达到可靠和可持续。

一些初步研究成果显示，如果既考虑非缴费型养老金，又考虑在老年人津贴方面的社会保障总支出，在 2000 年到 2013 年之间退休人员数量增加了

2倍，而分配给他们的福利资金仅增加了1.5倍。在全球层面，自2000年后每位受益人支出的平均费用下降了20%。这种下降可以归因于大多数国家正在实施财政调整政策而使缴费型计划津贴减少（国际劳工组织，2014a；奥尔蒂斯等，2015）。也因为伴随缴费计划各国更多地倾向于提供更低津贴的非缴费计划，从而将与积累养老金待遇相关的经济风险转移到个人身上（国际劳工组织，2014a）。

在2013年，非缴费型养老金受益人数量占总养老金受益人的比例比给老年人非缴费型养老金受益人的资金占总支出的比例更高。在世界范围内，非缴费型养老金的受益人占全部老年养老金领取者的1/3，但他们所得分配的资金仅占全部老年津贴的5%。在缴费和非缴费型养老金之间的差距程度使人们更加疑惑，尽管在某些情况下实现了普遍覆盖，一些非缴费型养老金计划是否有能力充分满足收入保障的目标。

六、失业人数和失业待遇的变化情况

自2007年以来，失业人员领取失业津贴（见图4—11）的比例一直在下降。这背后的原因有几个，包括失业平均持续时间的增加、通常没有失业津贴的就业形式的增加、在满足失业津贴最低合格期的困难以及失业福利设计（如资格条件、持续时间和失业保险或救济金的水平）的变化。

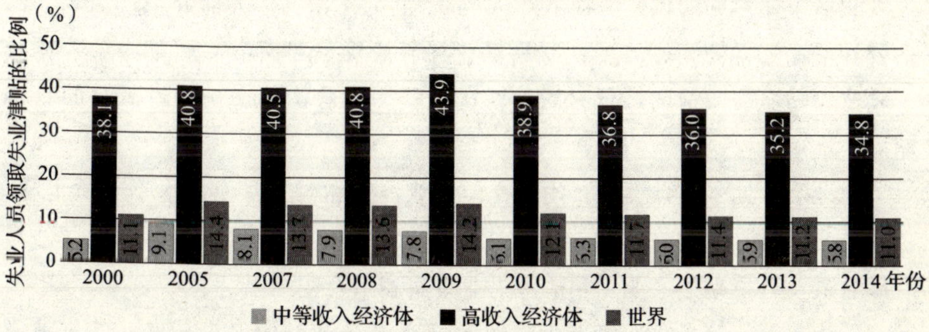

图4—11 失业人员领取失业津贴的比例

资料来源：国际劳工组织研究司根据国际社会保障协会、欧洲委员会、联合国以及国别最新数据计算所得。

在高收入经济体，在2009年达到峰值（失业人员的43.9%领取津贴）后，这一比例在2014年下降到34.8%，远低于危机前的水平。换句话说，即使在有完善的失业保障制度的国家中，无论是接受失业保险金或失业救济津贴，大约也只有 1/3 的失业者能够获得收入保障。其他人可能参与积极劳动力市场计划和接受所谓的“活动津贴”（例如在瑞典），或者接受一般社会援助津贴。不论提供的失业津贴性质，大多数高收入经济体受到了此类影响。澳大利亚和新西兰的失业津贴都不需缴费，已经有了类似的领取人数比例的下降趋势。越来越多的失业者丧失了他们的失业津贴权利。在希腊、西班牙和瑞典，2007 年和 2014 年之间失业者领取津贴的比例下降了 30～40 个百分点；在 2014 年 5 月的希腊，这一比例远低于 10%（希腊人力就业组织，2015；国际劳工组织/欧洲委员会）。在瑞典，下降在很大程度上是由政府行为推动的。随着这些措施的部分通过，瑞典通过增加缴费所需时间而收紧了资格条件，同时又缩短了津贴领取的最长持续时间。

合格期限（在缴费方面）在限制失业保险津贴方面起着至关重要的作用，但它也可能将更多处于标准就业边缘的劳动者纳入其中。大多数国家都需要工人缴费 6～12 个月才有资格领取失业津贴。在全球层面，合格期限从 2000 年的 40.3 周增加至 2013 年的 42.7 周。这一趋势反映了发达经济体和欧盟以及中欧、东南欧和独联体地区的情况，但不一定是其他地区观察到的趋势。非标准就业形式的工人比例较高和更严格的资格条件组合可以大部分解释失业者领取失业津贴的比例为何下降。与 21 世纪初相比，大部分东欧国家（包括爱沙尼亚、立陶宛、波兰、罗马尼亚、斯洛伐克和斯洛文尼亚）显著提高了领取津贴所需缴费的最低月数。法国是这一趋势的一个例外，需要的合格期属于最短之一。

向社会救助（生计调查）的转变使失业津贴相对工资而言水平有所下降。这种转变通常是劳动力市场趋势（社会保险权利丧失后的长期失业或其他没有满足最低合格期的失业）和改革失业方案相结合的结果。

在爱尔兰，接受求职者补助（收入或者资产调查的失业救助）的失业者数量的增加被接受求职者津贴（社会保险）人数的下降所抵消。在 2008 年 10 月和 2013 年 4 月之间，求职者津贴（社会保险）的期限根据缴费月数从 18 个月削减至 9 个月或从 12 个月削减至半年，从而使很多失业者转移到社会援助计划。在德国，2006 年失业保险资格标准的收紧促使一些长期失业者从社会保险转移到社会援助计划。在 2005—2013 年的 8 年改革后，领取保险津贴的比例下降了10个百分点（国际劳工组织/欧洲委员会）。

在2007年和2011—2013年度之间，研究的29个欧洲国家中有23个与工资相比的相对津贴水平下降，同时在澳大利亚、日本和美国也有同样的情况出现（欧盟统计局，2015b；LIS，2015；国际劳工组织，2015g；国别来源）。在希腊，2012年3月（名义值）最低工资下降直接影响了基本失业津贴水平（相当于55%的最低工资标准，国际劳工组织/欧洲委员会）。在爱尔兰、葡萄牙、罗马尼亚和瑞典，与工资中位数相比的相对津贴水平在2007年和2011—2012年度之间下降20%以上。在罗马尼亚，2012年失业津贴不到全国工资中位数的30%。这种情况在匈牙利、拉脱维亚和立陶宛也相似。在德国、希腊、波兰、斯洛伐克和美国的比例仅略高于30%。

第三节　结　　论

本章表明，在过去的20年中，多数新兴和发展中国家在弥补养老金法定覆盖面差距方面取得了显著的进展，其方法是通过将新的工人类别纳入法律法规的范围。就失业保障方面而言，进展远远落后于养老金方面，在发展中国家仍然基本没有进展。在大多数情况下，非标准就业形式的雇员和自谋职业者被排除在失业保障之外。而且，即使当他们被保护时，通常受到保障的水平也较低。

法定养老保险覆盖率扩展主要是由非缴费机制以及通过立法扩大自愿参与所带来的。保障的水平、运营的可靠性、财务可持续性与这些不同的机制有关的就业正规化和社会包容的积极影响程度是不对等的。他们还导致了程度非常不同的养老保险有效覆盖。

尽管在改善法定养老金覆盖面领域取得了全面的积极进展——包括非标准形式的就业和自谋职业者——最近的经验表明了仍然有政策上的某些担忧。尽管非缴费机制可以支持弱势工人，如那些非正规经济部门的工人，但是还需要为实现扩展缴费计划的目标做出协调一致的努力。有一种风险是非缴费方案可能对企业和职工参与缴费计划的意愿产生负面影响。更为严重的是，它增加了受益人的收入保障以及资金的可用性、可靠性和可持续性的问题。在世界范围内，非缴费养老金的受益者占养老金领取者的1/3，但他们只得到了老年津贴资金的5%。津贴的水平通常很低，很多情况下在贫困线以下。由于绝大多数国家正在实施的财政紧缩政策，支持提供更低津贴的非缴费计划趋势常伴随着缴费计划津贴的降低。通过引入自愿缴费计划（特别是对于自谋职业者来说）来扩大社保覆盖范围的效果不佳。

第五章

经合组织国家养老金状况和改革措施[1]

第一节 概 述

一、养老保险制度仍受全球经济危机余波影响

在许多经合组织国家，经济复苏依然乏力，造成养老金缴费处于低迷状态，财政压力加大了公共养老金制度改革的紧迫性。展望未来，金融市场的长期不确定性、低回报和创纪录的低利率让人们对缴费确定型养老体系和年金计划能否提供充足的养老金产生怀疑。许多国家正在加速的人口老龄化进一步加剧了这些挑战。

然而，尽管许多国家处于不景气状态，55～64 岁人员就业率在 2005—2014 年 10 年间仍上升了 7 个百分点。在几个经合组织国家，退出劳动力市场人员的平均年龄显著低于正常退休年龄。韩国、墨西哥、冰岛和日本劳动者停留在劳动力市场的时间最长；法国和比利时男性退出劳动力市场最早；斯洛伐克、波兰和斯洛文尼亚女性退出劳动力市场最早。

---

〔1〕 本章内容根据经合组织（OECD）2015 年 12 月 1 日发布的《2015 年经合组织养老保险制度报告》（*Pensions at a Glance*，*2015*）编译。

二、需要不断努力，促进养老保险制度融资的可持续性

2013—2015年，大约半数经合组织国家采取了措施，加大了养老保险制度融资的可持续性。大多数国家通过指数化方式，而非削减绝对数额的方式减少养老金。养老保险制度资金状况也是通过提高待遇确定型养老计划的税费和缴费率得以改善。尽管在融资方面受到严格限制，仍有大约1/3的经合组织国家经过努力提高了目标群体退休收入的充足性。

近期改革的主要目标是通过以下几种方式延迟退休：一是提高法定退休年龄；二是收紧提前退休规定；三是加大激励措施，促进人们更加长久地工作。然而，由于老龄阶段的工作能力和余命在不同的经济社会群体之间存在很大差异，这些措施会对老年人收入分配产生影响。

根据目前立法，经合组织国家的平均退休年龄将从2014年的64岁提高到2060年的65.5岁。在斯洛文尼亚、卢森堡、希腊和法国，20岁进入劳动力市场的男性将在65岁退休；智利、以色列和瑞士的女性退休将早于男性。

在经合组织国家，对于拥有完整职业生涯的普通工薪劳动者，强制性养老金计划的未来平均净替代率为63%，但各国之间存在很大差异：从墨西哥的27%，以及印尼和南非更低的替代率，到土耳其的105%。由于指数化调整，正常退休年龄至80岁之间人群的总替代率平均下降了6个百分点。

三、在第一支柱养老金制度设计和对抗贫困方面，不同国家差异极大

所有经合组织国家拥有第一支柱养老金制度，但是在制度的结构和重要性方面存在极大差异。平均来讲，社会安全网为不享有缴费型养老金的老年人支付的金额为平均收入的22%，各国存在很大差距，从韩国和土耳其的6%到新西兰的40%。经合组织中1/3的国家设立了基于个人缴费情况的最低养老金。大多数国家在缴费20年后为劳动者支付部分养老金，获得全额养老金津贴平均需要缴费26年。

在老年人贫困率较高和社会救助津贴水平较低的国家，即便考虑人均GDP水平，仍有财政空间提高社会安全网的救济水平。智利、韩国、墨西哥和土耳其就是这种情况，瑞士和美国也同样如此。

大多数第一支柱养老金随着物价波动进行指数化调整；在物价涨幅低于工资涨幅的情况下，无论是同一年龄组的不同群体，还是同一群体的不同年龄组，替代率都将随着时间的推移而下降。因此，物价指数化对于面临严重资金困难的政府具有吸引力，如果僵硬地实施物价指数化，会产生老年人贫困加剧的风险。

四、一些国家采用各种机制，削弱由于较短的职业生涯对养老金造成的负面影响

较短的职业生涯将会大幅减少养老金水平，但是一系列优惠措施可减缓这种影响，包括：第一支柱养老金待遇基于居住期，或基于相对较短的缴费期；参照工资基于收入最高年份中的工资；养老金奖励积分。这些措施显示了对于无工作的每一年（最多 10 年），经合组织国家养老金平均仅减少 1%。若不采取这些措施，养老金则减少 2%～2.5%。

对于延迟 5 年进入劳动力市场的普通工薪劳动者而言，不仅其未来收入会受到影响，其养老金待遇平均也会减少 6%；受影响最大的国家是智利和墨西哥，养老金减少幅度高达 15%，受影响较大的其他 8 个国家，其养老金减少幅度也都超过了 10%。然而，法国和卢森堡养老金分别上升了 3%和 6%，这是由于其劳动者须分别延迟退休 4 年和 5 年，才有资格享受全额养老金待遇。

对于因抚养 2 个孩子而中断职业生涯 5 年的普通女性，其养老金收入平均会减少 4%左右；在这方面，养老金减幅最大的国家包括德国、冰岛、以色列、意大利、墨西哥和葡萄牙；大约 1/3 的经合组织国家养老金不受此因素影响。失业期也会造成类似的影响，但是失业造成的养老金减少幅度略高于中断职业生涯的情形。

脱离工作时间长度与养老金待遇之间的恰当平衡，对确保人们重返工作岗位，不因工作中断造成较大损失至关重要。政策制定者应确保养老金损失处于低位，同时，还应考虑长期缺勤拥有较高养老待遇会诱使工人脱离劳动力市场。

第二节　主要参数变化对养老金替代率的影响分析

一些重要的经济参数对于计算未来的养老金替代率至关重要，包括通货膨胀率、实际工资和实际 GDP 增长率、养老金资产回报率、贴现率等。

一、主要参数影响养老金替代率的研究结果

根据2015年主要经济参数计算的结果，与2013年相比，2015年经合组织国家全职工薪人员的养老金替代率平均上升1.5个百分点；其中，16个国家替代率有所上升，9个国家替代率有所下降，9个国家替代率保持不变。养老金替代率变化情况从智利的下降3.4个百分点到比利时的上升8个百分点不等。与待遇确定型（DB）养老金计划或统一标准的养老金计划相比，缴费确定型（DC）养老金替代率对经济参数变化更加敏感。

养老金资产回报率对养老金替代率的影响最大。受此参数的影响，9个国家养老金替代率平均上升8个百分点。上升幅度最大的是以色列，达15个百分点；紧随其后的是智利和丹麦，均上升了10个百分点。这3个国家缴费确定型养老计划缴费率也是最高的，表明其缴费确定型养老金计划在总体养老金体系中占有较大比重。

与资产回报率变化情况相同，贴现率的变化也只影响9个国家的养老金替代率；实际贴现率每变化1个百分点，会使这9个国家养老金替代率变化3个百分点。由于以色列拥有较大规模的缴费确定型养老金计划，其养老金替代率变化也较为敏感，若实际贴现率变化1个百分点，养老金替代率相应变化6个百分点；与此相反的情况是，挪威的缴费确定型养老金计划只占总体养老金体系很小一部分，其养老金替代率变化不太敏感，若实际贴现率变化1个百分点，养老金替代率变化还不到1个百分点。在挪威，缴费确定型养老金的缴费率只有2%，而以色列缴费确定型养老金的缴费率高达17.5%。

经合组织绝大多数国家养老金替代率受到实际工资增长变化产生的影响。但是，对于所有参数数值（包括统一标准的待遇水平）同实际工资增长指数化同步变化的国家而言，由于所有参数都按比例与实际工资齐涨齐跌，造成这些国家的替代率保持不变。实际工资增长变化对经合组织5个国家替代率的影响不是直接的影响，而是通过对经合组织养老金参数模型中的实际GDP增长产生影响，进而对养老金替代率产生影响。

经合组织国家若将实际工资年增长率从基线1.25%降低至0.5%，则养老金替代率平均提高4个百分点；若将实际工资年增长率从基线1.25%上升至2%，则养老金替代率平均降低3个百分点。

通胀变化只对3个国家产生了影响，对替代率的影响很小。

以上是分析经合组织国家基线假设数据对替代率产生的影响。基于各国经济发展水平（按购买力平价计算人均GDP进行衡量）针对国别的假设会对替代率产生十分有限的影响；经合组织绝大多数国家养老金替代率围绕基线在2个百分点内变化；只有7个国家替代率出现较大的变化。

二、主要参数影响养老金替代率的具体分析

表5—1显示，与2013年相比，2015年经合组织国家的主要经济参数中通货膨胀率、实际工资增长率、实际回报率均有所下降。

表5—1 经合组织2013年和2015年养老保险制度报告中使用的经济参数

主要参数	2013年养老保险制度报告	2015年养老保险制度报告
通货膨胀率	2.50	2.00
实际工资增长率	2.00	1.25
实际贴现率	2.00	2.00
实际回报率	3.50	3.00
养老金转换系数	100.00	85.00

资料来源：2013年经合组织养老金状况报告；经合组织和20国集团指标，经合组织出版，http://dx.doi.org/10.1787/pension_glance-2013-en。

图5—1显示了根据2013年和2015年经济参数假设值计算得出经合组织国家男性工薪者养老金平均替代率变化情况。可以清晰地看到，尽管少数几个国家，包括墨西哥、智利、斯洛伐克、瑞典和丹麦，根据2015年主要参数计算得出的养老金替代率出现下降，但是大多数国家根据2015年主要参数计算得出的养老金替代率均出现上升。

（一）通货膨胀率变化对养老金替代率的影响分析

当保持所有其他参数为常量，提高或降低年通货膨胀率1个百分点时，只有匈牙利、西班牙和美国的未来养老金替代率发生变化。美国和西班牙的通货膨胀率每上升1个百分点，养老金替代率下降2～3个百分点；相当于养老金待遇分别减少6%和2%。匈牙利的通货膨胀率每上升1个百分点，养老金替代率只下降1个百分点。

（二）实际工资变化对养老金替代率的影响分析

人们通常臆断较高的工资增长会提高未来的养老金水平。然而，由于养老

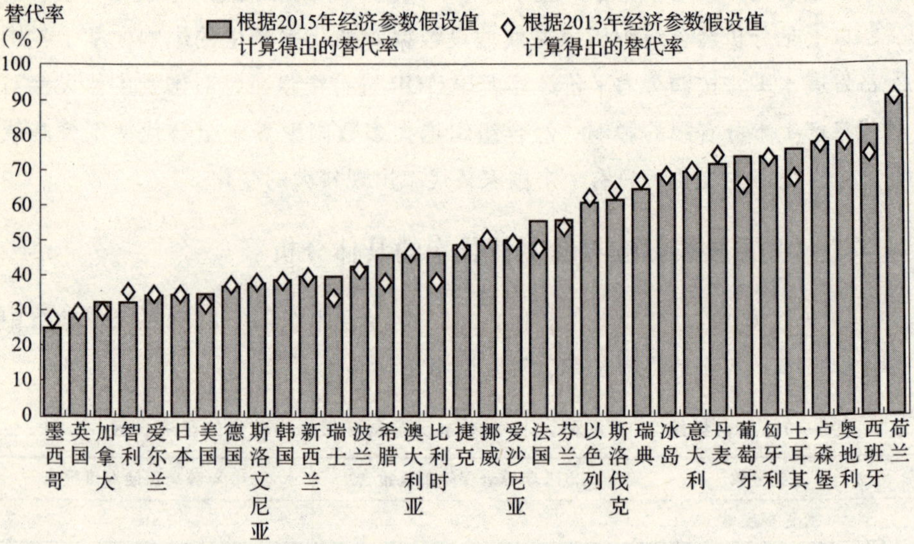

图 5—1　根据 2013 年和 2015 年经济参数假设值计算得出经合组织国家男性工薪者养老金平均替代率变化情况

资料来源：根据经合组织养老金模型计算得出。

金待遇增长速度低于工资增长速度，因此，工资增长通常会降低养老金替代率，无论是待遇确定型计划，还是缴费确定型计划均如此。奥地利、匈牙利和荷兰模型化的强制养老金计划是与收入有关的、待遇确定型的养老计划。3 个国家养老金待遇计算方法依据：养老金待遇＝$N \cdot X \cdot W$，其中 N 代表缴费年数，X 代表外生的年自然增长率，W 代表参照工资标准。根据养老金替代率计算公式，即养老金替代率＝养老金待遇（$N \cdot X \cdot W$）/工资（W）＝$N \cdot X$。可以看到，养老金替代率与工资变化无关。

爱尔兰、新西兰和英国养老金采用基本的统一费率，养老金待遇基于居住或缴费记录。在任何情况下，养老金待遇随收入增长而同步增长，因此，收入增长不影响未来的养老金替代率。事实上，英国养老金增长锁定 3 个参数的最高值：通货膨胀率、名义工资增长率和 2.5%，因此，英国养老金增长相当于根据经合组织养老金模型中的长期假设值计算得出的工资增长；表明英国的养老金替代率不会变化。

总体上，经合组织有 10 个国家（奥地利、德国、匈牙利、爱尔兰、日本、卢森堡、荷兰、新西兰、斯洛伐克和英国），其实际工资年增长率

0.5%～2%之间的变化不会影响养老金替代率（见图5—2）。

图5—2显示，当保持其他参数为常量，在实际工资增长率变化对替代率产生影响的国家中，由于各国养老金体系不同，工资增长率的变化对替代率产生显著不同的影响。

从图5—2中可以发现，澳大利亚、以色列、墨西哥和智利养老金替代率受工资增长率的影响最大。这几个国家养老金最主要的成分是缴费确定型的养老金计划。假设这些国家的养老金回报率保持不变，工资增长率上升对替代率的分母（工资）的影响大于对分子（积累的养老金资产）的影响，由此造成替代率下降。与此相反的情况是，当工资增长率下降时，替代率上升。

图5—2显示，丹麦、爱沙尼亚、挪威、斯洛伐克和瑞典也实施强制的缴费确定型养老金计划。虽然这些国家缴费确定型养老金计划在总体养老金体系中所占份额较小，但是，其缴费确定型计划还是对养老金替代率产生一定的影响。

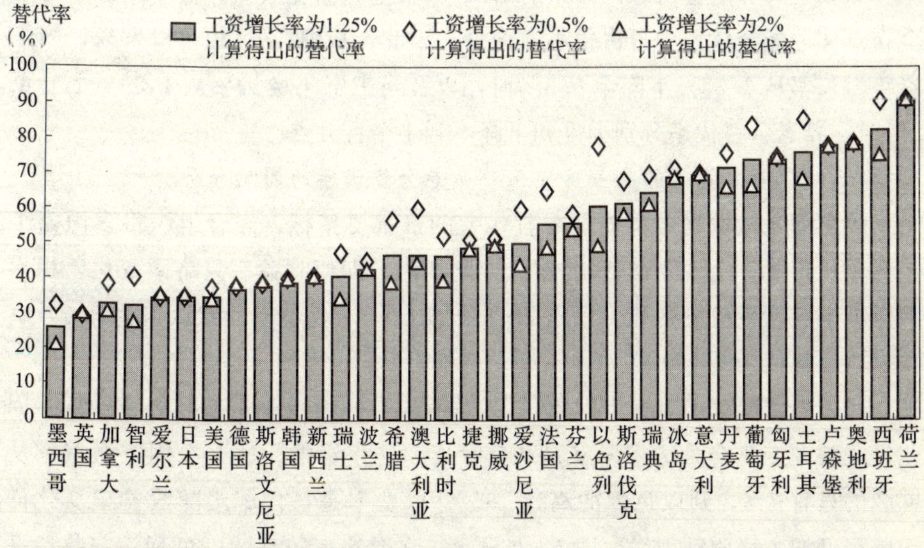

图5—2　经合组织国家工资增长率变化对养老金替代率产生的影响

资料来源：根据经合组织养老金模型计算得出。

另外，跟随物价指数化的任何养老金计划中的养老金水平，相对而言，都将随实际工资增长率的变化而变化。例如，加拿大和冰岛基本养老金都跟随物价指数化，这意味着当实际工资增长较快时，相对于工资，养老金待遇会下降。因此，工资增长会明显影响未来退休人员的养老金替代率。

比利时和法国根据物价上调收入，基本养老金也同样随物价变化进行调整，实际工资增长率上升对养老金替代率造成负面影响。

丹麦、意大利、波兰和土耳其的养老金待遇取决于实际GDP增长率。

在丹麦，基本养老金与实际GDP增长率减去0.3%所得数值呈指数化关系。这种做法可减少直接影响替代率的工资增长变化对养老金造成的影响。图5—2显示，总体上，当丹麦工资年增长率从基线1.25%下降至0.5%时，养老金替代率上升7个百分点；当工资年增长率从基线1.25%上升至2%时，养老金替代率下降6个百分点。

在土耳其，与收入有关的养老金同GDP变化值的30%呈指数化关系。图5—2显示，当土耳其工资年增长率从基线1.25%下降至0.5%时，养老金替代率上升9个百分点；当工资年增长率从基线1.25%上升至2%时，养老金替代率下降8个百分点。

在波兰，养老金次账户体系与GDP增长呈指数化关系；由于此部分养老金在总体养老金体系中只占很小一部分，因此，从图5—2中可以发现，当工资年增长率从1.25%下降至0.5%时，以及当工资年增长率从1.25%上升至2%时，养老金替代率分别上升和下降不到1个百分点。

（三）养老金资产的收益率变化对养老金替代率的影响分析

收益率是缴费确定型养老金替代率的最重要指标。经合组织很多国家工人一生从事工作至少要缴费45年。在此期间，即便收益率只略微变化，积累的资本也会发生极大变化。设定2015年实际年均收益率的默认值为3%，收益率的变化值为2%和4%。

经合组织国家中有9个国家[1]实施强制性的缴费确定型养老金计划，因此，收益率变化会对这些国家养老金替代率产生影响。这9个国家缴费率从挪威的只有2%，到以色列的高达15%。缴费率是替代率跟随收益率变化的敏感程度的主要驱动因素。图5—3显示，在缴费率较高的以色列，与收益率3%情况下的养老金替代率相比，收益率2%情况下的养老金替代率减少11个百分点，而收益率4%情况下的养老金替代率上升15个百分点。在缴费率较

[1] 实施强制性缴费确定型养老金计划的9个国家是：墨西哥、智利、澳大利亚、爱沙尼亚、挪威、以色列、斯洛伐克、瑞典和丹麦。

低的挪威，与收益率3%情况下的养老金替代率相比，收益率2%情况下的养老金替代率只略减1.3个百分点，而收益率4%情况下的养老金替代率只略升1.9个百分点。

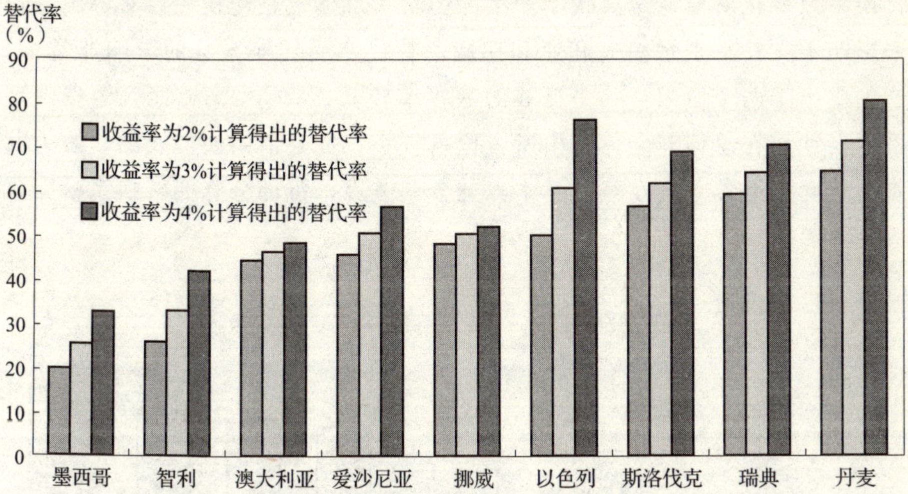

图5—3 经合组织国家养老金收益率变化对养老金替代率产生的影响

资料来源：根据经合组织养老金模型计算得出。

由于很多国家缴费确定型养老金计划不是总体养老体系的唯一组成部分，因此养老体系的设计构架十分重要。例如，澳大利亚缴费确定型的养老金（Superannuation）通过基本养老金（Age Pension）弥补加以调节；领取基本养老金需要做家庭经济状况调查，因此，无论收益率是上升还是下降，均对基本养老金的调整产生影响；当造成全年养老金额减少时，损失的金额由基本养老金进行部分补偿；与此相反，当全年养老金额增加时，增加的金额由基本养老金进行部分抵消。因此，尽管澳大利亚目前拥有较高的缴费率9.5%，并预计于2025年将缴费率提高至12%，但是，由于基本养老金的调节作用，即便收益率发生变化，也几乎不会对养老金替代率产生影响。

另一个重要参数是养老金转换系数，该系数应用到缴费确定型养老金资产中，用于计算年金，默认值为85%。养老金转换系数用于计算相关费用，用于承担发放年金时出现与死亡等不确定因素有关的风险。有关此项内容的研究表明，养老金转换系数可以低至70%，也可以高达90%。为了便于比较分析，将转换系数从默认值85%分别上调和下调10个百分点，调整后该系数为95%和75%。

图5—4显示了实施强制性缴费确定型养老金计划的9个国家养老金转换系数变化对养老金替代率产生的影响。总体上，转换系数对各国替代率影响不大，特别是澳大利亚和挪威，替代率受转换系数的影响非常小。这主要出于两个原因：一是挪威的缴费率较低，只有2%，而且缴费确定型养老计划在总体养老体系中所占比重较小；二是前面所提及的，澳大利亚缴费确定型养老金在经过基本养老金调节后，可部分降低转换系数变化造成的影响。

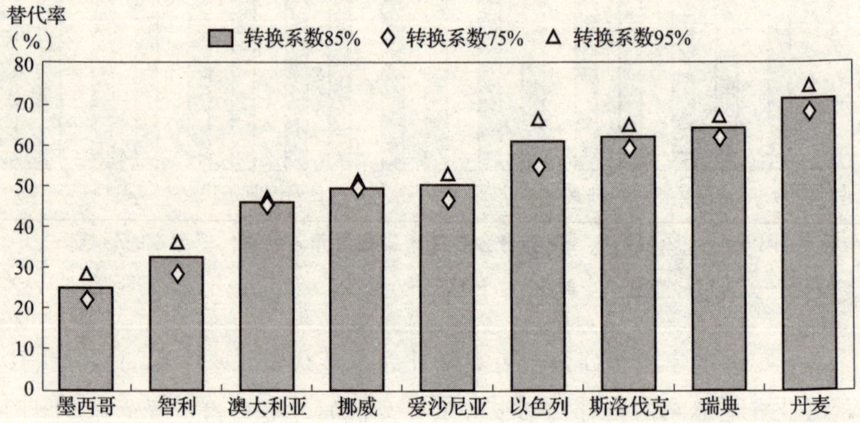

图5—4　实施强制性缴费确定型养老金计划的9个国家养老金转换系数变化对养老金替代率产生的影响

资料来源：根据经合组织养老金模型计算得出。

（四）贴现率变化对养老金替代率的影响分析

贴现率对待遇确定型养老金计划中养老金额不产生影响。贴现率变化直接对缴费确定型养老金计划在某个特定积累资产状况下的年金水平产生影响。当贴现率下降时，在其他条件相同的情况下，未来的资金流将拥有较高的净现值；由此，某个特定的积累资产水平将为较低的养老金待遇提供资金，替代率也将较低。当贴现率上升时，情况相反。

图5—5显示了实施强制性缴费确定型养老金计划的9个国家贴现率变化对养老金替代率产生的影响。设定基线贴现率为2%，当贴现率下降至1%和上升至3%时，分析其对替代率产生的影响。经合组织有9个国

家的养老金替代率受贴现率变化的影响。如前所述，这 9 个国家均实施强制性缴费确定型养老金计划。贴现率变化对替代率影响的程度取决于缴费确定型计划的规模（由强制的缴费率测量），取决于计算替代率时缴费确定型养老金计划在总体养老体系中的相对重要性，以及诸如退休年龄等其他参数。

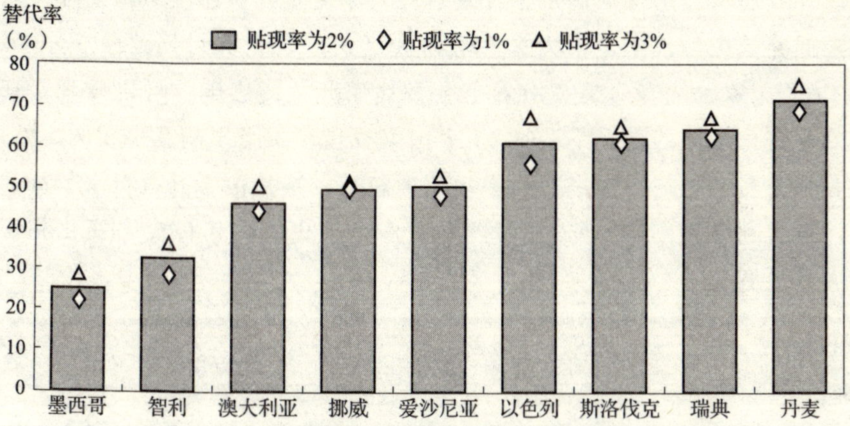

图 5—5　实施强制性缴费确定型养老金计划的 9 个国家贴现率变化对养老金替代率产生的影响

资料来源：根据经合组织养老金模型计算得出。

图 5—5 显示，当贴现率从基线 2%分别下降至 1%和上升至 3%时，替代率绝对值变化最大的国家是以色列，分别相应下降和上升 6 个百分点。但是，当贴现率从基线 2%分别下降至 1%和上升至 3%时，对应的替代率变化值占基线替代率的相对变化最大的国家是墨西哥和智利，替代率分别下降和上升 11%；高于以色列的+/−9%和澳大利亚的+/−8%。在丹麦、爱沙尼亚、挪威、斯洛伐克和瑞典，由于缴费确定型养老计划只占总体养老体系很小一部分，因此，当贴现率变化时，替代率相应变化不大。

（五）死亡率变化对养老金替代率的影响分析

死亡率用于计算将年金与积累的资产挂钩的年金系数，直接对缴费确定型养老金计划的替代率产生影响。然而，死亡率变化也会对待遇确定型养老金财富（一生的退休收入）产生影响；尽管待遇确定型养老金替代率不受影响，死亡率变化会造成养老金支付期限发生变化。为了便于分析，将死亡率分别减少和增加 10%，也就是将经合组织国家的预期寿命 65 岁分别平均增加和减少 1 年，以便对其产生的全面影响提供清晰的评估。

除了实施强制的缴费确定型养老金计划的 9 个国家替代率受死亡率参数的影响外，意大利和波兰也受影响；这两个国家虽然不实施缴费确定型养老计划，但是，拥有个人名义账户。挪威和瑞典既有缴费确定型养老金计划，也有待遇确定型养老金计划，除了缴费确定型计划中记录的变化数值以外，还增加了待遇确定型计划对死亡率变化的敏感度。预期寿命增加会降低养老金替代率，因为提高寿命会延长养老金支付期。图 5—6 显示了 11 个国家预期寿命提高对养老金替代率产生的影响。可以发现，在预期寿命变化相同的情况下，这 11 个国家替代率所受影响几乎相同。然而，拥有个人名义账户的国家替代率敏感度较高，这是由于其缴费率较高。例如，意大利缴费率高达 33%，当预期寿命变化时，其替代率变化相应也较大（见图 5—6）。

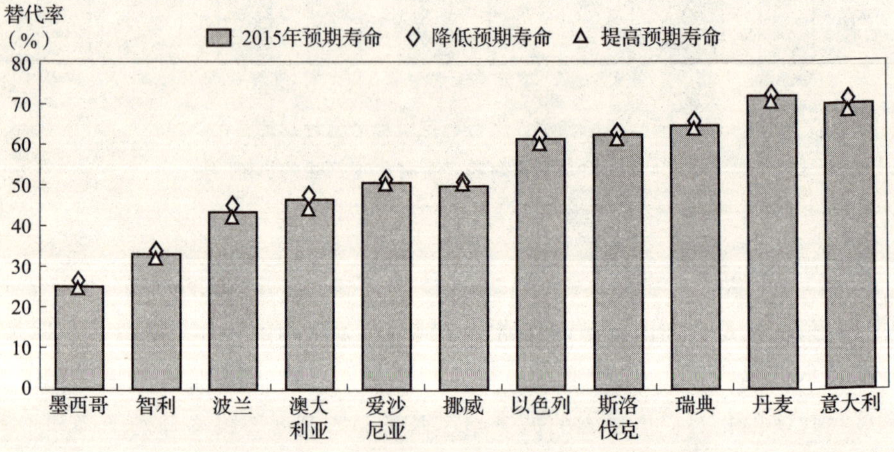

图 5—6　死亡率变化对养老金替代率产生的影响

资料来源：根据经合组织养老金模型计算得出。

三、针对国别的研究

上述分析对所有经合组织国家采用了一套相同的参数假设值。本节聚焦针对国别的假设情况，即每个成员国依据按人均 GDP 测量的经济发展水平，拥有不同的通胀率、实际工资增长率和实际利率。表 5—2 显示了经合组织 34 个成员国经济参数。

表 5—2　　经合组织 34 个成员国经济参数　　单位：%

国别	通胀率	实际收入增长率	贴现率	收益率
澳大利亚	1.62	0.94	1.78	2.78
奥地利	1.62	0.94	1.79	2.79
比利时	1.62	0.94	1.85	2.85
加拿大	1.62	0.94	1.82	2.82
智利	2.90	1.98	2.49	3.49
捷克	2.24	1.44	2.21	3.21
丹麦	1.62	0.94	1.81	2.81
爱沙尼亚	2.48	1.64	2.31	3.31
芬兰	1.62	0.94	1.92	2.92
法国	1.68	0.99	1.97	2.97
德国	1.62	0.94	1.82	2.82
希腊	2.54	1.69	2.34	3.34
匈牙利	2.66	1.79	2.39	3.39
冰岛	1.62	0.94	1.81	2.81
爱尔兰	1.62	0.94	1.72	2.72
以色列	1.98	1.24	2.10	3.10
意大利	1.86	1.14	2.05	3.05
日本	1.76	1.06	2.00	3.00
韩国	1.91	1.18	2.07	3.07
卢森堡	1.62	0.94	1.08	2.08
墨西哥	3.50	2.47	2.75	3.75
荷兰	1.62	0.94	1.76	2.76
新西兰	1.72	1.02	1.98	2.98
挪威	1.62	0.94	1.41	2.41
波兰	2.67	1.80	2.40	3.40
葡萄牙	2.35	1.54	2.26	3.26
斯洛伐克	2.43	1.60	2.29	3.29
斯洛文尼亚	2.23	1.43	2.20	3.20

续表

国别	通胀率	实际收入增长率	贴现率	收益率
西班牙	1.95	1.21	2.08	3.08
瑞典	1.62	0.94	1.79	2.79
瑞士	1.62	0.94	1.55	2.55
土耳其	3.23	2.26	2.64	3.64
英国	1.62	0.94	1.93	2.93
美国	1.62	0.94	1.61	2.61
平均值	2.00	1.25	2.00	3.00
最低值	1.62	0.94	1.08	2.08
最高值	3.50	2.47	2.75	3.75

资料来源：经合组织计算得出。

图 5—7 显示了根据 2015 年经合组织国家相同的经济参数假设值计算得出的各国基线替代率，以及根据 34 个成员国不同的经济参数计算得出的各国替代率情况。

总体上，上述两种不同假设值计算得出的各国替代率几乎相同。在一些国家，国别的不同经济假设值对其替代率不产生影响。例如，在爱尔兰、新西兰和英国，养老金费率实际为统一的费率，由于津贴水平与工资增长按相同比例增长，因此经济参数的变化不改变替代率；这意味着其预期的养老金待遇与从前的工资水平之比保持不变。奥地利、德国、日本、卢森堡、荷兰和斯洛文尼亚在上述两种情形下计算得出的替代率也保持不变；这是由于这些国家养老保险制度中的所有各项参数都与工资挂钩。

图 5—7 显示，与 2015 年经合组织国家相同的经济参数假设值计算得出的各国替代率相比，根据国别的经济参数计算得出的替代率增幅最大的国家是法国和瑞士，增加大约 3 个百分点。主要原因是法国和瑞士的实际工资增长率低于经合组织假设的实际工资增长率基线 1.25%。与此相反的情况是，造成替代率最大降幅的国家是土耳其（下降 10 个百分点）、希腊（下降 5 个百分点）和墨西哥，替代率下降是由于收益率与工资增长率之差仅为 1.28%，低于 2015 年经合组织假设的差值 1.75%，因此，退休时的资产相对于收入会大幅下降。

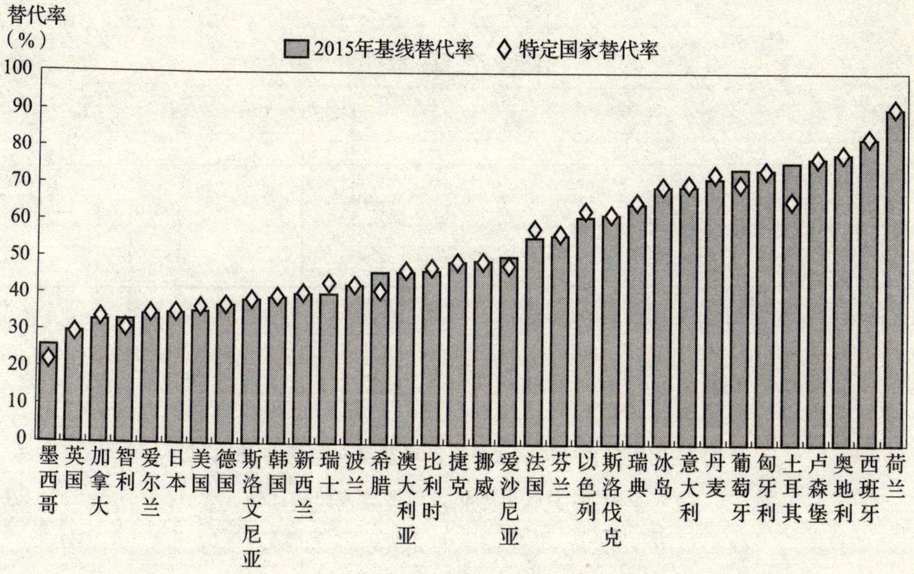

图 5—7　根据 2015 年经合组织国家相同的经济参数假设值计算得出的各国基线替代率，以及根据 34 个成员国不同的经济参数计算得出的各国替代率情况

资料来源：根据经合组织模型计算得出。

第三节　养老金改革具体措施

一、人口老龄化和退休年龄预测情况

养老金制度应提供充足的退休收入，同时保持养老基金的可持续性。寿命延长和较低的生育率将加剧人口老龄化。图 5—8 显示，全世界 65 岁及以上人口占总人口的比重将从 2015 年的 8%上升至 2025 年的 18%；经合组织国家同期从 16%上升至 27%。由于数量不断减少的工作年龄人口必须要维持数量不断增加的老年人的养老金水平，因此老龄化直接影响现收现付制（PAYG）的养老金体系。

图 5—9 显示了 2007 年和 2014 年金融危机前后，经合组织国家政府的金融负债情况。可以发现，金融危机后，只有以色列、挪威和瑞士等少数国家政府负债比重有所下降，其他国家政府负债均出现上升的趋势。根据最新预

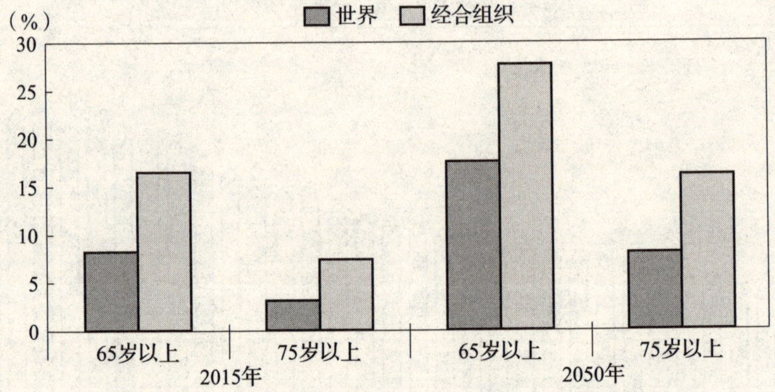

图 5—8　2015 年和 2050 年世界及经合组织 65 岁以上和 75 岁以上老年人口占总人口的比重

资料来源：联合国（2013），《世界人口展望：2012 年修订》以及根据经合组织模型计算得出。

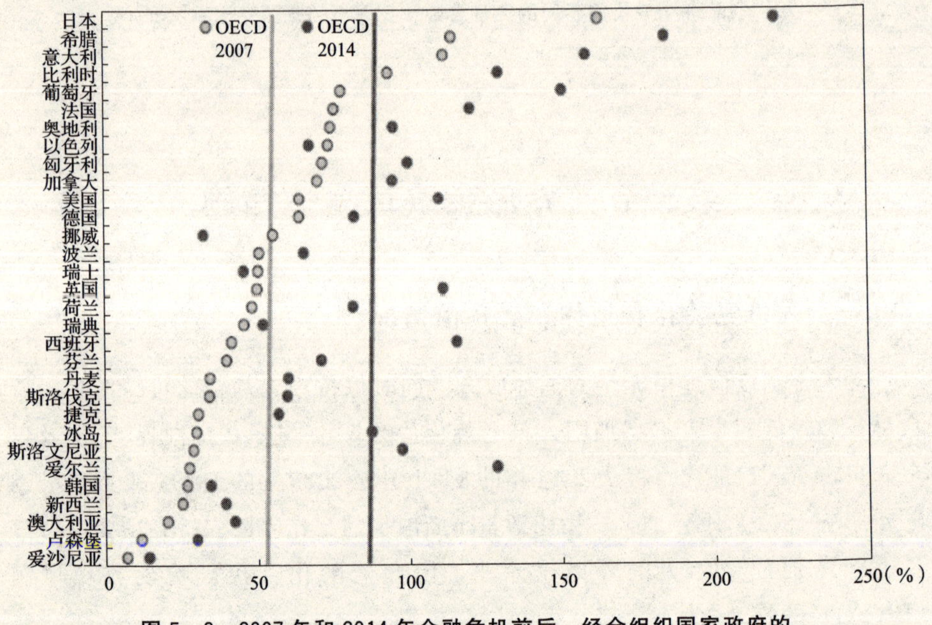

图 5—9　2007 年和 2014 年金融危机前后，经合组织国家政府的金融负债情况（占 GDP 的百分比）

资料来源：经合组织《2015 年经济展望》。

测，经合组织国家养老金平均支出将从目前占 GDP 的 9.0%上升至 2050 年占 GDP 的 10.1%。因此，经合组织很多国家最近实施了改革措施，限制未来养老金支出。

根据经合组织国家最新法律规定，20 岁进入劳动力市场的男性人员退休年龄将从经合组织国家 2014 年的平均 64 岁，提高至 2050 年的 65.5 岁（见图 5—10）。图 5—10 显示，2014 年，斯洛文尼亚的退休年龄最低，为 58.7 岁；冰岛、以色列和挪威的退休年龄最高，为 67 岁。到 2050 年，捷克、爱尔兰和英国 20 岁进入劳动力市场的男性人员的退休年龄最高，为 68 岁；斯洛文尼亚和卢森堡退休年龄最低，为 60 岁；希腊和法国退休年龄也较低，分别为 62 岁和 63 岁；其他国家退休年龄均在 65 岁及以上。

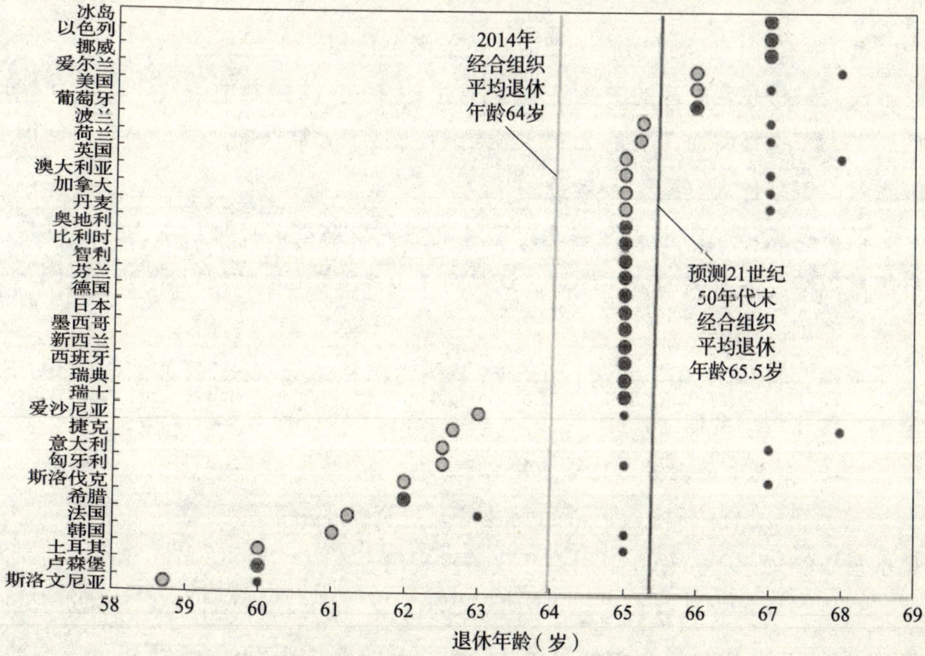

图 5—10　经合组织国家男性 20 岁时进入劳动力市场 2014 年退休年龄以及 2050 年退休年龄预测

资料来源：经合组织。

二、养老金改革具体措施

近期经合组织国家实施了很多养老金改革措施，主要涉及以下几个方面：

（一）养老保险覆盖面变化情况

智利：2012—2014年，自雇就业人员不参加养老保险计划。自2015年起，所有有资格的自雇就业人员必须参加养老保险计划，为养老保险体系缴费。

捷克：2013年生效的自愿型个人账户，由于参与率较低，将于2016年关闭。

法国：用于计算待遇的缴费期，对生育、培训、失业、学徒、学生和非全日工作更加宽松。

爱尔兰：自2014年3月起，实施职业年金计划路线图。该计划适用于当前未被养老金计划覆盖的人员，具体实施将取决于经济复苏与稳定情况。

日本：自2017年4月起，领取国家养老金的资格期将从25年减少为10年。

韩国：2014年7月实施了新的基本养老金计划。

波兰：将私营管理的缴费确定型计划（OFE）的强制性缴费改为选择性的：工人可选择将总工资的2.92%交给OFE；工人默认的选择是向公共的国家缴费确定型计划（NDC）缴费。

斯洛伐克：2015年，缴费确定型计划成为自愿型的计划，个人可以选择参加此项与收入有关的公共计划。这是自2005年实施该计划以来，第四次个人选择参加的机会。

英国：自2016年1月起，国家就业储蓄信托基金（NEST）将扩大适用范围，覆盖较小的雇主群体。

（二）养老金管理多元化和基金保障

意大利：2014年实施了新的养老基金投资条例。新条例旨在提高更加审慎的投资管理水平，创立更加多元化的投资组合。

日本：终止雇员养老基金（EPFs）的议案于2014年4月生效。财务状况有问题的EPFs将在5年内耗尽资金。不再建立新的EPFs。资产超过最低储备的EPFs可以继续运行，但是自2019年起，这些EPFs将接受年度资产检测。鼓励财务状况良好的EPFs转为其他类型的养老金计划。

挪威：有关职业年金计划的最新规定允许雇主在设计养老金计划时拥有更大的灵活性。

波兰：禁止私营管理的缴费确定型计划（OFE）投资于波兰的国家债券，或投资于财政部予以保证的负债工具。2014年，养老基金必须将门槛为最低

75%的资产投资于证券。该门槛将于2017年逐渐降低至15%。

英国：2014年5月，对缴费确定型养老金领取的新规定正式立法。法律将允许养老金一次性大额领取。

（三）养老金待遇

澳大利亚：2014年7月，缴费确定型养老金强制性缴费率从9%上升至9.5%，9.5%的缴费率将一直保持到2021年；到2025年7月，缴费率将达到12%。自2017年1月起，将对基本养老金（Age Pension）的资产测试再次进行平衡。养老金待遇将更具目标性，金额也更加丰厚。

德国：2014年7月，1992年以前出生的儿童父母可以将孩子出生后最初两年折算为养老金加分。

爱尔兰：出台新措施，救助养老金领取者、残疾人员和领取家庭补助金的照看人员。

日本：自2017年4月起，将为低收入的养老金领取者提供福利津贴。养老金待遇名义上临时冻结被取消。自2015年4月起，实施了一项新的工资与物价指数化的体系（亦称为宏观经济指数化）。

卢森堡：自2012年10月起，基本养老金在按工资增长率同步增长以外，年均还略增0.44%。

西班牙：自2019年起，养老金体系的相关参数将根据预期寿命每5年进行一次调整。

英国：自2016年起，新的国家养老金计划（单轨养老金，STP）将在较高层面替代基本养老金计划和最低收入保证计划。

（四）税收和缴费

加拿大：魁北克缴费率从2013年的10.2%上升至2014年的10.35%和2015年的10.5%。

芬兰：社会伙伴已同意，提高与收入有关的养老金计划雇主和雇员双方的缴费；2011—2016年，缴费年均增长0.4%。

法国：对于拥有至少3个孩子给予10%养老金奖励的人员将征收税费。到2017年，雇主和雇员的缴费率共提高0.3个百分点（2014年已提高0.15个百分点，2015—2017年平均提高0.05个百分点）。

德国：2015年，老龄人员、遗属和残疾人员保险计划的缴费率从雇主和雇员各自9.45%减少至9.35%。

爱尔兰：2014 年，对职业年金资产征收 0.15%的临时性税收，替代了 2011 年引入的 0.6%税收率。

日本：自 2014 年 4 月起，妇女在生育假期间免交养老金缴费。

波兰：针对自愿型个人养老金计划（IKZE）出台了新的税收激励政策，实施特殊的统一税率 10%税收减免计划（低于标准的收入税率）。

瑞典：2014 年，对 65 岁以上人员，加大了基本养老金的收入税减免。对私营个人养老金计划的税收减免正在逐渐退出，并于 2016 年取消。

英国：2015 年，降低了养老金账户退出者的税收，增加了免税金额。

（五）指数化

澳大利亚：自 2014 年 7 月起，总缴费指数化的封顶金额为 3 万澳元。

芬兰：2015 年，与收入有关的养老金计划指数化范围缩小到 0.4%，取代了远超过 1%的比例。

法国：自 2014 年起，养老金指数化时间改为每年 10 月，以前是每年 4 月。

波兰：养老金通过一个系数指数化，该系数同时考虑通货膨胀率和 20%的工资增长。指数化原则于 2015 年实施，但未将其制定为未来年份实施的条例。

葡萄牙：可持续发展参数将养老金水平与日益提高的预期寿命挂钩，对该参数的确定方式做了修正。将运用可持续发展参数来提高退休年龄，而不是减少退休金待遇，并且只适用于正常退休年龄退休申请养老金的人员。

斯洛伐克：2013—2017 年，养老金津贴将按某一固定金额增长，随后，将跟随消费者物价增长。

西班牙：养老金待遇将根据 2014 年起经最高与最低调整的缴费与支出比例进行相应调整。

（六）工作激励

比利时：政府最近宣布，将逐渐提高领取养老金的年龄，到 2030 年提高至 67 岁。随后，将提早退休年龄提高 1 岁。进一步加大减少失业人数的力度。某些职业，如警察，将取消较低的退休年龄。

丹麦：2014 年，提高了提早退休的年龄。为那些从事强体力工作、拥有与工作有关的健康问题的工作人员创建了“老年残疾津贴”。

芬兰：让残疾的养老金领取者在不丧失养老金权利的情况下继续工作 2

年，此项法律将延长实施至2016年年底。1953年以后出生的非全日制工作人员领取养老金的年龄将提高至61岁。不允许1951年以后出生的参加与收入有关的养老金计划人员提早退休。1958年以前出生的长期失业人员仍可在62岁时退休，领取全额养老金。

法国：获得全额养老金的缴费期将每3年增加一个季度，到2035年，缴费期达到43年。虽然退休年龄仍为62岁，但已在缴费期全额缴费的人员，将能自60岁起无罚金退休。

德国：2014年7月，对于缴费年限达到45年的人员，退休年龄从65岁降低至63岁。自2016年起，此类退休年龄将每年增加2个月，直到达到65岁为止。

荷兰：2014年，职业年金的退休年龄从65岁提高至67岁。对从事体力要求较高的职业人员的提早退休将被取消。

挪威：有关职业养老金计划的新规定允许自62岁起灵活领取全额或部分养老金，不取决于实际就业情况。

葡萄牙：2014年，退休年龄从65岁提高至66岁。长期失业人员可在57岁退休。退休年龄将与预期寿命挂钩。

瑞典：2014年，加大了所挣收入的税收减免（EITC)。EITC对65岁以上工人的减免数额较大。

瑞士：为推迟离开劳动力市场人员提供更大的灵活性，受保者可以继续为养老基金支付缴费，直到70岁。

英国：到2026年，退休年龄为66岁；到2028年，退休年龄为67岁。可以在正常退休年龄之前10年，领取私营养老金。

产业关系篇

第六章

欧盟产业关系[1]

第一节　社会伙伴组织发展状况

本节主要阐述2014年社会伙伴组织会员数量的变化状况、有关社会伙伴代表性的法规修订，以及各类合作举措与协议方面发生的变化。

工会、雇主组织和公共机构在就业关系、工作条件和产业关系的治理方面发挥着重要作用。在欧盟、国家、行业、地区（省或当地）和企业层面的治理体系中，它们是相互联系、不可分割的组成部分。

2014年，一些成员国社会伙伴组织面临挑战，原因是成员数量在下降，如爱尔兰，自2011年以来工会密度下降超过5%；或者由于法规修订的影响，如克罗地亚，提出了代表性的问题；或者由于经济危机持续产生的影响，限制了集体谈判，如荷兰和葡萄牙。

欧盟报告了新法律支持雇员代表性权利的几个案例（见表6—1）。然而，并非所有欧盟成员国都是这种情况，一些成员国制定了有关代表性或集体谈判和产业行动权利的法律，旨在限制社会伙伴的活动。

〔1〕本章内容根据欧洲改善生活和工作条件基金会（Eurofound）2015年11月4日发布的《2014年欧洲工作生活年度报告》（*Developments in Working Life in Europe: EurWORK Annual Review 2014*）编译。

表 6—1　　加强雇员代表性的权利

爱尔兰	在爱尔兰，《劳资关系法案》将对现有劳动关系机构进行重大变革，成立新的劳动委员会和扩大劳动法庭的权限。此项变革伴随爱尔兰建立新的人权与平等委员会同步展开，委员会拥有促进平等的特殊职责，但是，工会抱怨委员会缺少实施机制
拉脱维亚	在拉脱维亚，新工会法于 2014 年 11 月正式实施，旨在改进工会活动的法律框架并使之现代化；这是在拉脱维亚《劳动法》进行重大修订的背景下发生的。新工会法极大地加强了对工人的保护，并被视为非常有利于雇员的法律
荷兰	在荷兰，人们提出了新的立法，以加强欧盟工厂委员会（EWCs）针对养老金提出的权利。新法规定，当雇主仅用本企业资金启动、变更和终结养老金计划时，赋予工厂委员会同意权

资料来源：欧洲改善生活和工作条件基金会（Eurofound）。

一、工会和雇主组织的会员变化情况

在欧盟各成员国中，工会和雇主组织的会员发展趋势已开始分化；有些成员国工会会员数量持续下降，而有些成员国趋于稳定。在克罗地亚、法国和罗马尼亚，代表性的变化对工会和雇主组织均产生影响。工会之间、雇主组织之间以及通过广泛的社会对话签订合作协议是成员国以及成员国之间的主要发展趋势。

尽管大多数欧盟成员国工会会员数量长期呈下降趋势，且工会密度不断下降，但人们谨慎地认为，这种趋势在 2014 年会有所减缓。

2014 年工会会员统计数据难以获得，并且在可获得的数据中存在显著差距，但是来自国家统计数据和各地报告的初步印象表明，2014 年工会会员变化情况更加平稳。来自 12 个成员国的数据和报告显示，有 7 个成员国的工会会员数量保持稳定，3 个成员国的工会会员数量有所增加，只有 2 个成员国的工会会员数量有所下降（见表 6—2）。

表 6—2　　与 2013 年工会会员数量相比，2014 年工会会员数量总体变化情况

会员数量总体减少的成员国	会员数量总体保持稳定的成员国	会员数量总体增加的成员国
爱尔兰	奥地利	捷克
罗马尼亚	德国	马耳他
	保加利亚	挪威
	斯洛伐克	

续表

会员数量总体减少的成员国	会员数量总体保持稳定的成员国	会员数量总体增加的成员国
	瑞典	
	英国	
	丹麦	

注："稳定"是指变化率小于1%，或对"稳定"进行特殊界定。除表中列举的国家外，未获得其他国家的数据。

资料来源：欧洲改善生活和工作条件基金会（Eurofound）。

对于上述"稳定"的成员国，会员数量变化小于1%，或由成员国记者对"稳定"给予特殊解释。例如，2014年德国工会联合会（DGB）会员数量减少了0.6%，而德国公务员工会（DBB）会员数量上升了0.5%；据报道，2013年德国工会会员总体减少了0.1%。奥地利和丹麦也报道2014年会员数量相当稳定：2014年奥地利工会联合会（OeGB）会员数量减少了0.05%；丹麦国家统计局报道2014年工会会员数量增加了0.4%，而2013年丹麦工会会员数量减少了0.9%，主要是由于男性会员数量增加的幅度大于女性会员数量持续减少幅度造成的。在上述会员数量保持稳定的成员国中，在一些成员国的某些行业或部门中，工会会员数量的确曾发生较大变化，但总体上保持稳定。例如，瑞典的蓝领工会会员数量有所减少，但白领工会会员数量有所增加。

尽管工会密度总体下降趋势似乎在减缓，但是仍有一些成员国在延续这种下降趋势。到目前为止，降幅最大的成员国是爱尔兰，2014年工会会员数量比2013年下降了6%，比2012—2013年下降率4%有所增加。罗马尼亚也报告了各大工会的会员数量正在下降，但尚未提供具体数字。

有些成员国工会会员数量有所上升。根据挪威国家统计局提供的统计数据，挪威工会会员新增3万人以上，增幅仅在2%以下。捷克最大的全国工会组织——捷克-摩拉维亚工会联合会报告，2014年新增会员1.2万人。马耳他工会报告，包括2014年在内连续5年会员数量有所增加，但未提供2014年增加的具体数字。

（一）关于代表新工人群体的工会

移民工人群体代表性问题带来的挑战一直是康诺利（Connolly）等学者研究的重点。他们指出，移民参加工会的方法应强调工会代表性的复杂化。奥地利报告了针对移民工人的一项举措，已设立联系站，由工会为非法移民工人提供帮助。

在某些情况下，一些成员国，如奥地利、德国、马耳他和瑞典的某些工人群体登记的工会会员数量处于下降状况（主要是体力劳动者），而白领员工的会员数量处于上升状况。在芬兰，学术界工会会员数量上升部分抵消了蓝领工会会员数量下降。

同时值得注意的是，立陶宛允许无合同工人成立工会组织。尽管立陶宛会员比例总体较低（大约 10%），但新的立法为各年龄段人群参加工会开了"绿灯"，这些群体包括外国工人、留学生和退休人员。除了投票罢工权和集体协议以外，法律赋予无合同工人会员与拥有合同的会员一样，享有同等权利。

同样，在涉及法国军人参加工会的案件中，欧洲人权法院认为，绝对禁止军人参加工会违反欧洲人权公约。在马耳他，新颁布的《就业和产业关系法》(EIRA）允许军人、监狱看守和民防人员参加工会（但是不允许罢工)。马耳他总工会（GWU）随后成立了警察工会，成为其所属的一个分会。

2014 年，成员国成立新的代表性组织的例子较少。保加利亚成立家政工人工会是工会努力将工会组织扩展到新型群体其中一个例子。

德国和斯洛伐克均报告其社会伙伴组织保持稳定，斯洛伐克的工厂委员会处于稳定状况，工会和雇主组织也如此。德国工会会员数量 2014 年也处于稳定状况，会员数量变化率低于 1%。

（二）雇主组织的发展状况

成员国不仅提供工会组织的主要信息，还报道有关雇主组织会员的变化情况。在马耳他，雇主组织成员数量减少了 4%。与此相比，瑞典企业联合会的会员数量据报道处于稳定状况，甚至还有所增加。立陶宛商业和雇主组织的会员数量也有所增加。在挪威，报道了两项举措：第一项举措是将网店组织纳入挪威新雇主组织（Virke）中；第二项举措是宣布食品、饮料和农业部门中的两家雇主组织有可能合并。

在捷克，尽管雇主组织密度处于相对较高的水平（大约 64%），但总体覆盖面一直在缓慢减少，只不过减速小于工会覆盖面缩小的速度。

希腊高层雇主组织一直致力于扩大其会员的覆盖面，并增强代表性。例如，希腊商业和企业家联盟在 2014 年修订了宪章和名称，以便代表更加广泛的企业，特别是中小企业。

法国的制度允许雇主成为多家雇主组织的成员，大多数雇主至少加入一家这类组织。与雇员情况相比，雇主组织密度相对较高，特别是很多企业同时加入几家雇主组织。虽然很难获得可核实的会员数据，但据估计，雇主组织的密度稳定在75%左右。

二、社会伙伴组织的代表性

欧洲改善生活和工作条件基金会（Eurofound）《2014年欧洲跨行业社会对话中社会伙伴代表性研究》显示，欧洲工会联合会（ETUC）、欧洲专业人士与管理人员委员会（EUROCADRES）和欧洲行政人员与管理人员联合会（CEC）是欧盟工人最主要的代表组织，欧洲商业联盟（BUSINESSEUROPE）、欧洲手工业、中小企业协会（UEAPME）和欧洲雇主与企业公共服务中心（CEEP）为跨行业层面的管理提供服务。在国家层面上，在至少6个成员国，代表性问题是社会伙伴面临的主要挑战。

在工作场所确定唯一的代表权正在受到越来越多成员国的欢迎。在匈牙利，最新修订的劳动法典规定，拥有集体谈判权利的工会应至少代表10%的劳动力，限定每个工作场所只能缔结一份集体协议。这意味着缔结一份集体协议会排除其他工会再订立集体协议，即使这些工会代表工作场所更多数量的工人。罗马尼亚和德国也存在类似情况，最近实施了工作场所唯一代表权的规定。捷克新一届政府宣布，将在监督理事会恢复法定雇员代表。

与工会组织一样，有关雇主组织代表性权利方面也有一些立法提案。例如，立陶宛提出了确定公共部门雇主代表的法律修正案，目的是鼓励社会对话。

克罗地亚关于代表性的新法律有可能导致雇主组织成员数量增加。法律在代表性方面赋予雇主更大的灵活性，因为不同于原先的法规，新法律并不严格基于雇用人员数量的考虑因素。在新的法律框架下，过去未获得代表性的、雇用人数较少的雇主群体根据每个层面代表性规定，可在较低层面获得较大的代表性（国家层面的代表性仍根据雇用人员数量确定）。

相比之下，波兰最大的私营雇主组织“波兰雇主协会（Lewiatan）”对劳动法庭登记“混合型”的组织提出批评。一些法庭已裁定，这些组织可以与“经济商会”和“雇主组织”行使相同的职能，引用《经济商会法》和《雇主组织法》相关内容作为其裁决的法律依据。该协会认为，法庭正在为各类组织获得全国范围有代表性的雇主组织地位开辟“捷径”；意味着这些雇主组织将能够在社会和经济事务三方委员会中获得一个席位。

三、工会之间的合作

2014年，采纳的几个合作协定和协议主要是为了应对工会组织更加不利的状况（见表6—3和表6—4）。

表6—3 行业工会之间的合作

在马耳他，全国工会论坛于2014年7月启动，其主要目的是建立工会间对话的协调中心。大约22个工会于2014年7月23日签订了一份协议，建立了一个小组，为下列问题提供了一个讨论平台，这些问题包括职业安全卫生、失业风险、积极的老龄化、不稳定就业和工作场所暴力
2014年，爱沙尼亚宣布，将联合运输、医疗和食品行业工会在爱沙尼亚里亚内-维鲁地区组成工会合作大会，教育工作者、铁路工人和文化工作者及当地工会参加了大会。工会合作大会的目标是鼓励本地区不同工会之间开展合作，确保增强交流。目前，在爱沙尼亚15个县中有8个组成了工会合作大会
爱尔兰公共服务工会同意采取一项合作举措，探索在一系列领域加强合作，范围从提供金融服务到加强工资和工作条件谈判的合作。2014年夏季成立了由IMPACT、PSEU、CPSU、AHCPS和兽医协会组成的联合委员会

资料来源：欧洲改善生活和工作条件基金会（Eurofound）。

表6—4 工会跨境合作

在立陶宛和爱沙尼亚，工会领导人于2014年3月会谈，订立长期的合作协议，以应对共同关心的问题；在爱沙尼亚，2014年4月缔结了地区合作协议，协议将范围广泛的行业工会联合起来
在英国和葡萄牙，合作议定书已续签，以便为在英国工作的葡萄牙人提供保护。该议定书于2014年由英国工会大会（TUC）与葡萄牙工人总联合会（CGTP-IN）签订
德国金属制造工人产业工会（IG Metall）和匈牙利金属制造工人工会（Vasas）已同意，作为其密切合作的组成部分，将汽车行业国际框架协议列入匈牙利工会议事日程中

资料来源：欧洲改善生活和工作条件基金会（Eurofound）。

第二节 欧盟集体谈判情况

一、集体谈判现状和面临的挑战

集体协议是欧盟以及各国产业关系的组成部分。大多数成员国拥有雇员与雇主之间订立集体协议的法律规定。集体谈判由雇员与雇主双方开展，政府制定“游戏规则”。但是，不同国家情况有所不同。根据马金森（Marginson）于2014年撰写的报告，“相互协调的、多雇主的谈判模式是西欧劳动力市场监管的基石，但金融危机后这一模式的生存受到进一步威胁”。这导致了行业集体协议确定企业层面通用标准的能力有所下降，“对多雇主集体谈判产生正面冲击”（见表6—5）。

表6—5　照常开展的集体谈判

奥地利	2014年秋季缔结了金属行业导向型协议，在6家子行业中继续实施各自协商的新做法
丹麦	2014年续订了三年期私营部门导向型协议，受到很多人的欢迎
爱沙尼亚	尽管集体谈判主要在企业层面开展，但也有订立行业层面协议的范例，如卫生保健行业订立的协议覆盖2万名雇员，是覆盖人数最多的协议。在国家调解员的帮助下，2014年12月19日签订了《2015—2016年协议》
西班牙	2014年，社会伙伴就《2015—2017年国家协议》的协商由于工资问题出现停滞，直到2015年5月才最终达成协议
挪威	大多数集体协议在2014年谈判回合中重新协商
法国	2011年共有720份行业集体协议，覆盖1 540万名工人。两年后，由法国劳动部发布的《集体谈判年度评估》显示，2013年跨职业层面集体协议数量有所增加，但是部门层面协议数量为1 050份，与2012年的1 300份相比有所减少

资料来源：欧洲改善生活和工作条件基金会（Eurofound）。

社会伙伴在集体谈判的作用方面通常面临严重挑战。在西班牙，《就业和社会对话协议》是集体协议讨论的框架，因此，它主要起到建议性的作用，供社会伙伴协议签订方参考。在斯洛文尼亚，建议的稳定计划确定了新社会协议应包含的因素。在克罗地亚，由于实施新法律，提高了工会签订集体协议的门槛；工会认为新法律有利于雇主和大型企业，限制了工人的权利。在爱尔兰，在政府提出产业关系改革的建议时，爱尔兰工会大会（ICTU）向欧洲法院正式提出申诉，认为国家不支持集体谈判的权利。

二、为集体谈判提供制度方面的支持

在欧洲，一些政府加大了集体谈判机制作用，尽管这些做法不能获得所有各方的绝对满意。具体做法包括：

（一）德国

德国实施了《德国促进集体谈判自治法》，但并不都受到每个人发自内心的欢迎。因为该法律削弱了较小工会组织缔结集体协议的能力。

（二）法国

法国劳动部长邀请社会伙伴就在跨职业层面加大企业工人代表性进行协商。优先确定小企业雇员代表性的特殊形式，理顺集体谈判，以及简化各类员工代表性机构的构架。然而，协商于2015年1月以失败告终。政府取而代之提出了一项议案草案，2015年7月该议案正式成为法律。

（三）匈牙利

匈牙利《劳动法》的一项重大变革是2012年修订了集体谈判规则。尽管修订后集体谈判的作用进一步加大，但是也带来了新的问题，新规则要求每家企业只能签订一份协议。这意味着绝大多数工会必须达成一致，并且在未获得一致同意的情况下，不能签订集体协议。当前只能由协议签订方修改现有协议的做法限制了新成立的工会参与修改。

（四）爱沙尼亚

爱沙尼亚一直就产业关系改革进行讨论，以便修订协商集体协议的框架。这一框架自爱沙尼亚脱离苏联后一直未曾改变。修订的内容主要包括：扩大集体协议适用范围，简化权利争议案件处理，将仲裁权扩大到罢工权受到限制的人群，以及让社会伙伴就和平责任达成一致。

（五）斯洛伐克

多雇主集体协议的范围扩展一直是一个长期的问题。尽管雇主组织反对，2013年工会成功地推进了立法要求，集体协议的范围可在未获得受影响的雇主同意的情况下得以扩展。2014年下半年，5个集体协议的适用范围得到了扩大。这些协议覆盖内陆交通业、机械工程、冶金、地质和采矿业、电子工程和建筑业。协议扩展后覆盖的雇员人数增加了6万人。

三、集体谈判分散化

从行业层面谈判向企业层面谈判的转换导致产生更多数量的集体协议，导致每个协议较小范围的覆盖面。这给工会进入新行业提供了活动空间。表6—6列举了几个国家在这方面的情况。

表 6—6　　部分国家集体谈判分散化情况

芬兰	解雇工会代表导致抗议罢工，而解雇事件还波及地方层面的集体谈判；在地方层面的工会担心地区工会代表处于更加弱势的境地
荷兰	雇主组织（AWVN）宣布，覆盖 280 万名工人的 900 份集体协议中，有 500 份已经到期。来自国家劳动监察局的数据显示，尽管协议覆盖的雇员人数有所减少，但是协议数量有所增加。荷兰国家统计局指出，当前集体协议的覆盖面从 2013 年 4 月的 63% 下降至 2014 年的 48%
葡萄牙	2013 年实施的第 68/2013 号法案将公共部门的周工时从 35 小时提高到 40 小时，增加的工时没有相应报酬。工会试图阻止该法在国家层面的实施，但未获成功，却导致该法在地方层面先不实施。葡萄牙总工会（UGT）公布的集体谈判报告显示，2013 年延续着集体协议续签大幅减少的状况。这导致工会做出进一步的努力，促进地方层面对集体协议的协商，地方公共部门共签订 350 份协议
罗马尼亚	《2011 年社会对话法》重新评估了代表性标准，导致未签订任何行业集体协议，集体协议覆盖的雇员人数显著减少。2014 年企业层面共缔结 9 477 份集体协议，比 2013 年的 8 726 份集体协议多 751 份

资料来源：欧洲改善生活和工作条件基金会（Eurofound）。

第三节　欧盟产业行动情况

一、罢工权

2014 年，几个欧盟成员国提出或实施了相关措施，这些措施要么通过限制集体谈判，要么通过限制罢工的特殊措施，对罢工权产生了影响。表 6—7 详细阐述了 2014 年对罢工权和集体谈判权直接或间接产生影响的措施。这些措施包括提高对工会缔结集体协议的要求，限定集体协议适用范围或适用期，或直接限制罢工权。

表 6—7　　欧盟成员国限制罢工权情况

已宣布或建议限制罢工权的立法修订情况	
比利时	上议院讨论了一项建议，在铁路部门限制自发性的罢工
德国	新法律只允许针对一个企业内的一组工人群体缔结一份集体协议。此法律会对集体权利产生影响。行业工会认为，新法律对罢工权产生负面影响

续表

爱沙尼亚	大法官向最高法院申请，要求允许宣布罢工事先通知的时间从3天增加到5天
希腊	有关仲裁的新法律包括一项禁令，自寻求仲裁之日起10天内禁止罢工
英国	英国发布了有关产业争议法律的评估报告，旨在限制工会的权力，特别是限制开展合法罢工的权力。随着2014年年初的一场铁路工会罢工，首先对议案进行了讨论，政府认为罢工的合法性取决于绝大多数劳动者的支持，而不仅仅取决于那些绝大多数的工会会员，预计议案即将生效。政府还考虑在重要的服务部门限制罢工权利
2014年罢工权受限制的个案情况	
芬兰	一家食品厂（Finnprotein）采取了4次产业行动，但劳动法院裁定这些产业行动为非法
荷兰	法院已下令限制一家化工厂（AkzoNobel）的罢工权，认为出于安全原因，必须保持至少40%的生产线处于生产状态，但是，法院也承认罢工权是一项基本的权利
挪威	劳动部制止了医院洗衣工的罢工。劳动部认为这对医疗行业构成危险，并认为这些工人无权罢工，而工会对此表示反对
葡萄牙	在国有航空公司（TAP）与工会之间的争议中，政府下令"征用"工人实际上是否决了这些工人的罢工权

资料来源：欧洲改善生活和工作条件基金会（Eurofound）。

一方面，有些成员国限制罢工权；另一方面，有些成员国如克罗地亚、爱尔兰和立陶宛等扩大罢工权（见表6—8）。2014年年初，在欧洲理事会的决议颁布后，爱尔兰警察获得罢工权，参与了工会行动。马耳他也有类似情况，政府授予安全部队人员加入工会的权利，但是议案未给予其罢工权。

表6—8　　欧盟成员国扩大罢工权情况

克罗地亚	新颁布的《劳动法》（OG 93/14）允许工人在未获得工资的情况下拥有更大自由的罢工权。工人在雇主违约不支付工资后第二天即可开展罢工。从前的法律规定，允许工人在未获得工资30天后方可罢工。克罗地亚产业冲突最常见的原因是雇主不支付工人工资
爱尔兰	一项具有重大意义的法律决定是给予警察罢工权，这将对整个欧洲的安全部队产生重大影响

续表

立陶宛	最近对《劳动法》中有关停止罢工的规定做了修改，制定了解释集体协议的条例，并且对有效期内集体协议中规定的罢工合法性做了清晰的界定 在此之前，立陶宛法律未恰当监管产业争议问题，很多规定缺少清晰度，工人们感到几乎没有罢工的可能性。2014 年 1 月，在立陶宛三方委员会会议上，社会伙伴对新的法律草案进行了讨论。2014 年 5 月，立陶宛通过了《劳动法》修订案，解除了对罢工的监管。修订案考虑了有关罢工合法性的案例法，并于 2014 年 7 月 1 日生效。尽管集体协议处于生效期内不允许罢工，但是如果集体协议允许的谈判在当事方之间以未达成一致而告终，则对罢工没有限制
波兰	劳动和社会政策部一直就修订工会会员制条例的建议进行讨论，以便将结社权扩展，覆盖临时就业人员和自雇就业人员。目前，雇员的结社权受到限制，这是工会长期抱怨的一个问题

资料来源：欧洲改善生活和工作条件基金会（Eurofound）。

二、产业行动发展趋势

2008 年的全球经济和金融危机“造成产业行动相对平静时代终结”，特别是在受到危机重创的国家，这些国家产业行动发生率最高。根据《2013 年欧洲企业第三次调查》，2008—2013 年，欧盟 28 个成员国中，几乎每 10 家私营企业中即有一家企业发生一起罢工，罢工持续时间为一天或更多天。

根据欧洲工会研究院（ETUI）2015 年研究报告，产业行动造成损失较多工作天数的最近年份是 2010 年，每 1 000 名雇员有 70 天因参与产业行动而不工作（见图 6—1）。图 6—1 显示了 2000—2014 年，欧盟成员国产业行动造成损失的工作天数。可以看到，产业行动损失的天数在 2010 年出现阶段性峰值后，2011—2014 年开始处于稳步下降的态势，并且回落至低于 2008 年金融危机前的水平。2014 年，由于产业行动每 1 000 名雇员只损失 24 个工作日，是自 1990 年以来最平静的一年。需要强调的是，随着时间的推移，图 6—1 中数据包含的国家数也在减少，2000—2007 年包含 26 个欧盟成员国；随后，数据涵盖的成员国数量有所减少；2014 年，数据只包含 16 个欧盟成员国。但是，成员国数量减少对加权平均数不会产生太大的影响。表 6—9 显示了比利时、挪威和保加利亚劳动争议情况。

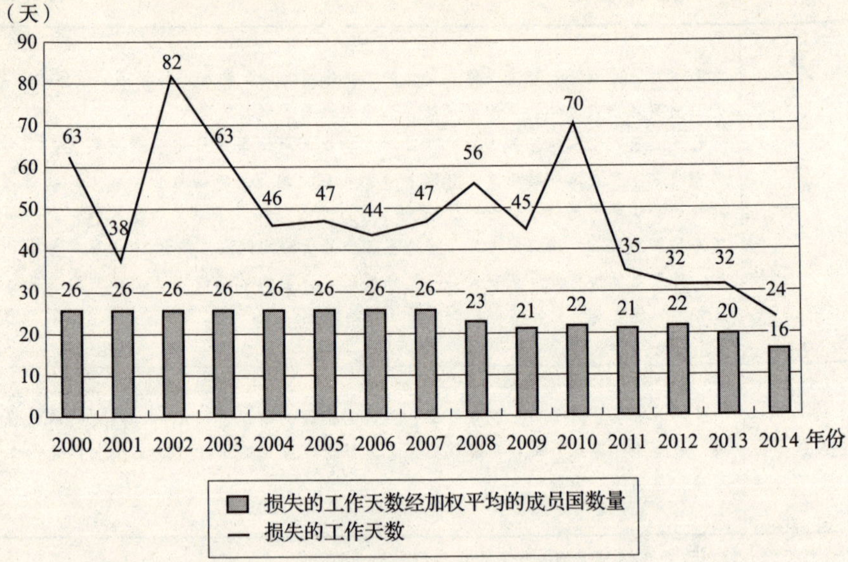

图 6—1　2000—2014 年欧盟成员国产业行动造成损失的工作天数

资料来源：欧洲工会研究院 2015 年 10 月《欧洲罢工情况》。

表 6—9　　比利时、挪威和保加利亚劳动争议情况

比利时	新一届政府采纳的措施引发了工会的抵触情绪。权利之争在工会与政府之间、工会与雇主之间展开，争议涉及罢工和缩小比利时与其他国家之间工资差距的方法
挪威	挪威工会联合会（LO）及其成员工会面对来自其自身雇员的罢工行动，这是一次不寻常的劳动争议。2014 年 11 月，工人们就日益加大的工资差距走上街头，他们要求获得更多的工资统计数据，罢工持续了 12 天，直到缔结了一份新协议才终止罢工
保加利亚	2014 年 5 月，保加利亚媒体报道，2 500 名矿工被告知，欧洲大选之前，除非他们为某个特定党派投票，否则其工资会被停发；媒体还报道，这些矿工的工资已经以购物券的形式支付，而不是现金。这些购物券只能在企业的商店里使用。在接下来的几个月中，矿工们抱怨不能得到正常的工资，发生了几起罢工。保加利亚几个矿场的工人就工资未支付和工作的不稳定性举行了抗议活动

资料来源：欧洲改善生活和工作条件基金会（Eurofound）。

表 6—10 显示了欧盟成员国 2014 年有关罢工的国家统计数据。尽管数据不完整，但数据表明，总体上各国产业行动情况在过去两年中十分相似。但

是，在可获得数据的10个成员国中，2013年和2014年各国产业行动造成损失的工作天数存在极大差别。在德国、西班牙、丹麦和瑞典，参加罢工的工人数量大幅减少。大型企业有关产业行动的统计数据显示，意大利罢工人数也同样有所减少。在奥地利，产业行动数量稍有增加。在英国、比利时、芬兰、爱尔兰、荷兰和挪威，产业行动出现较大增长。

表6—10　欧盟成员国有关罢工的国家统计数据

国别	年份	罢工数量（次数）	损失的工作日（天数）	参与罢工的工人数	数据来源	解释
奥地利	2013	N/A	3 277	5 529	奥地利工会联合会	
	2014	N/A	3 309	5 196		
比利时	2013	N/A	205 974	N/A	国家社会保障署统计局	
	2014	N/A	760 297	N/A		
保加利亚	2013	15	30	N/A	保加利亚独立工会联合会罢工委员会	所有各类抗议活动，损失的工作日发生在企业层面
	2014	11	N/A	N/A		
塞浦路斯	2013	47	605 465	N/A	劳动和社会保险部劳动关系司	
	2014	N/A	N/A	N/A		
德国	2013	218	551 000	1 000 000	经济和社会研究院	表中的数据大约是官方罢工数据的两倍
	2014	214	392 000	345 000		
丹麦	2013	197	930 300	75 319	丹麦国家统计局	2013年教师罢工造成损失的工作日异常多
	2014	318	16 900	10 616		
西班牙	2013	992	1 098 480	448 024	就业部有关劳动争议官方数据	
	2014	777	620 568	217 047		
芬兰	2013	121	25 999	19 567	芬兰国家统计局	
	2014	128	40 526	69 248		
匈牙利		1	N/A	N/A	匈牙利中央统计局	

续表

国别	年份	罢工数量（次数）	损失的工作日（天数）	参与罢工的工人数	数据来源	解释
爱尔兰	2013	12	14 965	11 924	CSO 产业争议	
	2014	11	44 015	31 665		
立陶宛	2012	—	3 080	—	立陶宛国家统计局	包括警告性罢工，无 2013 年数据
	2014	—	1 714	—		
荷兰	2013	24	19 400	4 500	荷兰国家统计局	
	2014	25	40 900	10 200		
挪威	2013	6	10 849	1 385	挪威国家统计局	2014 年数据大幅上升是由于重新商谈集体协议造成的
	2014	10	148 009	8 983		
波兰	2013	17	12 900	230	《2014 年波兰统计年鉴》	
	2014	249	N/A	N/A	劳动和社会政策部	表中数据为 2014 年 1—9 月数据
葡萄牙	2012	127	112 984	92 324	战略研究局	2013 年数据尚未公布
	2014	119	77 405	70 405		
罗马尼亚	2013	22	N/A	8 385	国家统计研究院	所有各类劳动争议
	2014	19	N/A	7 818	劳动部	
瑞典	2013	9	7 084	2 446	国家调解局	所有各类劳动争议
	2014	5	3 450	1 850		
斯洛伐克	2013	13	N/A	N/A		所有各类劳动争议，登记注册的冲突均未导致罢工或关厂
英国	2013	114	444 000	395 000	国家统计局	
	2014	155	788 000	733 000		

注：N/A 表示未获得数据。

资料来源：欧洲改善生活和工作条件基金会（Eurofound）。

三、产业行动事件发生情况

欧洲改善生活和工作条件基金会报道了一些特别的抗议事件。尽管数据收集不够系统，对整个欧洲的产业行动发展趋势不具有代表性，但是，它可让我们对这方面的情况有一个大致了解。

在正式报道的产业行动202个案件中，大约有一半发生在企业层面，其次是发生在行业层面和国家层面的罢工。表6—11显示了正式报道的发生在不同层面的产业行动案件情况。

表6—11　　欧盟报道的产业行动案件发生情况

产业行动发生的层面	案件数量
企业	96
行业	69
国家	22
地区	14
总罢工	3

资料来源：欧洲改善生活和工作条件基金会（Eurofound）。

（一）受影响的行业

根据报道的事件，包括那些未导致发生罢工的行动，2014年4个行业罢工数量最多，它们是：

- 交通运输和仓储业（46次）。
- 制造业（26次）。
- 教育（17次）。
- 公共行政管理（16次）。

（二）争议的原因

表6—12显示了欧盟成员国中有正式报道的产业行动发生的主要原因。欧洲改善生活和工作条件基金会（Eurofound）在欧洲的季度报道中显示，12个成员国发生有关拖欠工资或不支付工资的争议；10个成员国发生企业减少成本或裁员的争议；7个国家发生要求增长工资、修改劳动法、重组或私有化的争议。

表 6—12　欧盟成员国中有正式报道的产业行动发生的主要原因

争议发生的原因	国别
修订劳动法或政府政策	比利时、克罗地亚、匈牙利、意大利、波兰、罗马尼亚、英国
紧缩计划	希腊、匈牙利、意大利、葡萄牙
改变奖金制度	波兰
集体协议续签	德国、芬兰、卢森堡、瑞典
企业削减成本或裁员	奥地利、比利时、西班牙、芬兰、克罗地亚、爱尔兰、波兰、葡萄牙、瑞典、英国
拖欠工资或不支付工资	保加利亚、塞浦路斯、捷克、芬兰、克罗地亚、匈牙利、爱尔兰、拉脱维亚、波兰、罗马尼亚、斯洛文尼亚、英国
养老金或退休年龄	保加利亚、德国、芬兰、爱尔兰、英国
公共部门改革	塞浦路斯、匈牙利
重组或私有化	法国、芬兰、德国、爱尔兰、荷兰、葡萄牙、瑞典、斯洛文尼亚
要求增长工资	奥地利、芬兰、爱尔兰、荷兰、挪威、瑞典、英国
福利津贴	匈牙利、荷兰
工作条件	匈牙利、波兰、葡萄牙、瑞典
工时	挪威

资料来源：欧洲改善生活和工作条件基金会（Eurofound）。

第七章

欧盟集体商定的工资和工时情况[1]

第一节　欧盟集体商定的工资情况

一、概况

欧盟 28 个成员国中，有 14 个成员国拥有全国集体商定的工资情况的信息来源。对于名义工资，与 2013 年相比，14 个成员国 2014 年集体商定的名义工资呈现不同的发展状况；其中，8 个成员国 2014 年名义工资增长幅度低于 2013 年；4 个成员国基本保持不变；只有德国和英国 2014 年名义工资增长幅度显著高于 2013 年（见表 7—1）。[2]

对于实际工资（考虑物价上涨因素后），14 个成员国中有 12 个成员国 2014 年实际工资为正增长；只有芬兰实际工资为负增长（－0.5%）；英国实际工资增长为 0.0（见表 7—2）。

---

〔1〕 本章内容根据欧洲改善生活和工作条件基金会（Eurofound）2015 年 8 月 5 日和 2015 年 7 月 16 日发布的《2014 年欧盟集体商定的工资情况》（*Developments in Collectively Agreed Pay 2014*）和《2014 年欧盟集体商定的工时情况》（*Developments in Collectively Agreed Working Time 2014*）编译。

〔2〕 这 14 个欧盟成员国包括奥地利、比利时、捷克、德国、西班牙、芬兰、法国、意大利、马耳他、荷兰、葡萄牙、瑞典、斯洛伐克和英国。这些国家的资料来源渠道有所不同。有些国家，如荷兰和西班牙，数据基于集体协议的全部登记情况。其他一些国家，如捷克和意大利，数据基于对集体协议的抽样调查。

（一）2014 年集体商定的名义工资适度增长

表 7—1 显示，1999—2014 年，14 个成员国集体商定的名义工资全部为正增长。但是，2010 年以后，很多国家的名义工资增幅小于从前的年份。2012—2014 年，在 14 个成员国中，有 11 个成员国集体商定的工资增幅有所减小；只有德国和英国两个国家从 2012 年名义工资增长 2.7%和 1.0%，上升至 2014 年的 3.1%和 1.5%，分别增加了 0.4 个百分点和 0.5 个百分点。

表 7—1　1999—2014 年 14 个成员国集体商定的名义工资增长情况　单位：%

年份	1999	2000	2001	2002	2003	2004	2005	2006	2007	2008	2009	2010	2011	2012	2013	2014
奥地利	2.50	2.00	2.60	2.50	2.20	2.00	2.30	2.70	2.50	3.00	3.40	1.60	2.00	3.30	2.60	2.30
比利时	1.70	2.60	3.10	4.00	2.00	2.30	2.40	2.30	1.90	3.10	3.10	0.70	2.40	3.00	1.94	1.00
捷克	8.20	5.10	5.20	5.20	4.10	3.80	3.90	3.90	4.20	5.40	4.40	3.10	2.90	3.00	2.80	2.50
德国	3.00	2.40	2.10	2.70	2.50	2.00	1.60	1.50	2.20	2.90	2.60	1.80	2.00	2.70	2.70	3.10
西班牙	2.72	3.72	3.68	3.85	3.77	3.60	4.04	3.59	4.21	3.60	2.24	2.16	2.62	1.16	0.53	0.57
芬兰	1.80	2.90	3.30	2.20	2.90	2.40	2.50	1.70	2.10	4.30	3.60	2.00	2.40	2.90	1.40	0.70
法国	2.20	4.20	3.30	3.50	3.00	3.00	3.30	3.40	2.90	3.40	2.60	1.80	2.10	2.60	1.80	1.40
意大利								4.90	0.30	5.20	1.30	2.00	1.50	1.50	1.40	1.20
马耳他			3.40	1.90	2.90	1.50	5.90	3.60	1.90	1.80	1.80	2.50	0.50	1.90	1.60	1.60
荷兰			4.40	3.60	2.80	1.30	0.70	2.00	2.10	2.30	2.80	1.30	1.10	1.60	1.50	1.10
葡萄牙	3.60	3.40	4.00	3.80	2.90	2.90	2.70	2.70	2.90	3.10	2.90	2.40	1.50	1.40	1.00	1.00
瑞典	2.50	2.70	2.80	2.40	2.20	1.80	2.00	2.20	2.60	3.20	2.80	1.80	1.60	2.80	2.20	2.20
斯洛伐克						7.00	6.00	5.80	6.40	6.30	5.40	3.50	3.70	3.60	3.50	3.20
英国	3.50	3.30	3.60	3.60	3.23	3.22	3.00	2.95	3.00	3.20	2.40	1.75	1.83	1.00	1.00	1.50

资料来源：欧洲改善生活和工作条件基金会（Eurofound）欧洲记者网络。

（二）较低的通胀率推动集体商定的实际工资增长

集体商定的实际工资增长情况考虑了物价增长因素。表 7—2 显示，与 2008 年以前的年份相比，2008 年后各年份集体商定的实际工资未与物价上涨幅度保持同步增长。2007 年，只有两个成员国集体商定的实际工资为负增长；2008 年，7 个成员国集体商定的实际工资为负增长；到 2011 年，12 个成员国集体商定的实际工资为负增长。但是，自 2011 年以后，实际工资负增长的国家数量开始减少。2014 年，只剩芬兰一个国家的实际工资为负增长。因此，2014 年延续着实际工资恢复增长的趋势。

表 7—2

1999—2014 年 14 个成员国集体商定的实际工资增长情况

单位：%

奥地利	2.0	0.0	0.3	0.8	0.9	0.0	0.2	1.0	0.3	−0.2	3.0	−0.1	−1.5	0.7	0.5	0.8
比利时	0.6	−0.1	0.7	2.4	0.5	0.4	−0.1	0.0	0.1	−1.3	3.1	−1.6	−1.0	0.4	0.7	0.5
捷克	6.3	1.2	0.7	3.7	4.2	1.2	2.3	1.8	1.2	−0.8	3.8	1.9	0.8	−0.5	1.4	2.1
德国	2.4	1.0	0.2	1.3	1.5	0.2	−0.3	−0.3	−0.1	0.1	2.4	0.6	−0.5	0.6	1.1	2.3
西班牙	0.5	0.2	0.9	0.2	0.6	0.5	0.6	0.0	1.4	−0.5	2.4	0.2	−0.5	−1.2	−1.0	0.8
芬兰	0.5	0.0	0.6	0.2	1.6	2.3	1.7	0.4	0.5	0.4	2.0	0.3	−0.9	−0.3	−0.8	−0.5
法国	1.6	2.4	1.5	1.6	0.8	0.7	1.4	1.5	1.3	0.2	2.5	0.1	−0.2	0.4	0.8	0.8
意大利								2.6	−1.7	1.6	0.5	0.4	−1.4	−1.7	0.1	1.0
马耳他			0.9	−0.7	1.0	−1.2	3.3	1.0	1.2	2.8	0.0	0.5	−2.0	−1.3	0.6	0.8
荷兰			−0.7	−0.3	0.6	−0.1	−0.8	0.3	0.5	1.1	1.8	0.4	−1.4	−1.2	−1.1	0.8
葡萄牙	1.4	0.6	−0.4	0.1	−0.4	0.4	0.6	−0.3	0.5	0.4	3.8	1.0	−2.0	−1.4	0.6	1.2
瑞典	2.0	1.4	0.1	0.5	−0.1	0.8	1.2	0.7	0.9	−0.1	0.9	−0.1	0.2	1.9	1.8	2.0
斯洛伐克						−0.5	3.1	1.4	4.4	2.3	4.5	2.8	−0.4	−0.1	2.0	3.3
英国	2.2	2.5	2.4	2.3	1.8	1.9	0.9	0.6	0.7	−0.4	0.2	−1.5	−2.6	−1.8	−1.6	0.0

资料来源：欧洲改善生活和工作条件基金会（Eurofound）欧洲记者网络。

二、工资指数化情况

2014年，欧盟4个成员国（比利时、塞浦路斯、卢森堡和马耳他）采取了指数化工资自动调整机制。这种机制旨在将工资与生活成本变化挂钩，以确保实际工资增长不低于通货膨胀率（见表7—3）。

表7—3　比利时、塞浦路斯、卢森堡和马耳他工资指数化自动调整机制覆盖范围

国别	工资	最低工资	社会津贴
比利时	覆盖	覆盖	覆盖
塞浦路斯	覆盖	不覆盖	不覆盖
卢森堡	覆盖	覆盖	覆盖
马耳他	覆盖	覆盖	覆盖

资料来源：欧洲改善生活和工作条件基金会（Eurofound）。

（一）塞浦路斯：2013年和2014年未协商工资增长或未设定工资增长

根据谅解备忘录的条款，2013年1月1日至2014年12月31日期间，彻底冻结生活费用调整（COLA），并且，塞浦路斯当局以加强实际工资调整的方式修订公共和私营部门工资确定机制框架。

生活成本调整机制在国家层面实施，覆盖所有经济部门雇员；但是，未获得覆盖率的准确数据。据估算，生活成本调整制度覆盖公共和半公共部门大约7万名雇员，以及私营部门大约15万名雇员，相当于70%的所有雇员。

鉴于工资指数化适用于集体谈判的成果，因此，理论上，它只适用于集体协议覆盖的工人。然而，实践中，工资指数化覆盖所有雇员，无论雇员是否为工会成员。

（二）比利时：2014年10月提交的政府协议旨在缩小与邻国的工资差距，并提高国家经济的竞争力

为达到此目的，政府决定不实施工资增长2%的自动指数化机制。指数化机制覆盖所有私营部门蓝领和白领员工。根据国家社会保障局的数据，截至

2014年9月，不包括公共部门，指数化机制覆盖272.5万名雇员。根据中央经济委员会《2014年技术报告》，2011—2014年，指数化协议中阐述的名义工资年增长率为2014年0.7%（估算数），2013年1.9%，2012年2.6%，2011年2.5%。

（三）卢森堡：2014年工资指数化自动调整机制未造成名义工资增长

最近一次的名义工资增长2.5%发生在2013年10月1日。工资指数化机制覆盖所有雇员。通货膨胀率是决定工资增长的一项指标。指数化调整机制包括工资、最低工资和社会保护津贴。

（四）马耳他

2014年，由于较低的通货膨胀率，于2015年1月1日实施的生活费用调整每周只增加0.58欧元。工会对如此低的增加额虽表示不满，但表示接受，因为这是基于经集体商定现有机制的规定。为了对此低数额给予弥补，2015年政府预算案将对低收入人群给予一次性35欧元的年度额外补助。

2013—2015年，生活费用调整机制规定的名义工资增长额为：自2013年1月1日起，每周4.08欧元；自2014年1月1日起，每周3.49欧元；自2015年1月1日起，每周0.58欧元。

工资指数化影响马耳他所有各类工资，包括法定最低工资。生活成本调整机制覆盖所有雇员（截至2014年第二季度，共有15.2258万名雇员）。集体谈判中运用此机制作为其他工资增长的基础。当集体商定的工资增长低于生活费用增长时，必须要对工资进行调整，以便工资增长与生活费用增长保持同步。在年度预算中，政府还宣布，除了雇员以外，还有哪些人群将从生活费用调整中受益。根据2014年预算，每年将按比例增加学生补助，以补偿生活费用的增加。2015年预算将根据生活成本调整机制对养老金领取者给予全额补助。

三、中央层面协议或跨行业的主要协议

2014年，比利时、芬兰、匈牙利和西班牙拥有中央或跨行业主要协议。表7—4显示了上述4个国家在中央或跨行业协议中商定的工资增长情况。

表 7—4　比利时、芬兰、匈牙利和西班牙在中央或跨行业的主要协议中商定的工资增长情况以及这些协议覆盖雇员的情况

	比利时	芬兰	匈牙利	西班牙
2011 年	0	2011—2013 年框架协议规定，2011—2012 年工资增长率为 2.4%，一次性补助 150 欧元；2012—2013 年工资增长率为 1.9%	4%～6%的总增长率	商定的工资增长率应介于 1%～2%之间
2012 年	0.3%		未达成工资协议	最高 0.5%
2013 年	0（工资指数化自动调整机制以外未额外增长工资）		应保持净工资的实际值	最高 0.6%
2014 年	工资指数化自动调整机制以外未额外增长工资	待 2014 年 8 月 30 日实施的集体协议期满 4 个月后，统一增加 20 欧元。除上述增长以外，额外再增长 0.4%，实施期为 12 个月	3.5%	最高 0.6%
覆盖面	私营部门雇用的所有蓝领和白领工人（截至 2014 年 9 月），未包含公共部门雇员，覆盖总人数为 272.5 万人*	中央层面协议是覆盖 93%的劳动力较低层面集体协议的依据	未获得数据	100%全体雇员

注：* 数据来自 National Social Security Office。

资料来源：欧洲改善生活和工作条件基金会（Eurofound）欧洲记者网络。

四、导向型协议

导向型协议指在某个经济部门缔结了协议，其他经济部门在集体谈判中，可将其作为参考标准。2014 年，缔结导向型协议的国家包括奥地利、丹麦、芬兰和瑞典（见表 7—5）。

表 7—5　　奥地利、丹麦、芬兰和瑞典导向型协议以及这些协议覆盖雇员的情况

	奥地利	丹麦	芬兰	瑞典
2011 年	2.5%	1.26%	2.4%	1.8%
2012 年	4.2%	1.24%	1.9%	2.6%
2013 年	3.2%	1.36%	0	2.0%
2014 年	2.8%	1.48%	最晚 2014 年 3 月 1 日，在没有达成地方协议情况下，每月统一增加 20 欧元	2.1%
2015 年		1.58%	最晚 2015 年 3 月 1 日，增长 0.4%	2.2%
覆盖面	协议直接覆盖大约 12 万名雇员	在制造业、大部分交通运输业和一些服务业中，覆盖 24 万名雇员。协议覆盖大多数大型企业	覆盖行业本身大约 28 万名雇员	导向型协议直接覆盖大约 50 万名雇员

资料来源：欧洲改善生活和工作条件基金会（Eurofound）欧洲记者网络。

（一）奥地利

随着金属制造业 2011 年谈判回合中的罢工事件，从前开展协商的 6 家雇主组织不再共同协商。自 2012 年谈判回合以来，它们各自单独进行工资协商。工会一直努力恢复共同开展谈判，但是未取得成功。

（二）芬兰

2014 年芬兰就工资确定机制开展了讨论，特别是雇主方希望增加地方层面的协议，来取代中央层面协调的工资确定机制，以便考虑各企业所处的不同经济状况。

（三）瑞典

2014 年，瑞典围绕“成本线”从两个方面进行了讨论。成本线是产业部门经谈判设定的比率，用于劳动力市场年度工资修正基准。

第一个方面涉及已经发生的一些变革，即转而实施对白领和专业人员工资增长未做出规定的集体协议。由于集体协议覆盖瑞典 90%的劳动力，受成

本线影响的集体协议覆盖的雇员人员，粗略计算有430万人。

第二个方面涉及男女之间存在的工资差距。在瑞典年度政治与社会议题集会（Almedalen Week）上，与会人员就瑞典当前设定工资增长成本线是否阻碍缩小男女之间工资差距展开了讨论。不管怎样，成本线仍获得雇主协会和很多工会强有力的支持。

五、公共部门工资变化情况

由于公共部门的概念在各成员国中有所不同，因此，研究人员将成员国中央一级的公共行政管理部门工资变化情况作为分析起点，并提供了这些工资变化情况是否也适用于其他各类公共部门的信息。在中央层面不同公共行政管理部门出现不同工资变化的情况下，只分析拥有最多雇员人数公共部门的工资变化情况。

（一）公共部门的工资确定机制

1. 社会伙伴广泛参与的工资确定机制

在奥地利，传统的非正式做法是与工会组织定期进行工资谈判。尽管这类非正式的协商不具有约束力，但是，在集体谈判体系中，公共部门工会的实际影响力绝不亚于私营部门工会施加的影响力。

在比利时，公共部门的谈判由协商委员会负责组织开展，委员会由政府代表和得到认可的工会代表组成。法律规定，公共部门工作条件的变化应与有关工会事先进行协商。

在捷克，增长工资得到了代表公共部门雇员的所有工会组织的同意，与此同时，还得到三方社会伙伴的同意。在2014年10月的决议中，政府决定自2014年11月1日起，提高政府部门工作人员工资3.5%。这些人员包括公务员、消防人员、警察、士兵、教师、从事文化娱乐人员、社会服务部门工作人员和政府支付工资的医疗卫生部门人员。这是自2009年提高税率以来，公共部门雇员工资的最大增幅。自2014年12月起，第二项决议进一步提高政府部门特定雇员的工资。

在丹麦，3个公共部门的工资确定机制总体上由集体谈判确定。这3个部门是国家一级公共部门、地方政府部门和地区政府部门。财政部发挥重要的作用，它决定工资增长的范围。在这方面，公共部门的集体谈判与私营部门的集体谈判有所不同。在国家一级公共部门的谈判中，财政部是代表雇主方的首席谈判者。传统上，在集体谈判期间，政府官员和政治人物不参与谈判。

在芬兰，集体协议覆盖公共部门的所有雇员。公共部门工资确定机制与其他部门相同，通过工会和雇主组织开展集体谈判确定工资。公共部门谈判在中央和地方层面开展，主要协议是适用于中央政府的集体协议（VTES）和适用于地方政府的集体协议（KVTES）。与其他部门层面谈判有所不同的是，国家公务员集体协议的有效实施须获得政府的同意。如果集体协议加大了中央政府的支出，议会财政委员会须批准额外的费用。顶层社会伙伴缔结的收入协议也覆盖公共部门。

在匈牙利，公共部门工资确定机制存在较大差异。工资—税率体系适用于公务员（公共、地区和地方的国家行政管理）。工会通常就修改工资—税率等级（作为所有其他各类人员的工资参考点），以及就增加划拨到公共部门总工资增长预算额进行谈判。虽然根据“国家公共服务利益调和委员会（OKET）框架”就公共部门工资开展协商，但是，公共部门工会可以在其相关领域缔结协议。政府倾向于只在不可避免的部分公共部门中同意工资增长。工资—税率体系中的最低等级并不自动与法定国家最低工资挂钩。随着国家最低工资逐渐提高，越来越多类别的公共部门雇员工资由国家最低工资确定，而不是由工资—税率体系确定。

在立陶宛，公务员工资由《立陶宛国家公共服务第Ⅷ-13.6号法律》做出相应规定。政府通过基准率来确定以下人员的工资：公务员、国家官员、国家政治人物、法官和在国家或市财政拨款机构中订立就业合同的雇员。然而，较为活跃的公共部门工会有可能与相关政府部委就工资增长进行谈判。2014年，文化娱乐部门和警察部门的工会组织取得成功，工资增长获得同意，并由相关法律加以确立。

在卢森堡，公共部门工资确定机制跟随总体价格指数变化，可伴随工资增长，并由在政府和公共行政管理部门工会之间达成的工资协议中加以确定。2014年，出现推迟工资增长的情况，但是，雇员经协商获得了0.9%的一次性补助发放。

在马耳他，公共部门工资通过政府和相关工会的集体谈判程序确定。政府设立的“集体谈判单位”代表政府参与协商集体协议。“集体谈判单位”的设立是为了有助于控制公共部门的工资，作为政府控制公共支出政策的组成部分。

在荷兰，公共部门共缔结14份协议，雇主方的代表为不同的参与者。在很多情况下，雇员方的代表为相同的参与者（隶属大型工会联合会的分工会），加上一些特定的行业工会。

在斯洛文尼亚，政府与公共部门工会之间就2014年公共部门工资协商于2013年年初启动，并于2013年5月结束。协商成果缔结了一份协议，涉及公共部门工资和其他劳动成本的附加措施，以便平衡2013年6月1日至2014年12月31日期间的公共财政。由于签订了此协议，《公共—工薪体系法》和公共部门各类活动的集体协议须做出相应修订。

在斯洛伐克，2014年公共部门工资由多家雇主与公共服务部门雇员订立的集体协议确定。

在西班牙，公务员集体谈判构架根据属地管理准则分为三层（总体层面、自治社区层面和地方层面）。另外，根据职能划分了两个层面（一般层面和行业层面）。在地域方面，总体层面集体谈判优先于地区和地方层面集体谈判，在职能方面，一般层面集体谈判优先于行业层面集体谈判。

在瑞典，公共部门工资确定机制与其他部门相同，即通过工会与雇主协会之间集体谈判确定。在集体谈判进程中，由瑞典政府雇主机构（SAGE）代表政府，由瑞典服务和通讯雇员工会（SEKO）代表蓝领工人，由公共雇员协商委员会（OFR）代表白领工人，由瑞典专业协会联合会（SACO-S）代表专业人士和学术人员。OFR和SACO-S联合在各自领域中的不同工会组织共同开展谈判。

在英国，不同公共部门的工资确定计划存在极大差异。对于250万名公共服务雇员（包括护士、医生、牙医、学校教师、警察和军队），依据工资评审独立机构的建议，由政府确定工资。在公共服务系统中（拥有大约44万名公务员），通过政府各部委和机构的集体谈判确定工资，但是，谈判要在中央政府指导框架下，并且获得政府批准后方可开展。在地方政府（拥有大约180万名公务员），国家层面的集体谈判对于工资确定起主要作用。

2. 由政府决定的工资确定机制

在保加利亚，公共部门工资根据《国家雇员工资法令》确定。2012年中期，适用于中央公共行政管理雇员的职务新分类、与绩效挂钩的新工资体系（与私营部门绩效工资具有可比性）和绩效评估新条例出台，并公布了有关工时和带薪假期灵活性的一些变革措施。

在拉脱维亚，《国家和地方政府官员及雇员工资法》确定工资最高等级。

财政部提出工资水平，经政府讨论后采纳。此建议提交议会通过，随后有关条例做了相应修订。

在波兰，公共部门工资每年根据政府预算法案确定。自2009年以来，根据控制国家赤字的决定，工资一直处于冻结状况。

3. 其他形式的工资确定机制

在塞浦路斯，自2011年以来，由于欧洲经济治理，在未经工会同意的情况下颁布专门法律，对中央公共行政管理中工作人员的就业条件做了修改。同样在2014年，该部门未出台集体协议。

在希腊，公共部门雇员工资经政府与工会之间强制性协商后，由政府做出确定。在过去5年中，政府通过立法，根据国家贷款协议的框架，单方确定工资。这些协议预计公共部门工资总体支出将大幅减少。在这种背景下，通过了第4024/2011号法律，出台了公共部门雇员的最新单方工资体系。该体系根据公共部门雇员的受教育水平和工龄，对雇员进行分类。根据公务员联盟（ADEDY）的估算，该法对所有公共部门雇员工资和各种补助做了大幅削减，对原先的工资减少了40%。内务和行政管理重组部发布了一份报告，就公共部门最新工资构架提供了更详细的情况。

在意大利，由于法律条款规定冻结公共部门工资，2014年未开展有关公共行政部门工资水平国家层面的协商。在地方或单个雇主层面的协商不能产生实质的工资增长。

（二）公共部门工资变化情况及其覆盖面

1. 工资有变化的国家

在奥地利，经过2013年工资冻结后，政府和公共部门工会就未来两年的工资增长进行磋商。协议内容包含2014年工资适度增长，平均增长率为1.9%，低于通胀率2.3%。只有最低工资人群可获得2.5%的较高增长率。另外，就2015年（2015年3月1日至12月31日期间）通胀补助0.1%达成一致。工会和政府均对协议表示满意。

在德国，工会支持大幅增长公共部门工资，以保持公共部门就业具有吸引力，并提高公共服务的重要性。工会强调，公共部门工资增长平均来讲一直落后于其他经济部门。而公共部门雇主强调这是由于资金预算困境造成的。

在芬兰，由于芬兰公共部门面临的财政和人口结构挑战，人们一直就公共部门规模和劳动生产率进行讨论。讨论内容还包括公共与私营部门工资之间存在的差距。中央政府工资增长速度快于地方政府和私营部门，这种差距是由于不同部门人员结构不同造成的。在中央政府部门，从事体力劳动和较低层次雇员的职责被外包出去，中央政府专家级的雇员比例高于其他部门，造成中央政府工资增速较快。

在拉脱维亚，截至 2014 年 1 月，对工资确定机制做了相关修订，构建了由 16 个组别和 3 个类别的月度工资等级。根据个人绩效和专业经验确定属于哪种类别。伴随着自 2014 年 1 月起提高最低工资的决定，工资增长需考虑新的最低工资水平。

在立陶宛，2013 年 9 月，立陶宛议会宣布将废除在金融危机期间针对公务员实施的工资削减系数和资历奖金。此项决定依据 2013 年 7 月 1 日宪法法院的裁决，认为削减工资违反宪法。

在波兰，政府宣布了《2014—2017 年多年度财政计划》。根据此计划，2016 年年底前公共部门工资将被冻结。此项决定只遇到来自工会和公共服务委员会较弱的反对。自 2009 年工资被冻结以来，公共服务部门的基本工资一直无变化。

在斯洛伐克，主要的讨论涉及工资增长水平。由于 2013 年集体协议就工资增长未达成一致，工会要求 2014 年增长工资。正在应对公共预算债务问题的政府提出，每名公务员每月获得 16 欧元适度的统一增长额。工会接受了这一建议。

在斯洛文尼亚，继 2010 年和 2011 年工资冻结，以及 2012 年和 2013 年工资削减之后，2014 年，对于政府一般职员，在名义工资方面，每名雇员总工资略有增长。有关 2015 年工资磋商，由于议会提早选举，从 2014 年春季推迟到 2014 年秋季。2014 年 12 月，由政府和公共部门的绝大多数工会签订了一份新协议，协议将现有的紧缩措施延长一年，直到 2015 年年底。双方都对磋商结果表示满意。

在瑞典，针对工资确定机制的主要讨论涉及缩小男女之间的工资差距。

在英国，经过几年的工资冻结后，政府做出 2013—2015 年公共部门工资年增长率封顶 1%的政策，该政策受到工会的强烈反对。政府认为，有必要对工资封顶，以减少公共赤字。

2. 工资无变化的国家

在比利时，每两年公共服务协商委员会社会伙伴之间开展跨行业的谈判。

然而，自2009年以来，这类谈判未达成适用于整体公共部门的协议。2013—2014年，谈判未达成协议。由此，工资增长最重要的形式是工资跟随价格变化自动指数化。工资指数化自动调整机制本应使工资增长2%，但由于未实施，对公共部门的工资造成严重影响，引起人们的热议。

在克罗地亚，由于经济负增长和缺少资金，工资指数化被推迟实施。2014年公共部门工资未增加，补助和资金也被减少或延迟发放。2014年12月，政府通过了《OG 41/14条例》，将基于工龄工资增长的禁令延长3个月，一直持续到2015年3月31日。这项禁令覆盖17万名公共部门雇员和国家公务员。

在塞浦路斯，根据《欧元附加契约》中所有四个重点领域的承诺，实施了限制公共部门工资的政策，直接影响到包括中央公共部门在内的公共和半公共部门中雇员工资，最重要的措施包括：

• 2013年1月1日至2016年12月31日四年期间，全面冻结工资、薪水和养老金[Law 185（Ⅰ)/2012]。

• 2012年1月1日至2016年12月31日五年期间，停止生活费用调整(COLA)[Law 185（Ⅰ)/2012]。

• 2012年1月1日至2014年12月31日两年期间，减少工资、薪水和养老金月总收入[Law 168（Ⅰ)/2012]。表7—6显示了月总收入的减少比例。

• 根据法律[Law 168（Ⅰ)/2012]的规定，自2014年1月1日起，无论月总收入额是多少，工资、薪水和养老金月总收入都将进一步削减3%。

表7—6　塞浦路斯2012年1月1日至2014年12月31日两年期间，包括工资、薪水和养老金在内的月总收入额相应的减少比例

月总收入	减少比例（%）
0～1 000欧元	0
1 001～1 500欧元	6.5
1 501～2 000欧元	8.5
2 001～3 000欧元	9.5
3 001～4 000欧元	11.5
4 001欧元以上	12.5

资料来源：Law 185（Ⅰ)/2012。

根据2014年7月国际货币基金组织（IMF）发布的塞浦路斯总结报告，IMF要求塞浦路斯在财政上做出额外的、长期的努力，到2020年将公共债务降至 GDP 的大约 100％。此报告在公共和私营部门工会中产生极大的反响。

在法国，自 2010 年以来，中央行政管理部门工资一直被冻结，并延长至 2017 年选举期结束。

在希腊，就政府打算审议将于 2015 年或 2016 年年初实施的单方工资体系，政府与公共部门雇员组织之间的意见出现强烈分歧。实施单方工资体系的目的是减少在公共部门不同领域工作，但具有相同教育水平的雇员之间工资存在的显著差距。与此同时，经决定在公共部门实施新雇员录用须经两年试用期，试用期间给他们发放实习工资，预计相当于私营部门的基本工资。

在匈牙利，2013 年和 2014 年公务员工资等级标准没有变化。然而，教育、卫生、军队和社会工作各领域的工资有所提高。2014 年公共部门工资确定机制伴随着一些抗议、街道示威和不满情绪。这些示威活动未产生实质结果。工会试图修改工资—税率体系，并据此体系提高工资的努力未取得成功。

在爱尔兰，根据集体谈判达成的《2013—2016 年公共服务稳定协议》规定，2014 年冻结公共部门工资。随着爱尔兰经济复苏和摆脱三驾马车的紧急援助计划，公共部门工会领导认为，应开始为工会会员寻求提高工资。公共部门的总体立场是，如果 2014 年政府实现了 3％的赤字目标，那么爱尔兰工会大会有可能在 2015 年提出工资增长的要求。

在意大利，政府根据《稳定法》（2014 年 12 月 23 日第 190 号法律）打算 2015 年延长工资冻结并且不开展集体谈判。政府认为当前没有提高工资的资源。2014 年政府针对中低收入者实施的按第 193/2014 号法律规定的 80 欧元税收减免规定也适用于公共雇员。由于工资冻结遭到搁置，工会呼吁开展罢工和示威活动。

在卢森堡，2013 年预计工资增长 2.2％的计划被推迟至 2015 年 1 月 1 日。推迟的原因是公共部门雇员工会与政府之间协商后出现的危机。

在荷兰，公共部门官方正式冻结工资一直持续到 2014 年年底。工会强烈反对冻结工资，双方就此问题进行的谈判极其困难。荷兰统计局报告工资增长了 0.1％，但是这一增长不是通过谈判达成协议后取得的。一个例外的情况是，地方公务员就工资增长达成了协议，截至 2014 年 10 月 1 日，工资增长 1％。

在葡萄牙，政府坚持工资处于冻结状况，而工会日益急迫地要求增加工资。各方就此未达成一致。

在西班牙，根据《国家公共预算法》，公共当局决定增长工资，但西班牙尚未就此开展相关讨论。自2010年以来，西班牙政府一直将公务员工资处于冻结状况。2015年，工资仍处于这种状况已获得批准。工会要求公共当局为雇员增加工资，但是当局认为在经济危机状况下，有必要控制工资增长。工资冻结覆盖西班牙公共部门所有雇员。

第二节 欧盟集体商定的工时情况

欧盟集体商定的人均周工时（38.1小时，见图7—1）在2013年和2014年两年间未发生变化。其间，欧盟15国[1]平均周工时数仍比欧盟28国平均周工时数少约30分钟，欧盟13个新成员国[2]比欧盟28国平均周工时多约90分钟。若以集体商定的年工时总数作为一种计算模式，2014年欧盟全日制工人人均全年工时数为1 707小时，欧盟15国和欧盟13个新成员国全日制工人的人均全年工时数分别为1 675小时和1 813小时。在分析的经济部门中，银行业集体商定的人均周工时最短，为37.6小时；零售业人均周工时最长，达到38.4小时。欧盟28国集体商定的带薪休假人均年天数为25.1天；欧盟15国这一数据为26.4天，高于欧盟28国平均数；欧盟13个新成员国这一数据为21天，显著低于欧盟28国平均数。

一、集体商定的人均周工时

在大多数欧盟28国中，集体谈判在确定工时方面发挥了重要作用，但对2004年以后加入欧盟的13个新成员国来讲，集体谈判的作用较小，有时可忽略。由于不同层面（跨行业和企业）的集体谈判可发挥较大或较小的不同作用，因此这种作用的性质和程度在不同成员国中所有不同。集体谈判覆盖面在欧盟各国也存在很大差异，一般来讲，欧盟15国的覆盖面大于欧盟13个新成员国。此外，集体谈判的重要性在不同的经济活动部门和不同的就业群体中也有所不同。有关工时集体谈判和立法，各成员国也不尽相同。

---

〔1〕 欧盟15国包括法国、德国、芬兰、意大利、西班牙、葡萄牙、奥地利、爱尔兰、比利时、丹麦、希腊、卢森堡、荷兰、瑞典和英国。

〔2〕 欧盟13个新成员国包括塞浦路斯、捷克、爱沙尼亚、匈牙利、拉脱维亚、立陶宛、马耳他、波兰、斯洛伐克、斯洛文尼亚、保加利亚、罗马尼亚和克罗地亚。

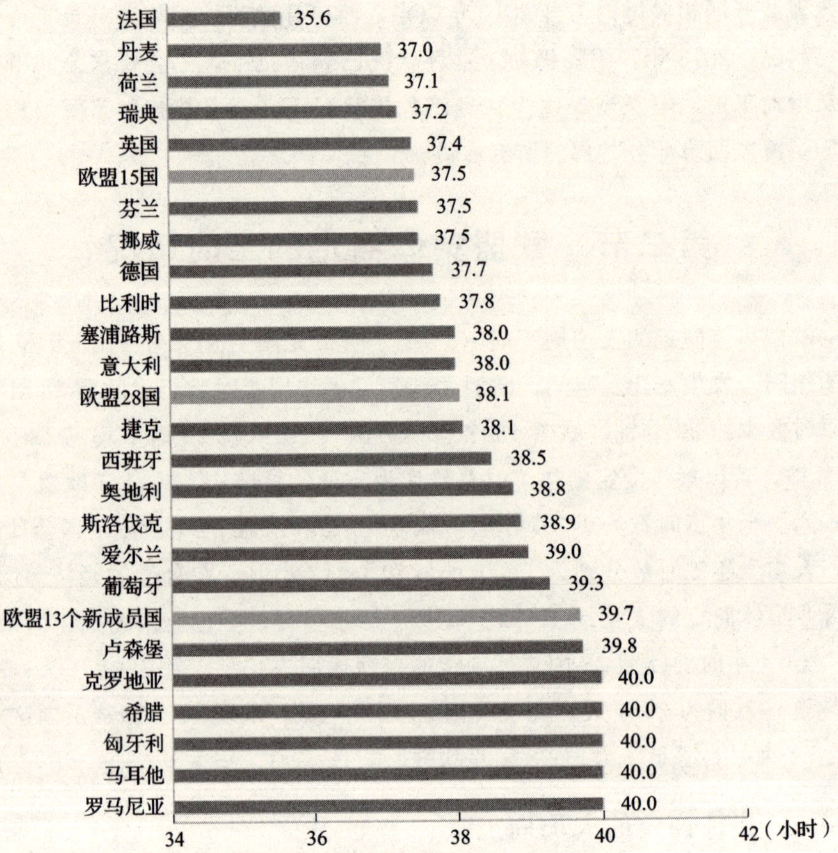

图 7—1　2014 年欧盟集体商定的人均周工时情况

资料来源：欧盟工作与生活观察站（EurWORK）欧洲记者网络。

图 7—1 显示了 2014 年欧盟成员国集体商定的人均周工时情况。由于一些成员国，如爱沙尼亚、拉脱维亚、立陶宛、波兰和斯洛文尼亚，工时一般不通过集体谈判确定，因此图中未显示这些国家的工时情况。在保加利亚，尽管部分经济部门的集体谈判覆盖工时，但未获得工时估算数。在克罗地亚、希腊、匈牙利和马耳他，假设大多数集体协议照搬周工时不超过 40 小时的法定标准。在罗马尼亚，基于行政管理统计数据的估算数即为集体商定的人均周工时 40 小时。尽管如此，大多数成员国可提供 2014 年集体商定的人均周工时数据。

图 7—1 显示，在欧盟成员国中，法国是集体商定工时最短的国家，人均

周工时为35.6小时。法国2000年《奥布里法》规定，法定工时为35小时。除法国外，北欧成员国（加上挪威）以及荷兰和英国2014年集体商定的人均周工时也较短，与欧盟15国平均工时37.5小时相比，要么相同，要么较短。

除极少数个别情况外，自2013年以来，工时均未发生较大变化。在2013年和2014年两年间，只有斯洛伐克、西班牙、瑞典和英国的工时发生变化。2013年斯洛伐克和英国周工时均增加了0.1小时，2014年这两个国家周工时分别减少了0.1小时和0.3小时；西班牙2014年集体商定的工时比2013年增加了0.5小时，2013年比2012年增加了0.3小时；瑞典2014年工时比2013年增加了0.1小时。这些国家的工时变化并未影响2014年欧盟28国平均周工时38.1小时。在过去的3年中，欧盟28国平均周工时一直稳定在38.1小时。

总体上，2014年欧盟15国集体商定的平均周工时比欧盟28国平均周工时短约30分钟，欧盟13个新成员国集体商定的平均周工时比欧盟28国人均周工时长约90分钟。

二、按行业划分集体商定的人均周工时情况

本部分内容分析5个行业集体谈判确定的全日制工人平均周工时情况，挑选的5个行业是金属加工业、化学制品业、银行业、零售业和公共行政管理部门，分别代表制造业、服务业和公共部门。

（一）欧盟5个行业集体商定工时比较

图7—2显示，欧盟28国集体商定的人均周工时在这5个行业中并无明显差异：银行业37.6小时、化学制品业38.2小时、公共行政管理部门37.9小时、金属加工业38.3小时和零售业38.4小时。在所有5个行业中，欧盟13个新成员国集体商定的人均周工时均高于欧盟15国，其中差距最大的是银行业，欧盟13个新成员国比欧盟15国多2.9小时。在公共行政管理部门，欧盟13个新成员国比欧盟15国多2.4小时。在零售业和化学制品业，欧盟13个新成员国比欧盟15国均多1.9小时；差距最小的是金属加工业，两者相差1.7小时。

在大多数欧盟13个新成员国中，统一的40小时一般是这些国家的法定正常周工时，据此数据计算得出欧盟28国和欧盟13个新成员国的平均周工时。在奥地利、芬兰、法国、希腊、卢森堡和斯洛伐克，5个行业之间的人均周工时差别极小，仅有2小时以下的微小差距。在比利时、意大利、荷兰、

葡萄牙、西班牙、瑞典和英国，5个行业之间人均周工时差距为2小时以上（在某些情况下，甚至达到4小时）。

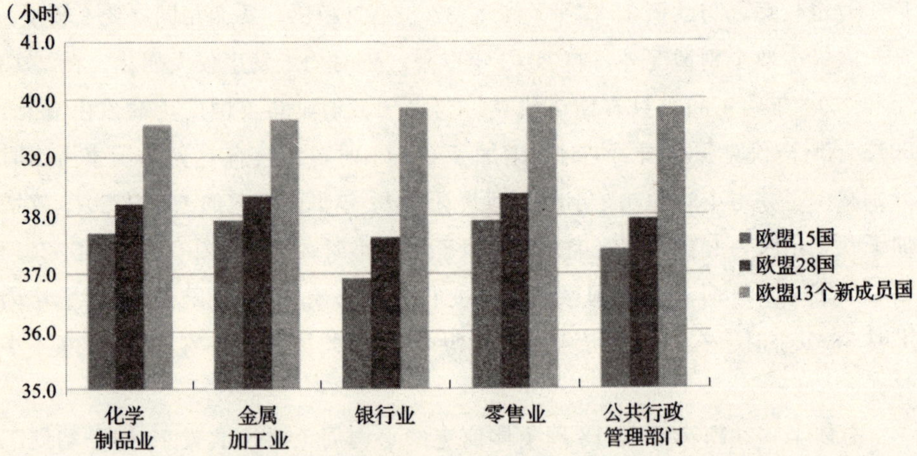

图7—2 5个行业中2014年欧盟集体商定的人均周工时情况

资料来源：欧盟工作与生活观察站（EurWORK）欧洲记者网络。

（二）欧盟成员国之间公共行政管理部门集体商定工时比较

在欧盟许多成员国，立法在确定公共行政管理部门的工时方面发挥了最重要的作用，而不是集体谈判。2013年，公共行政管理部门集体商定的周工时几乎无变化。最显著的变化发生在西班牙，公共行政管理部门集体商定的周工时从35.6小时提高到36.7小时，增加了1.1小时。英国从37.7小时下降到37.2小时，减少了0.5小时。葡萄牙根据第68/2013号法令，作为政府削减公共行政管理成本的一项措施，2013年9月工时从35小时提高到40小时。

在欧盟28国中，2014年公共行政管理部门集体商定的人均周工时为37.9小时（见图7—3），比2013年多0.1小时，比2014年所有经济部门平均工时少0.1小时。

在欧盟15国中，2014年公共行政管理部门平均周工时为37.4小时（见图7—3），比2013年略增0.1小时。图7—3显示，工时最长的国家是奥地利、卢森堡和葡萄牙（均为40小时/周），工时最短的国家是法国（35.1小时/周）、意大利和荷兰（均为36小时/周）。公共行政管理部门工时明显高于所有经济部门平均工时的国家是德国、奥地利和瑞典，低于所有经济部门平均工时的国家是意大利、荷兰和西班牙。英国地方政府部门集体商定的周工时甚至更低，只有36.7小时，比平均周工时37.2小时少0.5小时。

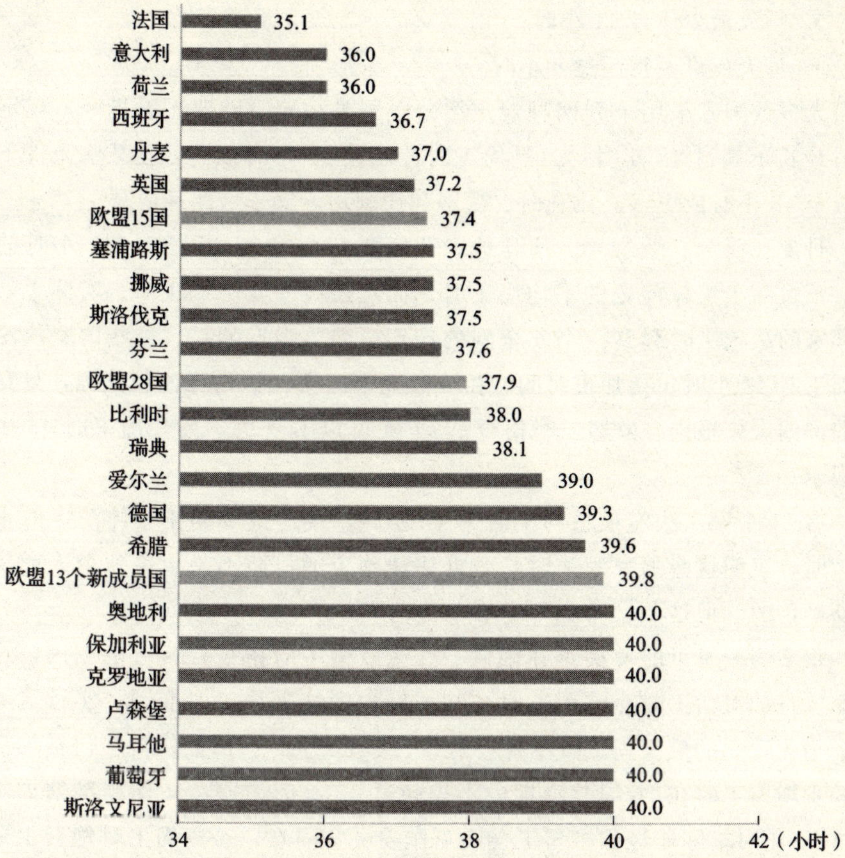

图 7—3　2014 年欧盟公共行政管理部门集体商定的平均周工时情况

资料来源：欧盟工作与生活观察站（EurWORK）欧洲记者网络。

图 7—3 显示，在欧盟 13 个新成员国中，2014 年公共行政管理部门平均周工时为 39.8 小时，比欧盟 15 国多 2.4 小时。只有塞浦路斯和斯洛伐克接近欧盟 15 国平均工时；这两个国家的公共行政管理部门平均周工时甚至低于本国所有经济部门平均工时。总体上，欧盟 13 个新成员国公共行政管理部门平均周工时比其所有经济部门平均工时多 0.1 小时。

三、法定最长工时情况

欧盟和挪威确定工时的集体谈判在法定最长工时构架内开展。在最低限度上，必须尊重《欧盟工时指令》的规定，内容包括：

- 平均周工时最长 48 小时的规定（基准期不得超过 4 个月）。

- 每天最少休息 11 小时。
- 每天夜班不得超过 8 小时。

大多数国家采用下列两种规定之一：一是按照《欧盟工时指令》规定周工时最长不超过 48 小时；二是周工时控制在 40 小时以内，在某些条件下可延长至 48 小时或更多。比利时、法国和德国均不属于这两种情况。

丹麦、荷兰、爱尔兰、马耳他和英国实行法定最长周工时 48 小时的规定，不仅高于集体商定的平均周工时，而且还高于实际周工时。实际上，这些国家的法定工时起到一个安全网的作用。需要强调的是，这些国家法定最长周工时 48 小时包括加班时间。在少数几个国家，如马耳他和英国，只在特定的部门中，根据《欧盟工时指令》，工人可以不受法定最长周工时 48 小时的限制。

有 21 个国家法定最长周工时为 40 小时，接近或等同于集体商定的平均周工时，表明这些国家的工时是根据法律确定的，而不是由单独个人或集体协商确定的。但是，40 小时不包含加班时间。

很多国家有可能突破上述限制。在《欧盟工时指令》许可范围内，这些国家实行的灵活工时允许周工时在基准期内围绕平均工时变动。实行这类工时平均化计划的最长周工时本身会封顶，如 60 小时。例如，荷兰包括加班在内的平均周工时在 16 周基准期内不得超过 48 小时，或在 4 周基准期内不得超过 55 小时，除非经雇主与工会或工作委员会同意，否则周工时绝对上限不得超过 60 小时。

葡萄牙可以阶段性地将周工时 40 小时延长至 60 小时，但是每两个月的平均周工时不得超过 50 小时，或者年平均周工时不得超过 40 小时。在克罗地亚，加班时间可以是每周 8 小时、每月 32 小时、每年 180 小时，但在非常情况下，或者在未预料的工作量增加，或者在其他紧急情况下，可突破这些限制。

比利时、法国和德国的情况表明欧洲在工时、加班和灵活工时方面的复杂性。法国周工时可从 35 小时延长至最长 48 小时（包括加班）。比利时的规定是周工时 38 小时为下限，当超过 40 小时被视为加班时，周工时上限为 50 小时。德国法定最长工时为每天 8 小时（不包括加班），德国不使用周工时。

四、实际周工时情况

为了掌握工人在一周内实际工作了多少小时，有必要获得考虑加班和缺勤因素实际工作的周工时数据。这些数据主要依据劳动力市场调查计算得出。图 7—4 根据欧盟劳动力市场调查结果，提供了 2014 年全日制雇员（不论这些雇员是否获得报酬）在其主要工作岗位实际工作的平均周工时数。根据欧盟统计局的标准，基准周的“实际工时”是指雇员在此周期间用于工作的时间。工作包括生产、辅助活动、短时休息和为了成功开展工作任务而参加的教育和培训。家与工作地点之间的通勤时间、进餐时间、工作期间因个人原因缺勤和非工作任务所需的培训时间均不属于工作时间。

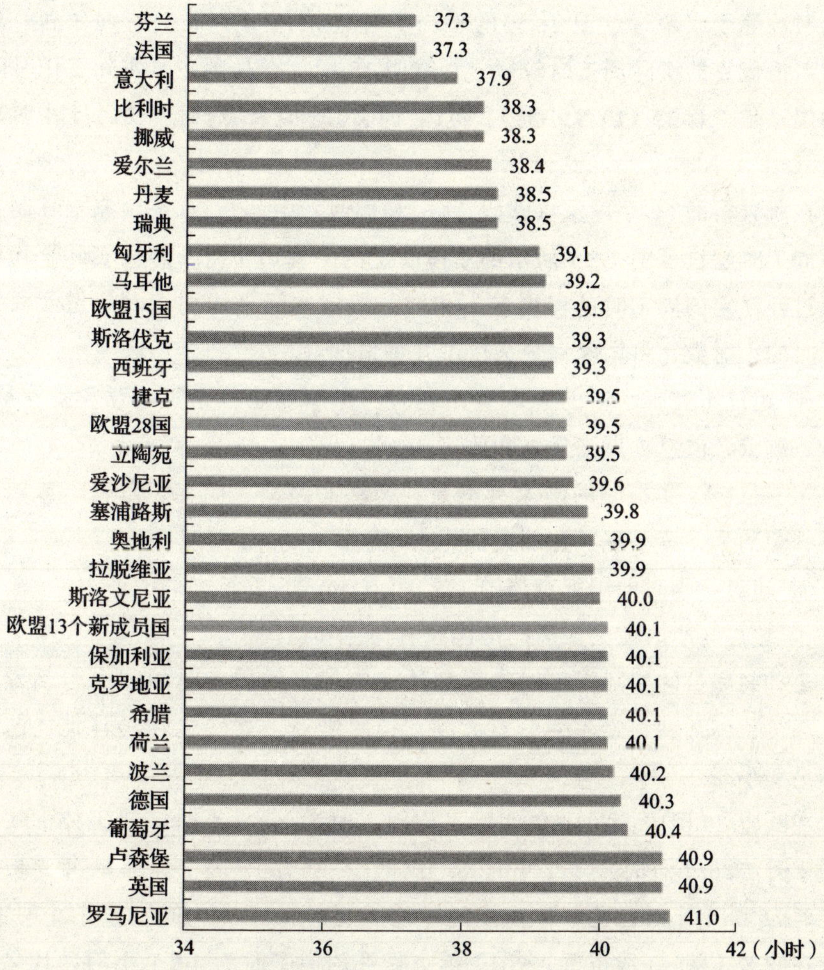

图 7—4 2014 年全日制雇员在其主要工作岗位人均实际周工时数

注：欧盟 13 个新成员国人均周工时数由作者计算得出。

资料来源：欧盟工作与生活观察站（EurWORK）欧洲记者网络。

如图 7—4 所示，2014 年全日制雇员在其主要工作岗位的实际周工时最长的国家是罗马尼亚，达到 41 小时，与 2012 年和 2013 年的数据相同；紧随其后的是英国（40.9 小时）、卢森堡（40.9 小时）、葡萄牙（40.4 小时）、德国（40.3 小时）和波兰（40.2 小时）。芬兰和法国是全日制雇员工作时间最短的国家，均为 37.3 小时；与工时最长的罗马尼亚相比，这两个国家的全日制雇员每周少工作 3.7 小时，相当于全年少工作 4.3 周。

图 7—4 还显示，在欧盟 13 个新成员国中，有 10 个国家全日制雇员实际周工时数等于或超过欧盟 28 国的平均工时数 39.5 小时；只有匈牙利、马耳他和斯洛伐克的实际周工时较短。在欧盟 15 国，全日制雇员实际工作时间最长的国家是卢森堡（40.9 小时）、英国（40.9 小时）、葡萄牙（40.4 小时）和德国（40.3 小时）。

在所分析的 29 个国家（欧盟 28 国和挪威）中，有 20 个国家全日制雇员实际周工时超过了图 7—1 所示的集体商定的平均周工时。各国实际平均周工时超过经商定的周工时的程度各不相同，根据实际平均周工时超过经商定的周工时的小时数，将国家划分为以下几种情况：

• 超过不到 1 小时的国家有比利时、保加利亚、克罗地亚、爱沙尼亚、希腊、挪威、波兰、斯洛伐克和西班牙。

• 超过 1～2 小时的国家有奥地利、塞浦路斯、捷克、丹麦、法国、卢森堡、葡萄牙、罗马尼亚和瑞典。

• 超过 2 小时的国家有德国。

• 超过 3 小时或更多时间的国家有荷兰和英国。

全日制雇员的实际周工时少于集体商定的平均周工时的国家包括爱沙尼亚、芬兰、匈牙利、爱尔兰、意大利、拉脱维亚、立陶宛和马耳他，两者之差不足 1 小时。

在欧盟 28 国中，2014 年实际平均周工时为 39.5 小时，比集体商定的平均周工时（38.1 小时）多 1 小时 24 分钟。在欧盟 15 国中，2014 年实际平均周工时为 39.3 小时，比集体商定的平均周工时（37.5 小时）多 1 小时 48 分钟。在欧盟 13 个新成员国，2014 年实际平均周工时为 40.1 小时，比集体商定的平均周工时（39.7 小时）多 24 分钟。

图 7—5 显示，2013 年和 2014 年，欧盟成员国的实际周工时均处于平稳状况，遏制了 2012 年和 2013 年的下降趋势。

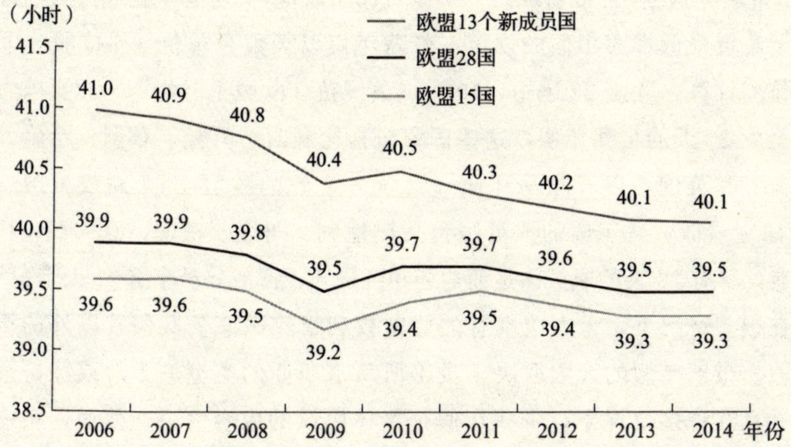

图 7—5　2006—2014 年欧盟全日制雇员在其主要工作岗位实际周工时数

注：欧盟 13 个新成员国实际周工时数由作者计算得出。

资料来源：欧盟工作与生活观察站（EurWORK）欧洲记者网络。

总体上，2013—2014 年欧盟成员国实际工时变化不大。大多数成员国的实际周工时只减少 0.1 小时或 0.2 小时，爱沙尼亚和马耳他的实际周工时减少 0.4 小时，斯洛伐克减少 0.5 小时，保加利亚、克罗地亚、希腊和斯洛文尼亚实际周工时无变化，比利时、拉脱维亚、荷兰、波兰、葡萄牙、英国和挪威实际周工时小幅增加 0.1～0.3 小时。

欧盟 28 国和挪威，2014 年男性全日制雇员在其主要工作岗位的实际周工时继续多于女性。2014 年男性平均每周比女性多工作 2 小时。欧盟 15 国男女之间工时差距大于欧盟 13 个新成员国男女之间工时差距。在欧盟 15 国中，2014 年男性平均每周比女性多工作 2.1 小时。相比之下，在欧盟 13 个新成员国中，男性平均每周仅比女性多工作约 1.3 小时。这些平均数并不能完全体现各国的真实情况，爱尔兰和英国男性平均每周比女性多工作达 3 小时以上（英国达到 3.2 小时），意大利为 2.9 小时。比利时、丹麦、芬兰、马耳他、波兰和挪威的男女之间工时差距为 2～2.4 小时。

五、带薪假期规定

工人一般享有带薪年假，这是每年总工时规定中的一项重要内容。《欧盟工时指令》规定，“欧盟成员国应采取必要的措施，以确保每名工人享有至少

4 周的带薪年假”，且带薪年假“不能被津贴取代”。所有欧盟成员国和挪威都制定了法定最低带薪年假的规定，带薪年假以天数为单位，并按照 5 天为一个工作周计算，欧盟 28 国中，19 个成员国按《欧盟工时指令》的要求为雇员提供至少 20 天的带薪年假，这些国家包括比利时、芬兰、德国、希腊、爱尔兰、荷兰和英国，以及除马耳他（24 天）之外的欧盟 13 个新成员国。享有 25 天法定最低带薪年假的成员国包括奥地利、丹麦、法国、意大利、卢森堡和瑞典，享有 22 天的成员国是葡萄牙和西班牙，挪威雇员享有 21 天带薪年假。

在很多情况下，工人应享有的假期权利指除国家公共假日以外的法定带薪年假。带薪年假的天数取决于员工所从事职业的类型、工龄或经济活动部门，并且在许多情况下，带薪年假是集体协议的内容之一。然而，集体商定的带薪年假数据很难获得，甚至无法取得。有些成员国无法获得这方面数据，有些成员国带薪年假的集体协商规则过于复杂，甚至无法估算出数据。

在奥地利，《1976 年带薪休假法》规定工龄 25 年以下的雇员可享有带薪年假 30 个自然日（包括星期六）。工龄 25 年以上的雇员可享有带薪年假 36 个自然日。

在保加利亚，集体协议提供更长的带薪年假，如工龄在 15 年以上的矿工享有带薪年假 23 天。

在比利时，行业集体协议在法定最低带薪年假 20 天的基础上一般再增加 5 天。这类协议在满足工龄期限的条件下增加带薪休假天数，如每 10 年工龄可额外增加 1 天休假。当正常周工时数高于部门标准时，还可以进一步为工人提供额外的带薪休假，以此作为补偿。

在德国，根据德国社会经济科学研究所（WSI）集体谈判档案资料，集体商定的带薪年假平均达到 30 天，远远超过基于一周 5 个工作日四周的法定最低 20 天带薪年假（或超过基于一周 6 个工作日四周的法定最低 24 天带薪年假）。

在斯洛伐克，来自工作条件信息系统（ISPP）的数据表明，在 2014 年调查的企业中，集体商定的假期为 5 个工作日加上法定最低带薪年假 20 天。

对于可获得集体商定带薪年假估算数的成员国，包括捷克、丹麦、芬兰和荷兰，估算数为国家法定最低带薪年假天数加上 5 天。在英国，经集体商定的带薪年假为国家法定最低带薪年假天数加上 5.1 天。在爱尔兰和挪威，经集体商定的带薪年假为国家法定最低带薪年假天数加上 4 天。

在罗马尼亚，经集体商定的带薪年假为国家法定最低带薪年假天数加上最少1天，并且随着工人工龄的增加，天数随之增加。

六、全年工时情况

表7—7提供了集体商定的周工时、年工时、年休假和公共假日情况。2014年不同成员国公共假日天数（不包含公共假日中的星期天）有所不同，葡萄牙和英国最少，为8天；保加利亚、拉脱维亚、西班牙和塞浦路斯14天；斯洛伐克为15天。欧盟28国、欧盟15国和欧盟13个新成员国的公共假日平均数均为10.6天。

在欧盟成员国中，经商定的带薪年假加上公共假日的总天数从德国和法国的41天到比利时的29天不等，两者相差2个工作周。2014年假期较长的其他成员国包括斯洛伐克（40天）、丹麦（39天）和奥地利（37天）；假期较短的成员国包括比利时（29天），匈牙利、波兰和罗马尼亚均为30天。2014年欧盟28国平均假期总天数为35.7天；欧盟15国和欧盟13个新成员国分别为37天和31.6天。

表7—7　　2014年集体商定的工时情况

国别	周工时（小时）①	全年毛工时 ②－①×52	带薪年假（天）③	公共假日（天）** ④	假期总计（小时）⑤－（③＋④）×（①÷5）	正常年工时（小时）⑥＝②－⑤
匈牙利	40	2 080	20*	10	240	1 840
波兰	40	2 080	20*	10	240	1 840
罗马尼亚	40	2 080	21	9	240	1 840
爱沙尼亚	40	2 080	20*	11	248	1 832
斯洛文尼亚	40	2 080	20*	11	248	1 832
克罗地亚	40	2 080	20*	12	256	1 824
立陶宛	40	2 080	20*	12	256	1 824
保加利亚	40	2 080	20*	14	272	1 808
拉脱维亚	40	2 080	20*	14	272	1 808
葡萄牙	39.3	2 043.6	22*	8	235.8	1 807.8
希腊	40	2 080	23*	12	280	1 800
马耳他	40	2 080	24*	12	288	1 792
卢森堡	39.8	2 067	25*	10	278.3	1 788.8
爱尔兰	39	2 028	24	9	257.4	1 770.6

续表

国别	周工时（小时）①	全年毛工时 ②=①×52	带薪年假（天）③	公共假日（天）** ④	假期总计（小时）⑤=(③+④)×(①÷5)	正常年工时（小时）⑥=②−⑤
比利时	37.8	1 965.6	20*	9	219.2	1 748.4
奥地利	38.8	2 017.6	25*	12	287.1	1 730.5
西班牙	38.5	2 002	22*	14	277.2	1 724.8
塞浦路斯	38	1 976	20*	14	258.4	1 717.6
捷克	38.1	1 981.2	25	10	266.7	1 714.5
斯洛伐克	38.9	2 022.8	25	15	311.2	1 711.6
意大利	38	1 976	25	11	273.6	1 702.4
英国	37.4	1 944.8	25.1	8	247.6	1 697.2
芬兰	37.5	1 950	25	10	262.5	1 687.5
挪威	37.5	1 950	25	10	262.5	1 687.5
荷兰	37.1	1 929.2	25	9	252.3	1 676.9
瑞典	37.2	1 934.4	25	11	267.8	1 666.6
德国	37.7	1 960.4	30	11	309.1	1 651.3
丹麦	37	1 924	30	9	288.6	1 635.4
法国	35.6	1 851.2	30*	11	291.9	1 559.3
欧盟13个新成员国	39.7	2 064.9	21.0	10.6	251.3	1 813.6
欧盟28国	38.1	1 979.2	25.1	10.6	272.0	1 707.2
欧盟15国	37.5	1 952.4	26.4	10.6	277.7	1 674.7

注：* 表示法定最低带薪年假，** 表示扣除公共假日为星期天的情况。

资料来源：欧盟工作与生活观察站（EurWORK）欧洲记者网络。

在分析29个国家（欧盟28国和挪威）集体商定的工时长短排列情况时，可以发现，周工时最长和最短的国家，其年工时一般也最长和最短。然而，当考虑假日因素后，一些国家的年工时数排位与周工时数排位相比会发生变化。比如，德国和斯洛伐克未考虑假日因素的周工时相比较，当考虑假日因素后，在年工时“排位”中则处于相对“较低”的位置（见表7—7第⑥栏），即年工时相对“较短”，这是因为这些国家相对较长的带薪年假和相对较多的节假日对年工时造成的影响。与此相反的情况是，比利时和葡萄牙在实际年工时“排位”中处于相对“较高”的位置（见表7—7第⑥栏），即年工时相对“较长”。这是因为这些国家相对较短的带薪年假和相对较少的节假日对年工时造成的影响。

图 7—6 显示，2014 年欧盟 28 国、欧盟 15 国和欧盟 13 个新成员国集体商定的年工时分别为 1 707 小时、1 675 小时和 1 813 小时。欧盟 13 个新成员国的工人比欧盟 15 国的工人一年平均多工作 138 小时，若按每周 40 小时计算，相当于 3.45 周。欧盟成员国中最长年工时的国家是匈牙利、波兰和罗马尼亚，最短年工时的成员国是法国、丹麦、德国和瑞典。匈牙利、波兰和罗马尼亚集体商定的工时比法国多 280 小时，若按每周 40 小时计算，相当于多工作 7 周。

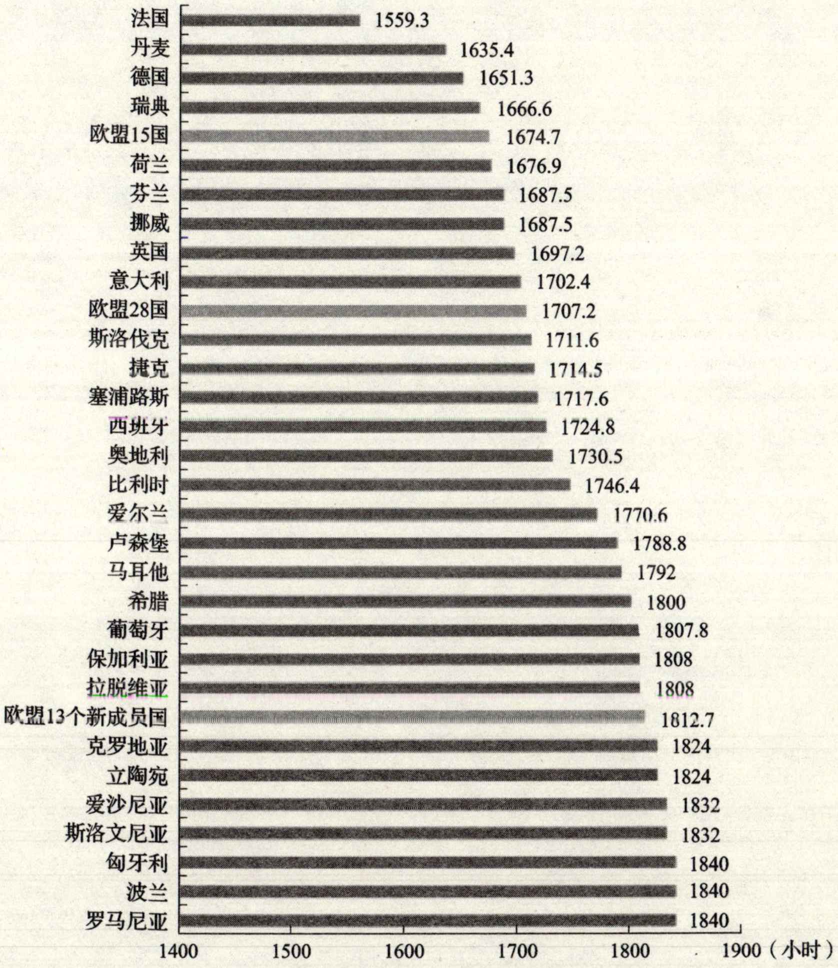

图 7—6　2014 年欧盟集体商定的人均年工时数

资料来源：欧盟工作与生活观察站（EurWORK）欧洲记者网络。

收入分配篇

第八章

就业方式对收入水平的影响[1]

通过对40个国家，其中有31个发达国家、9个新兴和发展中国家的研究，国际劳工组织的报告分析了不同类别工人劳动收入在其全部收入中所占比重，进而对就业方式变化对收入水平的影响进行了评估。

第一节　不同就业方式的收入差别

在研究报告所分析的国家里，77.4%的工人是工薪就业人员，22.6%的人属于自雇就业。此外，工薪就业人员又被划分为固定合同/全日制/正规就业人员和临时合同/非全日制/非正规就业人员。相比较而言，发达国家的正规就业人员比例高于新兴和发展中国家。在新兴和发展中国家，自营就业和非正规就业人员比例比较高。

一、正规就业人员的收入水平远高于非正规就业人员

在发达国家和欧盟成员国，全部雇员和自营就业人员的平均年收入为7 000～47 500美元，在所分析的新兴和发展中国家，这个数据为3 000～14 750美元。在所有国家里，正规就业人员的平均年收入水平都高于这个平均

〔1〕 本章内容参见国际劳工组织（International Labor Organization）2015年5月发布的《2015年世界就业和社会展望》（*World Employment and Social Outlook，The Changing Nature of Jobs*）。

水平。发达国家的临时工工资收入水平低于正规就业人员，其工资水平比正规就业人员低 15%（马耳他）～55%（塞浦路斯）。在新兴和发展中国家，非正规就业人员比正规就业人员工资水平低 43%（菲律宾）～65%（乌拉圭），如图 8—1 所示。

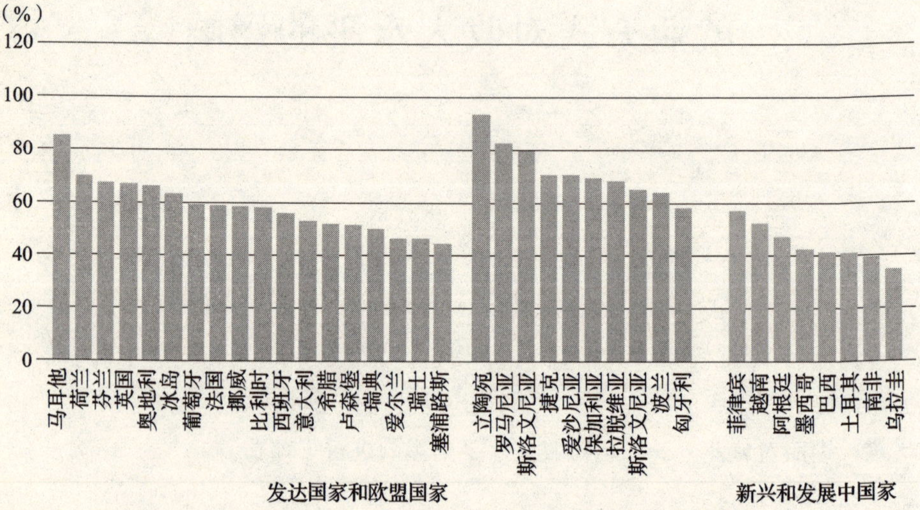

图 8—1　临时工/非正规就业人员年平均工资收入占固定/正规就业人员年平均工资收入的比例（最近年份）

自营就业群体的平均收入水平差别很大。在发达国家和欧盟成员国中的匈牙利、意大利自营就业人员的收入水平比正规就业人员要高。而在保加利亚和卢森堡，自营就业人员的收入水平与正规就业人员基本相同。除罗马尼亚和斯洛文尼亚外，在所有国家，自营就业人员的收入水平相当于正规就业人员的 67%～96%（见图 8—2）。

在新兴和发展中国家，自营就业人员的收入高于正规就业人员，在南非这两个群体收入水平相当。在其他国家，这个比例在 37%（墨西哥）～76%（乌拉圭）之间。

在过去 10 年里，正规就业和非正规就业人员的年平均工资水平在发达国家和欧盟成员国的变化各不相同。在新兴和发展中国家，除墨西哥、土耳其和乌拉圭外，大多数国家正规就业和非正规就业人员的收入差距在缩小（见图 8—3）。在发达国家和欧盟成员国，自营就业人员的平均年收入水平占正规就业人员收入水平的比例有一定差别。在新兴和发展中国家，自营就业人员与正规就业人员的工资收入水平差距扩大了50%（见图8—4）。在绝大多数国家，自营就业人员的收入水平在过去10年里下降了，其主要原因是受到了全球经济衰退的影响，并且也可能是由于正规就业群体中的失业人员进入了自营就业人员群体。

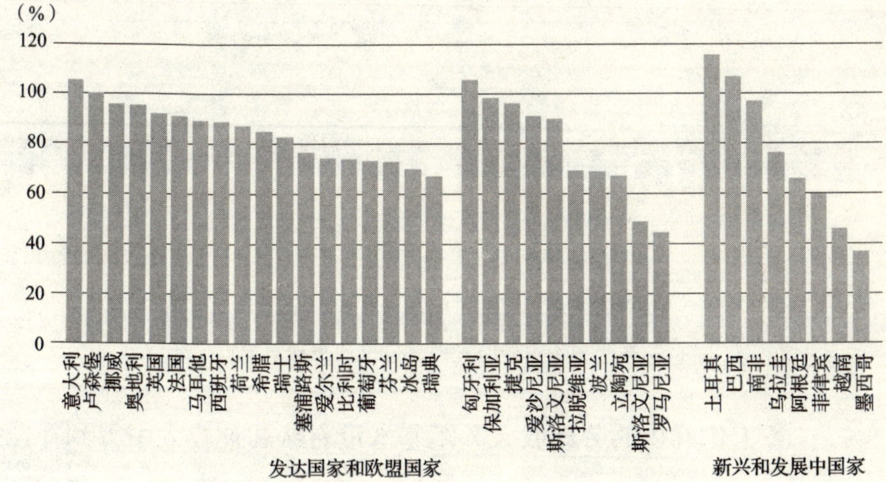

图8—2　自营就业人员平均年收入占固定/正规就业人员年平均工资收入的比例（最近年份）

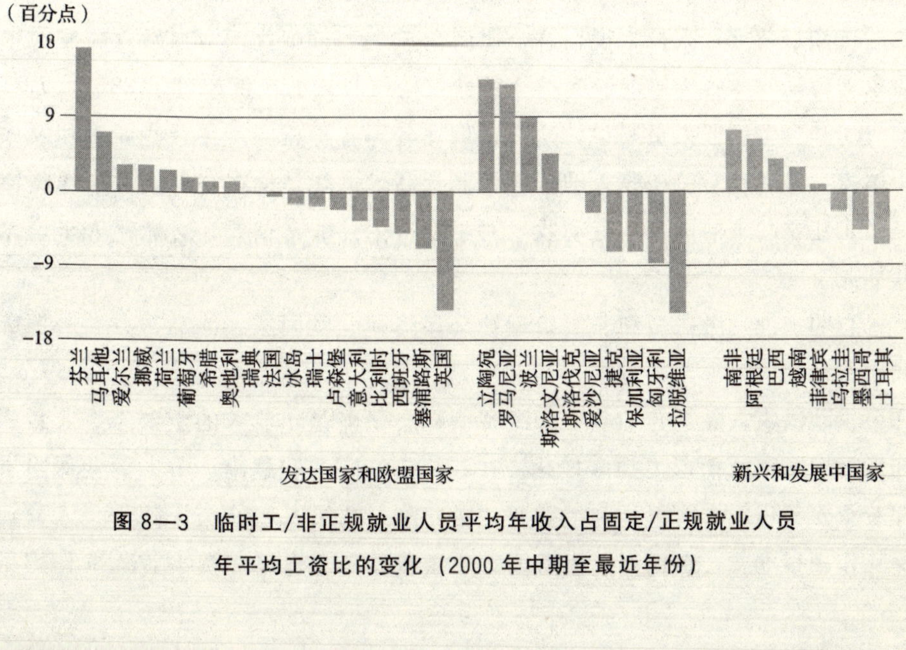

图8—3　临时工/非正规就业人员平均年收入占固定/正规就业人员年平均工资比的变化（2000年中期至最近年份）

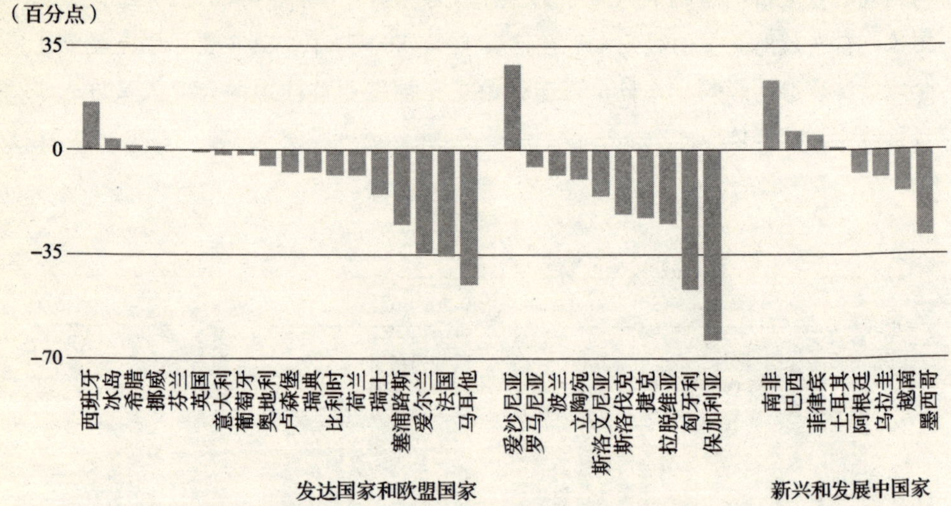

图 8—4　自营就业人员平均年收入占固定/正规就业人员年平均工资比的变化（2000 年中期至最近年份）

二、各工作群体的劳动收入差距基本没有从其他收入中得到补偿

这些正在增长的差距很重要，因为劳动收入是大多数靠工作养家糊口的人们的重要经济来源。在发达国家和欧盟成员国，对有固定工作的，并且是家庭主要收入来源的雇员来说，劳动收入约占其全部收入的 85%～95%，对临时工和自营就业人员来说，这个比例在 70%～95%之间。在新兴和发展中国家，劳动收入占固定就业雇员全部养家糊口收入的比例超过了 86%，而对临时工和自营就业人员来说，这个比例在各国各不相同。在有些新兴和发展中国家，劳动者对劳动收入的依赖性非常高，也就是说在完善的社会保障体系尚未建立起来的国家，劳动收入对于维持生计非常重要，对老年人来说尤其如此。

总的来说，缴费型和非缴费型社会保障在北欧国家（冰岛、芬兰、挪威和瑞典）相对来说比较重要，而在南欧（希腊、意大利和葡萄牙和西班牙）和中东欧国家，除了劳动收入，缴费型社会保障是年收入的重要来源。新兴和发展中国家的情形更加多样化。在菲律宾、南非和越南，个人商业保险发挥着重要作用；在阿根廷和墨西哥，缴费型、非缴费型社会保障和个人商业保险作用很重要；在巴西，缴费型、非缴费型社会保障和资本收入的作用很重要；在土耳其，缴费型社会保障、资本收入和个人商业保险作用很重要。虽然对固定就业和临时就业人员来说，总的趋势是相似的，但由就业状态决定的其他类型的收入来源在各国各不相同。

在发达国家和欧盟成员国，在家庭主要劳动力失业的情况下，来源于工作的收入占家庭总收入的9%～61%。在北欧国家（芬兰、挪威和瑞典）和荷兰、英国，家庭生活对非缴费型社会保障具有极大的依赖性，而在很多南欧国家（希腊、意大利和葡萄牙）缴费型社会保障和个人商业保险是家庭生活重要的收入来源。在澳大利亚、比利时、法国、冰岛、爱尔兰、瑞士和美国，缴费型社会保障是排在工作收入之后第二重要的收入来源。在中东欧国家和新兴及发展中国家，除了工作收入之外，非缴费型社会保障和个人商业保险是家庭生活的重要经济来源。

第二节　经济增长与贫困化

经济增长与贫困间的关系很复杂。在有些新兴和发展中国家，经济增长一直与贫困的下降相伴。但这种下降并不一直是很显著的，而且在过去10年里，极度贫困人口的比例仍然保持着稳定的状态。同时增长与贫困间的关系在各国差别非常大。根据最近的一项报告显示，全球范围内极度贫困人口从20世纪90年代的36%下降到2010年的18%，但撒哈拉以南非洲生活于贫困状态的人口数量由1990年的2.9亿上升到了2010年的4.14亿。在阿拉伯地区，由于埃及、约旦的进步，极端贫困人口比例从1990年的5.5%下降到2010年的4.1%。亚太地区在1990—2010年极度贫困人口有了显著下降，减少了约7.45亿人。

一、贫困对临时工和失业人员的影响更大

在发达国家和欧盟成员国，贫困率在9%～24%之间。在新兴和发展中国家，贫困率在7%～46%之间。家庭主要劳动力就业方式的不同导致贫困率差别很大。总的来说，临时工和自营就业人员的贫困率高于固定就业人员。主要劳动力处于失业状态的家庭贫困率最高，其比例为16%～84%。在大多数发达国家和欧盟成员国，这个数字一直保持稳定，但在有些国家，如希腊、葡萄牙和西班牙，这个数字一直是上升的。在新兴和发展中国家，主要劳动

力处于失业状态，家庭的贫困率在巴西、南非和土耳其是下降的，在菲律宾保持稳定不变，而在墨西哥和越南是上升了。在发达国家和欧盟成员国，主要劳动力处于较差经济活动性状态家庭的贫困率为10%～40%，这个比例自2000年中期以来有所下降或保持稳定。在新兴和发展中国家，主要劳动力处于较差经济活动性状态家庭的贫困率差别很大，在南非这个比例约为80%，而在乌拉圭这个比例为6%。自2000年中期以来，这个比例有所下降或保持稳定。分性别来看，除了墨西哥、菲律宾、土耳其和越南外，在所分析的所有国家里，女性作为主要劳动力的家庭，其贫困率要高于男性作为主要劳动力的家庭。

二、社会转移是贫困家庭的重要收入来源

对于贫困家庭来说，工作不一定总是满足其生活的主要经济来源。这些家庭可能还要依赖其他来源，如缴费和不缴费的社会保障收入。这些收入来源对于不能积极参与劳动力市场的人，如失业人员、老年和经济活动性较差的人来说也是非常重要的。

在发达国家和欧盟成员国，对相对比较贫困的人来说，劳动收入占其全部家庭收入的比重为17%（芬兰）～66%（罗马尼亚）。在南欧国家（希腊、意大利、葡萄牙和西班牙），这些人的劳动收入约占全部家庭收入的43%。在这些国家，缴费的社会保障收入是第二重要的收入来源，非缴费的社会保障收入仅占其收入的很小部分。

在北欧国家（冰岛、芬兰、挪威和瑞典），劳动收入占家庭收入的比重差别很大（冰岛为58%，芬兰为18%）。在芬兰，非缴费的社会保障收入（43%）是贫困线以下家庭最重要的收入来源，其后是缴费的社会保障收入（37%）。在挪威和瑞典，缴费和非缴费的社会保障对贫困家庭的生活收入来说具有同等的重要性。与其他北欧国家相比，在冰岛，非缴费和缴费的社会保障在其家庭收入中只占很小的部分，劳动收入是最重要的收入来源。在荷兰，对贫困人口来说，非缴费型社会保障在家庭收入中占了非常大的比重。爱尔兰和英国的情况与挪威和瑞典类似。在比利时、瑞士和美国，与其他收入来源相比，缴费型社会保障构成了家庭收入中更为重要的部分。在中东欧国家，劳动收入约占全部家庭收入的34%～66%。另一个重要来源是缴费型社会保障收入，然后是非缴费型社会保障收入和个人商业保险。

新兴和发展中国家的情况有很大差别。在墨西哥、菲律宾和越南，劳动收入占家庭收入的比重高达 80%，除这 3 个国家外，在所分析的国家中劳动收入占贫困家庭总收入的比重为 56%～70%。在南非，劳动收入约占贫困家庭总收入的 56%，非缴费型社会保障收入约占 29%，个人商业保险约占 16%。

近年来，特别是自 2008 年全球经济衰退以来，在决策者中重新出现了对收入分配和收入不平等程度加深的忧虑。20 世纪 90 年代早期和 2000 年中期是经济相对快速增长时期，在约 2/3 的发达国家和发展中国家高收入家庭的总收入增长快于低收入家庭。在过去 20 年中，3/4 的经合组织国家的情况也是如此。近期的研究显示，在全部收入不平等的增长中约有一半是由于工资不平等的增长。

第三节　典型国家缩小收入差距、减少贫困的做法

研究发现，总的来说，固定和正规就业能够提供比其他就业方式更高的收入，但是，国家政策也有助于在就业方式迅速发生变化的情况下保证相对足够的收入。下面是巴西、南非和荷兰的例子。

一、巴西

巴西的收入不平等一直持续到 20 世纪 80 年代末。打那以后，90 年代开始出现小幅下降。到 2000 年左右，虽然与其他国家相比，其收入不平等状况仍然处于较高水平，但收入差距还是出现了明显下降。收入差距下降主要是由于贫困人口大量减少。还有一个重要原因是在经历了 20 世纪八九十年代非正规就业人员数量不断上升后，自 2000 年以来这个趋势发生了变化，非正规就业人员数量由 2001 年占全部就业人口的 54.8%下降到了 2013 年的 44.2%。

这些积极变化是经济强劲增长时期推行的社会保护和劳动力市场政策干预的结果，包容性的社会保护和劳动力政策尤为重要。特别值得一提的是，在巴西，最低工资不仅为正规部门的工资水平提供了参照，而且也是非正规部门的工资协议和最低养老金水平的参考标准。由此使得这个政策杠杆对贫困人口和降低收入不平等仅发挥了广泛作用。另外一个重要的社会政策是非缴费型现金转移。目标群体确定和有条件的现金转移计划 2001 年在全国推

开，其覆盖范围从 2003 年的 510 万个家庭扩展到 2014 年的 1 400 万个家庭。推行这一计划的结果是 2007 年 45%的巴西人口其家庭生计可以得到各种方式公共资金转移的支持。该措施被称为“基本水平的广覆盖”，即将社会保险和目标群体广泛的社会援助措施相结合，而这些构成了公民的基本权利。

在评估这些计划和政策对降低收入不平等水平的作用时有各种不同看法，但最主流的观点认为到 2007 年为止，收入不平等的下降约有一半是由于劳动收入分配更加平等所致，另一半应归功于社会保障支出。特别是 20 世纪 90 年代以来，教育投资的增长导致了因技能水平差异造成的收入不平等的下降，同时最低工资水平的上涨又提高了非技能工人的工资水平，这两方面的变化都有助于缩小收入不平等差距。

研究成果还显示，巴西正规就业的增长是各种因素共同作用的结果，这包括强劲的经济增长和工作岗位增加；由于受教育人群入学率提高导致的劳动力供给短缺及劳动监察力度加大。从 1996 年开始，政府还推出了新措施，通过简化和降低税收、社会保障缴费及对小微企业的税收改革促进非正规企业实现正规化。2008 年进一步推出了针对小微企业的改革措施，包括简化企业注册手续、统一税制和社会保险缴费计划。

二、南非

自 20 世纪 70 年代以来，失业率一直是南非面临的严峻挑战，悬殊的收入差距也有比较长的历史。虽然近年来的收入不平等状况有所改善，南非仍然是世界上收入差别最大的国家之一。在过去 20 年里，政府推行的政策一直致力于扩大社会资助的覆盖面。比如非缴费型养老金覆盖面大幅扩大，从 20 世纪 90 年代后期的 300 万人上升到 2003 年的 600 万人。此外，从 1998 年开始还为 6 岁以下儿童推出了儿童支持津贴，后来享受该计划群体的年龄逐步延长到 18 岁，到 2010 年该计划的覆盖面扩展到 1 000 万名最贫困家庭的孩子。

2002—2012 年，享受社会救助的家庭比例扩展到收入最底层 30%的人群。对最底层 10%的家庭来说，其家庭收入的 70%来自社会救助，对在其上的另外 20%的家庭来说，其家庭收入的 40%来自社会救助。结果是这种以家计调查为基础的社会救助计划极大地降低了社会贫困率。研究发现，位于收入最底层人群的失业率非常高，因此他们当中获得社会救助的比例也最高。

在南非，虽然失业很普遍，特别是在妇女当中，但对成年失业者的社会保护却很有限。缴费型失业保险制度仅覆盖45%的劳动力，这个比例不包括那些没有能力缴纳失业保险的劳动者。为了解决这个问题，政府于2004年推出了“公共工作计划”，其目的是在前5年里创造100万个临时性工作岗位，随后直到2014年每年进一步创造200万个工作机会，该计划还包括向失业人员提供技能培训。“公共工作计划”最主要的目标集中在向失业家庭提供他们所需要的生活收入。

三、荷兰

从20世纪80年代开始，荷兰对社会政策进行了一系列改革，改革措施更加强调积极劳动力市场政策的作用，社会福利政策也更加关注于那些没有工作能力的人。这些被称为“荷兰模式”的改革措施带来了就业增长，低通货膨胀率和公共赤字下降等积极成果。改革政策的另一个重要方面是促进非全日制工作正规化，以有效降低失业率。

为了有效应对不断上升的失业率，1982年政府开始鼓励雇主和工人共同促进就业结构改革。最初的改革集中在工资适度调整以实现缩短工作时间上。20世纪80年代后半期，这项着眼于调整每周工作时间的改革措施被推进非全日制工作的措施所取代。非全日制工作岗位的扩张主要有三个目的：一是为了能够更好地分配工作机会并以此减少失业；二是为了推进经济结构调整，以使企业能够正常运行并延长工作时间；三是为了促进性别平等。关于第三点，有些人认为，有报酬和无报酬工作应当具有同等价值，并由男性和女性共同承担，而非全日制工作是实现这个目标的重要途径。

由于改革措施的推行，相对于其他欧洲国家，荷兰的非全日制工作更加普遍，特别是在女性当中更是如此。妇女的劳动力参与率也从20世纪80年代开始迅速提高，到2003年，女性所从事的工作有59.6%是非全日制工作。所以有人说，荷兰的“一个男性养家模式”被“一个半人养家模式”取代了。工会对非全日制工作的态度也由开始的抵制逐渐改变为致力于促进非全日制工作正规化。后来的立法，如1996年的《非全日制工人同等待遇法》和2000年的《工作时间调整法》等都对促进非全日制工作产生了积极作用。

与在其他很多国家非全日制工作经常是与边缘化和低工资相联系的情况不同，研究表明，在荷兰非全日制工作通常并不是出于不情愿，而更多的是一种主动选择。而且不像在有些国家那样，在荷兰非全日制工作通常并不是与低技能工人相联系。然而，荷兰虽然在保障非全日制工人工作条件方面取得了很大成绩，但仍然面临挑战。特别突出的问题是虽然强调法律上的平等权利，但实践中收入不平等仍然存在，而且非全日制工人参加职业技能培训的机会也比较少，因此影响到其职业生涯发展前景。同时虽然社会鼓励性别平等，但非全日制工作岗位仍然是由承担大部分无报酬家庭劳动的女性占据主导地位。

第九章

经合组织收入不平等[1]

第一节 收入不平等状况

世界许多地区的收入不平等在上升，包括富有国家、新兴和发展中国家。与此同时，许多新兴国家出现了中产阶级，尽管中产阶级仍然脆弱，但它对未来经济和社会发展会发挥重要作用。

一、背景情况

人们一般认为，20 世纪大部分时期，世界许多地方的富裕和不富裕群体之间的收入差距有所缩小。根据基于“世界最高收入数据库”（World Top Incomes Database）的研究成果，收入不平等下降始于 20 世纪 20 年代和 30 年代的北美和大部分欧洲地区，到 50 年代，收入不平等仅发生在一些发展中国家。但是，到 70 年代和 80 年代，这种状况开始逆转，收入不平等开始上升。20 世纪至今的收入不平等模式近似于“U”形，即开始是一种长期趋势下降，然后缓慢上升。

最近几十年的收入不平等上升在大多数富有经济体十分明显，它不仅影响到拥有相对较高收入不平等发展史的经济体，而且波及传统上收入不平等

---

〔1〕 本章内容根据经合组织（OECD）2015 年 12 月发布的《收入不平等：贫富差距》（*Income Inequality: the Gap between Rich and Poor*）编译。

程度较小的国家，如丹麦、德国和瑞典。新兴和发展中经济体的收入不平等也在上升，尽管不一定出于相同的原因。

最近几十年的中国、巴西和印度的经济崛起改变了世界经济格局，最显著的效果是，生活在绝对贫困（每天1美元）的人数大幅下降和新生的中产阶级的涌现，但是，贫困尚未消失。在许多新兴和发展中国家，贫困依然顽固地存在，并且收入不平等也在扩大。

二、发达国家：自20世纪80年代以来收入不平等在上升

自20世纪80年代以来，大多数经合组织国家的收入不平等有所上升。1/4世纪以前，10%最高收入者的可支配收入平均是10%最低收入者的大约8倍；到2010年，这一数值上升至10.5倍。自20世纪80年代中期以来，经合组织国家的收入不平等平均上升了近10%，按收入不平等的标准衡量，基尼系数几乎达到0.32。同期，1%最高收入者的变化更引人注目，尤其在英语国家。例如，美国最富有的1%人群的税前收入占国民收入的比重上升了一倍多，2012年，最富有的1%人群的税前收入占国民收入的比重达20%。

自20世纪80年代（甚至更早）以来，许多国家的收入不平等上升体现了一种重要的经济发展趋势。简单地讲，经济增长的成果越来越趋向于流向社会中的更小群体。例如，1975—2012年，美国大约47%的税前收入增长额由1%最高收入群体获得。在其他英语国家，这一比例也较高：加拿大37%，澳大利亚和英国20%以上。即便在1%最高收入群体获得的收入占全部收入比例较低的国家，流向10%最高收入者的经济增长成果往往多于10%最低收入者。这种情况激发了人们就需要“包容性增长”越来越多的讨论，包括确保尽可能多的人享有更多的繁荣成果；获得体面就业和教育的机会享有卫生保健和清洁环境，并能够在社会中发挥充分的作用。

经合组织国家之间收入不平等的差异十分显著。图9—1显示了20世纪80年代中期和2013年经合组织部分国家收入不平等的基尼系数情况。可以看到，墨西哥、美国、以色列和土耳其的基尼系数较高，而丹麦、捷克和挪威基尼系数较低。与20世纪80年代中期相比，21世纪最初10年中期，只有比利时、荷兰、法国和希腊基尼系数基本保持不变，土耳其略有下降，其他大多数国家基尼系数均出现上升。美国和新西兰基尼系数上升的幅度最大。让

人们感到惊奇是，传统上收入不平等水平较低的北欧国家芬兰和瑞典上升幅度也很大。

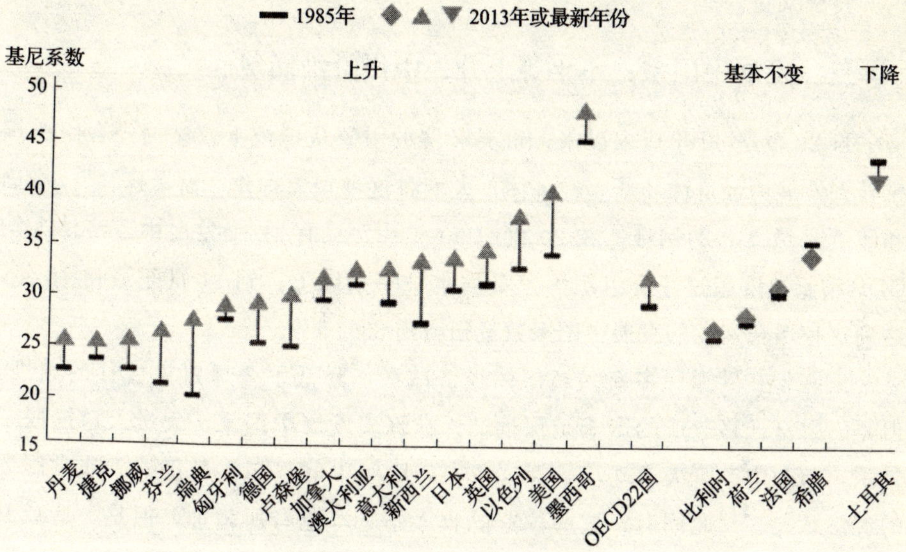

图 9—1　20 世纪 80 年代中期和 2013 年经合组织部分国家测量收入不平等的基尼系数情况

资料来源：经合组织（2015），共同讨论：为什么减少不平等使所有人受益？http://dx.doi.org/10.1787/888933207711。

如何解释各国收入不平等存在的差异？虽然许多因素对收入不平等产生作用，但两个因素最为重要，一个是工资差距（或“工资离散度”），即高收入与低收入劳动者之间的工资差距，有些国家工资差距远远大于其他国家。另一个是政府的作用，政府以税收的形式得到收入，以转移支付的形式返还。在所有经合组织国家中，税收和转移支付都降低了收入不平等，但有些国家收入不平等降低的程度远大于其他一些国家。

通过比较一些国家的收入不平等状况可以发现上述因素对收入不平等起的作用。在收入不平等低水平一端，北欧国家（丹麦、冰岛、挪威和瑞典）和瑞士的收入不平等与贫困状况都低于经合组织国家的平均水平。这几个国家的失业水平也较低，工资差距相对较小，工资非常高的人员较为罕见，大多数人群获得政府的现金转移支付，国家采用递增式的方法征收收入所得税；换言之，收入越高，纳税的比例越高。

在收入不平等水平相对较高的国家，如智利、以色列、墨西哥、葡萄牙、土耳其和美国，工资差距相对较大，有些人工资非常高，而政府通常提供较少的转移支付。

三、发展中国家：不平等上升，中产阶级涌现

自20世纪90年代末以来，世界经济的引擎从传统上富裕的经合组织国家转到发展中经济体和新兴经济体，人们将这种现象称作“财富迁移”。中国和印度是最著名的例证。在20世纪90年代，只有12个发展中经济体人均GDP增长速度超过经合组织国家平均水平一倍以上；到21世纪最初10年，达到这种增长速度的发展中国家数量猛增到83个。

近些年，尽管许多新兴经济体经济减缓，降低了全球财富迁移的速度，但是，财富迁移造成的影响是深远的。在许多发展中国家，大量人口摆脱了贫困，新的中产阶级涌现，尽管这些中产阶级中的很多人员仍处于非常脆弱的经济状况。与此同时，这些国家的收入不平等也有所增加，但是，造成其收入不平等上升的原因可能与发达国家不尽相同。

与1981年相比，目前全世界生活在极度贫困（每天不足1.25美元）的人员数量减少了6.5亿人。而同期全球人口增长了大约20亿人。许多因素造成极度贫困人员数量减少。最重要的一个因素是中国的崛起，仅中国一个国家摆脱极度贫困的人数就高达5亿人（见图9—2）。

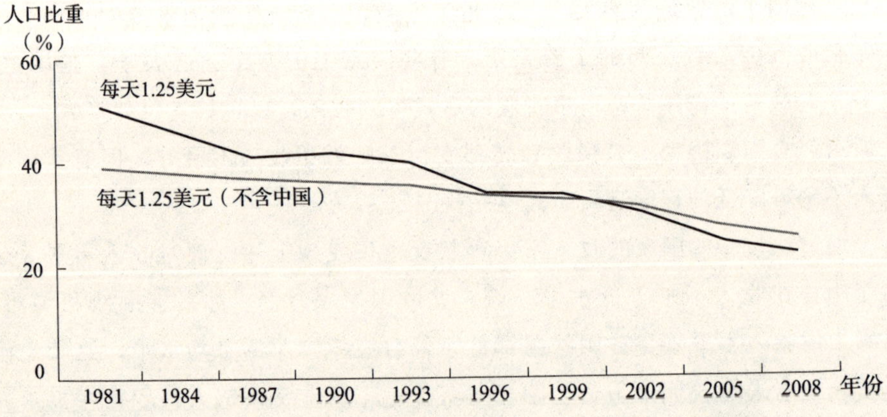

图9—2 1981—2008年发展中国家贫困人口占总人口比重情况

资料来源：经合组织《2013年全球发展展望》，http://dx.doi.org/10.1787/888932812908。

尽管许多发展中国家每天 1.25 美元的极端贫困人口一直在减少，但是，相对贫困状况并非如此。在许多情况下，相对贫困人口减少处于停滞不前的状况。此外，对减贫做出了最大贡献的许多国家也存在较高水平的收入不平等。在巴西和许多南美国家，基尼系数通常在 0.5 以上，而南非的基尼系数高达 0.7。基尼系数处于高位的国家包括印度（0.34）、印度尼西亚（0.4 左右）、中国（0.45）。

尽管一些国家收入不平等基尼点数处于高位，但是与过去的水平相比还是有所下降，尤其是拉丁美洲的部分地区。然而，南非、印度尼西亚和中国的收入不平等均出现上升，中国的不平等水平近期趋于稳定。

这些发展趋势产生的一个后果是，世界上大多数最贫困的人口不再生活在最贫困的国家中。根据英国研究人员安迪·萨姆纳（Andy Sumner）的研究结果，全世界 13 亿最贫困的人口中，大约 3/4 现在生活在中等收入国家（MICs）中。这引发了增长是否具有包容性的问题。是让受过良好教育的精英更加富有，还是为更广大的人群带来收益？专家欧文·博德（Owen Bardcr）指出，“这些数字表明，贫困的最大原因不是这些国家缺少总体经济发展，而是一些特定群体在政治、经济和社会方面的边缘化；如果不是边缘化，这些国家在减贫方面可以做得很好”。

在许多发展中国家，从喧闹繁忙的都市到达安静的乡村，感觉像是经历一场穿越时空的旅行。在城市日益被纳入全球化经济的同时，很多农村地区通常没太大变化。城市与农村之间或不同省份和地区之间的差异体现了人们所称的空间不平等。这是许多发展中国家总体不平等的重要驱动因素。

收入不平等只是地区之间不平等的一部分。在一些新兴经济体，尤其是中国和印度，不平等现象十分明显。不仅城市收入增长快于农村，而且还存在机会不平等现象，主要是在获得卫生保健、教育和就业机会方面。在一些新兴经济体，农村地区的中学入学率远低于城市，尤其是女童。获得基本医疗服务的情况取决于人们的居住地，不同地区会存在很大差异。例如，在亚洲，乡村婴儿死亡率通常远高于城市。

其他因素也会造成收入不平等。例如，较贫穷的国家中存在无书面合同、无就业条件的大量非正规就业人员。墨西哥和巴西的大约一半岗位在非正规部门，在印度和印度尼西亚则高达 80%。这类岗位推动了不平等，包括工人工资低于正规岗位的工资，工人得不到培训和晋升的机会。并且，这类就业岗位具有不可预见的特点，工人有可能随时收到工资无法兑现的通知。

在发达国家，税收和转移支付对减少收入不平等起到很大作用，但在许多发展中国家，税收和转移支付制度很不成熟。然而，巴西在这方面做得较好。巴西的家庭补贴计划（Bolsa Familia）为占1/4人口的1 330多万个家庭支付补贴，支付补贴的条件是这些家庭让孩子注册入学，并参加医疗保险项目。巴西家庭补贴计划降低了儿童贫困率以及不平等状况。

“财富迁移”最令人关注的是发展中国家中新的中产阶级的涌现。在许多情况下，这一阶层的人员尚未获得许多富有国家传统上与中产阶级有关的繁荣和经济保障。然而，这些中产阶级有潜力在经济和社会中起到变革的作用。霍·卡拉斯（Homi Kharas）预测，中产阶级将从目前的18亿人，到2020年增加到32亿人，到2030年增加到49亿人，增加人数的85%来自亚洲。

第二节　收入不平等原因分析

人们应认识到某些人群收入不平等上升的驱动因素并不能完全解释其他人群收入不平等上升；人们还应认识到经济的、社会的和国家的作用正在造成收入不平等上升。

促使收入不平等上升的一个重要因素是全球化的影响，即通过一系列复杂的“流动”，包括技术和信息、贸易和投资，使全球经济更加一体化的过程。技术正在消灭旧的工作岗位，创造新的工作岗位。技术使高技能工人更加宝贵，技术消灭了一些中低技能工人从事的工作岗位。全球化进程还改变了劳动与资本之间的平衡，为资本拥有者，如企业家，提供了较大份额的收入；为那些给企业家工作的工人提供了较小份额的收入。

收入不平等还受到社会变化的影响。例如，一个发展趋势是人们与同自己的社会和教育背景十分相似的人员结婚。收入不平等还受到工作场所变化的影响，例如，非全日制工作人员数量增加，工会会员数量减少。

政府通过征缴税收和支付津贴在减少收入不平等方面发挥重要的作用。但是，政府的作用在不断发生着变化，总体发展趋势是，政府趋向于制定再分配减少的政策。其他经济政策，如减少监管，也有助于加大收入不平等。

一、全球化：技术发挥着重要的作用

“全球化”对于不同人群意味着不同含义。对于某些人群，全球化意味着

西方生活方式和西方文化的传播，从美国星巴克连锁咖啡店，到韩国流行音乐。但是，有关收入不平等，最为重要的是经济的全球化，或者说，是世界经济通过全球范围的 5 个“流动”，变得越来越一体化和紧密相连。这 5 个“流动”是：(1) 技术和信息；(2) 贸易；(3) 金融和投资（或资本跨境流动)；(4) 生产（或企业在世界范围内跨国运营)；(5) 国际移民。

图 9—3 显示了 20 世纪 80 年代至 2008 年，贸易一体化、金融市场开放和技术研发支出 3 项指数表明经合组织国家的全球化进程。以 1980 年为基数 100，可以看到，自 20 世纪 90 年代中期以来，贸易、金融和技术研发开始大幅上升。金融市场开放指数上升幅度明显高于贸易一体化指数和技术研发支出指数的上升幅度。

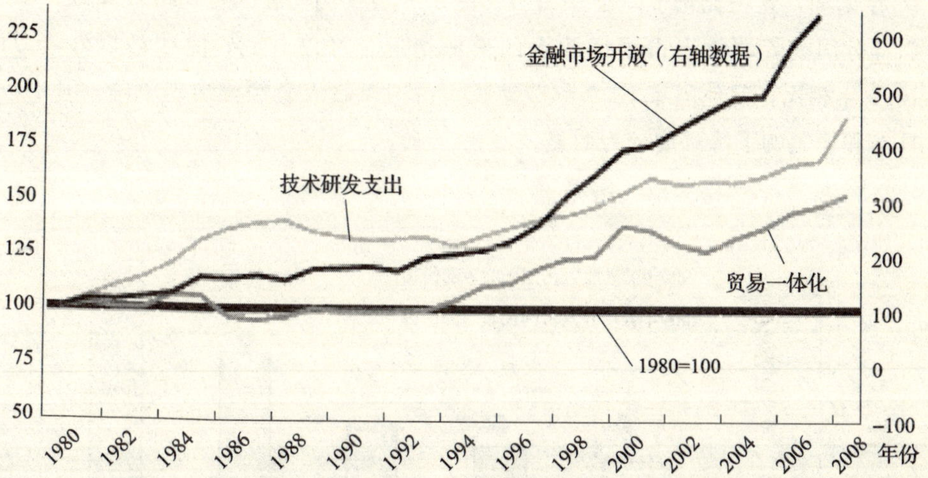

图 9—3　20 世纪 80 年代至 2008 年贸易一体化、金融市场开放和技术变革发展趋势（经合组织国家平均值）

资料来源：经合组织。

全球化是一个有争议的问题，民意调查显示，世界很多地区的人们感到，全球化带来的益处未能让社会各阶层人员平等享有。很多发达国家的人们感到，全球化中的企业外包正在让人们失去工作并压低了他们的收入。

二、劳动与资本：一个动态的平衡

技术的影响力在另一个经济领域发展趋势中显而易见，这种发展趋势同时伴随着收入不平等上升，即国民收入中劳动份额向资本份额转移。换言之，经济带来的收入中工人收入份额在减小，企业拥有者收入份额在增大。

生产要素包括土地、劳动、资本和企业。对于收入不平等，劳动和资本这两个要素之间的关系尤其重要。所有的经济活动均产生收入，但是经济学家认为，从历史上看，有很长一段时间，劳动获得的收入份额和资本获得的收入份额实际未发生变化。虽然随着时间的推移，劳动和资本各自获得的收入份额可能会上升或下降，但总体上处于稳定状况。

然而，在过去几十年中，越来越明显的情况是，资本占国民收入份额不断上升，劳动占国民收入份额不断下降。这是目前的全球现象。20 世纪 90 年代初，所有经合组织国家劳动占国民收入份额大约占 66.1%；到 21 世纪最初 10 年末期，这一比例下降至 61.7%。图 9—4 显示了 1990 年和 2009 年经合组织部分国家劳动收入占国民收入的份额情况。可以看到，除冰岛以外，与 1990 年相比，其他国家 2009 年劳动收入占国民收入份额均出现下降；其中，日本和德国的下降幅度较为明显。

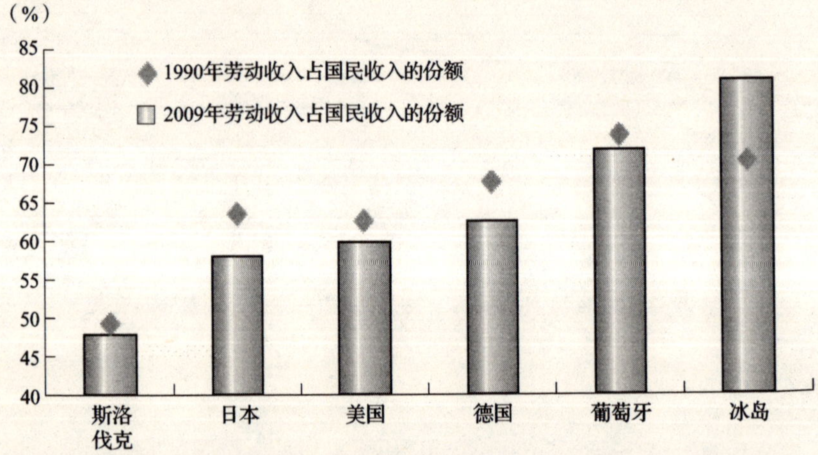

图 9—4　1990 年和 2009 年劳动收入占国民总收入的份额

资料来源：经合组织。

一系列因素造成劳动占国民收入份额的下降，如发展中国家出口竞争和就业监管放松。但是，最重要的因素是技术，技术在劳动和资本占国民收入份额变化中的影响占 80%。技术变革包括机器和自动化的广泛应用，以及日益复杂的信息处理技术。技术变革造成的影响显而易见：曾经属于工人的收入现在属于出资购买机器或软件的资本所有者，在一定程度上，这些机器或软件已经替代工人。

劳动与资本在国民收入中所占份额的变化是否加剧了收入不平等，这个问题很难回答。由于劳动和资本所占份额的变化在最近几十年被确定为两个彼此独立的过程，因此建立两者之间的因果关系较为困难。其中一个障碍是劳动与资本之间的界限不像从前那么清晰。在工业化早期阶段，生产组装线由工人操作。个人或家庭是工厂的拥有者，很容易看清谁是劳动方，谁是资本方。但是，当今工人通过持股和投资单位信托基金也在资本阵营拥有一席之地的情况并不罕见。然而，一些研究结果的确表明，劳动在国民收入中所占份额下降正在加剧不平等。例如，国际劳工组织针对20国集团国家的报告显示，劳动在国民收入中所占份额每下降1%，就会使市场收入（即税前和转移支付前的收入）不平等上升0.1%～0.2%。

三、工作场所：传统的工作岗位不断减少

过去几十年给我们的工作方式带来巨大的变化，传统上全日制固定工作在减少，工会会员数量在减少。这些都对收入不平等产生影响。

非传统的工作，如非全日制工作、短期工作和自雇就业目前越来越普遍。自20世纪90年代中期以来，在经合组织国家所有新增就业岗位中，有一半以上是非传统的工作。对于某些人群，非传统的工作受到欢迎；而对于其他一些人群，从事这类工作是不得已的事情。有清楚的迹象表明，非传统工作岗位数量增加在很多方面与收入不平等密切相关。

首先，非传统的工作与劳动力“空心化”密切相关。劳动力中处于传统的“中层”人员比重有所下降，比如，像拥有中等技能、从事常规工作的会计这类的长期职员。1995—2010年，经合组织国家中等技能人员占劳动力比重从53%下降至41%。与此同时，处于技能两端的高技能人员（如设计师）和低技能人员（如司机）数量有所增加。这些高技能和低技能人员从事的工作越来越多的是非全日制工作、临时性工作，或者是自雇就业人员。这种U形的劳动力技能结构本身就有可能加大收入不平等。

其次，非传统的工作导致的收入不平等与较低的工资和较差的工作条件密切相关。低技能工人由于一年的工时较短，或者工作变动过程中经历了失

业，其年收入通常较低；同时，他们的小时收入也低于固定工。这类工作通常还与较低的工作稳定性密切相关。所有这些因素相结合导致人们将这类工人描述为“不稳定的群体”。

很多因素有助于解释非传统工作数量不断增加的原因。第一个因素是技术，技术进步加大了对非全日制工和临时工的需求，并且雇用这类工人比较容易。第二个因素是日益变化的劳动力，特别是走出家门工作的妇女人数不断增加。无论是自己的选择，还是没有其他办法，大量妇女选择非全日制工作，以平衡其事业与家庭的需要。第三个因素是保护临时工的法律有所放松，特别是在那些严格保护固定工的国家。在劳动力被划分为受到严格保护的人员、长期的“内部”人员和受到较弱保护的临时的“外部”人员情况下，雇主更愿意录用临时的“外部”人员，为了应对日益变化的企业环境，可以更容易地雇用或解雇这些人员。

四、当今社会的变化

当今社会环境的变化在某种程度上也造成收入不平等上升。最明显的发展趋势涉及人与人之间关系的变化：是选择结婚，还是选择单身，如果选择结婚，配偶挣的收入与自己的收入一样吗？如今，人们越来越愿意同与自己拥有相同社会背景的人结婚或生活在一起。目前，在有工作的夫妻中，双方拥有相近收入的占 40%；而在 20 世纪 90 年代初，这一比例为 33%。这种变化趋势部分原因是妇女目前更有可能拥有与男子相同的，或超过男子的资质和职业。图 9—5 显示了 20 世纪 80 年代中期和 21 世纪最初 10 年中期，经合组织国家中与配偶收入处于相同地位的人员所占的比重。可以看到，在经合组织 23 个国家中，20 世纪 80 年代中期，与配偶工资相近的人员所占比重为不足 7%；到 21 世纪最初 10 年中期，这一比重上升至超过 8%。在图 9—5 列举的国家中，这一数据只有芬兰有所下降，其他国家均出现上升。

另一个变化趋势是，单亲家庭增多。在北欧和美国，超过 1/4 的家庭是单亲家庭。经合组织国家单亲家庭所占比重平均为 20%；而在 20 世纪 80 年代末和 90 年代初，这一数据为 15%。在一些国家，有数据表明，低收入单亲家庭比重在增加，增幅大于高收入单亲家庭。低收入单亲家庭处于双重不利状况：只能依赖一份工资，而这一份工资又不高。

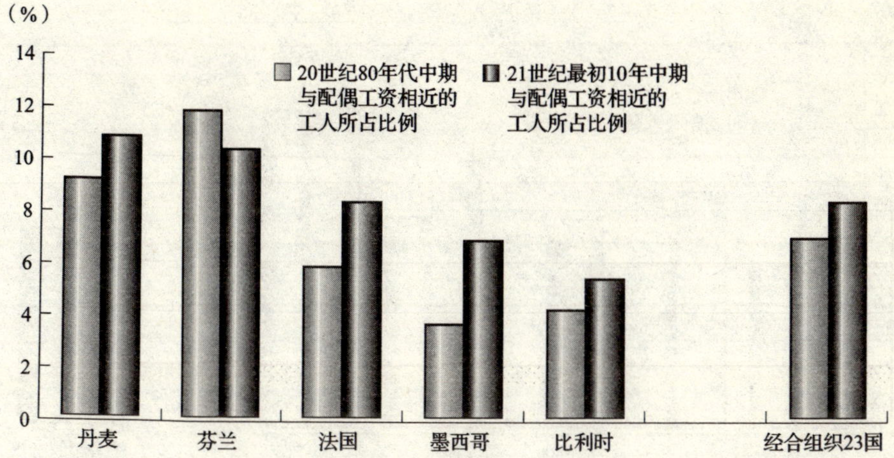

图 9—5　20 世纪 80 年代中期和 21 世纪最初 10 年中期，经合组织国家中与配偶收入处于相同地位的人员所占的比重

资料来源：经合组织。

五、国家的作用：监管放松，再分配减弱

政府做出的决策在确定家庭支出能力方面起到重大的作用。有些政策与我们可支配的收入直接有关，如缴纳的税费和领取的失业津贴；有些政策与我们的收入间接有关，如调节市场运行的规定。政府的政策可以提高工作场所的竞争力，也会减少工人的就业保障，削弱工人的工资谈判力量。

（一）税收和转移支付

我们挣的工资只是决定我们为自己和家庭支出多少金额的一个因素，尽管是一个重要的因素。关键的因素是我们缴纳税费后和我们获得国家转移支付后的可支配的收入。税收和转移支付有助于减少收入不平等，原因有二：首先，高收入者比低收入者支付更高的税费；其次，低收入者通过转移支付获得国家的更多扶持。因此，税收和转移支付体系对于缩小收入差距起到重要的作用。图 9—6 显示了 21 世纪最初 10 年末期，经合组织国家市场收入（税前和转移支付前）和可支配收入（税后和转移支付后）情况。可以看到，通过税收和转移支付后，经合组织 29 个国家可支配收入基尼点数比税收前和转移支付前的市场收入基尼点数有所下降。

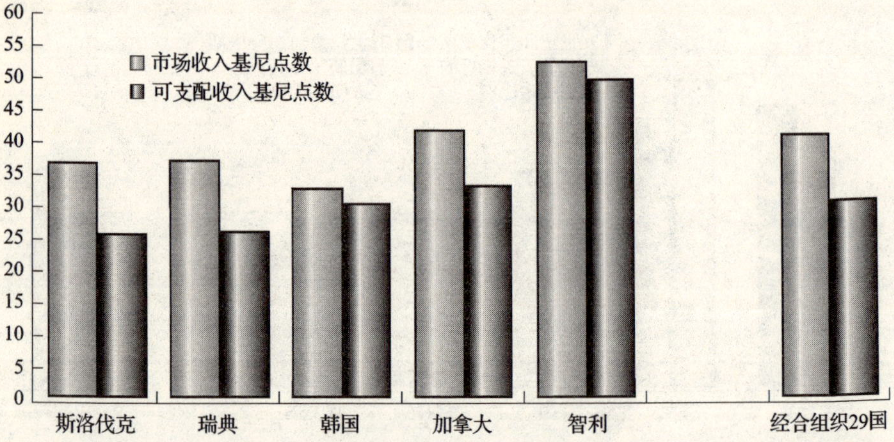

图 9—6　21 世纪最初 10 年末期，经合组织国家市场收入（税前和转移支付前）和可支配收入（税后和转移支付后）基尼点数

资料来源：经合组织。

20 世纪 90 年代中期之前，税收和转移支付在减少收入不平等方面发挥了重要的作用。但是，90 年代中期之后，上述情况出现了逆转。一个重要的变化发生在转移支付方面，特别是失业津贴有所下降。

税收总体趋向于下降，人们通常认为这会增加收入不平等。然而，情况不是这么简单。一方面，由于收入税是累进制的，如果高收入人员的税收减少，那么低收入人员的税收减少得更多，因此，税收下降产生的影响得到了缓冲；另一方面，非常高收入的人员（顶部 1%高收入人群）抑制住了不断增加的累进税收趋势，由此大大减少了其税收负担。

（二）监管

20 世纪 80 年代前，经合组织国家的监管较为严厉。由一家国家航空公司垄断航空线路的现象并不罕见。几十年来，很多经合组织国家修改了涉及产品、服务和就业的条例，旨在使经济更有活力。

政府还在劳动力市场发挥较为消极的作用。在过去，工资增长时常在国家层面进行协商，对企业如何及何时解雇工人制定了相对严格的条例。如今，市场的力量通常使监管更加放松。

虽然这些改革措施并未受到人们的普遍欢迎，但是总体上有助于提高就业人数。然而，这也扩大了收入差距，使低技能工人工资下降，高技能工人工资上升。造成这种现象主要有两个原因：一是新工人大量涌入劳动力队伍中，包含一些收入很低的人员。他们中的很多人现在受就业保护法的保护力度低于从前，特别是非全日制工和临时工。二是在竞争力日益增强的经济环境中，对高技能工人的需求日益增加，他们会对工资提出较高的要求，造成收入差距加大。

六、顶部少数高收入人群的收入分析

在大多数经合组织国家，特别是在英语国家，最近几十年，顶部1%高收入人群的收入在国民收入中所占的比重有所上升，有时上升幅度很大。图9—7显示了1981年和2012年顶部1%高收入人群收入占所有人员税前收入的比重情况。可以看到，表中的18个国家2012年顶部1%高收入人群的收入占所有人员税前收入的比重均高于1981年的这一数据。美国的情况最为明显。1980年，美国1%高收入人群的收入占所有税前收入的比重为8%；到2012年，这一数据激增至19%以上。英国、葡萄牙和澳大利亚这一数据也出现较大的升幅。与1981年相比，2012年只有法国和荷兰顶部1%高收入人群的收入占所有人员税前收入的比重基本无变化。

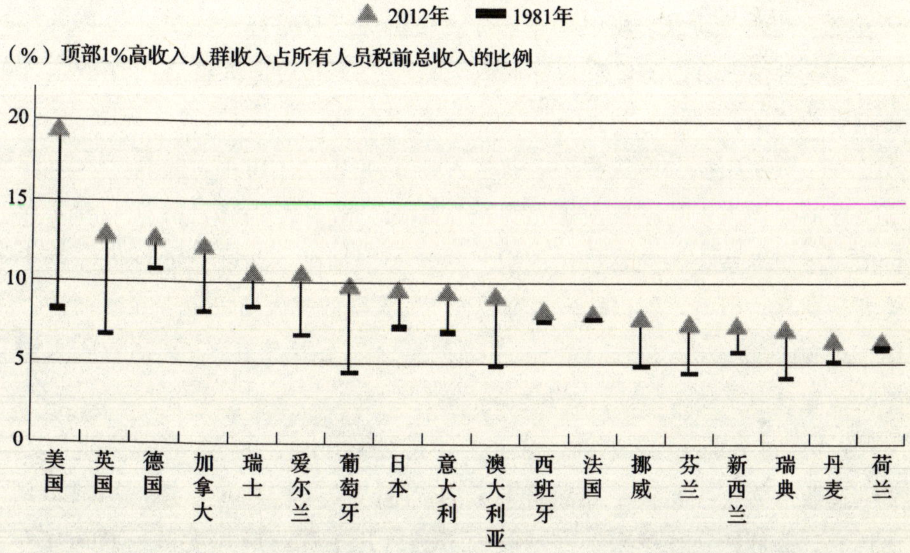

图9—7 1981年和2012年顶部1%高收入人群收入占所有人员税前收入的比重

资料来源：经合组织。

有关顶部1%高收入人群占国民收入比重不断上升的问题已成为热点问题，但是，一些观察家认为，只关注这一数据实际上忽视了日益上升的收入不平等的很多其他方面问题。除了分析上述1%高收入人群外，观察家认为，我们还应分析顶部更小比重的高收入群体，如0.1%，甚至0.01%的高收入人群。来自美国的官方数据显示，1979—2005年，美国收入分布处于中间位置人群的税后收入上升了21%，而处于顶部0.1%的收入人群的收入上升了400%。

如果我们要更好地了解哪些人从经济增长中受益，分析有关数据十分必要。1997—2007年，美国家庭实际收入年均增长1.2%，但是，如果将顶部1%高收入人群排除，美国家庭实际收入年均增长则下降至0.6%。事实上，1%的高收入人群获得实际收入增长的58%。因此，这些数据表明，经济福祉总体增长实际上只让很小一部分群体而不是广大人群从中受益。

多种因素造成顶部1%高收入人群获得如此高的收入，不过这些因素在各国的重要性不尽相同。

（一）全球经济中的“超级明星”

针对高技能工人的劳动力市场已变成全球的市场，特别是在金融部门，伦敦和新加坡这类金融中心的金融部门相互竞争，吸引同类的人员。在这种具有竞争性的劳动力市场中，雇主寻求吸引的不只是好的雇员，而是最好的雇员。这种情况有助于解释顶部收入人群与位于其后面人群之间存在巨大工资差距的原因。

在工资差距加大的进程中，技术发挥了重要的作用，为高技能人员构建了全球的劳动力市场。技术还作为高技能人员的补充工具，使其具有更大的价值；想想那些金融交易员，他们只触及一下键盘，就可以进行价值数十亿美元的交易。但是，仅以技术解释顶部1%人群的收入增加也存在限制性。顶部10%中的很多人也是高技能人员，但是他们未享受顶部1%高收入人群享受的成果。

（二）顶部高收入人群的工资支付方式发生变化

高收入人群主要集中在高管和金融专业人士中。近几十年，特别是在英语国家，高收入人群越来越高的收入不是以月工资的形式支付，而是靠有价值的股票期权获得。

自金融危机以来，让经营管理者拥有股票期权有利于保持其利益与持股人利益相一致的思维方法受到人们的抨击。很多人认为，拥有股票期权会促进经营管理者短期思维，他们会在短期内努力抬高本企业的股价而大捞一笔，但这样做会伤害企业的长期发展。

（三）金融化

股票期权还被广泛应用到金融部门。金融部门在现代经济中发挥的作用日益加大。但是，评论家认为，金融部门并不总是发挥积极的作用。在经历了几十年金融服务业快速发展后，人们要应对2008年的金融危机。自20世纪60年代以来，金融机构的信贷，包括银行的信贷增长速度已是经济增速的3倍。同期的股票市场也以较快的速度发展。

金融业快速发展在很多方面推动了收入不平等；最明显的是金融部门工作人员通常获得高工资。在欧洲，顶部1%高收入人群中每5人就有1人在金融部门工作；而在全部劳动力中，每25人中只有1人在金融部门工作。如果金融部门高收入人群劳动生产率很高，那么他们获得高收入是理所应当的，然而，与其他部门相似的高技能人员相比，并不是这种情况。金融部门工作人员，特别是收入最高的人员比其他部门同等情况的人员享受工资溢价。

“金融部门过高的收入”还在其他方面造成收入不平等。与低收入人群相比，高收入者大范围获得信贷可使其增加借款额，从投资中获得更多的利润。另外，高收入者还从股票市场发展中获得收益，因为他们比低收入人群更有可能持有股票。随着股票市场的发展，他们从股票红利和资本市场收益中获得更多的利润。

（四）日益变化的工资准则

在人们接受较大收入差距的程度上，各个社会有所不同。在社会准则中隐含的是一种权衡：要么坚守社会期望，保护自己的名誉；要么违背社会期望，挣得多，损害个人形象。这种准则随着时间的推移是会发生变化的。在第二次世界大战后的大部分时期，人们的期望是收入差距应当相对较小。但是，20世纪80年代，这种准则开始退化，特别是在英语国家。与此相比，在欧洲大陆大部分地区，这种准则仍相对较强，这对限制顶部高收入人群的收入发挥了作用。

（五）税收和工资

很多发达国家的税率在过去几十年出现了大幅下降。图9—8显示了

1981—2013 年，经合组织国家对高收入征收的法定最高、最低和平均税率情况。可以看到，1981—2013 年，经合组织国家对高收入人群征收的税率总体呈下降趋势。经合组织国家对高收入人群征收的法定平均税率从 1981 年的 66％下降至 2008 年的 41％；对高收入人群征收的最高税率在 1981 年曾高达 93％，到 2008 年下降至 60％；对高收入人群征收的最低税率 2008 年下降至 15％。

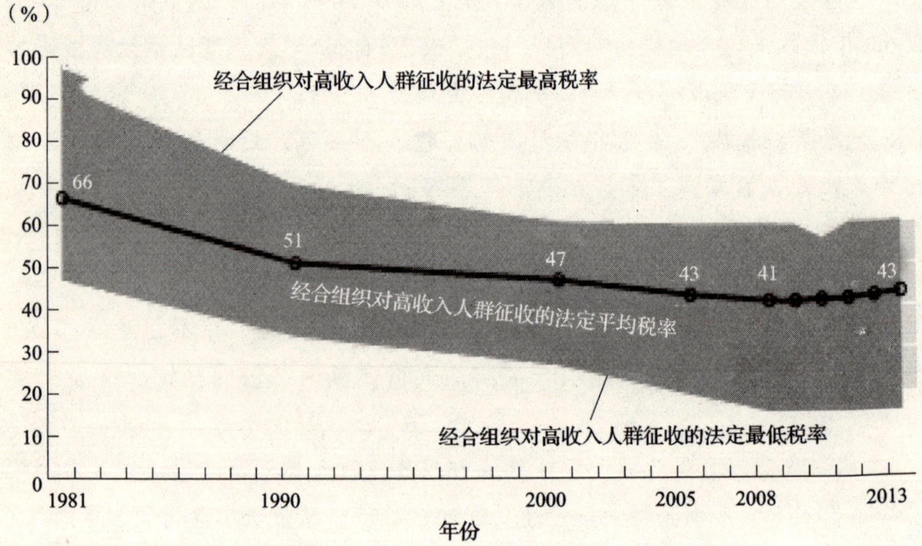

图 9—8 1981—2013 年经合组织国家对高收入征收的法定最高、最低和平均税率情况

资料来源：经合组织。

高收入者还从税制的其他变化中受益；各国通常降低房产税和遗产税，使高收入者可积聚更多的财富。

第三节 政府针对收入不平等的应对措施

在许多经合组织国家，经济增长成果分享日益不均是一个不争的事实。在某种程度上，这反映了全球经济的根本性变化。

实现包容性增长的一个重要方法是政府采取行动。这意味着需要反思政策目标，在追求繁荣与环境和社会更大的进步之间实现更好的平衡，确保广泛提供机会。这种方法向我们提出了如何衡量进步的一些基本问题。对于有利于经济增长但不利于人们福祉的政策，我们会面临困难的选择。

在寻求使经济增长更具包容性方面，政府必须致力于广泛的政策领域。最重要的领域是教育，教育是决定每个人生活选择的关键因素。这就是为什么教育政策需要满足青年人从学前到大学的需求，确保他们获得生活的最佳起点，在整个教育阶段获得他们所需要的支持。

教育与技能培训紧密相连，技能和培训越来越成为人们能否获得体面生活的决定因素。因此，政策必须行之有效，以确保工人获得他们所需的培训，确保工人充分施展其才能。

就业也是减少收入不平等和确保家庭避免陷入贫困的关键因素。自金融危机以来，就业是许多经合组织国家主要关切的焦点问题。就业创造除了需要经济条件外，还需要制定针对性的政策，让更多的人进入劳动力大军，特别是妇女和青年。

政策焦点的最后一个领域是税收和转移支付，即政府收取和支付的钱。在发达经济体，税收和转移支付在减少不平等方面发挥了很大作用，尽管许多国家在绩效方面仍有改进空间。这意味着应更加关注最需要救助的人员，并对非常有益于高收入群体的税收减免和补贴加以限制。

一、让工人具备技能以适应变革

收入不平等的主要驱动因素之一是，高技能人群与低技能人群的工资差距不断扩大。很显然，技能相对较低的人员在现代经济中将持续面临越来越多的挑战。根据经济学家卡尔·贝内迪克特·弗雷（Carl Benedikt Frey）和迈克尔·奥斯本（Michael Osborne），美国47%的现有工作岗位都面临计算机化；其中的许多工作岗位是办公室常规性的工作，但是，随着人工智能的发展，甚至高层次的工作任务也将面临来自日益激烈的计算机技能的竞争。

但是，我们无须分析未来，便可看到技能不足或技能过时对国民经济和个人造成的代价。在一些国家，高收入与低收入人员之间的工资差距趋于收窄，劳动力技能分布更加均匀。对于劳动者个人而言，低技能不仅与高失业率和低收入密切相关，而且还与其他不良后果密切相关，包括患有疾病的概率较大，以及社会参与度较低。

确保人们掌握知识技能，在未来的经济社会中立于不败之地，需要从人生初期起步，并持续贯穿于青年的正规教育中。一旦青年人完成正规教育，并不意味教育任务的终结。在人们的工作生涯中，政府应制定政策，鼓励为培训持续进行投入，确保想要工作的人能够工作，确保个人的能力与其实际从事的工作更加匹配。

2010年，希腊失业率为18%，而报告雇用人员有困难（“招工难”）的企业数量占41%，比失业率还高。供求不匹配的原因十分复杂。潜在的被录用者有可能生活在未开展录用工作的其他地方，或者对提供的低收入或恶劣工作条件望而却步，或者缺少企业需要的资格条件。情况的复杂性表明，需要清晰地掌握劳动力中个人的技能状况，以便为制定促进人们就业前景的政策提供指导。有些政策路径十分清晰，例如，青年人可从高质量培训中受益，可带他们走出教室，进入工作场所。这类培训政策不仅有助于确保他们获得实际操作的“硬”技能，而且还有助于获得团队合作的“软”技能。而有些政策路径不太清晰，如设计税收体系，为企业和个人提供投资于培训的激励措施。

由于各种原因，许多拥有实用技能的劳动者被挡在工作大门之外。对于妇女，这尤其是一个问题。其他群体，如处于职业生涯末期的工人，也存在这方面的问题。在冰岛和新西兰，3/4以上的老龄工人（年龄在55～64岁之间）仍在劳动力队伍中；在经合组织其他一些国家中，这一数据还不足一半。

在很多情况下，人们认为工作不划算。对于很多妇女，高昂的儿童照顾费用尤其是一个障碍，并且还缺少诸如非全日制工作的就业灵活性。对于老龄工人，如果55岁以上人员继续工作，养老金制度提供的待遇十分有限，那么这种养老金制度就会有效地促使他们提前退休。随着人口老龄化，政府逐步收紧提前退休规定。新西兰老龄人口工作的比重从1990年的44%上升至2010年的76%。

青年人感到技能和培训很难派上用场。除了正在遭受较高失业率以外，青年人通常发现自己处于不稳定的工作中，工作岗位与本身资格不匹配，工作没有保障。年轻时长期失业会给青年人带来创伤，会导致一生暗淡的就业前景。

政府政策能阻止对青年人不利的雇用与解雇规定。政策还能提供资金激励措施，改变雇主不愿意雇用经验相对较少青年人的情况。政策还可以鼓励企业家和创新型的创业者。创业在就业创造方面发挥了重要的作用，并且可为青年人提供与其能力相匹配的工作。

二、让更多的人拥有工作

工作不仅可以应对不平等和贫困，还可为人们的经济财富提供长久保障，给人们奠定坚实的基础。经合组织《生活调查报告》指出，“就业不仅提供收入，而且为人们的发展、获得新技能和实现梦想，以及成为对社会有用的人提供机会”。

当工作岗位供应不足时，工作的作用就成为人们关注的焦点，近些年就是这种情况。就业危机的冲击造成许多经合组织国家零就业家庭中无工作人员数量占工作年龄人口的比重在上升。在欧元区许多经济体，如希腊和西班牙，与 2007 年相比，2012 年处于零就业家庭中无工作人员数量占工作年龄人口的比重增长了 100%（见图 9—9）。图 9—9 显示，爱沙尼亚、拉脱维亚和意大利零就业家庭中无工作人员数量占工作年龄人口比重的增长幅度也较大。只有德国的这一数据出现下降。

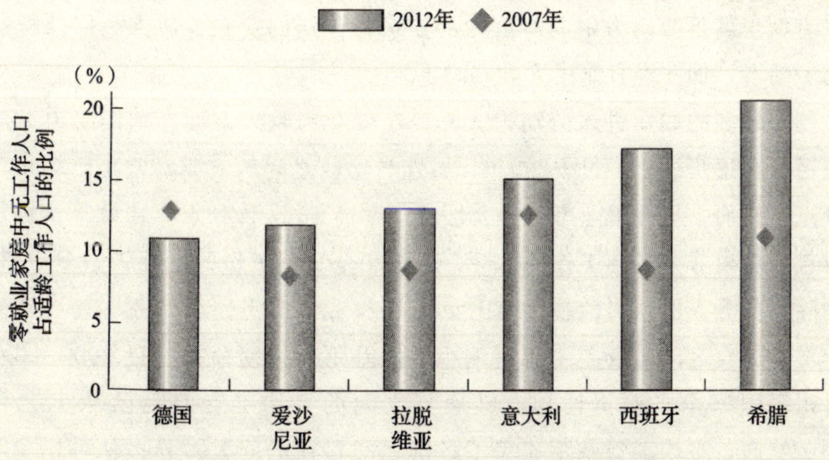

图 9—9 2007 年和 2012 年经合组织零就业家庭中无工作人员数量占工作年龄人口的比重

资料来源：经合组织《2014 年社会概览》，http://dx.doi.org/10.1787/888932965953。

零就业家庭成员更有可能生活在贫困线之下，这类家庭的儿童可能终生都处于不利的状况。为了对抗这些不良后果，重要的是使下岗职工重返就业岗位，而且要促进劳动力中各类弱势群体的就业，尤其是青年人、长期失能人员和妇女。

就业是应对贫困唯一最有效的方法，近年来人们担心就业的作用在减弱。这是因为存在“工作贫困”现象，工人的收入过低，不能摆脱贫困。

工资较低和工时不充足是工作贫困的主要原因。工作贫困还与工作不稳定密切相关，工人经常处于低工资就业和失业相互转换的状况。近几十年来，拥有高度稳定合同的工人与签订临时合同的工人之间差异越来越大，临时合同工人工作缺少保障，常常在不稳定就业之间处于反复失业的状况。家庭中有工作的成人数量也对工作贫困产生影响。通常，家庭中拥有两名或更多名成人有工作比家庭中只有一人有工作发生工作贫困的可能性更小。

政府如何让更多的人进入劳动力市场？显然，为就业创造构建适合的经济条件十分必要，以确保对劳动力的强劲需求。政府还应制定激励措施，让人们找到工作。在失业津贴方面，激励措施意味着从国家只关注失业津贴发放的“被动”支持，转为“积极”支持。通过积极的方法，国家在为那些积极寻找工作的人员发放失业津贴的同时，为其提供求职和培训服务。特殊政策也有助于满足劳动力中弱势群体的需求，包括妇女和青年人，以及特殊群体的劳动者，如非全日制工人和临时工。

越来越多的妇女进入劳动力大军。在就业和收入方面，她们与男性之间的差距正在逐步缩小。过去 20 年，男性与女性之间的就业率差距已缩小 7 个百分点。然而，男性就业率仍比女性就业率高 16 个百分点。在计算女性就业率时包括从事非全日制工作的女性，从事非全日制工作的女性人数多于男性。若扣除这部分人群，男性就业率比女性高 24 个百分点。

尽管男女之间工资差距有所缩小，但差距仍持续存在。自 2000 年以来，经合组织国家全日制男性和女性雇员之间的平均工资差距已从 18％降至 15％。然而，平均工资差距掩盖了各国之间存在的巨大差异；从韩国全日制男性与女性雇员之间平均工资差距 36％以上，到新西兰的 6％以下（见图 9—10）。在其他方面，男女之间也持续存在差距：83％的就业女性从事服务业工作，而男性仅为 34％；妇女获得高层职位的机会也较少。在经合组织国家，2013 年仅有 1/3 的经理为女性。在儿童照顾方面同样存在差距，照料儿童是决定妇女从事全日制工作、非全日制工作或者完全不工作的一个重要因素。妇女在儿童照顾方面仍承担最重的负担。在经合组织国家，妇女平均每天从事无报酬工作，主要是儿童照料和家务，花费的时间达 4.5 小时以上，是男性的 2 倍。

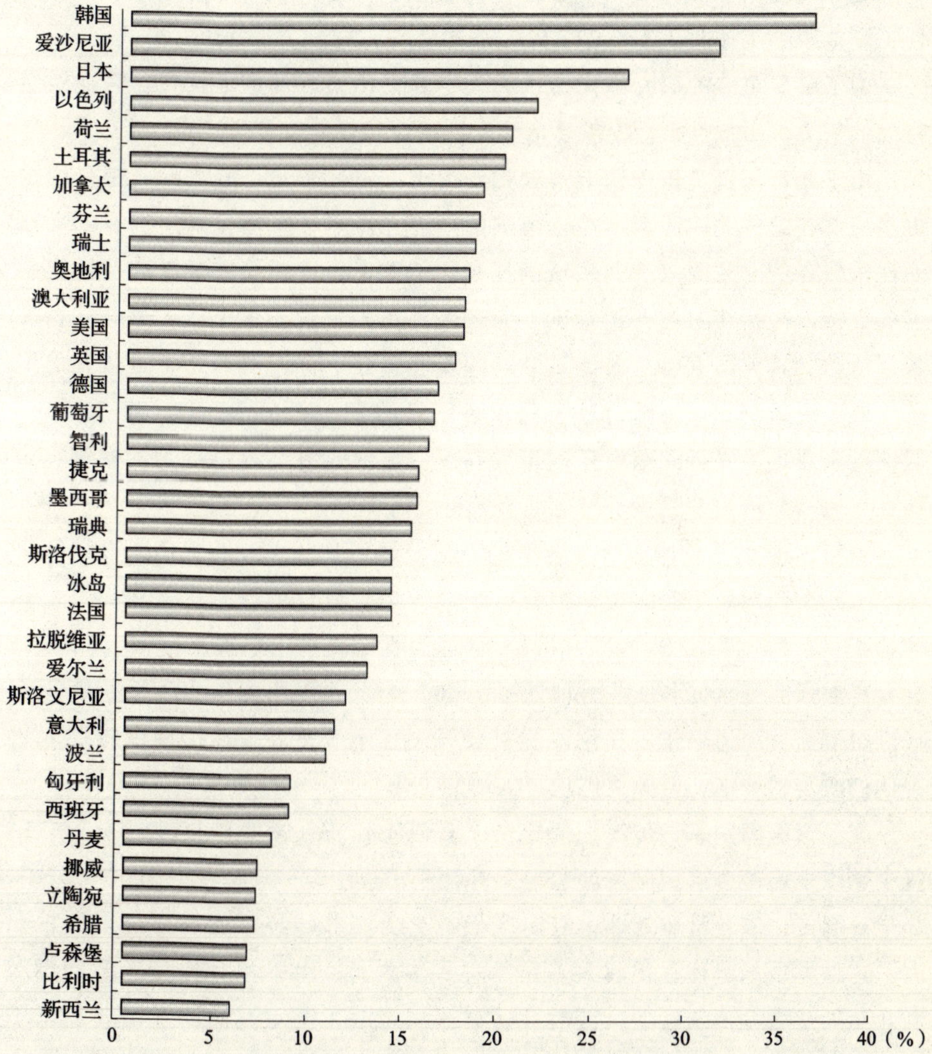

图 9—10 2013 年或最新年份经合组织男性和女性全日制雇员之间平均工资差距

资料来源：经合组织性别数据网站，http://www.oecd.org/gender/data/genderwagegap.htm。

除了从社会的角度和平等的角度鼓励女性就业外，从经济学角度也有许多合理性。广义地讲，促进妇女就业对日益增长的收入不平等尤其具有抑制的作用。虽然促进妇女就业尚未使上升的收入不平等止步，但是已使其增长趋势有所减缓。如果女性参与就业的家庭数量所占比重仍保持在 20 世纪 90 年代初期的水平，经合组织收入不平等会再增加 1 个基尼点，即收入不平等增加 4 个基尼点，而不是 3 个。此外，较多的妇女从事全日制工作以及与男性工资差距缩小使收入不平等下降 1 个基尼点。

为了确保更多的妇女进入劳动力大军并做出最好的职业选择，需要做出持续的努力，对抗性别歧视需要消除女性就业和职业晋级的障碍。

由于儿童照料负担传统上落到妇女肩上，对儿童父母双方的支持是鼓励更多妇女就业的关键因素。经合组织的“婴儿和老板”项目确定拥有妇女就业比重较高的北欧国家为此领域的样板。传统上，这些国家对家庭提供连续性的支持，包括从对婴儿护理到儿童照顾，再到学前、入学后和离开学校的各项活动。其他国家也在支持父母双方能够更好地分担照顾儿童责任方面取得重要进展。例如，德国、意大利和法国目前都为新父亲提供“非用即失”假期。企业也为履行家庭责任的工人在工作灵活性方面提供更大的便利，企业在工人需要请假照顾孩子时也给予了更多的理解。

青年失业率是总体人口失业率的 2 倍。经历长久失业的青年人会面临终生收入减少和职业生涯缩短。经合组织“青年就业”项目关注青年需求，并推荐了一系列政策方法，包括：（1）迅速为青年提供求职援助；（2）对低技能青年加强实施学徒和职业培训计划；（3）为企业雇用青年人和低技能工人提供财政支持。为辍学者提供二次机会计划也十分重要，从而确保青年人获得他们所需的技能，避免他们从事低端的工作。

在经合组织国家，传统上固定的全日制工作正在减少。自 20 世纪 90 年代中期以来，经合组织国家创造的所有就业岗位中，一半以上是临时性工作、非全日制工作以及自雇就业，有时人们称之为“非传统”就业。由于各种原因，这种发展趋势往往使收入不平等进一步扩大。由于相对数量较多的妇女和青年人从事非传统就业，针对这些群体制定政策会对高比例从事非传统工作的劳动力产生显著影响。但是，还需要制定其他政策，如在职津贴发放这样有针对性的社会支出项目，从而减少工作中的穷人。政策还应有效地确保临时合同成为职业晋级的踏板，而不是死胡同。

国 别 篇

第十章

美　国

第一节　美国概况

美国国土面积937万平方千米，本土东西长4 500千米，南北宽2 700千米，海岸线长22 680千米。根据经济合作与发展组织统计数据，美国人口为3.189亿。[1]

2015年，美国经济继续增长，国内需求、劳动力市场和实际工资都有所增长，通货膨胀率较低。第四季度GDP增长率为1.8%。居民投资拉动内需增长，消费稳步提升，商业固定资产投资增速减缓，出口微弱增长，政府采购略有提高。

2015年，新增工作岗位270万个，是自1999年以来增长最多的年度之一。非农部门月均新增工作岗位22.8万个，略低于2014年水平。截至2015年12月，私营部门连续70个月创造新的工作岗位（共计新增1 380万个工作岗位）。与上年同期相比，2015年12月失业率降低0.6个百分点。

2015年12月，通货膨胀率较低，消费者物价指数（CPI）为0.7%，主要受到油价急遽下降的影响。核心消费者物价指数（排除食品和能源）增长2.1%，高于上年水平（1.6%）。2015年，生产和非管理类雇员平均实际周工资增长2.3%。

---

〔1〕见OECD（2016），Population (indicator). doi: 10.1787/d434f82b-en。

第二节 美国的就业

一、总体就业情况

美国劳工部劳动统计局（BLS）于2016年3月4日发布了美国2016年2月人力资源市场情况，从中可见美国当前就业总体情况。

（一）住户调查数据[1]

1. 总体情况

2016年2月，16岁及以上工作年龄人口[2] 2.525 77亿人，包括经济活动人口1.588 9亿人和非经济活动人口9 368.8万人；在经济活动人口中，就业人口[3] 1.510 74亿人，失业人口[4] 781.5万人；劳动参与率[5] 62.9%；就业率[6] 59.8%；失业率[7] 4.9%（见图10—1）。与上月相比，劳动参与率上升了0.2个百分点。就业率上升了0.2个百分点。

2. 失业情况

（1）失业人数和失业率

2016年2月，失业人数781.5万人，比上月减少2.4万人。

1）16岁及以上人员

2016年2月，16岁及以上人员失业率4.9%，与上月相同；与上年同期相比，降低0.6个百分点。与上午同期相比，失业人口减少83.1万人。其中，16～19岁青少年失业率为15.6%；20岁及以上成年男性失业率为

---

〔1〕 住户调查数据来自美国“当前人口调查（CPS）”，调查样本为6万个家庭，调查对象为16岁及以上人员，由美国人口普查局开展调查，调查内容包括劳动力、就业和失业等。

〔2〕 16岁及以上工作年龄人口不包括监狱服刑人员、精神方面有问题的人员、养老机构中的老年人和军队中的服役者。

〔3〕 就业人口包括：在调查报告周，作为付薪雇员从事某项工作；在本人的企业、职业或农场中工作；在家庭作坊或农场中从事至少15小时的无报酬工作；由于疾病、气候恶劣、休假、劳资纠纷或个人原因临时离开工作岗位的人员。

〔4〕 失业人口包括：在调查报告周，无工作，但可以从事工作，并在调查报告周结束前的4周内努力寻找工作的人员；下岗后等待企业通知重新上岗而不需要寻找工作的人员。

〔5〕 劳动参与率为经济活动人口占16岁及以上工作年龄人口的比例。

〔6〕 就业率为就业人口占16岁及以上工作年龄人口的比例。

〔7〕 失业率为失业人口占经济活动人口的比例。

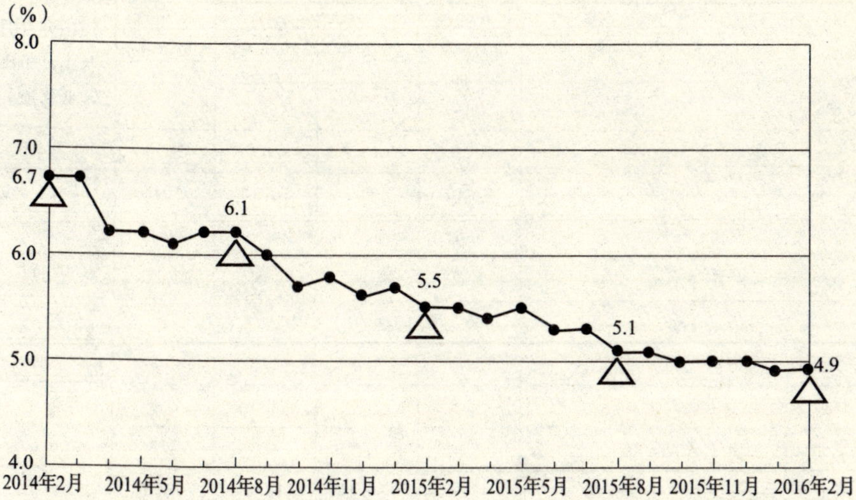

图 10—1　2014 年 2 月—2016 年 2 月 16 岁及以上人员失业率（经季节调整）

资料来源：美国劳工部劳动统计局。

4.5%；20 岁及以上成年女性失业率为 4.5%；白种人失业率为 4.3%；非裔失业率为 8.8%；亚裔失业率为 3.8%；拉丁裔失业率为 5.4%（见表 10—1）。

2）25 岁及以上人员

2016 年 2 月，25 岁及以上人员失业率为 4.1%，比上月增加 0.1 个百分点。其中，低于高中学历人员失业率为 7.3%，高中学历人员失业率为 5.3%；大专学历人员失业率为 4.2%；大学学士或更高学历人员失业率为 2.5%（见表 10—1）。

表 10—1　　2016 年 2 月住户调查数据（经季节调整）

	2015 年 2月	2015 年 12月	2016 年 1月	2016 年 2月	2016 年 2 月与上月相比变化量
总体情况					
16 岁及以上工作年龄人口（千人）	249 899	251 936	252 397	252 577	180
经济活动人口（千人）	156 878	157 833	158 335	158 890	555
劳动参与率（%）	62.8	62.6	62.7	62.9	0.2
就业人口（千人）	148 231	149 929	150 544	151 074	530

续表

	2015年2月	2015年12月	2016年1月	2016年2月	2016年2月与上月相比变化量
就业率（%）	59.3	59.5	59.6	59.8	0.2
失业人口（千人）	8 646	7 904	7 791	7 815	24
失业率（%）	5.5	5.0	4.9	4.9	0.0
非经济活动人口（千人）	93 022	94 103	94 062	93 688	−374
失业率（%）					
16岁及以上所有人员	5.5	5.0	4.9	4.9	0.0
成年男性（20岁及以上）	5.2	4.7	4.5	4.5	0.0
成年女性（20岁及以上）	4.9	4.4	4.5	4.5	0.0
青少年（16～19岁）	17.0	16.1	16.0	15.6	−0.4
白种人	4.7	4.5	4.3	4.3	0.0
非裔美国人	10.3	8.3	8.8	8.8	0.0
亚裔	4.0	4.0	3.7	3.8	0.1
拉丁裔美国人	6.7	6.3	5.9	5.4	−0.5
25岁及以上所有人员	4.5	4.0	4.0	4.1	0.1
低于高中学历	8.4	6.7	7.4	7.3	−0.1
高中学历	5.4	5.6	5.3	5.3	0.0
大专学历	5.0	4.1	4.2	4.2	0.0
大学学士或更高学历	2.7	2.5	2.5	2.5	0.0
处于不同状况的失业人数（千人）					
丧失工作和完成临时工作后处于失业状况	4 177	3 796	3 664	3 749	85
辞去工作处于失业状况	880	821	766	760	−6
重新进入劳动力市场处于失业状况	2 632	2 476	2 468	2 467	−1
新进入劳动力市场处于失业状况	949	858	827	833	6
不同失业持续时间的失业人数（千人）					
少于5周	2 432	2 405	2 249	2 297	48
5～14周	2 251	2 192	2 282	2 236	−46
15～26周	1 317	1 235	1 135	1 132	−3
27周及以上（长期失业）	2 677	2 085	2 089	2 165	76

续表

	2015年2月	2015年12月	2016年1月	2016年2月	2016年2月与上月相比变化量
非全日制工人数（千人）					
经济原因	6 630	6 022	5 988	5 988	0
开工不足或生意萧条	3 847	3 548	3 544	3 579	35
仅能找到非全日制工作	2 395	2 172	2 134	2 104	－30
非经济原因	19 850	20 243	20 311	20 615	304
非经济活动人口，未经季节调整（千人）					
处于劳动力市场边缘人员	2 159	1 833	2 089	1 803	—
丧失求职信心	732	663	623	599	—
在校读书或照料家庭等原因	1 427	1 170	1 466	1 204	—

资料来源：美国劳工部劳动统计局。

（2）处于不同状况的失业人员

2016年2月，丧失了工作和完成临时工作后处于失业状况的人员为374.9万人；辞去工作处于失业状况的人员为76.0万人；重新进入劳动力市场处于失业状况的人员为246.7万人；新进入劳动力市场处于失业状况的人员83.3万人。

（3）失业持续时间

2016年2月，失业持续时间在5周以内的人数为229.7万人；5～14周的为223.6万人；15～26周的为113.2万人；27周及以上长期失业人员为216.5万人，比上月增加了7.6万人，占全部失业人员的27.7%。在过去12个月中，长期失业人员减少了51.2万人。

3. 非全日制工作

2016年2月，由于经济原因从事非全日制就业人员（有时也称为非自愿的非全日制工人）为598.8万人。这些人员具有从事全日制工作的意愿，但因工时被削减，或无法找到全日制工作，只能从事非全日制工作。由于非经济原因从事非全日制就业人员为2 061.5万人。

4. 非经济活动人口

2016年2月，非经济活动人口中处于劳动力市场边缘的人员为180.3万人（未经季节调整），与上年同期相比减少35.6万人。这些人员未在劳动力队伍中，他们有工作意愿并能够工作，在过去12个月内找过工作；但在开展此调查前4周期间，他们未寻找工作，因此未将其统计为失业人员。

非经济活动人口中处于劳动力市场边缘的人员包括：(1) 59.9万名（未经季节调整）丧失求职信心的人员，比上年同期减少了13.3万人。这些人认为没有他们可获得的工作机会，因此未去寻找工作。(2) 120.4万人由于在校读书或照料家庭等原因未寻找工作。

（二）机构调查数据[1]

1. 主要行业就业情况

与上月相比，2016年2月，非农工薪就业人口环比增长24.2万人。新增工作岗位主要分布在医疗保健和社会援助业、零售业、餐饮业、私人教育服务。采矿和伐木业就业人数继续减少（见表10—2）。医疗保健和社会援助业就业人员增加了5.74万人。医疗保健业就业人员新增3.8万人，主要分布在日间护理（新增2.4万人）和医院（新增1.1万人）。在过去12个月中，医院新增就业人员18.1万人。社会援助业新增就业人员1.9万人，多数新增就业人员在私人和家庭服务业（新增1.4万人）。零售业新增就业人员5.49万人。新增工作岗位分布在食品饮料商店（新增1.5万个）和其他日用百货商店（新增1.3万个）。在过去12个月中，零售业新增就业人员33.9万人。餐饮业新增就业人员4万人，在过去一年中新增就业人员35.9万人。私人教育服务业新增2.8万个工作岗位，而上个月减少了2万个工作岗位。非农工薪就业人数月度变化值如图10—2所示。

---

〔1〕 机构调查数据来自“当前就业统计调查（CES）”，调查样本为14.3万个非农行业的企业和政府机构，包括工厂、办公场所和商店，以及联邦、州和地方政府机构，代表大约58.8万个工作场所；调查样本是动态的，调查对象覆盖大约1/3的所有非农行业的工薪雇员。由美国劳工部劳动统计局每月开展调查，根据样本机构的工资记录收集有关就业、工时和雇员收入的数据。调查报告期为每月包含12日的工资支付期，此期间不一定正好对应日历周。

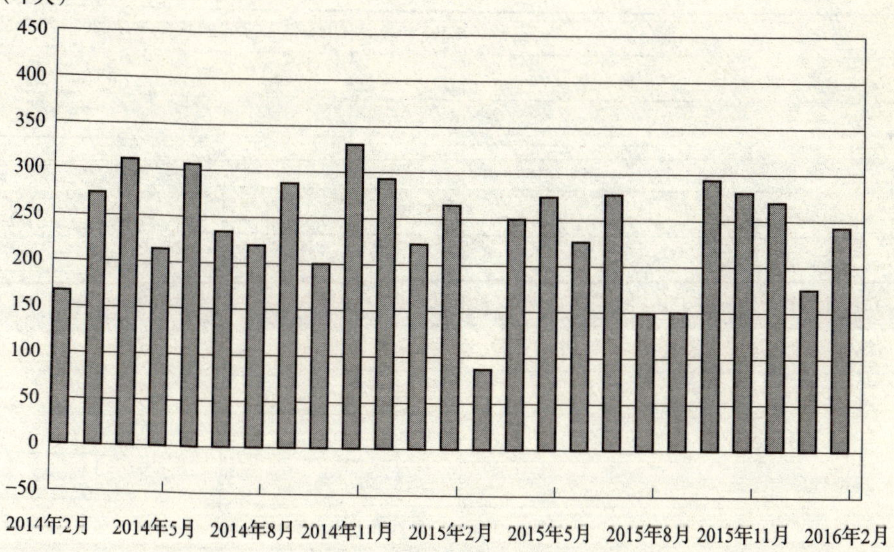

图 10—2　2014 年 2 月—2016 年 2 月非农工薪就业人数月度变化值（经季节调整）

资料来源：美国劳工部劳动统计局。

表 10—2　　机构调查数据（经季节调整）

	2015 年 2 月	2015 年 12 月	2016 年 1 月	2016 年 2 月
与上月相比，主要行业就业人数变化值（千人）				
非农部门	265	271	172	242
私营部门	252	259	182	230
商品生产制造业	16	44	29	−15
采矿和伐木业	−15	−10	−9	−18
建筑业	27	48	15	19
制造业	4	6	23	−16
耐用品	5	−2	16	−12
机动车及零配件	2.2	0.1	4.4	2.0
非耐用品	−1	8	7	−4
服务提供业	236	215	153	245
批发	6.9	3.8	9.9	0.7
零售业	29.2	6.6	62.1	54.9
运输和仓储业	15.4	16.5	−19.5	−5.3

续表

	2015年2月	2015年12月	2016年1月	2016年2月
公用事业	0.2	0.9	0.3	2.0
信息业	4	10	4	12
金融业	9	8	16	6
专业和商业服务	39	60	15	23
临时救助服务	−10.4	24.9	−21.7	−9.8
教育和医疗服务	59	63	24	86
医疗保健和社会援助	38.6	46.7	43.8	57.4
娱乐休闲和招待	65	35	45	48
其他服务业	8	12	−4	17
政府部门	13	12	−10	12
非农私营部门工时和收入				
平均周工时（小时）	34.6	34.5	34.6	34.4
平均小时收入（美元）	24.80	25.26	25.38	25.35
平均周收入（美元）	858.08	871.47	878.15	872.04
周总工时指数情况（2007=100）	103.3	104.9	105.3	104.9
与上月相比指数变化值	0.2	0.3	0.4	−0.4
周总收入指数情况（2007=100）	122.4	126.6	127.8	127.1
与上月相比指数变化值	0.3	0.2	0.9	−0.5

资料来源：美国劳工部劳动统计局。

建筑业新增就业人员1.9万人，主要分布在住宅性建筑业（新增1.4万人）。在过去12个月中，建筑业新增工作岗位数量为25.3万个，其中一半分布在住宅性建筑业。采矿业就业人员继续减少，减少了1.9万人，主要分布在采矿辅助业（减少1.6万人）和采煤业（减少2 000人）。自2014年12月该行业就业最近一次高点以来，就业人数已减少17.1万人，损失岗位的3/4分布在采矿辅助业。其他主要行业包括制造业、零售业、运输和仓储业、金融业、专业和商业服务业以及政府部门，就业人数几乎无变化。

2. 非农私营部门工时情况

与上月相比，2016年2月，非农私营部门全体雇员平均周工时比上月减少0.2小时，为34.4小时。制造业平均周工时为40.8小时，平均周加班时间为 3.3 小时。非农私营部门生产与非管理类雇员平均周工时减少 0.1 小时，为 33.7 小时。

3. 非农私营部门收入情况

与上月相比，2016 年 2 月，非农私营部门全体雇员平均小时收入为 25.35 美元。在过去一年中，平均小时收入上升了 2.2%。非农私营部门生产和非管理类雇员平均小时收入为 21.32 美元。

二、长期失业者特征[1]

2007—2009 年金融危机之后，美国长期失业状况达到历史高峰，无论是长期失业人员数量还是长期失业者占全体失业人员的比例，都持续增长。近年来，长期失业者数量有所减少。在危机结束 5 年后，长期失业人员比例仍较高。

（一）长期失业者比例 2010 年达到峰值

寻找工作时间达到 27 周的失业人员被视为长期失业者。历经 3 年的连续增长，2010 年第二季度，长期失业者达到 670 万人，占所有失业人员的 45.1%，此后逐渐下降，到 2014 年第四季度减少至 280 万人，占所有失业者的 31.6%。

失业 52 周及以上的人员占失业人员比例，在 2011 年第二季度达到峰值 31.9%。失业 99 周及以上的人员占失业人员比例，在 2011 年第四季度达到峰值 15.1%（见图 10—3）。

2014 年，11.4%的失业者失业 99 周及以上。男性比女性更易陷入长久失业（男性、女性分别是 11.8%、10.9%）。亚裔、非裔、白种人和拉丁裔失业劳动者中，失业达到 99 周的人数比例分别为 14.7%、13.0%、10.7%和 10.1%。

（二）非裔和亚裔劳动者、年老者更易成为长期失业者

2014 年，33.5%的失业者失业至少 27 周。男性这一比例略高于女性（男性、女性分别为 34%、32.8%）。在所有种族中，39.6%的非裔失业者、37.7%的亚裔失业者，失业至少 27 周，高于白种人和拉丁裔失业者（分别为 31.5%和 29.9%），如图 10—4 所示。

[1] 本部分内容根据美国劳工部劳动统计局 2015 年 3 月发布的《长期失业趋势》报告编译。

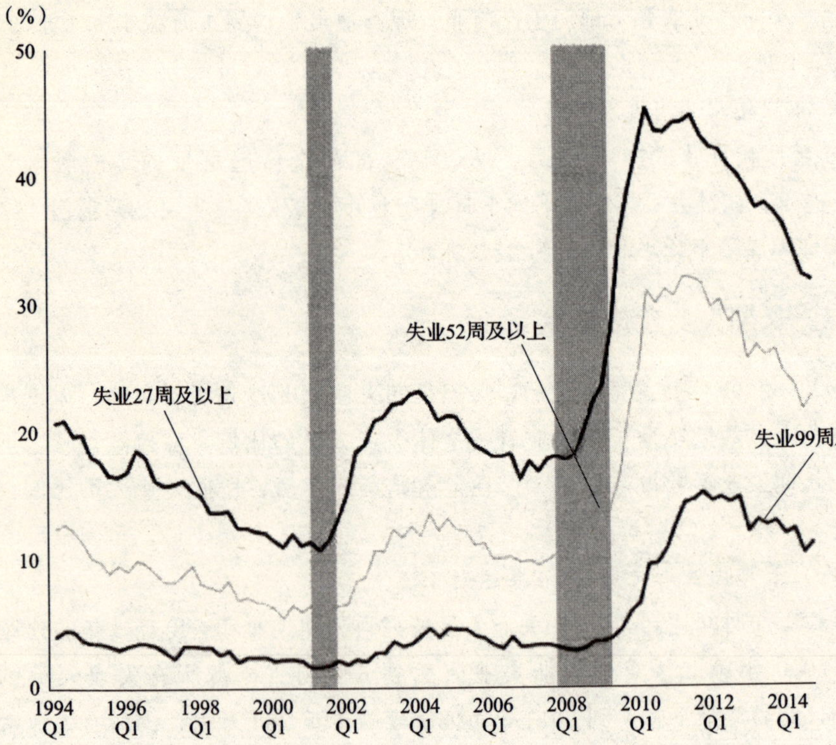

图 10—3　1994—2014 年长期失业者占全体失业者的比例（季度平均值）

注：图中 Q1 代表第一季度。

资料来源：美国劳工部劳动统计局，《长期失业趋势》报告。

2014 年，在寻找工作时间达到 27 周的人员中，仅有 22.1%为未满 25 岁的失业者，44.6%为 55 岁及以上的失业者。

（三）长期失业与失业前从事的工作有较大关系

长期失业与受教育程度无关（见图 10—5），与失业前的最后一份工作有关。2014 年，失业前从事自然资源、建筑和维护工作的人员，仅有 29.6%成为长期失业者。相比较而言，销售和办公室从业者失业后，成为长期失业者的比例最高（见图 10—6）。

（四）再就业所需时间

失业者在 2010 年成功实现再就业所需要的时间是 2007 年的 2 倍。金融危机后，失业人员平均需要 10.3 周才能找到工作，而 2007 年平均 5.1 周就能找到工作。自 2010 年以来，再就业需要的时间有所减少，到 2014 年失业人员平均需要 7.6 周就能够找到工作。

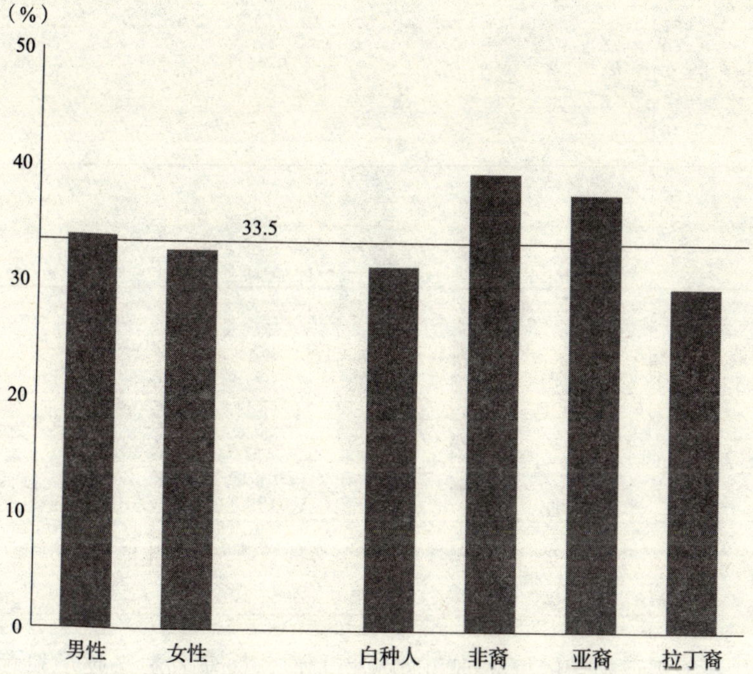

图 10—4 2014 年按性别、种族划分的长期失业者比例

资料来源：美国劳工部劳动统计局，《长期失业趋势》报告。

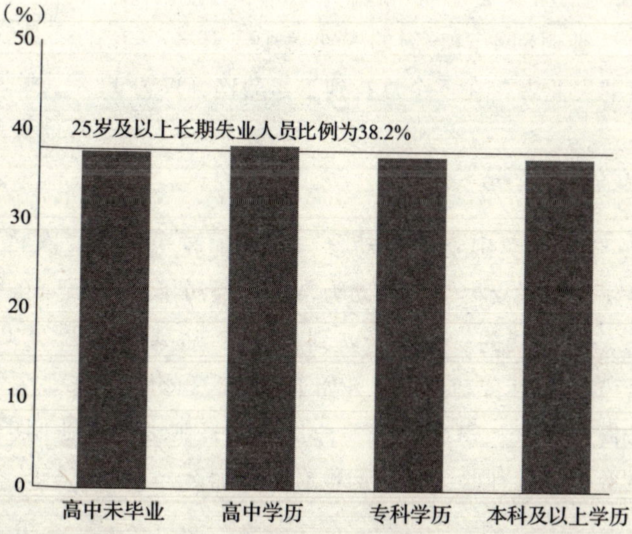

图 10—5 2014 年按教育程度划分的长期失业者比例

资料来源：美国劳工部劳动统计局，《长期失业趋势》报告。

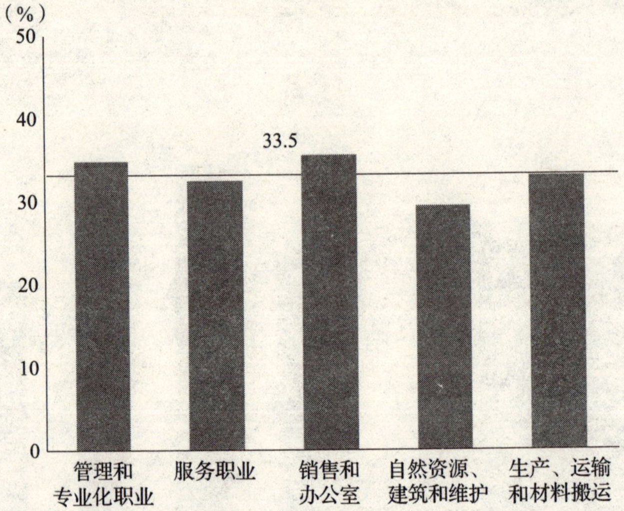

图 10—6　2014 年按职业组划分的长期失业者比例

资料来源：美国劳工部劳动统计局，《长期失业趋势》报告。

与失业者需要较短时间实现再就业相对应，失业者越来越早地选择退出劳动力市场。2011 年，失业者平均寻找工作 21.6 周后，如果未实现再就业，就选择退出劳动力市场。到 2014 年，这一时间缩短为 16.0 周（见图 10—7）。

（五）失业越久越难就业

2014 年，失业时间不满 5 周的失业者中，有 35%在下个月找到了工作；失业超过 1 年的失业者，在下个月找到工作的比例仅为 11%（见图 10—8）。

三、妇女就业情况[1]

在过去 70 年中，美国女性劳动参与率增加较快。第二次世界大战结束时，仅有不足 1/3 的妇女参与到劳动力市场。经历了 20 世纪 60 年代至 80 年代的快速增长、90 年代的缓慢增长，到 1999 年达到 60.0%历史最高值。自 1999 年以来，美国女性劳动参与率开始下降，2014 年降至 57.0%，但从历史上看仍处于较高水平。相当数量的女性从事全日制工作，她们的受教育程度有所提高，其收入占男性收入的比例也有所增加。

〔1〕本部分内容根据美国劳工部劳动统计局 2015 年 12 月发布的《妇女劳动力数据》报告编译。

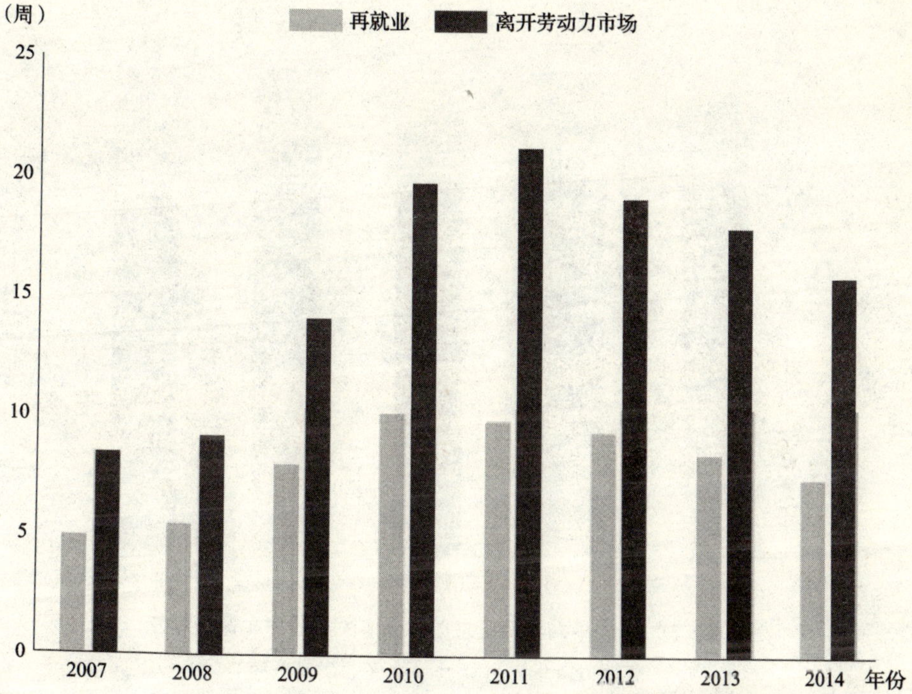

图 10—7 2007—2014 年失业者实现再就业所需的平均周数和选择退出劳动力市场的平均周数

资料来源：美国劳工部劳动统计局，《长期失业趋势》报告。

（一）女性劳动者的人口统计学特征

2014 年，美国劳动力市场中的妇女占女性总人口的 57.0%，比 2013 年下降 0.2 个百分点；男性劳动参与率为 69.2%，比 2013 年下降 0.5 个百分点。同年，女性失业率为 6.1%，比上年下降 1.0 个百分点；男性失业率为 6.3%，比上年下降 1.3 个百分点。亚裔女性中无工作的比例为 4.6%，白种人为 5.2%，拉丁裔为 8.2%，非裔为 10.5%。

与男性相比，婚姻状况对女性劳动参与率的影响有所不同。离婚女性的劳动参与率最高，达到 64.2%；已婚女性为 58.4%。已婚男性劳动参与率最高，为 73.5%；离婚男性劳动参与率为 66.1%。

在所有母亲中，子女年龄为 6～17 岁的女性劳动参与率高于子女年龄更小的女性。2014 年 3 月，子女年龄为 6～17 岁的女性劳动参与率为 75.8%；子女年龄未满 6 岁的女性劳动参与率为 64.3%，子女年龄未满 3 岁的为

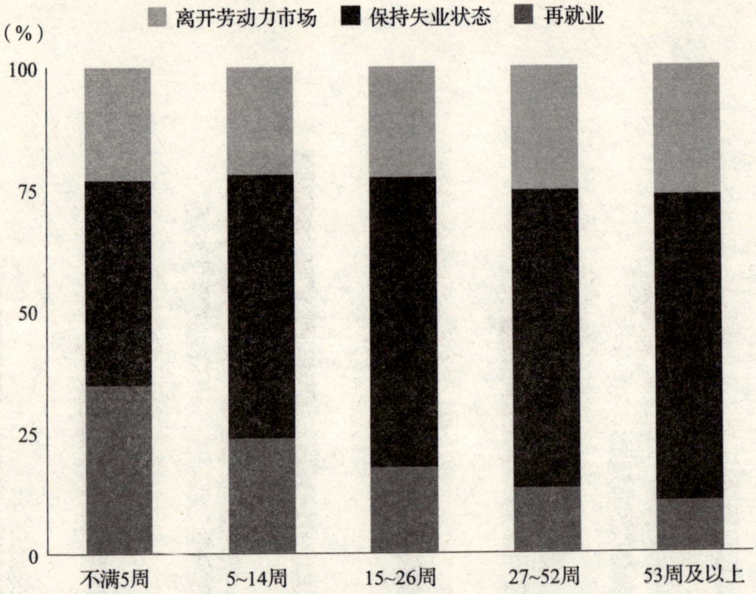

图 10—8　2014 年失业者再就业、保持失业状态或选择离开劳动力市场的可能性（按失业时间长短）

资料来源：美国劳工部劳动统计局，《长期失业趋势》报告。

61.8%。

未婚母亲的劳动参与率高于已婚母亲。2014 年 3 月，子女年龄未满 18 岁的未婚母亲中，有 76.2%进入了劳动力市场；同样情况的已婚母亲，只有 68.4%进入劳动力市场。

2014 年 3 月，子女年龄未满 18 岁母亲的劳动参与率为 70.8%，略低于 2013 年水平（70.3%）。

（二）教育程度

在过去 44 年间，劳动力市场中 25～64 岁女性的受教育程度大幅度提高。2014 年，该年龄组中 40%的人员拥有大专学历，1970 年的数据为 11%；拥有高中以下学历[1]的人员占 6%，1970 年为 34%。

（三）职业和行业

2014 年，管理、专业化和相关职业劳动者中有 52%为女性，高于女性在

[1] 即高中未毕业。

总就业人口中的比例（47%）。亚裔（占亚裔工作女性的49%）和白种人（占白种人工作女性的43%）女性比非裔（占非裔工作女性的35%）和拉丁裔（占拉丁裔工作女性的26%）女性更有可能在收入较高的管理、专业化和相关职业中工作。相对而言，拉丁裔（32%）和非裔（28%）女性比亚裔（21%）和白种人（20%）女性更有可能在收入较低的服务业中从业。

2014年，女性占从业人员半数以上的行业有：金融业（53%）、教育和医疗服务（75%）、娱乐休闲和招待（51%）以及其他服务业（53%）。

（四）收入情况

2014年，全日制工薪女性周收入中位数为719美元，是男性（871美元）的83%。亚裔女性周收入最高（841美元），由高到低依次为白种人女性（734美元）、非裔女性（611美元）和拉丁裔女性（548美元）。

2014年，25岁及以上全日制工薪女性中，仅高中毕业的女性周收入中位数为578美元，占拥有副学士学位[1]女性周收入中位数（701美元）的82%，占拥有学士学位或更高学历女性周收入中位数（1 049美元）的55%。

2014年，约有190万名妇女按小时获得报酬且小时收入不高于联邦最低工资水平（7.25美元/小时），占按小时获得报酬女性的4.8%。25岁及以上按小时获得报酬的女性中，3.2%的小时收入不高于联邦最低工资水平；16～24岁按小时获得报酬的女性中有11.4%的人小时收入不高于联邦最低工资水平。

（五）工时

2014年，26%的工薪女性从事非全日制工作[2]，这一比例在过去50年中变化不大。男性这一比例为13%。2014年，女性平均周工时数为35.9小时，男性为41.0小时。

（六）多份工作与自营就业

2014年，5.3%的工薪女性拥有多份工作；男性这一比例为4.5%。在非农产业的从业女性中，5.3%是自营就业；男性为7.4%。2014年，40%的自营就业人员是女性，1976年这一比例为27%。

---

[1] 副学士学位是指高中毕业后至少进行为期2年但不满4年的全日制学习——作者注。
[2] 每周工作时间不足35小时。

四、残疾人就业情况[1]

2014年，17.1%的残疾人就业，比2013年下降0.5个百分点。残疾人的劳动参与率为19.5%，比2013年下降0.8个百分点。残疾人失业率为12.5%，比上年下降0.7个百分点（见表10—3）。与女性寿命较长有一定关系，美国残疾人中女性比例高于男性。

表10—3　　2013—2014年残疾人就业情况

	2013年			2014年		
	16岁及以下	16～64岁	65岁及以上	16岁及以下	16～64岁	65岁及以上
残疾人						
民事非机构人口（千人）	28 634	15 450	13 184	29 219	15 612	13 606
经济活动人口（千人）	5 820	4 858	962	5 699	4 717	981
劳动参与率（%）	20.3	31.4	7.3	19.5	30.2	7.2
就业人口（千人）	5 050	4 145	904	4 985	4 062	923
就业率（%）	17.6	26.8	6.9	17.1	26.0	6.8
失业人口（千人）	770	713	58	714	656	58
失业率（%）	13.2	14.7	6.0	12.5	13.9	5.9
非经济活动人口（千人）	22 814	10 592	12 222	23 520	10 895	12 625
健全人						
民事非机构人口（千人）	217 045	186 817	30 228	218 728	187 375	31 353
经济活动人口（千人）	149 569	142 415	7 154	150 223	142 847	7 376
劳动参与率（%）	68.9	76.2	23.7	68.7	76.2	23.5
就业人口（千人）	138 880	132 103	6 777	141 320	134 273	7 048
就业率（%）	64.0	70.7	22.4	64.6	71.7	22.5

〔1〕本部分内容根据美国劳工部劳动统计局2015年6月16日发布的《2014年残疾人就业特征》报告编译。

续表

	2013 年			2014 年		
	16 岁及以下	16～64 岁	65 岁及以上	16 岁及以下	16～64 岁	65 岁及以上
失业人口（千人）	10 689	10 313	377	8 903	8 574	329
失业率（%）	7.1	7.2	5.3	5.9	6.0	4.5
非经济活动人口（千人）	67 476	44 402	23 074	68 505	44 528	23 977

资料来源：美国劳工部劳动统计局，《2014 年残疾人就业特征》报告。

与健全劳动力相比，残疾人更易从事非全日制工作（33%），更倾向于从事生产、运输和材料搬运工作。就业的残废人中有 15%在联邦、州或地方政府就业，74%在私营企业内就业，11%自营就业。

五、工作中的穷人[1]

根据美国人口调查局的调查，2013 年美国人口的 14.5%（4 530 万人）生活在官方贫困线以下。在贫困人口中，除儿童和未进入劳动力市场的成年人外，有 1 045 万人是工作中的穷人。工作中的穷人是指，当年工作和寻找工作的时间不少于 27 周，但收入仍然低于政府规定的贫困线。[2] 2013 年的工作贫困率（工作中的穷人数量与所有参与劳动力市场不少于 27 周的人员数量之比）为 7.0%，比 2012 年下降 0.1 个百分点（见表 10—4）。2007 年工作贫困率为 5.1%，到 2009 年上升至 7.0%，此后几年一直在 7.0%～7.2%之间波动（见图 10—9）。

表 10—4　2007—2013 年进入劳动力市场至少 27 周的劳动力状况

	2007 年	2008 年	2009 年	2010 年	2011 年	2012 年	2013 年
劳动力总量（千人）	146 567	147 838	147 902	146 859	147 475	148 735	149 483
生活在贫困线以下（千人）	7 521	8 883	10 391	10 512	10 382	10 612	10 450

[1] 本部分内容根据美国劳工部劳动统计局 2015 年 7 月发布的《2013 年工作中的穷人状况》报告编译。

[2] 2013 年，四口之家的加权平均贫困线为 23 834 美元，九口或人口更多的家庭的加权平均贫困线为 48 065 美元，个人（独居者）为 11 888 美元。每年根据全美城市消费者价格指数（CPI-U）对贫困线进行修订。

续表

	2007年	2008年	2009年	2010年	2011年	2012年	2013年
工作贫困率（%）	5.1	6.0	7.0	7.2	7.0	7.1	7.0
独居者（千人）	33 226	32 785	33 798	34 099	33 731	34 810	35 061
生活在贫困线以下（千人）	2 558	3 275	3 947	3 947	3 621	3 851	4 141
工作贫困率（%）	7.7	10.0	11.7	11.6	10.7	11.1	11.8
主要家庭（千人）	65 158	65 907	65 467	64 931	66 225	66 541	66 462
生活在贫困线以下（千人）	4 169	4 538	5 193	5 269	5 469	5 478	5 137
工作贫困率（%）	6.4	6.9	7.9	8.1	8.3	8.2	7.7

注：主要家庭是指至少有一个家庭成员进入劳动力市场的时间超过半年。

资料来源：美国劳工部劳动统计局，《2013年工作中的穷人状况》报告。

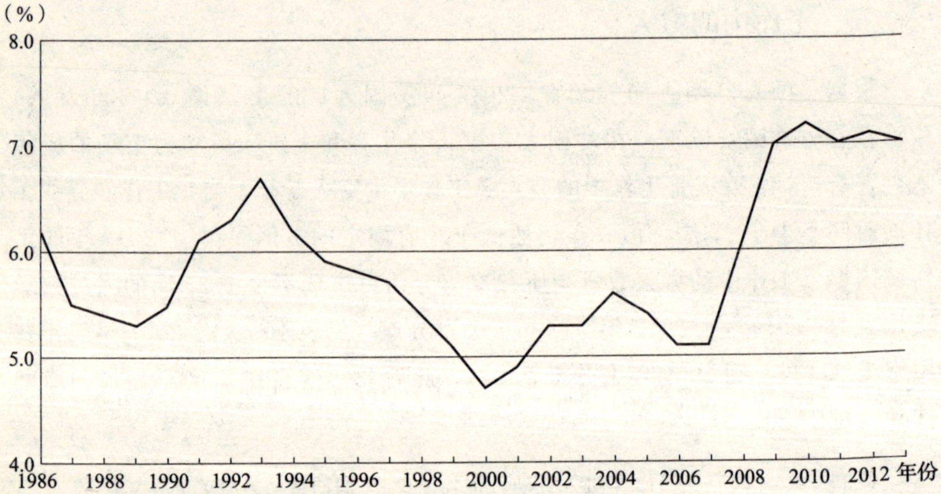

图 10—9　1986—2013年工作贫困率

资料来源：美国劳工部劳动统计局，《2013年工作中的穷人状况》报告。

（一）人口特征

2013年，在工作中的穷人中，女性为542.5万人，男性502.5万人；女性工作贫困率为7.8%，男性为6.3%。

非裔和拉丁裔劳动者成为工作中的穷人的可能性，是白种人和亚裔劳动者的2倍。2013年，非裔、拉丁裔、白种人和亚裔劳动者的工作贫困率依次为13.3%、12.8%、6.1%和4.5%（见图10—10）。

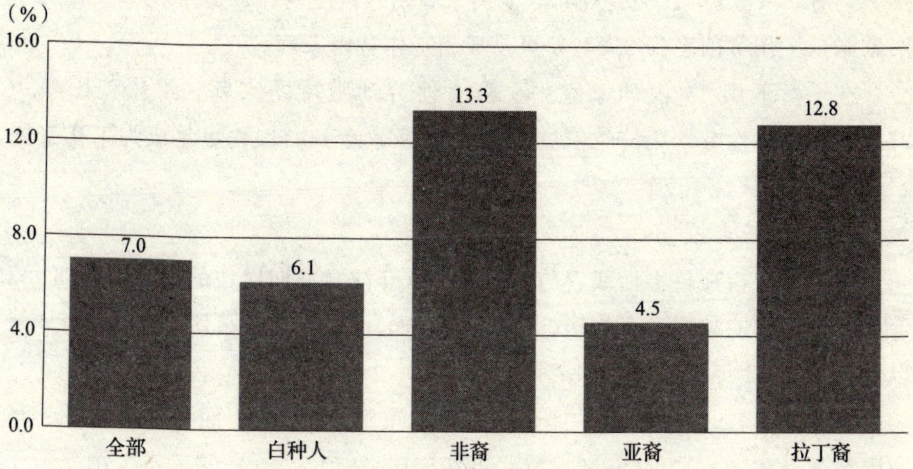

图 10—10　2013 年工作贫困率（按种族）

资料来源：美国劳工部劳动统计局，《2013 年工作中的穷人状况》报告。

年轻劳动者比壮年劳动者更易成为工作中的穷人，主要原因是青年的收入较低，而且青年失业率较高。进入劳动力市场不少于 27 周的青年人中，11.2%的 16～19 岁青年、13.2%的 20～24 岁青年是工作中的穷人。

（二）教育状况与职业

高学历劳动者能够找到高收入工作，成为工作中穷人的概率较低。进入劳动力市场不少于 27 周的劳动者中，高中未毕业者的工作贫困率最高（19.2%），排在其后的依次为高中学历（8.9%）、专科学历（5.0%）、本科及以上学历（2.3%）。

各职业的工作贫困率差别较大，需要较高技能、专业性较强的职业中工作贫困率较低，而专业性较低的职业中工作贫困率较高。例如，管理和专业化职业的工作贫困率为 2.1%，服务职业的工作贫困率为 14.1%。

（三）工作贫困家庭

2013 年，510 万个家庭生活在贫困线以下，而这些家庭中至少有一名成员在劳动力市场的时间不少于 27 周。贫困家庭数量比 2012 年减少 40 万个。若仅有一个家庭成员在劳动力市场的时间不少于 27 周，则已婚家庭陷入贫困（工作贫困率为 8.8%）的可能性，低于未婚家庭。

若仅有一个家庭成员在劳动力市场，并且进入劳动力市场的时间超过半年，则有子女家庭（子女不满18岁的家庭陷入贫困的比例为11.8%）比无子女家庭（工作贫困率为3.2%）更易成为工作贫困家庭。

在子女不满18岁的家庭中，由女性劳动维持的家庭（工作贫困率为27.9%）比男性劳动维持的家庭（工作贫困率为14.1%）更易成为工作贫困家庭。

（四）独居者

独居者是指独自生活或者与他人（非亲非故）共同居住的个人。2013年，劳动力市场中的独居者有3 510万人，其中410万人（11.8%）生活在贫困线以下，比2012年增加了0.7个百分点。

从年龄上看，不满20岁且进入劳动力市场至少27周的独居者的工作贫困率最高（40.3%）。从性别上看，男性独居者（11.2%）的工作贫困率低于女性（12.6%）。

410万名生活在贫困线以下的独居者中，有60%与他人共同居住，他们的工作贫困率高于独自生活的独居者。[1] 与他人共同居住的独居者，通常是为了共同分担生活必要开支而与他人共同居住。虽然仍处于贫困线以下，但是共同居住的独居者通过共享资源、共同负担生活开支，在一定程度上可以比自己独立生活的生活标准更高。

（五）工作贫困原因

非全日制雇员比全日制雇员更有可能成为工作中的穷人，但是，有440万名（3.9%）进入劳动力市场至少27周的全日制雇员是工作中的穷人，与2012年相同。

导致工作贫困的原因有三个：低收入、失业、非自愿的非全日制工作。2013年，全日制雇员中处于贫困线以下的人员，有85%至少遭遇到上述3个原因之一；有66%的人员陷入贫困的原因或原因之一是低收入，38%的主要原因是失业，有5%的人员经历了三种情况。

另有65.4万名（15%）处于贫困线以下的全日制雇员，未经历过上述任何一种情况。他们陷入贫困可以解释为短期雇佣、自愿的非全日制工作（几周）、家庭结构等多种原因。

---

〔1〕 通常独自生活的独居者可以自己负担所有生活的必要开销，不必与他人共同分担。

第三节　美国的社会保障

一、养老保险情况[1]

（一）主要数据情况

1. 美国老年人口的贫困率较高。目前，美国65岁以上人口的贫困率为21.5%，高于总人口的贫困率（17.6%）。经合组织国家65岁以上人口的贫困率为12.6%，总人口贫困率为11.4%。美国的老年人口贫困率，在经合组织国家中处于第6位（由高到低）。

2. 安全网待遇的价值较低。符合家计调查标准的老年人，政府给予的补充保障收入（相当于平均收入的17%）低于经合组织水平（平均收入的22%）。安全网待遇仅根据价格进行调整，因此，实际价值不断下降（与工资水平相比，2002—2014年下降了7%）。

3. 对于终身工作的中等收入雇员而言，强制养老保险的未来替代率为45%，经合组织国家为63%。美国低收入者的养老金替代率水平远远高于高收入者，尽管如此，收入水平仅为平均工资一半的终身工作雇员，退休后养老金净替代率为54%，而经合组织国家为75%。

4. 私营养老保险对支撑美国老年人的生活发挥了重要作用。在美国，中等收入水平雇员的公共养老金替代率为45%，经合组织国家为63%。如果雇员在整个职业生涯过程中，按9%的费率缴纳私营养老保险费，则中等收入雇员的养老金替代率将达到82%。

5. 美国老龄化程度较低，将成为经合组织国家老年抚养比最低的国家。移民的大量涌入和相对较高的生育率，对此有所贡献。当前，美国工作年龄人口与65岁以上人口比为4：1，到2050年将达到2.5：1；经合组织国家的数据分别为3.57：1和2.04：1。

6. 美国老年人口的就业率缓慢增长。2004—2014年，美国55～64岁人口的就业率仅从60%增长到61%，相比较而言，经合组织国家从48%增长到56%。

---

[1] 本部分内容根据经合组织（OECD）2015年12月1日发布的《美国养老金状况》报告编译。

（二）养老金政策

1. 强制养老保险的待遇水平较低。美国养老保险制度是收入关联缴费，加上对最弱势群体的社会救助。中等收入雇员的强制养老金待遇，相当于退休前净收入的45%，低收入和高收入雇员的待遇则分别相当于退休前工资的54%和39%（图10—11显示，收入越高的雇员，预期养老金待遇的替代率越低；仅参加国家强制养老保险的雇员，预期养老金替代率较低，如果雇员也参加了自愿养老保险，则养老金替代率将大幅度提高）。美国中等收入、低收入和高收入雇员的强制养老金待遇水平，在经合组织国家中，都处于待遇底部25%的范围之内。此外，雇主通过几种方式为部分雇员提供自愿养老保险。最常见的方式是私人养老基金，分为待遇确定型、缴费确定型、混合型。同时，州政府或地方政府为雇员设立退休基金，但是这些基金已经被包括401（k）计划在内的缴费确定型基金所替代。如前所述，终身工作的（各收入水平）雇员若按照9%的费率水平加入缴费确定型基金，则养老金净替代率将提高37个百分点，成为经合组织国家待遇顶部10%的人群。

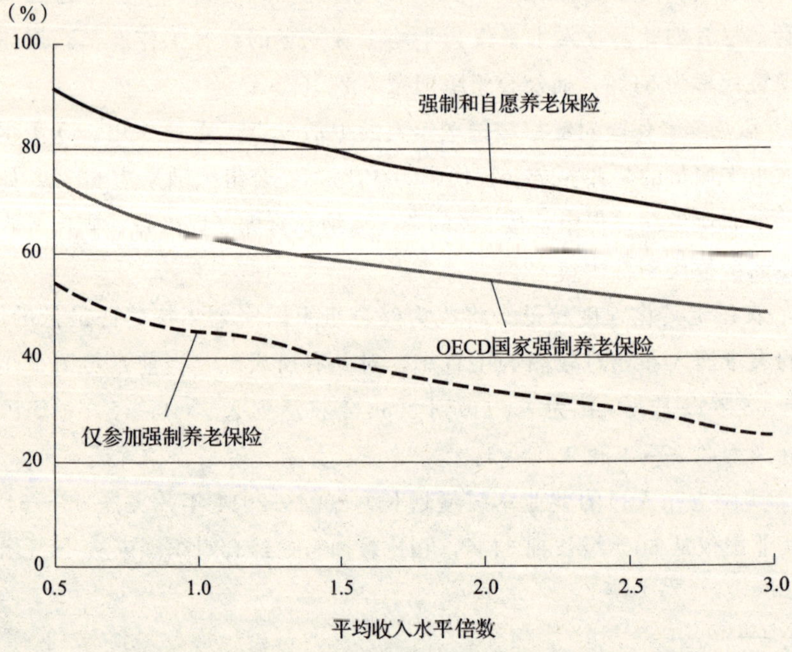

图10—11 长期净替代率（按收入水平）

资料来源：经合组织美国经济调查，2014年。

2. 20 世纪 80 年代以来几乎没有进行过改革。美国是经合组织国家中最早通过立法提高退休年龄的国家，1983 年立法规定退休年龄将提高至 67 岁，到 2027 年所有雇员的法定退休年龄均达到 67 岁。除此之外，美国养老金制度在过去 30 年内没有变化。尽管美国的老龄化程度较轻，但是，未来仍然需要采取措施确保养老制度的可持续性。退休年龄应进一步提高，方法一是按 20 世纪 80 年代的方式提高退休年龄，方法二是将退休年龄直接与预计寿命可能增加的长度相联系。

3. 低收入者加入私人养老保险的比例较低，导致较高的贫困率。47%的 15～64 岁人员通过职业年金、个人参保等多种方式加入了自愿养老保险，但不同收入群体的参保率差别较大。美国低收入者比高收入者更难享有雇主提供的私人医疗保险、养老保险以及其他带薪假日（见图 10—12）。因此，个人储蓄率较低，不仅提高了生活压力，损坏健康状况，还将增加退休后的贫困风险。66～75 岁人口的贫困率与总人口的贫困率相当，75 岁以上人口贫困风险则高出 10 个百分点。

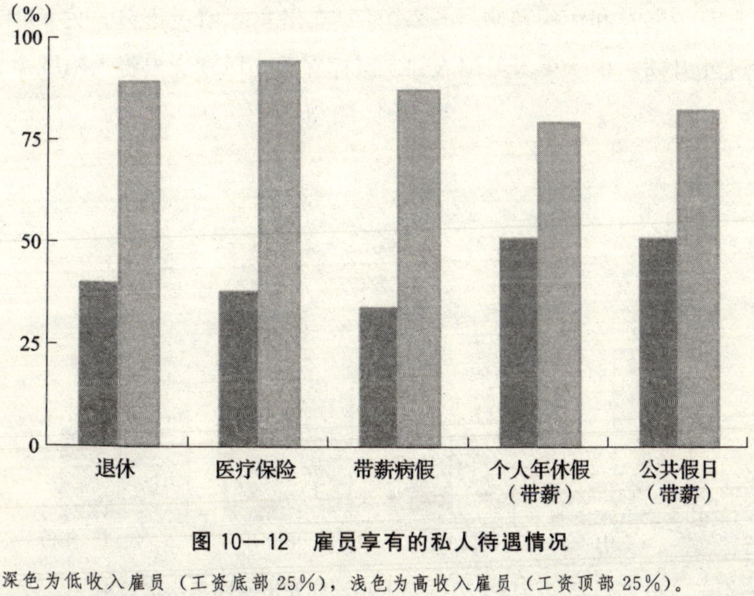

图 10—12 雇员享有的私人待遇情况

注：深色为低收入雇员（工资底部 25%），浅色为高收入雇员（工资顶部 25%）。

资料来源：经合组织美国经济调查，2014 年。

4. 如果美国的养老保险制度要以可负担的成本提供体面的退休生活的话，则需要增加社会保险缴费和自愿养老保险的覆盖面。目前，社会保障制度中，雇主和雇员各需要缴纳收入的6.2%，低于经合组织国家的平均费率19.1%（雇员+雇主）。预计储备金将于2035年耗尽，需要增加缴费以保障可持续性，并在可能的情况下提高待遇水平。许多州政府为低收入者提供安全网待遇（即补充保障收入，为平均收入的17%）低于经合组织国家平均水平（22%）。在考虑了人均GDP的情况下，美国养老金待遇水平较低。另外，自愿养老保险覆盖面需要进一步提高，应当考虑在联邦层面建立自动参保机制，例如401（k）计划。新西兰和英国已经引入该机制。

二、医疗保险情况[1]

（一）美国医疗支出随GDP的增长而增长

2013年，美国人均医疗支出实际增长1.5%（见图10—13），与近3年来人均医疗支出增长速度相当，也与近年来GDP增长速度相当。2000年左右，人均医疗支出年均增速3.6%，高达GDP增速的3倍。自2009年起，总医疗支出增速开始放缓，其中，医院和专科护理费用增速最快，分别为2.3%和2.2%；药品零售（−0.3%）和疾病预防（−2.0%）支出实际增度下降，为负增长。预计从2014年开始，由于更多美国人加入医疗保险，医疗支出将大幅度增长。

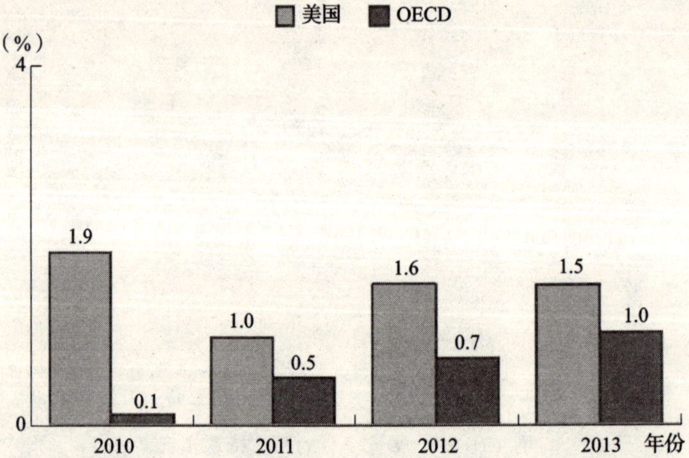

图10—13 2010—2013年人均医疗支出实际年均增长率

资料来源：《2015年经合组织医疗数据》报告。

〔1〕本部分内容根据经合组织（OECD）2015年7月7日发布的《2015年经合组织医疗数据》报告编译。

(二) 美国医疗支出占 GDP 的比例较高

2013 年，美国医疗支出占 GDP 的 16.4%，远远高于经合组织国家平均水平（8.9%），也大幅高于紧邻美国的其他国家，荷兰 11.1%，瑞士 11.1%，瑞典 11.0%。美国政府医疗支出占医疗总支出的比重，从 2000 年的 44%增长到 2013 年的 48%。尽管如此，美国仍是经合组织国家中政府支出唯一低于 50%的国家，经合组织平均水平为 73%。

私营医疗保险在提供初级医疗保健方面，发挥了巨大作用。私营医疗保险支出占医疗总支出的 35%，其余费用由家庭自己负担（12%）。公共医疗保险和私营医疗保险的覆盖面均有所上升，家庭自负费用的比例有所下降，与 G7 其他国家家庭自负费用比例相当，法国为 7%，德国为 14%，英国为 10%。

从人均医疗支出角度看（经不同价格水平调整），2013 年美国人均医疗支出为 8 713 美元，经合组织人均医疗支出为 3 453 美元。

第四节 美国的产业关系

一、工会发展情况[1]

2015 年，美国工薪雇员中加入工会的比例，即工会入会率为 11.1%，与 2014 年相同。属于工会会员的工薪雇员人数为 1 480 万人，略高于 2014 年人数。另有 160 万名工薪雇员虽未加入任何工会，但他们的劳动合同是工会合同。

与目前数据可比较的工会入会率数据统计始于 1983 年，当时工薪雇员入会率为 20.1%，加入工会的人数为 1 770 万人。

(一) 按性别、年龄、种族划分的工薪雇员入会率情况

2015 年，男性工薪雇员入会率为 11.5%，女性为 10.6%。男、女入会率在 1983 年分别为 24.7%和 14.6%，此后差距不断缩小。

从年龄分布看，入会率较高的年龄段为 55～64 岁和 45～54 岁，分别达到 14.3%和 13.6%；入会率最低的年龄段为 16～24 岁，入会率为 4.4%。

---

[1] 本部分内容根据美国劳工部劳动统计局 2016 年 1 月 28 日发布的《2015 年工会会员情况》报告编译。美国雇员工会会员情况数据来自《当前人口调查》(*Current Population Survey*)。

在各个种族中，非裔工薪雇员的入会率最高，为13.6%；其他种族工薪雇员入会率由高到低依次是白种人工薪雇员（10.8%）、亚裔工薪雇员（9.8%）和拉丁裔工薪雇员（9.4%）。

另外，全日制工薪雇员入会率为12.2%，非全日制工薪雇员入会率为5.9%。

（二）按行业划分的工薪雇员入会率情况

2015年，公共部门雇员入会率为35.2%，入会人数为720万人。其中，入会率最高的行业是地方政府雇员（41.3%），入会率最高的职业主要包括教师、警察、消防员等。

私营部门雇员入会率为6.7%，入会人数为760万人。在私营部门中，入会率较高的行业有公用事业（21.4%）、运输和仓储业（18.9%）、教育（13.7%）、电信业（13.3%）和建筑业（13.2%）。入会率较低的行业有农业和相关行业（1.2%）、金融业（1.3%）、餐饮业（1.5%）和专业技术服务业（1.7%）。

（三）按职业组划分的工薪雇员入会率情况

2015年，在主要职业组中，工薪雇员入会率由高到低依次是，自然资源、建筑和维护职业组（15.0%），生产、运输和材料搬运职业组（14.2%），管理和专业化职业组（12.0%），服务业职业组（10.6%），销售和办公室职业组（6.6%）。

具体到各职业组中，工薪雇员入会率最高的分别是服务业职业组项下的安保服务职业组（36.3%）以及管理和专业化职业组项下的教育、培训和图书馆职业组（35.5%）。工薪雇员入会率最低的是自然资源、建筑和维护职业组项下的农场、渔业和林业职业组（1.9%），以及销售和办公室职业组项下的销售及相关职业组（3.3%）。

（四）工薪雇员入会率与收入情况

2015年，工薪雇员中的工会会员周收入中位数为980美元，非工会会员周收入中位数为776美元。[1]

（五）按州划分的工薪雇员入会率情况

2015年，美国30个州和哥伦比亚特区的工薪雇员入会率低于平均水平，20个州高于平均水平；其中，最高的仍是纽约州（24.7%），最低的是南卡罗

---

〔1〕 两者的收入差距还受多个因素的影响，不能简单地归为是否加入工会。

来纳州（2.1%）。在过去一年中，24个州和哥伦比亚特区的工薪雇员入会率有所增加，3个州保持不变，23个州有所下降。

5个州的工薪雇员入会率低于5.0%，有2个州高于20.0%。

二、人们对工会入会率下降的看法[1]

美国皮尤研究中心对1 500人进行了电话调查，了解美国人对近30年来工会入会率下降的观点，并于2015年4月发布了调查报告。

对入会率下降所持的观点：45%的受访者认为“不好”，43%的受访者认为“好”。对工会有无好感的回答：48%的受访者对工会有好感，39%的受访者无好感，14%回答“不知道”或“其他”。

男性、女性受访者对工会的观点类似：48%的男性受访者对工会有好感，41%无好感；对于女性受访者而言，这两个比率分别是47%和37%。非裔受访者对工会的认可度较高，为60%，此后依次为拉丁裔（49%）和白种人（45%）。低收入者比高收入者更认可工会。

民主党受访者中有30%认为入会率下降对国家有益，共和党受访者有62%持此观点。类似地，民主党受访者中65%对工会持有好感，共和党受访者中仅28%对工会有好感。

在回答哪些部门（从6个行业中选择）的从业者最应当参加工会的问题时，82%的受访者认为制造业和工厂工人最应当加入工会；认为快餐业从业人员应当加入工会的比例最低，为62%。

三、重大停工事件[2]

2015年，涉及千人以上且持续至少一个班次（如早、中、晚班）的重大停工[3]事件共有12件，比2014年多1件。自1947年该统计开展以来，2009年的重大停工事件最少，共有5件（见图10—14）。总体上看，目前美国重大停工事件处于历史低位。1947—2015年历年重大停工事件相关统计数据见表10—5。

---

〔1〕本部分内容根据《对于工会会员的观点》编译，载于美国劳工部劳动统计局出版物《劳动评论月刊》（2015年11月）。

〔2〕本部分内容根据美国劳工部劳动统计局2016年2月10日发布的《2015年重大停工情况》报告编译。

〔3〕此处的停工既包括由雇员发起的罢工，也包括雇主主导的闭厂。

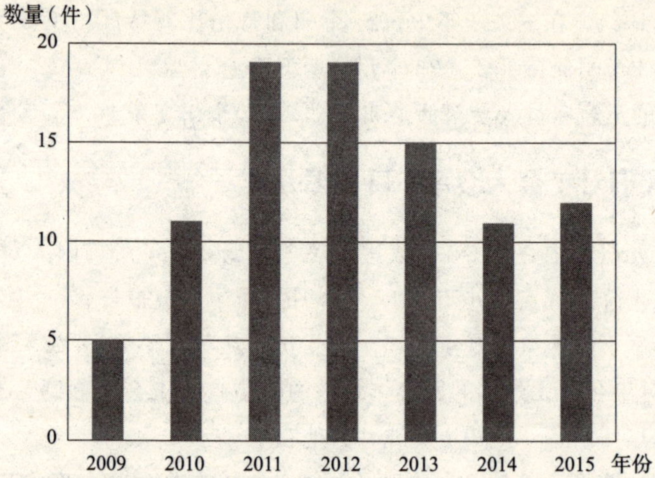

图 10—14　2009—2015 年重大停工事件数量

资料来源：美国劳工部劳动统计局，《2015 年重大停工情况》报告。

表 10—5　1947—2015 年重大停工事件

年份	始于当年的停工数量	涉及的工人数（千人）	损失工作日数（千天）
2015	12	47	740
2014	11	34	200
2013	15	55	290
2012	19	148	1 131
2011	19	113	1 020
2010	11	45	302
2009	5	13	124
2008	15	72	1 954
2007	21	189	1 265
2006	20	70	2 688
2005	22	100	1 736
2004	17	171	3 344
2003	14	129	4 091
2002	19	46	660
2001	29	99	1 151
2000	39	394	20 419

续表

年份	始于当年的停工数量	涉及的工人数（千人）	损失工作日数（千天）
1999	17	73	1 996
1998	34	387	5 116
1997	29	339	4 497
1996	37	273	4 889
1995	31	192	5 771
1994	45	322	5 021
1993	35	182	3 981
1992	35	364	3 989
1991	40	392	4 584
1990	44	185	5 926
1989	51	452	16 996
1988	40	118	4 381
1987	46	174	4 481
1986	69	533	11 861
1985	54	324	7 079
1984	62	376	8 499
1983	81	909	17 461
1982	96	656	9 061
1981	145	729	16 908
1980	187	795	20 844
1979	235	1 021	20 409
1978	219	1 006	23 774
1977	298	1 212	21 258
1976	231	1 519	23 962
1975	235	965	17 563
1974	424	1 796	31 809
1973	317	1 400	16 260
1972	250	975	16 764
1971	298	2 516	35 538
1970	381	2 468	52 761
1969	412	1 576	29 397

续表

年份	始于当年的停工数量	涉及的工人数（千人）	损失工作日数（千天）
1968	392	1 855	35 367
1967	381	2 192	31 320
1966	321	1 300	16 000
1965	268	999	15 140
1964	246	1 183	16 220
1963	181	512	10 020
1962	211	793	11 760
1961	195	1 031	10 140
1960	222	896	13 260
1959	245	1 381	60 850
1958	332	1 587	17 900
1957	279	887	10 340
1956	287	1 370	26 840
1955	363	2 055	21 180
1954	265	1 075	16 630
1953	437	1 623	18 130
1952	470	2 746	48 820
1951	415	1 462	15 070
1950	424	1 698	30 390
1949	262	2 537	43 420
1948	245	1 435	26 127
1947	270	1 629	25 720

注：涉及的工人数仅指参与当年开始的重大停工事件的工人数量。一人参与多次则按多次计算。损失工作日数是指当年正在进行的所有重大停工事件损失的工作日。对于当年开始且持续到下一年度的重大停工事件，仅将当年的工作日计入本年度损失工作日数，持续到下一年度的天数则计入下一年度损失工作日数。

资料来源：美国劳工部劳动统计局，《2015 年重大停工情况》报告。

始于2015年的重大停工事件中，不工作工人数量为4.7万人，高于2014年（3.4万人）数量；导致的工作日[1]损失为74万天，2014年为20万天。

私营部门重大停工事件导致的工作日损失为68.4万天，占总损失天数的92%。重大停工事件主要集中在油气开采业、制造业、教育，约占总损失工作天数的89%（见图10—15）。

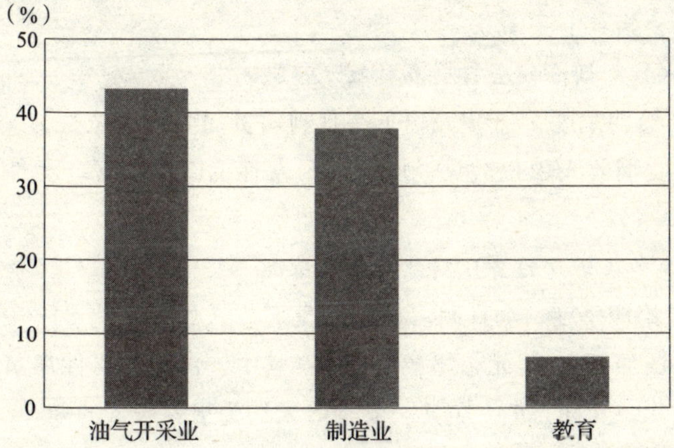

图10—15　重大停工事件损失工作日占比

资料来源：美国劳工部劳动统计局，《2015年重大停工情况》报告。

就损失的工作日数量而言，最大的停工事件是皇家荷兰壳牌石油公司及其他炼油公司，与联合钢铁工人工会之间的停工事件，在2015年2月涉及工人数高达6 600人。此次停工事件共造成322 100个工作日损失。其他炼油公司有英国石油公司、雪佛龙、埃克森美孚、利安德巴塞尔石油公司、马拉松石油公司、莫蒂瓦公司、特索罗石油公司。

第二大的停工事件是阿勒格尼技术公司与联合钢铁工人工会之间的停工事件，涉及2 200个工人，损失了206 800个工作日。此次停工事件到2015年年底时仍未结束。

〔1〕计算方法为：不工作人数×停工天数。

第五节　美国的收入分配

一、雇员收入情况[1]

2015年第四季度，美国共有1.099亿名全日制[2]雇员，周收入中位数为825美元[3]（未经季节调整），与上年同期相比增长了3.3%。同期，全美城市消费者价格指数上涨了0.5%。

（一）按性别划分的全日制雇员收入情况

2015年第四季度，16岁及以上全日制雇员周收入中位数为825美元；其中，男性雇员周收入中位数为907美元，女性为729美元，女性收入约为男性收入的80.4%。

（二）按种族划分的全日制雇员收入情况

2015年第四季度，全日制白种人雇员周收入中位数为847美元，与上年同期相比，增加了24美元，增幅2.9%；其中，白种人男性雇员周收入中位数为931美元，女性为745美元，女性收入约为男性收入的80.0%。

2015年第四季度，全日制非裔雇员周收入中位数为643美元，与上年同期相比，增加了22美元，增幅3.5%；其中，非裔男性雇员周收入中位数为674美元，女性为621美元，女性收入约为男性收入的92.1%。

根据上述数据，全日制非裔男性雇员周收入中位数是白种人男性雇员周收入中位数的72.4%；女性间收入差距略小，为83.4%。

---

〔1〕 本部分内容根据美国劳工部劳动统计局2016年1月22日发布的《2015年第四季度美国雇员周收入情况》报告编译。美国雇员周收入数据来自《当前人口调查》（*Current Population Survey*）。该调查每月对抽样得出的遍布全美50个州和哥伦比亚特区的6万家住户进行劳动力、就业和失业等基本信息进行调查。其中，1/4的样本作为收入数据的采集对象，并仅限定在工薪工作人员范围内，不包括自营就业者。

〔2〕 为估算收入数据，仅拥有一份工作或多份工作中的主要工作，每周工作时间为35小时及以上，被视为全日制雇员。

〔3〕 按当前美元计算。本部分的"收入"数据是指税前且未扣除任何应缴纳费用之前收入，包括加班费、佣金、小费（拥有多份工作人员仅报告主要工作的小费收入）。1994年之前，受访者被询问的是"通常每周收入多少"；自1994年1月起，受访者是按其能够确定的最简便的方式回答收入情况，可按小时、周、双周、每月两次、月度、年度或其他周期计算受调查期间的收入。未按周回答收入的受访者，其收入数据应转换为"通常周收入"的形式。受访者可自行理解"通常周收入"的具体含义，也可询问调查员。调查员应解释为，过去4～5个月内半数以上各周的收入可视为通常周收入。

2015年第四季度，全日制亚裔雇员周收入中位数为1 091美元，与上年同期相比，增加了132美元，增幅13.8%；其中，亚裔男性雇员周收入中位数为1 178美元，女性为943美元，女性收入约为男性收入的80.1%。

2015年第四季度，全日制拉丁裔雇员周收入中位数为624美元，与上年同期相比，增加了24美元，增幅4%；其中，拉丁裔男性雇员周收入中位数为679美元，女性为570美元，女性收入约为男性收入的83.9%。

根据上述数据，按收入由高到低排列的顺序分别是亚裔、白种人、非裔和拉丁裔雇员。拉丁裔雇员收入仅为亚裔雇员收入的57.2%。

（三）按年龄划分的全日制雇员收入情况

2015年第四季度，全日制雇员周收入最高的年龄段为55～64岁和45～54岁，中位数分别是943美元和920美元；男性在年龄段55～64岁和45～54岁的周收入中位数最高，分别为1 119美元和1 038美元；女性在年龄段35～44岁和45～54岁的周收入中位数最高，分别为837美元和797美元。

2015年第四季度，周收入最低的年龄段为16～19岁和20～24岁，中位数分别是410美元和513美元。

（四）按职业组划分的全日制雇员收入情况

2015年第四季度，在主要职业组中，全日制雇员按周收入中位数由高至低顺序排列，分别是管理和专业化职业组（1 168美元），自然资源、建筑和维护职业组（776美元），销售和办公室职业组（680美元），生产、交通与材料搬运职业组（669美元），服务业职业组（520美元）。

（五）按受教育程度划分的全日制雇员收入情况

2015年第四季度，25岁及以上全日制雇员周收入中位数为872美元。高中文化程度以下、高中文化、大专、大学本科、大学本科以上学历的人员收入中位数分别为502美元、690美元、757美元、1 143美元、1 445美元。

2015年第四季度，25岁及以上、高中文化程度以下的全日制男性雇员第一个十分位数周收入为342美元；大学本科以上学历的全日制男性雇员第九个十分位数周收入为3 878美元。

2015年第四季度，25岁及以上、高中文化程度以下的全日制女性雇员第一个十分位数周收入为293美元；大学本科以上学历的全日制女性雇员第九个十分位数周收入为2 486美元。

二、收入差距[1]

基于美国劳工部劳动统计局开展的5项调查的数据，1979—2014年美国工薪雇员收入差距呈现出以下几个特征：

（一）高收入者的实际工资增长较快，低收入者实际工资几乎没有变化

2014年，16岁及以上全日制工薪雇员的周收入中位数为791美元；按2014年美元价格计算，1979年全日制工薪雇员的周收入中位数为733美元，35年间实际工资增长8%。

1979—2014年，高收入者（工资顶部10%）的最低水平从1 422美元增长到1 898美元，增长了33%；同期，低收入者（工资底部10%）的实际工资几乎没有变化，最高水平从383美元减少到379美元。

女性全日制工薪雇员的周收入中位数增长了30%，从553美元增长到719美元；同期，男性全日制工薪雇员的周收入中位数几乎没有变化。

（二）高低收入者之间的差距加剧

1979年，高收入者（工资顶部10%）工资的最低水平是低收入者（工资底部10%）工资的最高水平的3.7倍，2014年增长到5.0倍。类似地，前者与工资收入最低的1/4的比值，从1979年的2.8倍增长到2014年的3.7倍。

（三）亚裔雇员的收入最高

2014年，亚裔男性全日制工薪雇员的周收入中位数为1 080美元，白种人男性为897美元，非裔男性680美元，拉丁裔男性616美元。亚裔女性全日制工薪雇员的周收入中位数为841美元，白种人女性为734美元，非裔女性611美元，拉丁裔女性548美元。

在工资最高的10%雇员中，亚裔男性工资最高（2 560美元），其次是白种人男性（2 120美元）、非裔男性（1 534美元）、拉丁裔男性（1 468美元）；高收入女性雇员中，也是亚裔女性工资最高，其次为白种人女性、非裔女性、拉丁裔女性。

（四）学历越高的雇员，工资越高

25岁及以上雇员中，本科学历及以上的全日制雇员收入中位数高于其他学历雇员。2014年，本科学历及以上全日制雇员的周收入中位数为1 193美

[1] 本部分内容根据美国劳工部劳动统计局2015年5月发布的《审视高中低收入群体》报告编译。

元，按收入高低依次为大专学历（761美元）、高中学历（668美元）。在工资最高的10%雇员中，本科学历及以上的全日制雇员周收入为2 619美元，大专学历的为1 560美元，高中学历的为1 355美元。

2014年，本科学历及以上雇员收入差距高于其他学历人员，高收入者（工资顶部10%）与低收入者（工资底部10%）的工资比值是4.5；大专学历雇员这一比值为3.9，高中学历雇员为3.7。

（五）信息行业收入差距最大

信息行业雇员的高收入者与低收入者工资比值为5.8。信息业包括出版、广播、电信、数据处理、动画、录音等行业。

其他主要行业，包括金融保险业、企业管理、专业科学和技术服务业雇员的高收入与低收入的比值为5.0，零售业为3.0，农、林、渔、牧业为3.0，餐饮业为2.1，行业内部收入差距较小。

（六）高收入者更易拥有退休保障

2014年，私营企业雇员中，88%的高收入者（工资顶部10%）拥有雇主提供的退休津贴，27%的低收入者（工资底部10%）拥有退休津贴。从退休津贴的类型看，在高收入者中，超过1/3的雇员拥有待遇确定型退休津贴，85%的雇员拥有缴费确定型退休津贴；低收入者中，则仅有4%的雇员拥有待遇确定型退休津贴，25%的雇员拥有缴费确定型退休津贴。

上述是雇主向雇员提供的退休津贴。从另外一个角度看，高收入雇员在雇主提供退休保障时，更愿意自主选择加入该退休保障计划。在拥有雇主提供的退休津贴的雇员中，89%的高收入者选择加入该计划，低收入者中则有39%的雇员选择加入。

（七）高收入者更易拥有医疗津贴和付薪假期待遇

2014年，私营企业雇员中，95%的高收入者拥有雇主提供的医疗津贴，远远高于拥有医疗津贴的低收入者比例（20%）。

在付薪假期待遇方面，高收入者中，有93%的人获得付薪假期津贴、87%获得病假津贴；低收入者获得付薪假期津贴和病假津贴的比例分别为39%和20%。无薪家庭假期的享受程度，也受工资高低的影响，93%的高收入者能够享受无薪假期，低收入者能够享受无薪假期的只有75%。

三、雇员人工成本情况[1]

美国非农私营部门、州和地方政府雇员的人工成本主要包括两方面内容，即工资薪水和福利待遇；其中，福利待遇包括五方面内容，即付薪假期、额外收入、保险、企业年金（退休和储蓄）和国家法定待遇。

（一）全体雇员人工成本情况

2015年12月，全体雇员人工成本为平均每小时33.58美元；其中，工资薪水为23.06美元（占人工成本的68.7%），福利待遇为平均每小时10.52美元（占人工成本的31.3%），见表10—6。

表10—6　　2015年12月全体雇员人工成本情况

各项成本	按职业组划分							
	全体雇员		管理和专业化职业		销售和办公室		服务业	
	成本（美元）	百分比（%）	成本（美元）	百分比（%）	成本（美元）	百分比（%）	成本（美元）	百分比（%）
总成本	33.58	100.0	55.47	100.0	24.29	100.0	17.53	100.0
工资薪水	23.06	68.7	38.01	68.5	17.12	70.5	12.45	71.0
福利待遇	10.52	31.3	17.46	31.5	7.17	29.5	5.08	29.0
付薪假期	2.33	6.9	4.38	7.9	1.60	6.6	0.91	5.2
假期	1.14	3.4	2.12	3.8	0.80	3.3	0.43	2.5
节日	0.70	2.1	1.27	2.3	0.49	2.0	0.28	1.6
病假	0.34	1.0	0.70	1.3	0.21	0.9	0.15	0.8
个人请假	0.14	0.4	0.28	0.5	0.10	0.4	0.05	0.3
额外收入	0.96	2.9	1.75	3.2	0.55	2.3	0.30	1.7
加班和补助	0.25	0.8	0.17	0.3	0.15	0.6	0.15	0.8
轮班	0.06	0.2	0.08	0.1	0.02	0.1	0.05	0.3
非生产性奖金	0.65	1.9	1.50	2.7	0.38	1.6	0.10	0.5
保险	2.94	8.8	4.46	8.0	2.30	9.5	1.41	8.0
人寿保险	0.04	0.1	0.08	0.1	0.03	0.1	0.02	0.1
健康保险	2.79	8.3	4.22	7.6	2.20	9.1	1.37	7.8
短期丧失工作能力	0.05	0.2	0.09	0.2	0.04	0.2	0.02	0.1

[1] 本部分内容根据美国劳工部劳动统计局2016年3月10日发布的《雇主人工成本》报告编译。

续表

各项成本	按职业组划分							
	全体雇员		管理和专业化职业		销售和办公室		服务业	
	成本（美元）	百分比（%）	成本（美元）	百分比（%）	成本（美元）	百分比（%）	成本（美元）	百分比（%）
长期丧失工作能力	0.05	0.1	0.08	0.1	0.03	0.1		
退休和储蓄	1.75	5.2	3.33	6.0	0.86	3.5	0.79	4.5
待遇确定型	1.09	3.3	2.05	3.7	0.42	1.7	0.63	3.6
缴费确定型	0.66	2.0	1.28	2.3	0.44	1.8	0.16	0.9
法定待遇	2.55	7.6	3.53	6.4	1.86	7.7	1.67	9.5
社会保障和医疗	1.86	5.5	2.95	5.3	1.42	5.8	1.04	5.9
社会保障	1.48	4.4	2.32	4.2	1.14	4.7	0.83	4.7
医疗	0.38	1.1	0.63	1.1	0.28	1.1	0.21	1.2
联邦失业保险	0.04	0.1	0.03		0.04	0.2	0.04	0.2
州失业保险	0.18	0.5	0.17	0.3	0.17	0.7	0.17	1.0
工人赔偿计划	0.47	1.4	0.37	0.7	0.23	1.0	0.42	2.4

各项成本	按职业组划分				按行业划分			
	自然资源、建筑和维护		生产、运输和材料搬运		商品生产业		服务提供业	
	成本（美元）	百分比（%）	成本（美元）	百分比（%）	成本（美元）	百分比（%）	成本（美元）	百分比（%）
总成本	34.35	100.0	27.08	100.0	38.21	100.0	32.79	100.0
工资薪水	22.93	66.7	17.74	65.5	25.29	66.2	22.67	69.2
福利待遇	11.42	33.3	9.33	34.5	12.92	33.8	10.11	30.8
付薪假期	1.87	5.5	1.62	6.0	2.49	6.5	2.30	7.0
假期	0.95	2.8	0.82	3.0	1.29	3.4	1.12	3.4
节日	0.61	1.8	0.54	2.0	0.86	2.3	0.67	2.1
病假	0.21	0.6	0.20	0.7	0.24	0.6	0.36	1.1
个人请假	0.10	0.3	0.07	0.2	0.10	0.3	0.15	0.5
额外收入	1.00	2.9	0.96	3.6	1.48	3.9	0.87	2.7
加班和补助	0.68	2.0	0.54	2.0	0.56	1.5	0.20	0.6
轮班	0.05	0.1	0.08	0.3	0.08	0.2	0.05	0.2
非生产性奖金	0.28	0.8	0.35	1.3	0.84	2.2	0.62	1.9

续表

各项成本	按职业组划分				按行业划分			
	自然资源、建筑和维护		生产、运输和材料搬运		商品生产业		服务提供业	
	成本（美元）	百分比（%）	成本（美元）	百分比（%）	成本（美元）	百分比（%）	成本（美元）	百分比（%）
保险	3.19	9.3	2.96	10.9	3.56	9.3	2.83	8.6
人寿保险	0.04	0.1	0.04	0.1	0.06	0.2	0.04	0.1
健康保险	3.03	8.8	2.79	10.3	3.36	8.8	2.70	8.2
短期丧失工作能力	0.09	0.2	0.06	0.2	0.08	0.2	0.05	0.2
长期丧失工作能力	0.04	0.1	0.07	0.3	0.06	0.2	0.04	0.1
退休和储蓄	2.05	6.0	1.23	4.5	2.14	5.6	1.68	5.1
待遇确定型	1.48	4.3	0.73	2.7	1.24	3.3	1.07	3.3
缴费确定型	0.58	1.7	0.50	1.8	0.90	2.4	0.61	1.9
法定待遇	3.30	9.6	2.56	9.4	3.24	8.5	2.43	7.4
社会保障和医疗	1.93	5.6	1.51	5.6	2.14	5.6	1.81	5.5
社会保障	1.56	4.5	1.21	4.5	1.72	4.5	1.44	4.4
医疗	0.37	1.1	0.29	1.1	0.42	1.1	0.37	1.1
联邦失业保险	0.03	0.1	0.04	0.1	0.04	0.1	0.04	0.1
州失业保险	0.26	0.7	0.20	0.7	0.25	0.7	0.17	0.5
工人赔偿计划	1.08	3.1	0.81	3.0	0.82	2.1	0.41	1.3

资料来源：美国劳工部劳动统计局，《雇主人工成本》报告，2015年12月。

1. 按职业组划分的人工成本情况

2015年12月，管理和专业化职业组的人工成本最高，平均每小时为55.47美元；其中，工资薪水为平均每小时38.01美元（占人工成本的68.5%），福利待遇为平均每小时17.46美元（占人工成本的31.5%）。

2015年12月，服务业职业组的人工成本最低，平均每小时为17.53美元；其中，工资薪水为平均每小时12.45美元（占人工成本的71.0%），福利待遇为平均每小时5.08美元（占人工成本的29.0%）。

2. 按行业组划分的人工成本情况

2015年12月，商品生产行业的人工成本为平均每小时38.21美元；其中，工资薪水为平均每小时25.29美元（占人工成本的66.2%），福利待遇为平均每小时12.92美元（占人工成本的33.8%）。

2015年12月，服务提供行业的人工成本平均每小时32.79美元；其中，工资薪水为平均每小时22.67美元（占人工成本的69.2%），福利待遇为平均每小时10.11美元（占人工成本的30.8%）。

（二）州和地方政府雇员人工成本情况

2015年12月，州政府和地方政府雇员的人工成本为平均每小时44.97美元；其中，工资薪水为平均每小时28.63美元（占人工成本的63.6%），福利待遇为平均每小时16.35美元（占人工成本的36.4%），见表10—7。

表10—7　2015年12月州和地方政府雇员人工成本情况

各项成本	按职业组划分								按行业划分	
	全体雇员		管理和专业化职业		销售和办公室		服务业		服务提供业	
	成本（美元）	百分比（%）	成本（美元）	百分比（%）	成本（美元）	百分比（%）	成本（美元）	百分比（%）	成本（美元）	百分比（%）
总成本	44.97	100.0	54.16	100.0	31.15	100.0	34.09	100.0	45.02	100.0
工资薪水	28.63	63.6	35.87	66.2	18.46	59.3	19.73	57.9	28.69	63.7
福利待遇	16.35	36.4	18.29	33.8	12.69	40.7	14.36	42.1	16.34	36.3
付薪假期	3.23	7.2	3.51	6.5	2.72	8.7	2.96	8.7	3.23	7.2
假期	1.18	2.6	1.12	2.1	1.21	3.9	1.28	3.8	1.18	2.6
节日	0.95	2.1	0.99	1.8	0.85	2.7	0.92	2.7	0.95	2.1
病假	0.85	1.9	1.07	2.0	0.53	1.7	0.60	1.8	0.85	1.9
个人请假	0.25	0.6	0.33	0.6	0.13	0.4	0.15	0.4	0.25	0.6
额外收入	0.37	0.8	0.27	0.5	0.22	0.7	0.62	1.8	0.36	0.8
加班和补助	0.19	0.4	0.08	0.1	0.13	0.4	0.43	1.3	0.19	0.4
轮班	0.04	0.1	0.03	0.1	0.02	0.1	0.09	0.3	0.05	0.1
非生产性奖金	0.13	0.3	0.16	0.3	0.07	0.2	0.10	0.3	0.13	0.3
保险	5.34	11.9	5.82	10.8	4.88	15.7	4.52	13.2	5.35	11.9
人寿保险	0.06	0.1	0.07	0.1	0.05	0.2	0.05	0.2	0.06	0.1
健康保险	5.20	11.6	5.67	10.5	4.77	15.3	4.41	12.9	5.21	11.6
短期丧失工作能力	0.03	0.1	0.04	0.1	0.03	0.1	0.02	0.1	0.03	0.1
长期丧失工作能力	0.04	0.1	0.05	0.1	0.03	0.1	0.03	0.1	0.04	0.1
退休和储蓄	4.78	10.6	5.70	10.5	2.94	9.4	4.06	11.9	4.77	10.6

续表

各项成本	按职业组划分								按行业划分	
	全体雇员		管理和专业化职业		销售和办公室		服务业		服务提供业	
	成本（美元）	百分比（%）	成本（美元）	百分比（%）	成本（美元）	百分比（%）	成本（美元）	百分比（%）	成本（美元）	百分比（%）
待遇确定型	4.40	9.8	5.19	9.6	2.71	8.7	3.84	11.3	4.39	9.7
缴费确定型	0.38	0.8	0.51	0.9	0.22	0.7	0.22	0.6	0.38	0.9
法定待遇	2.63	5.9	2.99	5.5	1.93	6.2	2.20	6.5	2.63	5.8
社会保障和医疗	1.98	4.4	2.39	4.4	1.45	4.7	1.41	4.1	1.98	4.4
社会保障	1.52	3.4	1.82	3.4	1.15	3.7	1.09	3.2	1.52	3.4
医疗	0.46	1.0	0.57	1.0	0.31	1.0	0.33	1.0	0.46	1.0
联邦失业保险										
州失业保险	0.09	0.2	0.09	0.2	0.07	0.2	0.09	0.3	0.09	0.2
工人赔偿计划	0.56	1.2	0.52	1.0	0.41	1.3	0.70	2.1	0.56	1.2

资料来源：美国劳工部劳动统计局，《雇主人工成本》报告，2015年12月。

1. 按职业组划分的人工成本情况

（1）管理和专业化职业组

2015年12月，管理和专业化职业组的人工成本为平均每小时54.16美元；其中，工资薪水为平均每小时35.87美元（占人工成本的66.2%），福利待遇为平均每小时18.29美元（占人工成本的33.8%）。

（2）销售和办公室职业组

2015年12月，销售和办公室职业组的人工成本为平均每小时31.15美元；其中，工资薪水为平均每小时18.46美元（占人工成本的59.3%），福利待遇为平均每小时12.69美元（占人工成本的40.7%）。

（3）服务业职业组

2015年12月，服务业职业组的人工成本为平均每小时34.09美元；其中，工资薪水为平均每小时19.73美元（占人工成本的57.9%），福利待遇为平均每小时14.36美元（占人工成本的42.1%）。

2. 按行业组划分的人工成本情况

2015年12月，服务提供业行业的人工成本为平均每小时45.02美元；其中，工资薪水为平均每小时28.69美元（占人工成本的63.7%），福利待遇为平均每小时16.34美元（占人工成本的36.3%）。

（三）私营部门[1]雇员人工成本情况

2015年12月，私营部门雇员的人工成本为平均每小时31.70美元；其中，工资薪水为平均每小时22.14美元（占人工成本的69.8%），福利待遇为平均每小时9.57美元（占人工成本的30.2%），见表10—8。

表10—8　2015年12月私营部门雇员人工成本情况

各项成本	按职业组划分							
	全体雇员		管理和专业化职业		销售和办公室		服务业	
	成本（美元）	百分比（%）	成本（美元）	百分比（%）	成本（美元）	百分比（%）	成本（美元）	百分比（%）
总成本	31.70	100.0	55.92	100.0	23.70	100.0	14.84	100.0
工资薪水	22.14	69.8	38.75	69.3	17.01	71.7	11.27	75.9
福利待遇	9.57	30.2	17.17	30.7	6.70	28.3	3.57	24.1
付薪假期	2.18	6.9	4.68	8.4	1.50	6.3	0.58	3.9
假期	1.13	3.6	2.47	4.4	0.77	3.2	0.30	2.0
节日	0.66	2.1	1.37	2.4	0.46	1.9	0.18	1.2
病假	0.26	0.8	0.58	1.0	0.19	0.8	0.07	0.5
个人请假	0.12	0.4	0.27	0.5	0.10	0.4	0.03	0.2
额外收入	1.06	3.3	2.26	4.0	0.58	2.4	0.25	1.7
加班和补助	0.26	0.8	0.20	0.4	0.15	0.6	0.10	0.7
轮班	0.06	0.2	0.09	0.2	0.02	0.1	0.05	0.3
非生产性奖金	0.74	2.3	1.97	3.5	0.41	1.7	0.09	0.6
保险	2.54	8.0	4.00	7.1	2.07	8.8	0.91	6.1
人寿保险	0.04	0.1	0.08	0.1	0.03	0.1		
健康保险	2.40	7.6	3.73	6.7	1.98	8.4	0.87	5.9
短期丧失工作能力	0.06	0.2	0.10	0.2	0.04	0.2	0.02	0.1
长期丧失工作能力	0.05	0.1	0.09	0.2	0.03	0.1		
退休和储蓄	1.25	4.0	2.52	4.5	0.68	2.9	0.26	1.8
待遇确定型	0.55	1.7	0.97	1.7	0.23	1.0	0.11	0.7
缴费确定型	0.70	2.2	1.55	2.8	0.46	1.9	0.15	1.0
法定待遇	2.53	8.0	3.71	6.6	1.86	7.8	1.58	10.7

[1] 私营部门雇员不包括自营就业者、农业从业者、私营家庭工人。

续表

各项成本	按职业组划分							
	全体雇员		管理和专业化职业		销售和办公室		服务业	
	成本（美元）	百分比（%）	成本（美元）	百分比（%）	成本（美元）	百分比（%）	成本（美元）	百分比（%）
社会保障和医疗	1.84	5.8	3.15	5.6	1.42	6.0	0.98	6.6
社会保障	1.47	4.6	2.49	4.5	1.14	4.8	0.79	5.3
医疗	0.37	1.2	0.66	1.2	0.28	1.2	0.19	1.2
联邦失业保险	0.04	0.1	0.04	0.1	0.04	0.2	0.05	0.3
州失业保险	0.20	0.6	0.21	0.4	0.18	0.8	0.18	1.2
工人赔偿计划	0.46	1.4	0.32	0.6	0.22	0.9	0.38	2.5

各项成本	按职业组划分				谈判单位状况			
	自然资源、建筑和维护		生产、运输和材料搬运		工会		无工会	
	成本（美元）	百分比（%）	成本（美元）	百分比（%）	成本（美元）	百分比（%）	成本（美元）	百分比（%）
总成本	33.94	100.0	26.82	100.0	45.28	100.0	30.38	100.0
工资薪水	22.97	67.7	17.67	65.9	27.20	60.1	21.64	71.2
福利待遇	10.97	32.3	9.15	34.1	18.08	39.9	8.73	28.8
付薪假期	1.72	5.1	1.59	5.9	3.11	6.9	2.09	6.9
假期	0.89	2.6	0.81	3.0	1.60	3.5	1.09	3.6
节日	0.57	1.7	0.53	2.0	0.92	2.0	0.63	2.1
病假	0.17	0.5	0.18	0.7	0.43	0.9	0.25	0.8
个人请假	0.10	0.3	0.06	0.2	0.17	0.4	0.12	0.4
额外收入	1.03	3.0	0.98	3.6	1.47	3.3	1.02	3.3
加班和补助	0.70	2.1	0.54	2.0	0.90	2.0	0.20	0.7
轮班	0.04	0.1	0.08	0.3	0.18	0.4	0.05	0.1
非生产性奖金	0.29	0.9	0.36	1.3	0.38	0.8	0.77	2.5
保险	3.01	8.9	2.87	10.7	6.06	13.4	2.20	7.2
人寿保险	0.04	0.1	0.04	0.1	0.07	0.2	0.04	0.1
健康保险	2.85	8.4	2.70	10.1	5.69	12.6	2.08	6.8
短期丧失工作能力	0.09	0.3	0.06	0.2	0.18	0.4	0.05	0.2
长期丧失工作能力	0.03	0.1	0.07	0.3	0.12	0.3	0.04	0.1

续表

各项成本	按职业组划分				谈判单位状况			
	自然资源、建筑和维护		生产、运输和材料搬运		工会		无工会	
	成本（美元）	百分比（%）	成本（美元）	百分比（%）	成本（美元）	百分比（%）	成本（美元）	百分比（%）
退休和储蓄	1.83	5.4	1.15	4.3	3.83	8.5	1.00	3.3
待遇确定型	1.22	3.6	0.64	2.4	2.88	6.4	0.32	1.1
缴费确定型	0.61	1.8	0.51	1.9	0.95	2.1	0.68	2.2
法定待遇	3.37	9.9	2.56	9.5	3.60	7.9	2.43	8.0
社会保障和医疗	1.95	5.7	1.50	5.6	2.29	5.0	1.80	5.9
社会保障	1.58	4.6	1.21	4.5	1.83	4.0	1.44	4.7
医疗	0.37	1.1	0.29	1.1	0.46	1.0	0.36	1.2
联邦失业保险	0.04	0.1	0.04	0.1	0.04	0.1	0.04	0.1
州失业保险	0.27	0.8	0.20	0.7	0.26	0.6	0.19	0.6
工人赔偿计划	1.12	3.3	0.82	3.0	1.02	2.2	0.40	1.3

资料来源：美国劳工部劳动统计局，《雇主人工成本》报告，2015年12月。

1. 按职业组划分的人工成本情况

2015年12月，管理和专业化职业组的人工成本最高，平均每小时为55.92美元；其中，工资薪水为平均每小时38.75美元（占人工成本的69.3%），福利待遇为平均每小时17.17美元（占人工成本的30.7%）。

2015年12月，服务业职业组的人工成本最低，平均每小时为14.84美元；其中，工资薪水为平均每小时11.27美元（占人工成本的75.9%），福利待调为平均每小时3.57美元（占人工成本的24.1%）。

2. 按谈判单位状况划分的人工成本情况

（1）由工会代表进行进行谈判的人工成本情况

2015年12月，由工会代表进行谈判的人工成本平均每小时为45.28美元；其中，工资薪水为27.20美元（占人工成本的60.1%），福利待遇为平均每小时18.08美元（占人工成本的39.9%），见表10—8。

（2）无工会代表进行谈判的人工成本情况

2015年12月，无工会代表进行谈判的人工成本平均每小时为30.38美元；其中，工资薪水为21.64美元（占人工成本的71.2%），福利待遇为平均每小时 8.73 美元（占人工成本的 28.8%）。

四、最低工资工人情况[1]

2014 年，7 720 万名 16 岁及以上劳动者按小时获得报酬[2]，占工薪雇员的 58.7%。其中，130 万名雇员按联邦最低工资水平获取报酬，即每小时 7.25 美元；170 万名工薪雇员的收入低于最低工资水平，因此，小时收入[3]不高于最低工资水平的工薪雇员总数为 300 万人，占按小时获得报酬雇员总数的 3.9%。1979 年以来联邦最低工资见表 10—9。

表 10—9　　1979 年以来联邦最低工资

联邦最低工资（美元）	生效日期
2.90	1979 年 1 月 1 日
3.10	1980 年 1 月 1 日
3.35	1981 年 1 月 1 日
3.80	1990 年 4 月 1 日
4.25	1991 年 4 月 1 日
4.75	1996 年 10 月 1 日
5.15	1997 年 9 月 1 日
5.85	2007 年 7 月 24 日
6.55	2008 年 7 月 24 日
7.25	2009 年 7 月 24 日

注：若当年调整最低工资水平，在计算当年最低工资工人数量时，将反映该变化。例如，2009 年 1—7 月小时工资不超过 6.55 美元的工人以及 8—12 月小时工资不超过 7.25 美元的工人都被视为最低工资工人。

资料来源：美国劳工部劳动统计局，《最低工资工人特征》报告。

〔1〕 本部分内容根据美国劳工部劳动统计局 2015 年 4 月发布的《最低工资工人特征》报告编译。此处的最低工资指的是联邦最低工资。美国雇员周收入数据来自《当前人口调查》（*Current Population Survey*）。该调查每月对抽样得出的遍布全美 50 个州和哥伦比亚特区的 6 万家住户进行劳动力、就业和失业等基本信息进行调查。其中，1/4 的样本作为收入数据的采集对象，并仅限定在工薪工作人员范围内，不包括自营就业者。

〔2〕 按小时获得报酬是指被调查者告知调查员，他们的收入是按照小时计发。计算按小时获得报酬的工人数量时，包括全日制工人和非全日制工人。非全日制工人是指每周工作时间不满 35 小时的劳动者。

〔3〕 小时收入是指按小时获得报酬的工薪雇员，其唯一或主要工作的小时收入，不包括加班费、佣金、小费等收入。

(一) 最低工资工人的年龄、性别、种族特征

最低工资工人较为年轻，接近半数不满 25 岁。在 16～19 岁按小时获得报酬的雇员中，15%是最低工资工人。在按小时获得报酬的雇员中，5%的女性小时工资不高于最低工资水平，男性这一比例为 3%。在最低工资工人中，种族差异不明显。

(二) 教育程度和婚姻状况

在按小时获得报酬的雇员中，学历高低与收入水平呈正相关关系。其中，未获得高中文凭的雇员，有 7%是最低工资工人；高中学历雇员中有 4%是最低工资工人；大专学历雇员中有 4%是最低工资工人；大学学历雇员有 2%是最低工资工人。从婚姻状况看，未结婚者中有 7%是最低工资工人，已婚者这一比例为 2%。

(三) 职业与行业

10%的非全日制雇员是最低工资工人，高于全日制雇员（2%）。10%的服务业从业人员是最低工资工人。约有 2/3 的最低工资工人受雇于服务业，集中在食品加工及服务相关行业。

各行业中雇用最低工资工人比例最高的是娱乐休闲和招待业（18%）。超过半数的最低工资工人在该行业就业，集中在餐馆和其他食品服务行业。小费是该行业雇员获得额外收入的主要补充。

第十一章

英　国

第一节　英国概况

英国，全称大不列颠及北爱尔兰联合王国。英国本土位于欧洲大陆西北面的不列颠群岛，被北海、英吉利海峡、凯尔特海、爱尔兰海和大西洋包围。它是由大不列颠岛上的英格兰、苏格兰和威尔士，以及爱尔兰岛东北部的北爱尔兰以及一系列附属岛屿共同组成的一个西欧岛国。除了英国本土之外，还包括 14 个海外领地。国土面积 24.41 万平方千米（包括内陆水域）。其中英格兰地区 13.04 万平方千米，苏格兰 7.88 万平方千米，威尔士 2.08 万平方千米，北爱尔兰 1.41 万平方千米。

英国经济实力雄厚，是全球主要贸易国和金融中心，是欧洲继德国和法国之后的经济大国。2008 年英国经济受到全球金融危机冲击，房价下跌、债务高企以及全球经济衰退成为英国经济面临的重要问题，导致了英国经济从 2008 年下半年开始衰退，并促使当时的布朗政府出台了一系列刺激经济和稳定金融市场的政策。在公共财政赤字和债务上升的情况下，2010 年卡梅伦领导的联合政府推出了紧缩计划，延续至今。但是，英国财政赤字水平仍属七国集团（G7）中最高之一，2015 年年中达到 GDP 的 5.1%。英国计划在 2020 年前通过进一步削减公共开支和福利待遇，减少财政赤字。2013 年英国 GDP 增长率为 1.7%，2014 年达到 2.8%，2015 年估计为 2.5%。用购买力平价计算，2015 年英国 GDP 为 2.66 万亿美元，全球排名第十位。

截至 2015 年 7 月，英国人口数量为 64 088 222 人，总和生育率为 1.89，出生人口男女性别比为 1.05。从年龄结构来看，0～14 岁占 17.37%，15～24 岁占 12.41%，25～54 岁占 40.91%，55～64 岁占 11.58%，65 岁及以上占 17.73%。老龄化程度较高，全部人口中位数年龄为 40.4 岁，人口出生时预期寿命为 80.54 岁，其中男性 78.37 岁，女性 82.83 岁。英国人口城镇化率为 82.6%。

第二节　英国的就业[1]

一、总体就业情况

图 11—1 显示了自 1971 年有可比记录以来，年龄为 16～64 岁人口就业率情况。在 20 世纪 80 年代初经济衰退期间，1983 年就业率最低，为 65.6%；自 2012 年年初以来，就业率一直逐步上升，2015 年 11 月—2016 年 1 月就业率与历史最高点持平，达 74.1%。图 11—2 显示了近 5 年就业率情况。

2015 年 11 月—2016 年 1 月，年龄为 16～64 岁人口就业率为 74.1%，高于 2015 年 8—10 月的 73.9%和上年同期的 73.3%，并与自 1971 年就业率有可比记录以来的历史最高点持平。

2015 年 11 月—2016 年 1 月，年龄为 16～64 岁的男性和女性就业率分别为 79.2%和 69.1%。与 2015 年 8—10 月和上年同期相比，男性和女性就业率均有所提高，而且男性就业率略高于 2008—2009 年危机前 2007 年年末至 2008 年年初的峰值 79.1%，女性就业率与 1971 年有可比记录以来的历史最高纪录持平。

---

〔1〕 本节主要摘译自英国国家统计局《人力资源市场季度调查》报告。自 1992 年起，英国国家统计局开展“人力资源市场季度调查”，定期公布人力资源市场有关数据。数据为每月公布之日上个月之前的 3 个月平均值，抽样调查样本规模是 41 000 家住户。英国人力资源市场数据中有关就业、失业、非经济活动人口等概念符合国际劳工组织的标准。例如，经济活动人口包括就业与失业人员。就业人员是指在调查报告期内至少工作了 1 小时的 16 岁以上人员，或临时休假的人员；失业人员是指那些没有工作，但在过去 4 周里积极寻找工作，并且能够在未来 2 周开始工作的 16 岁以上人员。非经济活动人口是指不寻找工作的 16 岁以上人员，主要是照看家庭、长期生病或身有残疾、退休的人员。

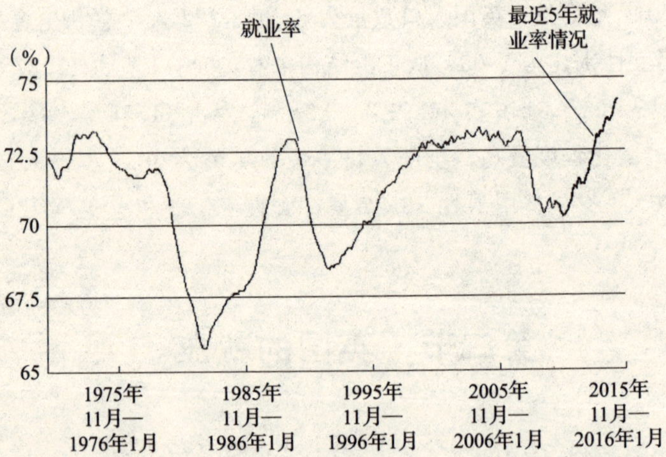

图 11—1　1971 年 1—3 月至 2015 年 11 月—2016 年 1 月就业率情况（16～64 岁人口，经季节调整）

资料来源：英国国家统计局，《人力资源市场季度调查》报告。

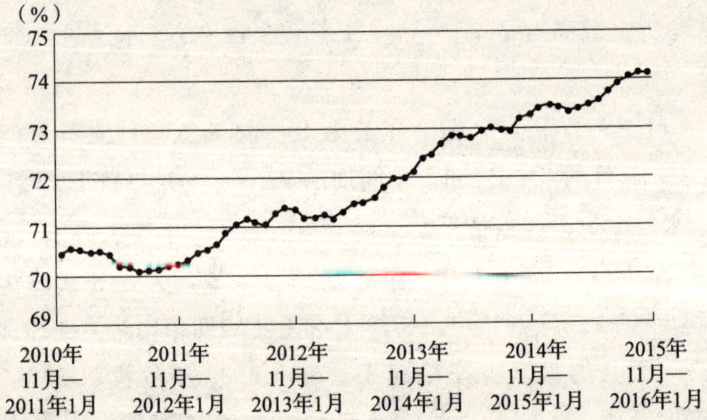

图 11—2　2010 年 11 月—2011 年 1 月至 2015 年 11 月—2016 年 1 月就业率情况（16～64 岁人口，经季节调整）

资料来源：英国国家统计局，《人力资源市场季度调查》报告。

2015 年 11 月—2016 年 1 月，年龄在 16 岁及以上人口的就业人数为 3 142 万人，与 2015 年 8—10 月相比增加了 11.6 万人，与上年同期相比增加了 47.8 万人。

与上年同期相比，2015 年 11 月—2016 年 1 月，男性和女性从事全日制和非全日制工作的人数变化情况如图 11—3 所示。[1]

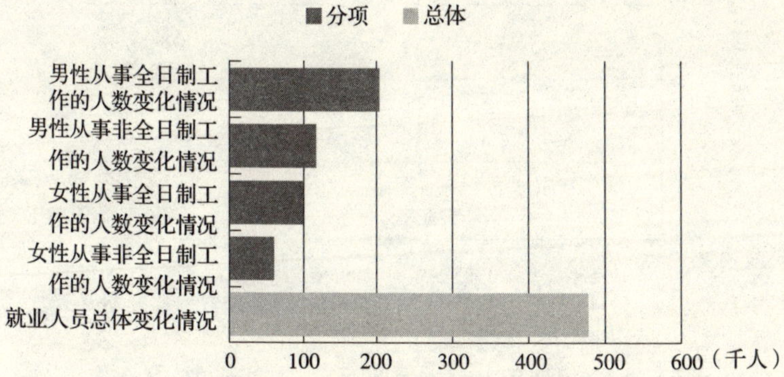

图 11—3 与上年同期相比，2015 年 11 月—2016 年 1 月就业人数变化情况（经季节调整）

资料来源：英国国家统计局，《人力资源市场季度调查》报告。

与上年同期相比，2015 年 11 月—2016 年 1 月：雇员人数增加了 39.9 万人，总数为 2 659 万人；自雇就业人员增加了 10.6 万人，总数为 463 万人；无报酬家庭工减少了 1.7 万人，总数为 9.7 万人；参加政府资助培训和就业项目而被认定的就业人员（不包括雇员和自雇就业人员）减少了 0.9 万人，总数为 9.7 万人。

二、失业情况

图 11—4 显示了自 1971 年有可比记录以来 16 岁及以上人口失业率情况。可以看到，1973 年年末至 1974 年年初失业率最低，为 3.4%；失业率峰值出现在 1984 年，当时处于 20 世纪 80 年代初经济衰退期，达 11.9%；2015 年 11 月—2016 年 1 月失业率是 5.1%。图 11—5 显示了近 5 年失业率变化情况。

---

〔1〕 就业术语注释如下：

（1）就业包括雇员、自谋职业人员、无报酬家庭工和参加政府资助培训和就业项目人员。

（2）无报酬家庭工是指那些从事家庭生意、没有正式收入，但从中受益的人。

（3）政府支持的培训和就业计划的有关数字未包括参加计划的所有人员，只包括雇员和自雇人员以外的，从事任何形式的工作，或以取得经验为目的的工作，或参加与工作相关的培训的人员。参与这类培训计划，但未从事任何形式的工作，或并非以取得经验为目的的工作，或未从事与工作相关的培训的人员不被纳入就业人数，而是被定义为失业人员或非经济活动人口。

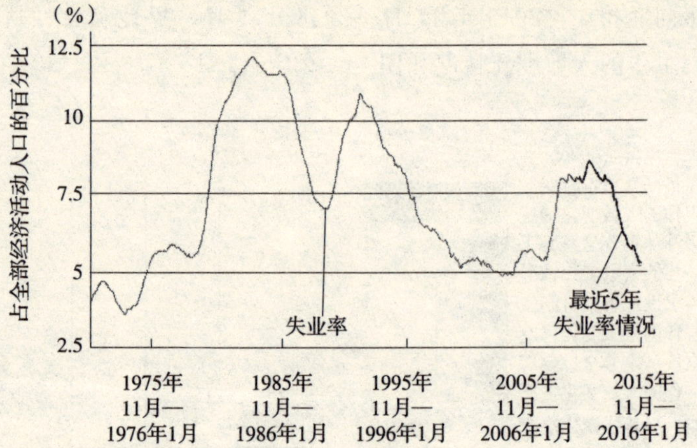

图 11—4　1971 年 1—3 月至 2015 年 11 月—2016 年 1 月

失业率情况（16 岁及以上人口，经季节调整）

资料来源：英国国家统计局，《人力资源市场季度调查》报告。

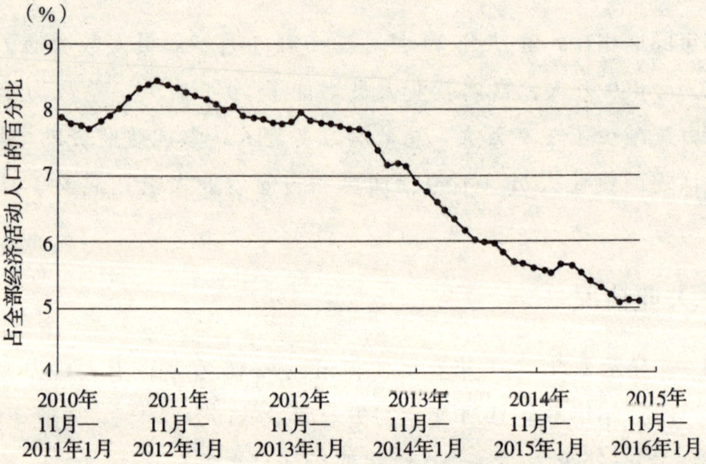

图 11—5　2010 年 11 月—2011 年 1 月至 2015 年 11 月—2016 年 1 月

失业率情况（16 岁及以上人口，经季节调整）

资料来源：英国国家统计局，《人力资源市场季度调查》报告。

2015 年 11 月—2016 年 1 月，16 岁及以上人口失业率为 5.1%，低于上个季度（2015 年 8—10 月）的 5.2%和上年同期的 5.7%，略低于经济衰退前低谷 2007 年年末至 2008 年年初的 5.2%。最近一次低于 5.1%的失业率是在 2005 年 8—10 月。

2015年11月—2016年1月，失业总数为168万人，与2015年8—10月和上年同期相比，分别减少了2.8万人和17.1万人。其中，男性失业人数为92.3万人，与2015年8—10月相比减少了1.6万人，与上年同期相比减少了10.2万人；女性失业人数为76.2万人，与2015年8—10月和上年同期相比，分别减少了1.2万人和6.9万人。

2015年11月—2016年1月，按失业期划分的失业人数情况：失业期6个月以内的为94.8万人，与上年同期变化不大；失业期6～12个月的为25.7万人，比上年同期减少了2.5万人；失业期超过1年的为48.0万人，比上年同期减少了14.9万人。

三、非经济活动人口[1]

图11—6显示，在20世纪80年代初衰退期间，非经济活动率于1983年达到历史峰值25.9%。随着20世纪80年代末经济好转，非经济活动率步入下降通道，于1989年年末和1990年达到历史低谷21.7%。随后，20世纪90年代初的经济衰退又推动其回升。继2008—2009年衰退期间非经济活动率上升之后，总体上呈下行趋势。

自1971年有可比记录以来，男性的非经济活动率逐渐上升，女性非经济活动率逐渐下降。图11—7显示了近5年非经济活动率变化情况。

2015年11月—2016年1月，16～64岁人口非经济活动率21.8%，低于上年同期的22.2%，略高于最低记录值1990年7—9月的21.7%。

2015年11月—2016年1月，非经济活动人口有889万人，比2015年8—10月减少4万人，比上年同期减少13.6万人。非经济活动人口中人数最多的两类群体是学生和照顾家庭人员（分别占总人数的1/4）；列在第三位和第四位的是长期患病人员（占总数的23.4%）和退休人员（占总数的13.1%）。

2015年8—10月，非经济活动人口（16～64岁）的组成情况：学生223万人，比上年同期减少了9.3万人；照顾家庭人员226万人（其中妇女201万人），比上年同期减少了5.2万人；长期患病人员208万人，比上年同期增

〔1〕 非经济活动人口是指没有就业，但不符合国际上承认的失业定义的人员，因为这些人在过去4周中未积极寻找工作，且不能在今后2周内从事工作。

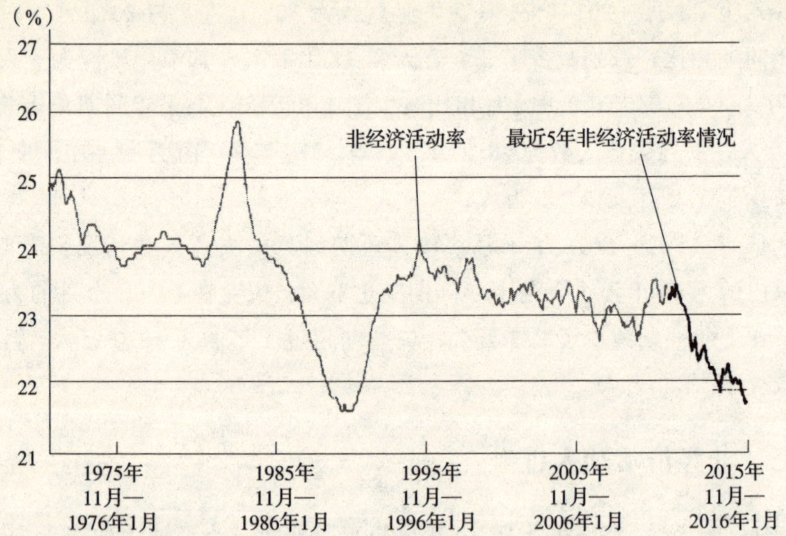

图 11—6　1971 年 1—3 月至 2015 年 11 月—2016 年 1 月非经济活动率情况（16～64 岁人口，经季节调整）

资料来源：英国国家统计局，《人力资源市场季度调查》报告。

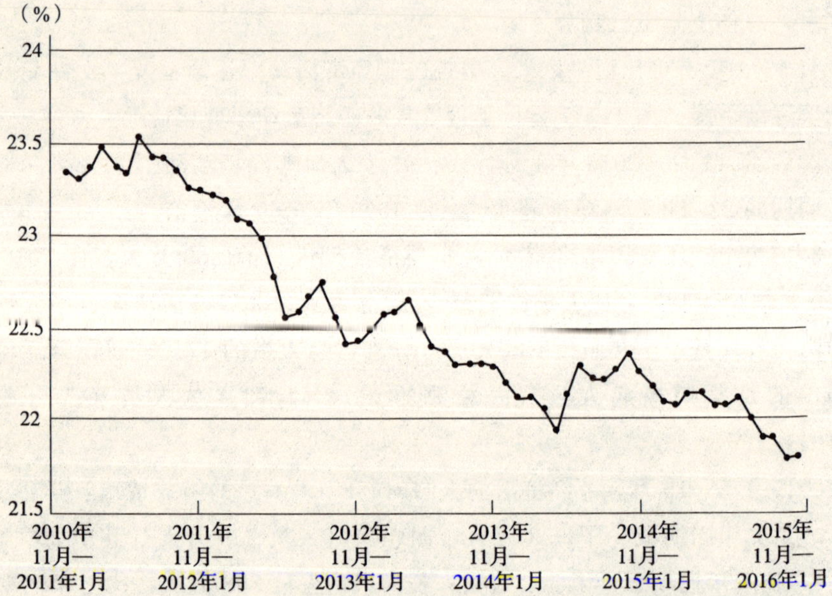

图 11—7　2010 年 11 月—2011 年 1 月至 2015 年 11 月—2016 年 1 月非经济活动率情况（16～64 岁人口，经季节调整）

资料来源：英国国家统计局，《人力资源市场季度调查》报告。

加了7万人；退休人员117万人，比上年同期减少了11.2万人。如图11—8所示，自2011年年末以来，65岁以下退休人数总体上有所减少，部分原因是由于女性法定退休年龄的改变，导致60～65岁妇女退休人数减少。

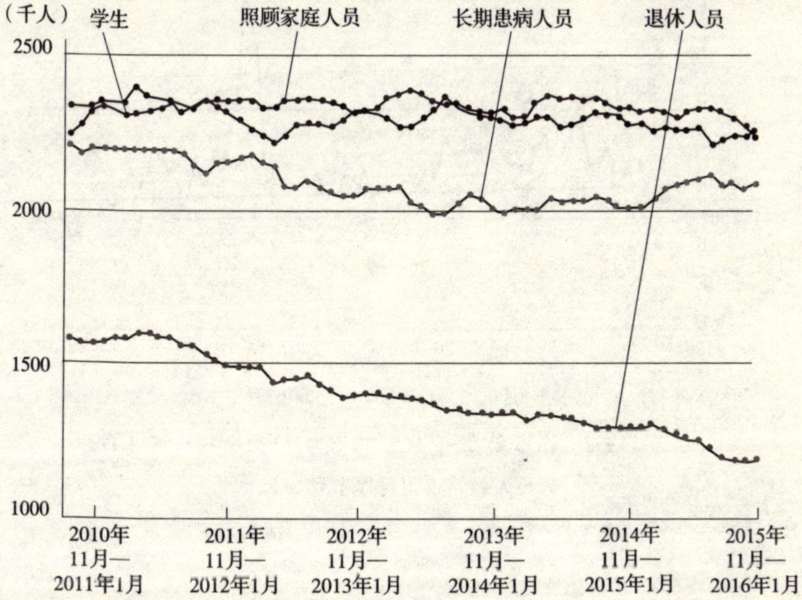

图11—8　2010年11月—2011年1月至2015年11月—2016年1月按原因划分的非经济活动率情况（16～64岁人口，经季节调整）

资料来源：英国国家统计局，《人力资源市场季度调查》报告。

四、裁员

2015年11月—2016年1月，人力资源市场调查访谈统计的裁员人数为11.1万人，与2015年8—10月和上年同期相比基本不变。图11—9显示了自1995年3—5月有可比记录以来的裁员人数变化情况。

五、空缺岗位[1]

2015年12月—2016年2月，共有76.8万个空缺岗位，比2015年9—11月增加了1万个，比上年同期增加了2.6万个。图11—10显示了自2001年有可比记录以来的空缺岗位情况。

〔1〕空缺岗位是指雇主在其企业或组织之外积极招聘合适人选以填充的职位。

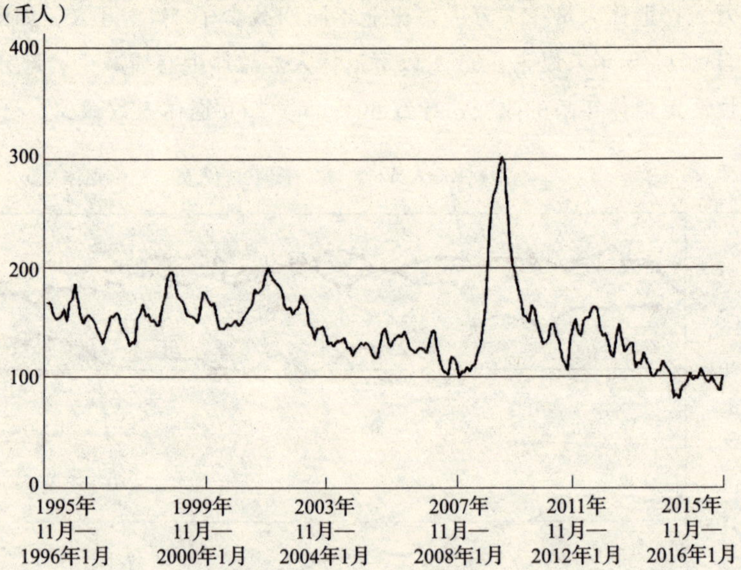

图 11—9　1995 年 3—5 月至 2015 年 11 月—2016 年 1 月

裁员人数情况（经季节调整）

资料来源：英国国家统计局，《人力资源市场季度调查》报告。

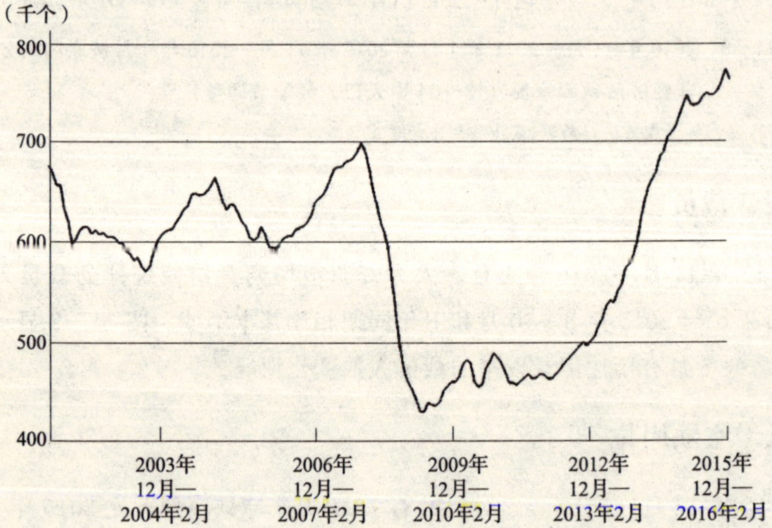

图 11—10　2001 年 4—6 月至 2015 年 12 月—2016 年 2 月

空缺岗位情况（经季节调整）

资料来源：英国国家统计局，《空缺岗位调查》报告。

第三节 英国的社会保障

一、养老保障改革[1]

近年来英国养老保障制度出现的改革特点和趋势如下：

一是新设计的养老金制度可以提供充足的退休收入，并且财务上是可持续的。总体来说，目前英国 66 岁以上老年人的相对平均收入（相对于全部人口来说）在经合组织国家中属于最低之一。但是，英国的老年贫困率却远低于经合组织平均水平，且仅略高于英国总体贫困率。从 2016 年开始，为了提高养老金充足性，英国目前的基本养老金和国家第二养老金将合并为新的国家养老金（nSP)。它将给那些目前无法获得全额国家第二养老金的人群（包括自雇者、低收入者、职业生涯不连续者）提供更好的安全保障，但高收入者的待遇会降低。将来获得全额国家养老金的最低缴费年限是 35 年，比目前高出 5 年，但待遇水平也会比目前的基本养老金和低保养老金更高。私人养老金计划中将自动加入机制引入到职业年金计划中，包括国家职业储蓄信托(National Employment Savings Trust，NEST)。NEST 是一个低成本、工作相关、DC 型的养老金计划。更高的基本养老金，再加上自愿养老金计划，预计可以使低收入者的长期替代率升高。

二是一次性提取年金将导致劳动者退休后没有足够的收入。NEST 在 2012 年建立，政府已经宣布退休者有更大的自由权去使用他们的养老金储蓄。目前这笔储蓄的 25%可以在 60 岁以后一次性免税提取。从 2015 年 4 月开始，提取年龄降低到 55 岁，将来提高到与退休年龄一致。未来退休者可以一次性提取全部储蓄额，并且其中的 25%仍然是免税的。因此，政府应当确保退休者明白，不领取年金将无法在退休后获得稳定的收入，因为一旦一次性提取的储蓄花完以后将无法提供财务保障。

三是随着退休年龄与预期寿命增长挂钩，将来工作到 70 岁将更加普遍。到 2020 年，英国国家养老金的领取年龄男女均为 66 岁，到 2028 年 4 月前提高到 67 岁。英国政府已经引入了一个未来退休年龄变化的评估机制，第一份

[1] 本部分主要摘译自 OECD 报告《2015 年养老金状况概览》(*Pensions at a Glance 2015*)。

报告将在2017年5月发布。以后每5年就将对退休年龄做一次评估。目前英国劳动者实际退出劳动力市场的平均年龄是男性64岁、女性63岁。

四是普及养老金知识和适应劳动力市场变化将是重要的政策议题。英国养老金制度设计的初衷是既确保给低收入者或无能力缴费者提供安全网，又能够在退休决策中鼓励独立和个人控制。但是，让劳动者自己来评估未来养老金的充足性，从而选择退出劳动力市场的年龄，是有风险的。如果对金融市场和成本，以及投资和年金的复杂程度没有充分了解，劳动者可能倾向于选择一次性提取。这可能对有些人没问题，但对很多活到八九十岁的老人来说肯定是有很大财务压力。而且，英国55～64岁年龄段人口的劳动参与率男性是70%，女性是55%，仅略高于经合组织平均水平。随着法定退休年龄提高，劳动参与率会自然提高，尤其是女性。但是，为了确保老年劳动者还能参与劳动，政策制定者必须确保有些劳动者，特别是需要体力劳动的岗位，能够留在现有岗位上，或者能够通过培训，转到别的岗位上。

二、医疗保障改革[1]

英国与大多数西方发达国家一样，医疗卫生系统正面临一些根本性变化：第一，患者医疗服务需求和个人偏好发生变化。长期慢性病大约占医疗卫生预算支出的70%。同时，许多患者希望对自身病情能更加了解，能参与到治疗过程中来。这对于传统的患者与医生的划分是个挑战，但对于通过预防和自我保健而实现的健康管理也是个机会。第二，治疗方式、技术和服务提供方式发生变化。医疗服务技术的进步正在改变医护人员预测、诊断和治疗疾病的能力，新的治疗方法不断涌现。在医疗服务提供方式上，有更好的组织方式出现，打破医院与初级保健之间、医疗与社会保健之间、全科与专科之间的人为界限。第三，医疗卫生融资增长发生变化。考虑到全球经济危机的后遗症，大多数西方发达国家在未来数年将继续面临财政预算压力，因此也不能指望英国国家医疗服务体系（NHS）支出增长能够像20世纪最初10年那样，保持年均6%～7%的实际增长。

如果不采取切实可行、可持续的措施，英国未来医疗保障领域将不可避免出现三个缺口。一是卫生与健康缺口。如果英国不能严肃对待健康预防，

---

〔1〕 本部分摘译自英国国家医疗服务体系（NHS）的报告《五年后展望》（*Five Year Forward View*）。

那么近期取得的预期寿命延长的进步将会停止，医疗卫生不平等将扩大，用于支持新治疗方式的资金将会被本可以避免的疾病给挤占掉。二是保健与质量缺口。除非英国可以重塑医疗服务提供方式，充分利用技术，减少医疗服务提供质量和安全的波动，否则患者不断变化的需求将无法得到满足，本可以治愈的患者将受到伤害，无法接受的医疗服务结果波动将持续存在。三是融资与效率缺口。如果有限的资金不能高效使用，那么结果将是更差的服务、更少的医护人员、赤字以及对新治疗方式的限制。

因此，针对这三个缺口，英国提出了相应的应对方案。

在公共卫生和健康方面，英国始终高度重视预防，认为其是减少医疗费用支出、提高国民健康水平的重要手段，但英国在肥胖率、烟民、酗酒、糖尿病等指标上仍然形势严峻。为此，英国未来将采取以下主要措施：一是严肃对待健康预防。数百万儿童未来的健康、国家医疗服务体系的可持续性和英国经济繁荣都取决于预防和公共卫生的急剧提高。未来将鼓励和支持更健康的生活方式、发挥地方政府在公共卫生上的更大作用、更有针对性的预防、国家医疗服务体系支持人们更健康地工作、提高工作场所卫生等。二是提升患者自我保健的能力。如果方法得当，即使占用医疗服务资源最多的慢性病患者，也可以减少与医护人员的接触时间。这些方法包括利用信息技术获取个人健康记录的便利性、加强健康教育和日常保健知识、扩大自由选择医疗服务机构的权利等。三是让社区参与进来。2/3 的住院病人超过 65 岁，超过 1/4 的病人患有老年痴呆，因此家属看护对整个国家医疗服务体系的可持续性发挥了重要作用，未来要加强对家属看护的支持。同时，鼓励社区志愿者服务，加强国家医疗服务体系与慈善机构和志愿者组织的合作，发挥好国家医疗服务体系作为雇主的作用。

在提供医疗服务质量方面，英国将主要对医疗服务提供方式进行一系列变革。英国国内认为，对初级保健、社区服务和医院的传统划分，已经日益成为患者需要个性化、协作化医疗服务的障碍。与全科医生和医院严格划分相类似，社会保健和精神健康服务划分也是泾渭分明，而患者正日益需要所有三种服务。在未来五年及更远的未来，英国将日益需要解除这种传统藩篱。长期慢性病是国家医疗服务体系的一项中心工作，满足这些需求需要与患者长期合作，而不是一次性的、单学科的服务。因此，英国在医疗服务提供方式上已经达成广泛共识，包括：管理医疗服务系统，而不仅是管理机构；门诊在国家医疗服务体系中将占有更重要的位置；医疗服务需要融合以适应患者需要，如癌症患者同时需要精神健康和社会保健服务；对新的医疗服务提供方式进行评估，提高医疗资金使用效率。尤其是初级保健服务在国家医疗服务体系中占有重要地位，英国未来将继续加强，并不断创新服务提供方式，方向之一是扩大初级保健机构的服务能力，将医院服务部分职能下沉。

除了上述方面外，英国还将在以下方面出台措施，包括：继续支持医疗服务购买方式的创新，尝试与地方政府联合购买；加强中央不同医疗服务管理部门之间的协作，减轻对国家医疗服务体系地方一线部门不必要的压力和负担；培养一支高效、负责的医护人员队伍；积极利用信息革命成果，加大医疗服务信息基础设施建设，利用信息技术手段提高医疗服务效率；加快医疗服务技术创新和医疗产品研发，提供一流的医疗服务水平；提高医疗卫生资金使用效率。在未来五年每年资金缺口将近300亿英镑的情况下，除了在医疗服务需求端采取更加积极主动的预防措施外，在医疗服务供给端，也要加强效率提升。

第四节　英国的产业关系〔1〕

一、背景情况

（一）法律背景

有许多法律涉及英国雇佣和工会法，其中最为重要的是《工会和劳动关系（联合）法1992》，它界定了与工会有关的概念以及如何运行。《雇佣关系法1999》又制定了法定工会认可程序。集体协商并不由英国劳动法规定。各方自愿进行集体协商，集体协商的结果不具有法律约束效力。但如果集体协商结果写入个人雇佣合同，则它就具有法律约束效力。2014年，英国集体协商和代表的相关法律没有大的变动，但工会提交的工会法修改建议仍在由议会审议中。

（二）产业关系背景

英国产业关系从传统来看，其特点是社会各方的自愿参与，以及政府最

〔1〕本节主要摘译自欧洲改善生活与工作条件基金会（Eurofound）的《英国：工作生活国别报告》。

低限度的干预。其分散化程度很高，有关集体协商的合作程度很低，协商主要在工厂或公司层面。20 世纪 80 年代，保守党政府采取了反工会的态度，对工会参与产业关系的能力施加限制，并对许多公共部门进行了私有化。这一时期，许多私营部门的行业集体协商取消了，工会会员数量显著下滑。1997 年上台的新工党政府对工会采取了更加柔和的态度。自 2010 年联合政府上台以来，工会挑战雇主行为的能力受到了限制，和解协议得到促进。

二、工会

英国工会本身并不享有罢工的权利；相反，它们受到普通民事法律某种程度上非常严格的保护。英国存在法律认证程序，允许工会获得雇主正式承认，只要它们有足够的会员或者在工厂有足够的支持。

英国国家统计局数据显示，英国私人部门工会密度为 14.4%，公共部门工会密度为 55.4%。英国目前工会总体密度在 25%左右（见表 11—1）。而在 1980 年高峰时达到 56.3%。从 2004 年开始，工会密度出现下降。私人部门工会密度从 17.3%下降到 14.4%，公共部门工会密度从 58.8%下降到 55.4%，总体工会密度从 28.8%下降到 25.6%。英国唯一的工会联合会是 TUC，代表 52 家工会，会员人数为 5 814 836 人（2015 年数据）。但 TUC 没有权力组织任何层次上的集体协商。近年英国工会会员数量减少，为此有些工会进行了合并。

表 11—1　近年来英国工会密度及会员数量变化情况

	2010 年	2011 年	2012 年	2013 年
工会密度（%）	26.4	25.6	25.8	25.4
会员数量（千人）	6 680	6 621	6 538	6 445

三、雇主组织

与 TUC 相对应的雇主组织是英国工业联合会（CBI）。与 TUC 一样，CBI 也没有权力组织集体协商，并约束其会员。作为与政府对话的主要渠道，CBI 代表的是私营企业。它的会员既包括个体公司的直接会员，也包括商会（大约 150 家）。CBI 声称其代表英国 24 万家企业的利益。其他雇主组织还有英国商会（BCC）、小企业联合会（FSB）和私人企业论坛（FPB）等。目前还参与社会事务和就业事务的雇主组织包括英国工程雇主联合会（EEF）和当地政府协会（LGA）。英国雇主组织密度在30%～40%之间。与工会相比，有关雇主组织的信息较为缺乏。

四、集体协商

在英国，确定工资和工时的主要层次是公司或工厂层面。在公共部门以及少部分私营部门，会有行业层面的集体协商。在一些公共部门，薪酬水平由薪酬评估机构（PRBs）确定，并向政府建议。从传统上看，政府一般都会接受薪酬评估机构的建议，不过近年来针对国家医疗服务体系的建议工资被政府拒绝接受，由此引发了罢工。

英国并没有全国层面的跨部门的集体协商，也并没有这个传统，除了70年代非常短暂的一个时期。2011年，英国集体协商覆盖率为31.2%。公共部门和私营部门之间差距较大。其中，2012年公共部门集体协商覆盖率为67.8%，私营部门为16.9%。与英国自愿主义传统相一致，集体协商是一个自愿的工具，没有法律约束力，只有道德和荣誉约束力。只有将集体协商结果写入个人雇佣合约，它才具有法律效力。

五、劳动争议

2016年1月发生了9起罢工事件，损失了2万个工作日。2016年1月的大部分工作日损失是来源于英格兰国家卫生服务中心的初级医生的1日罢工。2016年1月的前12个月累计有113起罢工事件，损失了16.7万个工作日（见图11—11）。自1931年12月有可比记录以来，12个月累计的工作日损失最高值出现在1980年4月的前12个月，达到3 220万个工作日；最低值出现在2011年3月的前12个月，为14.3万个工作日。从20世纪30年代以来的更长时间序列看，目前的工作日损失处于历史低位。

六、工时[1]

2015年11月—2016年1月，周总工时数为10.1亿小时，与2015年8—10月相比增加了1 030万小时，增幅为1.0%；与上年同期相比增加了1 360

〔1〕 实际工时测量的是经济部门实际工作的小时数。

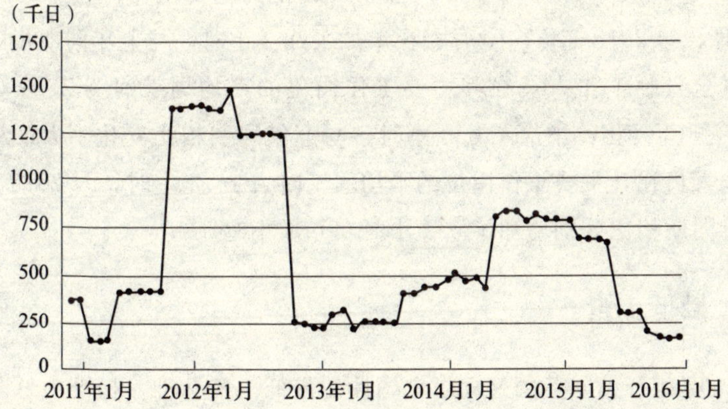

图 11—11　2011 年 1 月—2016 年 1 月工作日损失 12 个月累计数（未经季节调整）

注：2011 年 11 月—2012 年 10 月和 2014 年 7 月—2015 年 6 月的数据受到 2011 年 11 月 30 日和 2014 年 7 月 10 日发生的为期 1 天的罢工的影响，罢工原因是部分公共部门雇员对于养老金计划和收入的变动产生争议。

资料来源：英国国家统计局，《劳动争议统计》报告。

万小时，增幅为 1.4%。2015 年 11 月—2016 年 1 月比 2015 年 8—10 月的工时数有所增加，是由于同期就业人数增加了 11.6 万人。图 11—12 显示了过去 5 年周总工时与工作人口数量情况。

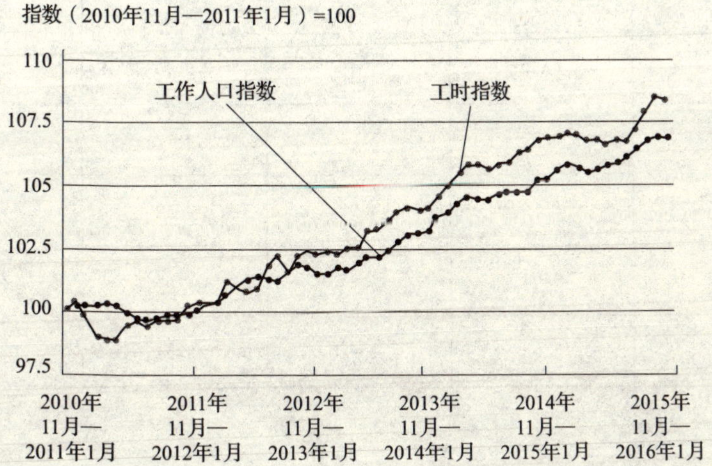

图 11—12　2010 年 11 月—2011 年 1 月至 2015 年 11 月—2016 年 1 月

周总工时与工作人口数量情况（经季节调整）

资料来源：英国国家统计局，《人力资源市场季度调查》报告。

2015 年 11 月—2016 年 1 月，就业人员在其主要工作岗位平均周工时为 32.2 小时，与 2015 年 8—10 月相比增加了 0.2 小时，与上年同期相比变化不大；从事全日制工作人员在其主要工作岗位的平均周工时为 37.5 小时，与 2015 年 8—10 月相比增加了 0.3 小时，与上年同期相比变化不大；从事非全日制工作人员在其主要工作岗位的平均周工时为 16.4 小时，与 2015 年 8—10 月和上年同期相比分别增加了 0.2 小时和 0.3 小时。

七、最低工资

从 1997 年开始，英国建立了全国性的最低工资标准。标准由低薪委员会（LPC）制定，并向政府提供建议。全国最低工资标准分为四种类型：成人、年轻成人、16～17 岁工人、学徒。截至 2010 年 10 月 1 日，成人是指 22 岁及以上，年轻成人是指 18～21 岁。从 2010 年 10 月 1 日开始，成人是指 21 岁及以上，年轻成人是指 18～20 岁。最低工资标准每年 10 月进行调整。表 11—2 显示了过去 6 年英国最低工资标准情况。

表 11—2　　英国最低工资标准情况　　单位：英镑/小时

年份	21 岁及以上	18～20 岁	18 岁以下	学徒
2015	6.70	5.30	3.87	3.30
2014	6.50	5.13	3.79	2.73
2013	6.31	5.03	3.72	2.68
2012	6.19	4.98	3.68	2.65
2011	6.08	4.98	3.68	2.60
2010	5.93	4.92	3.64	2.50

第五节 英国的收入分配

一、工资[1]

2015年11月—2016年1月，雇员（税费前）人均周总工资（包括奖金）为497英镑（相当于710美元[2]），比上年同期485英镑（相当于693美元）有所提高；雇员（税费前）人均周固定工资（不包括奖金）为467英镑（相当于668美元），比上年同期457英镑（相当于653美元）有所提高。

与上年同期相比，2015年11月—2016年1月名义工资（未经消费价格指数调整）变化情况是：雇员名义总工资增长了2.1%，高于2015年10—12月的年同期增长率（1.9%）。雇员名义固定工资增长了2.2%，高于2015年10—12月的年同期增长率（2.0%）。图11—13显示了2010年11月—2011年1月至2015年11月—2016年1月名义工资同比增长率情况。

自2000年有可比记录以来，英国雇员人均名义周总工资从2000年1月的311英镑（445美元）上升到2016年1月的497英镑（710美元），增长了59.7%；同期消费价格指数上涨了38.4%。

与上年同期相比，2015年11月—2016年1月实际工资（经消费价格指数调整）变化情况是：雇员实际固定工资和实际总工资均增长了2.0%。

---

〔1〕 本部分主要摘译自英国国家统计局《人力资源市场季度调查》报告。收入测量的是作为工作回报向雇员支付的税前和其他费用扣除前的货币。（1）收入数据按当年价格计算得出，这意味着收入数据未经价格通胀率调整。（2）数据只涉及大不列颠地区，并且只包括非工资收入、实物津贴和拖欠工资以外的薪酬。（3）除了反映根据工资协议支付的工资外，收入数据还反映奖金情况、有酬工时数量变化情况，以及在改换工作时不同工资率对雇员产生的影响。同时，收入数据也反映整体劳动力结构变化情况。例如，较少的经济部门低工资就业岗位会对总体收入增长率产生提升效应。（4）自2014年4月起，英国劳埃德银行集团（Lloyds Banking Group plc.）被划入私营部门，随后政府将其持有的股份出售给了私营部门投资人。该集团于2009年7月至2014年3月归属公共部门。英国国家统计局认为，如果不对劳埃德银行集团重新分类，公共部门单月工资增长率会增加0.3个百分点左右，而私营部门相应的工资增长率会降低0.1个百分点。

〔2〕 按2016年3月17日汇率：1英镑＝1.429 4美元。

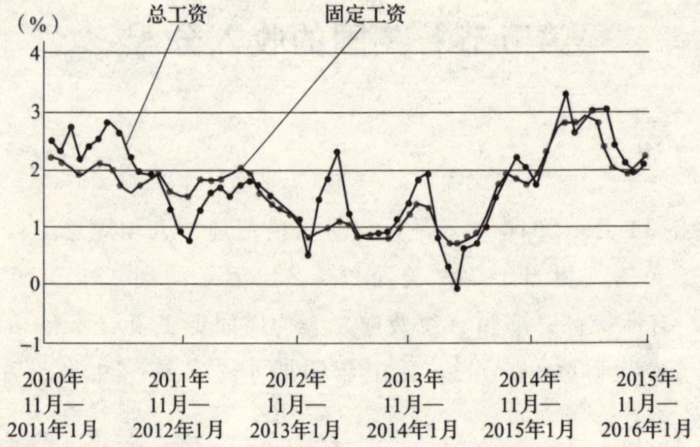

图 11—13　2010 年 11 月—2011 年 1 月至 2015 年 11 月—2016 年 1 月名义工资同比增长率情况（经季节调整）

资料来源：英国国家统计局，《人力资源市场季度调查》报告。

二、家庭可支配收入[1]

（一）家庭收入趋势

2014—2015 年度，英国家庭可支配收入中位数是 25 700 英镑，若考虑到通货膨胀率和家庭结构的变化，这一水平与经济危机发生前的 2007—2008 年度相当（25 400 英镑）。与经济危机对人均 GDP 影响相比，经济危机对家庭收入的影响有所滞后。2007—2008 年度到 2009—2010 年度，人均 GDP 下降 6.5%，而可支配收入中位数变化不大。可支配收入变化主要发生在 2009—2010 年度到 2012—2013 年度，实际收入下降了 1 300 英镑。但是，从 2012—2013 年度开始，实际可支配收入有所增长（6.4%），2014—2015 年度可支配收入中位数和人均 GDP 已经恢复到经济危机发生前水平。

家庭可支配收入平均数也遵循上述趋势，从 2012—2013 年度的 29 800 英镑增加到 2014—2015 年度的 30 900 英镑，但仍然低于 2006—2007 年度高峰时期的 31 600 英镑。近期家庭可支配收入平均数的增长主要是由于工作收入的增长。2014—2015 年度平均工作收入的增长以及就业率的持续提高，意味

〔1〕 本部分摘译自英国国家统计局《家庭可支配收入和不平等：2015 财年》报告。

着将对家庭可支配收入产生积极影响。

如图 11—14 所示，如果更长远来看，2014—2015 年度家庭可支配收入中位数是 1977 年的两倍多，年均增长 2.0%。并且，大多数增长主要发生在 20 世纪 80 年代末期和 90 年代末期。同一时期，家庭收入平均数从 14 000 英镑增长到 30 900 英镑，年均增长率为 2.2%。平均数比中位数增长更快，主要是由于高收入家庭收入增长比中低收入家庭收入增长更快。

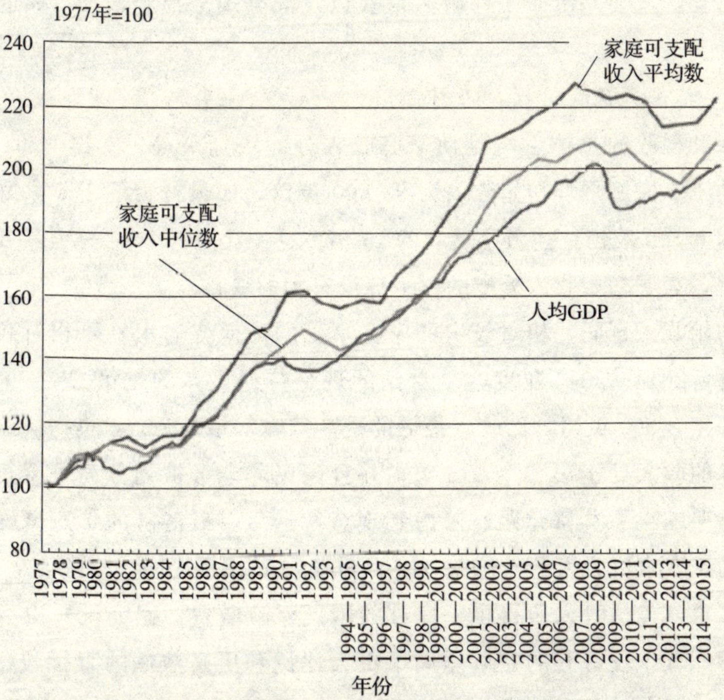

图 11—14　1977 年至 2014—2015 年度家庭收入中位数、平均数和人均 GDP 增长情况

人均 GDP 增长趋势与家庭可支配收入中位数增长趋势基本相对应。只有两个时期略有差异。从 1995—1996 年度到 2004—2005 年度，家庭可支配收入中位数增长率为 3.7%，比人均 GDP 年均增长率 2.6%要高。而从 2004—2005 年度到 2007—2008 年度，人均 GDP 增长速度与以前差不多，但可支配收入增长速度下滑到此前的 1/5。

不同家庭收入增长并没有呈现均匀分布。2014—2015 年度最富有的 1/5 家庭的可支配收入中位数是 1977 年最富有的 1/5 家庭的 2.4 倍，但最贫穷的

1/5 家庭的可支配收入只是 1977 年的 1.9 倍。

除了收入最低的 1/5 家庭外，经济危机对所有家庭的收入都产生了负面影响。从 2007—2008 年度到 2012—2013 年度，所有家庭可支配收入中位数都出现下降，除了最贫穷的 1/5 家庭。影响最大的是中间的 1/5 家庭和收入最高的 1/5 家庭，分别下降 1 600 英镑和 4 400 英镑，降幅分别为 6.1%和 7.9%。这主要是由于这些家庭的工作收入减少。收入最低 1/5 家庭的实际收入反而增长，主要是由于工作收入增长以及部分现金福利增加，如退税和求职者津贴。

（二）社保和税收对收入的影响

社保和税收的总体影响是使家庭收入分配更加平等。2014—2015 年度，最富有的 1/5 家庭平均初始收入为 83 800 英镑，而最贫穷的 1/5 家庭平均初始收入为 6 100 英镑，前者是后者的 14 倍。这一比重与 2013—2014 年度几乎没有变化，表明初始收入分配的不平等没有大的变化。

与初始收入不同，相对较穷的家庭享受的社保待遇水平要相对高于较富有的家庭。2014—2015 年度，享受到的现金待遇最多的是第二个 1/5 家庭，平均为每年 8 900 英镑，而收入最低的 1/5 家庭每年是 7 700 英镑。这主要是退休家庭的收入处于第二个 1/5 组，并且国民养老金被划分为现金待遇。这些现金待遇缩小了贫富差距。考虑到现金待遇后，最富有的 1/5 家庭收入是最贫穷的 1/5 家庭收入的 6 倍（分别为 86 800 英镑和 13 800 英镑）。

直接税（包括收入所得税、雇员的国民保险缴费、家庭税）也有助于减少收入不平等。较富有的家庭缴纳了更大比例和更高数额的直接税。2014—2015 年度，英国家庭平均缴纳直接税 7 700 英镑，相当于总收入的 18.8%。最富有的 1/5 家庭平均缴纳 19 800 英镑，其中大部分是收入所得税，相当于它们总收入的 22.8%。相比之下，最贫穷的 1/5 家庭平均缴纳 1 500 英镑，相当于它们总收入的 11%。

如果扣除直接税，最富有的 1/5 家庭是最贫穷的 1/5 家庭平均收入的 5.5 倍（分别为 67 000 英镑和 12 300 英镑）。

（三）收入不平等的长期趋势

有关基尼系数的分析表明，20 世纪 80 年代英国可支配收入不平等状况出现了一个明显的上升，尤其是后半叶。此后，变化幅度相对较小。90 年代初期可支配收入的不平等状况缓慢减轻，但没有逆转此前的趋势。90 年代末不平等状况有所恶化，但 21 世纪初期又一次减轻。自 2006—2007 年度以来，不平等状况逐步减轻，2014—2015 年度基尼系数为 32.6%，与前一年度的 32.4%几乎没有变化。

有关社保待遇和税收对收入不平等影响的程度一直处于变化中。这可以通过比较初始收入、总收入和可支配收入[1]的基尼系数来分析。社保待遇的影响最大，税收的影响次之。

从图 11—15 中可以看出，1977 年社保待遇和直接税将基尼系数减少了 36.8%。这一影响在 20 世纪 80 年代初继续增加，到 1984 年社保待遇和直接税将基尼系数减少了 41.6%。这意味着可支配收入不平等没有初始收入不平等那么厉害。但在 80 年代末，它们的再分配效果减弱，下降到 28.4%。近年来，它们的再分配效果有所上升。从 2006—2007 年度到 2014—2015 年度，社保待遇和直接税降低基尼系数的效果从 32.6%上升到 34.8%。

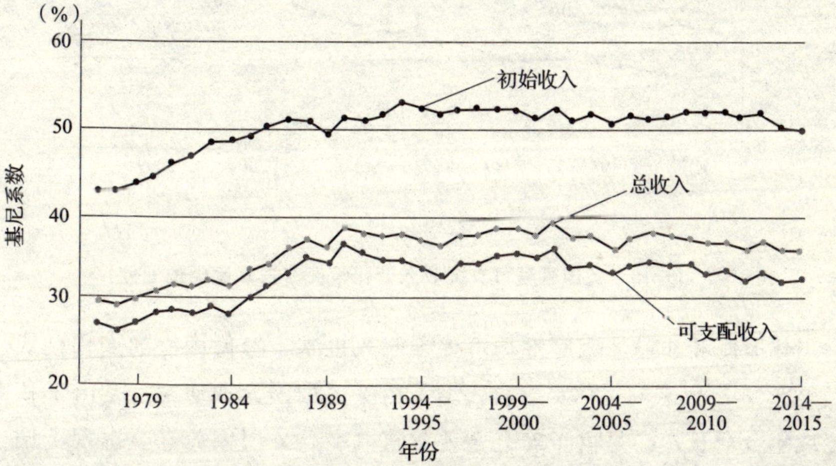

图 11—15　1977 年至 2014—2015 年度初始收入、总收入和可支配收入基尼系数情况

（四）退休和非退休家庭收入

图 11—16 比较了退休家庭和非退休家庭以及所有家庭的可支配收入中位数增长情况（考虑了通货膨胀率和家庭结构变化因素）。对于退休和非退休家庭来说，从 2012—2013 年度开始，可支配收入中位数出现增长，与从经济危

---

[1] 初始收入（税前收入）包括工薪收入、自雇收入、私人养老金和投资收入。总收入包括所有初始收入加上国家提供的现金待遇。可支配收入是指可用于消费的收入，等于总收入减去直接税。

机开始的变化模式有较大区别。从 2007—2008 年度开始，尽管非退休家庭收入比退休家庭收入要高，但退休家庭收入中位数在大多数年份里持续增长，2014—2015 年度增加到 21 000 英镑，比 2007—2008 年度高 1 500 英镑。相比之下，非退休家庭收入中位数有所下降，2012—2013 年度比 2007—2008 年度减少了 2 600 英镑；尽管从 2012—2013 年度开始有所上升，提高到 28 300 英镑，但仍比 2007—2008 年度（29 200 英镑）低 900 英镑。

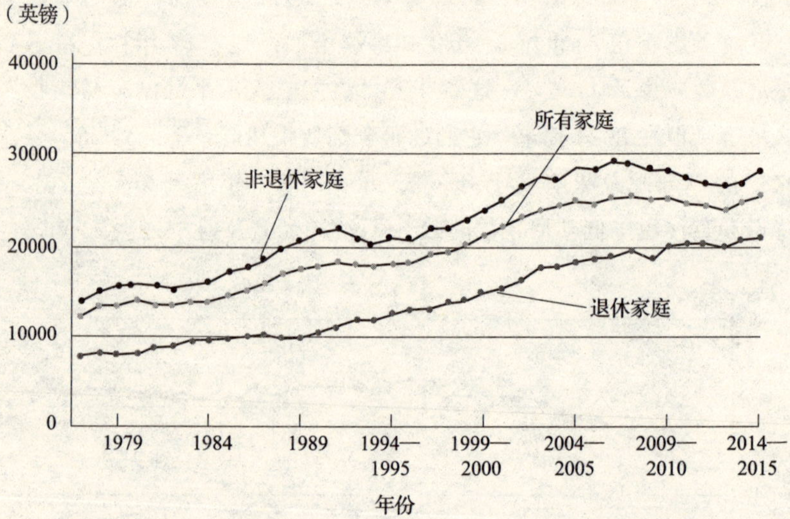

图 11—16 英国家庭可支配收入变化情况（按家庭类型划分）

退休家庭和非退休家庭平均可支配收入也基本遵循同样的变化模式。自 2007—2008 年以来，退休家庭收入增长由一系列因素推动。一是由于私人养老金或年金增长；二是由于养老金调整机制变化，国家养老金出现上调。经济危机发生后，非退休家庭可支配收入下降主要反映出雇佣收入（包括自雇）的下降。同样，近年来家庭收入增长主要由于就业水平的增长，它已成为非退休家庭平均收入增长的主要动力。

尽管退休家庭收入仍明显低于非退休家庭收入，但退休家庭的收入增长更快。经过通货膨胀率调整后，1977 年，退休家庭收入中位数是 7 900 英镑，非退休家庭收入中位数是 14 000 英镑。到 2014—2015 年度，退休家庭收入增长 2.7 倍，达到 21 000 英镑，而非退休家庭收入增长了 1 倍，达到 28 300 英镑。

第十二章

日　本

第一节　日本概况[1]

日本位于亚洲大陆东部，太平洋西北部，由本州、四国、九州、北海道4个大岛及7 200多个小岛组成，总面积37.79万平方千米。

都道府县是日本的一级行政区，相当于我国的省，直属于中央政府，但各都道府县拥有自治权。全国分为1都（东京都）、1道（北海道）、2府（大阪府、京都府）和43个县，都道府县下设市町村。

日本经济高度发达，国民拥有很高的生活水平。然而，近些年来，日本经济增速放缓，2014年消费税增税（从5%上调至8%）和日元贬值导致物价上涨、个人消费低迷，日本经济或将呈现0.68%左右的负增长。2014年日本的名义GDP为4 513万亿美元，人均名义GDP为36 285美元，两组数据较前一年均有所下降。

日本就业形势稳定，雇佣形态呈多样化。2014年就业人口为6 351万人，较2013年增加40万人，完全失业率为3.6%，较2013年降低0.4%。近年来，日本的小时工、打零工、劳务派遣等非正规就业人数逐年递增，2012年非正规劳动者占总就业人数的38.2%。

〔1〕本部分主要摘自2015年日本厚生劳动省白皮书，第一节数据来源于日本总务省、厚生劳动省统计资料。

2014年总人口为12 708.3万人，较2013年减少21.5万人，减幅为0.17%，连续4年较大幅度减少。日本是全世界最长寿的国家，2014年男性平均寿命为80.50岁，女性平均寿命为86.83岁，分别较前一年增加0.29岁和0.22岁。

日本是全世界高龄化程度最严重的国家，2014年65岁以上人口数量为3 300万人，占全国总人口的26.0%，日本率先进入超高龄化社会。更为严峻的是，日本的高龄化趋势仍在继续，预计2030年日本的65岁以上高龄者数量将达到总人口的31.6%，2060年这一数据会增至39.9%。日本的低出生率也在持续。2014年出生率仅为1.42，预计到2030年会降至1.34，2014年每千人中的新生儿死亡率仅为0.9。少子高龄化日益严重使日本的人口结构发生了巨大变化，老年人比例不断上升，社会保障负担逐年增加，引发了一系列社会问题。

第二节　日本的就业

一、青年就业

2014年，日本24岁以下完全失业率为6.3%，较前一年下降0.6%。其中，25～34岁青年的完全失业率为4.6%，同比降低0.7%，总体青年就业形势有所缓解。

从2015年3月的毕业生就业内定率来看，大学毕业生内定率为96.7%（2015年4月1日），高中毕业生内定率为98.8%（2015年3月末），分别较前一年增加了2.3%和0.6%。

2014年，自由职业者数量达到179万人，较2013年的182万人减少了3万人，不上班也不上学的NEET[1]人数达到56万人，较前一年60万人减少4万人。

（一）从求职到职场的综合支援

截至2015年4月1日，日本共有57个针对毕业生（包括应届和往届毕业生）的“应届毕业生支援公共职业介绍所”，向毕业生提供大量招聘信息，组

---

〔1〕相当于国内的啃老族——作者注。

织就业支援讨论及面试等。2014 年约有 64.1 万人利用此类介绍所，其中 10.5 万人实现了就业。日本在这类应届毕业生支援公共职业介绍所和公共职业介绍所的学生专用咨询窗口配置了为应届和往届毕业生提供服务的咨询专员，实施担当者负责制，开展个别咨询和招聘介绍等直到就职的一系列支援的同时，与各大高校合作进入高校开展咨询。2014 年约有 19.9 万名就业支援对象实现了就业。不仅如此，2014 年起新设窗口，针对就职后的工作稳定提供咨询，提供从求职到职场稳定的一系列综合支援。另外，还面向雇主开展基于雇佣对策法的“青少年雇佣机会确保指南”活动，要求将毕业 3 年以内的毕业生纳入应届毕业生范畴，推动往届毕业生就业，组织由地区经济团体和教育机构等构成的“应届毕业生就职、招聘支援本部”，加强相关机构之间的合作。

（二）提高青年和中小企业的匹配度

针对关注青年招聘和培养并达到一定标准的地方中小企业，劳动局和公共职业介绍所开展宣传并实施重点匹配的“青年支援企业宣言”项目，使青年们能够从就职初期开始关注中小企业，提高中小企业的就职匹配度，通过对中小企业的了解提高职场稳定率，从而提高地区青年职业观等。

（三）推进就业卡制度

日本从 2008 年开始实施就业卡制度，旨在提高自由职业者等非正规雇佣劳动者的职业能力，并稳定其雇佣。该制度的宗旨和主要内容是，针对非正规雇佣劳动者中未能获得职业能力形成机会的人员：（1）活用就业卡，开展有效的职业咨询；（2）提供结合企业实习和教育培训机构教学的实践性职业培训等机会，提高职业能力；（3）将参加培训人员在职业咨询中明确的职业愿景、培训结束后的职业能力评价填入就业卡，并将就业卡用作求职材料；（4）通过就业卡中明确评价的职业能力，推动求职者和企业之间合理的匹配及以职业能力为主要标准的外部劳动力市场的形成。

该制度中，结合企业实习和理论学习的实践性职业培训可以分为两类：一类是企业和培训人员签订雇佣合同开展的雇佣型培训，另一类是委托给民营教育培训机构等的委托型培训。另外，公共职业培训和求职者支援制度的职业培训也开展使用就业卡的职业咨询和能力评价。

全国的地区就业卡中心和公共职业介绍所合作普及、促进，截至 2014 年年底，已获取就业卡人数累计达到 123 万人。

（四）促进自由职业者等群体的正规雇佣

为了促进自由职业者等青年的正规雇佣，日本的公共职业介绍所提供了非常详细的职业咨询、职业介绍、职业培训信息和咨询等，仅2013年就有30.1万人就职。为了对自由职业者进行专业的就业支援，在各都道府县设置了青年支援角、青年支援窗口。在此基础上，2012年10月在东京、爱知、大板等大城市圈设置了青年公共职业介绍所，专门进行青年就业支援。这些青年公共职业介绍所与地区青年支援平台携手，对有就业意愿的NEET进行支援。2014年这类青年公共职业介绍所增设至28个，同时开展了针对在职者的咨询等，加大了支援力度。

（五）加强对NEET等青年的职业自立支援

支援NEET等青年的职业自立，不仅局限于对其基本能力的培养，而是根据每个人的不同情况，进行职业意识开发和社会适应支援等综合支援和后续支援。为此，自2006年以来，厚生劳动省在地方协助的基础上，构建了由地方青年支援机构构成的网络，设置成作为据点的地区青年支援站，进行专业咨询或通过网络介绍适当的机构等，采取多种就业劳动支援措施，而这一措施被称为“地区青年支援站项目”。2013年全国此类设置据点已从116个增至160个，通过“支援站和学校合作推进项目”构建与学校的合作，对在校生和退学生进行支援。另外，新设包括住宿形式的生活方面的支援和集中进行职场实习培训的“青年无业人员等集中培训项目”，对NEET等青年就业进行大力支援。

二、女性就业

根据总务省统计局的劳动力调查，2014年日本的女性劳动力人口达到2 824万人，较前一年增加了20万人；女性劳动参与率为49.2%，较2013年增长0.7%；育龄（15～64岁）女性劳动参与率为66.0%，较2013年增加1.0%。女性雇佣者人数达到2 436万人，占雇佣者总人数的43.5%，较前一年增加了30万人（0.2%）。

（一）推行男女雇佣机会均等对策

1. 确保男女雇佣机会均等法的履行

为了避免劳动者性别歧视，尊重劳动女性的母性，营造适合其发挥能力的雇佣环境，广泛宣传根据男女雇佣机会均等法的男女均等措施的同时，针对违反男女雇佣机会均等法的企业，将由都道府县劳动局雇佣均等室迅速进行严肃指导。对于劳动者和雇主之间的争议，由都道府县劳动局局长进行争议解决援助及通过机会均等调停会议进行调停迅速解决。

2014 年雇佣均等室处理的男女雇佣机会均等法相关咨询数量达到 24 893 件，主要内容是职场的性骚扰和以怀孕、生育等为由的解雇及其他不当措施相关咨询。纠正指导件数为 13 253 件，都道府县劳动局局长解决的争议解决援助案件为 396 件，机会均等调停会议调停件数为 68 件。

2. 关于促进女性职业生活中的活跃度的法律

基于《日本再兴战略（2014 年修订版）》，《促进女性职业生活中的活跃度的法律》提交至 189 届国会，于 2015 年 8 月 28 日通过，9 月 4 日公布。

该法具体包括以下内容：第一，明确了由国家制定促进女性职业生活中的活跃度相关基本方针，由地方政府（都道府县和市町村）基于上述基本方针，制订本地区具体的推行计划。第二，明确雇主行动计划，并根据企业规模提出不同的执行要求。雇主行动计划包括：（1）了解并分析本企业女性活跃情况；（2）在此基础上制订、申报并公布惬意行动计划；（3）公布女性活跃信息；（4）设置认定制度；（5）确保履行计划。对于上述（1）、（2）、（3）项内容，员工人数在 301 人及以上的大企业具有必须履行义务，中小企业则具有努力义务。第三，自 2016 年 4 月 1 日起实施雇主行动计划。第四，该法为 10 年时限立法。

3. 向促进女性活跃的企业提供支援

向促进女性活跃的企业提供资金支援，评选采取积极措施（为了消除男女劳动者之间实际发生的歧视，企业自主并积极采取的措施）的企业，给予“均等、兼顾促进企业表彰”。2014 年，中外制药株式会社获得均等推进企业部门厚生劳动大臣优秀奖。

（二）实现女性就业愿望

截至 2015 年 3 月底，全日本 180 家母亲公共职业介绍所、公共职业介绍所的“母亲角”针对养育子女的同时希望就业的女性，营造了方便妈妈们带子女访问的环境，并推行担当者制度，提供非常具体的就业支援、招聘信息以及通过与地方公共团体之间合作提供保育服务相关信息等一系列再就业综合支援。

自2014年起，针对因育儿等原因离职一段时间的人员，推行附带托儿措施的再就业支援中心，网络信息提供、再就业优秀案例的收集、普及和启发等，使女性再就业能够兼顾工作和育儿。

（三）推行兼顾工作和育儿、护理等

从少子化对策和育儿支援对策、促进女性活跃度以及维持日本经济的活力等各方面来看，兼顾工作和育儿、护理的支援措施都非常重要。

为此，日本政府广泛宣传育儿和护理休业法，促进基于下一代培养支援对策推进法的雇主措施，向雇主提供支援，表彰均等和兼顾优秀企业，实施育儿男性项目等，营造能够兼顾工作和育儿、护理等的雇佣环境。

三、高龄者就业

日本的“高龄者等的雇佣稳定相关法律”规定，企业有义务保障所有有就业意愿的劳动者工作到65岁。截至2014年6月1日，31人及以上规模企业98.1%采取了以下三种措施中的一种（即高龄者雇佣确保措施）：(1) 将退休年龄提高至65岁；(2) 引入继续雇佣制度；(3) 取消退休。日本政府在继续努力消除未实施高龄者雇佣确保措施的企业的同时，在人口减少和高龄化发展导致劳动力人口大幅减少的形势下，营造健康的高龄者只要有意愿和能力就可以不受年龄限制继续工作的社会。

（一）促进企业的高龄者就业

通过在地方起着核心作用的企业的示范形成地区促进企业高龄者就业的整体氛围、开展高龄者终身工作职业生活设计相关讨论等措施，努力构建终身工作社会。对那些为了构建终身工作的社会环境而营造高龄者雇佣环境并接收高龄者的雇主，提供“高龄者雇佣稳定补助金”。在全国主要公共职业介绍所设置高龄者综合咨询窗口，通过支援小组对高龄求职者进行职业生活再设计相关支援等措施进行综合就业支援。另外，以转职为目的，通过公共职业介绍所等的咨询，对于一定期间试行雇佣的雇主发放试行雇佣奖金，向接收60岁以上高龄者的雇主支付特定求职者雇佣开发助成金，促进高龄者再就业。并且，为了支援高龄者雇佣，在与雇主团体和公共职业安定机构之间的合作基础上，在高龄者居住地附近，实施以雇佣为前提的技能讲习及技能讲习结束后的见面会等老年人工作项目。

（二）扩大支持高龄者工作、活动空间

为了确保符合高龄者希望的多种就业机会，对于在退休后希望通过扎根地方社会从事临时性、短暂性工作或者是通过简单就业等方式实现社会参与的高龄者，推进确保和提供符合其意愿的就业机会的老年人才中心项目。截至 2015 年 3 月底，老年人才中心的团体数量达到 1 272 个，会员数量达到 73 万人。

四、残疾人就业

从近期的残疾人雇佣情况来看，截至 2014 年 6 月 1 日，民营企业的残疾人雇佣人数为 43.1 万人，比前一年增加 5.4%，连续 11 年创下新高，实际雇佣率也达到 1.82%，较前一年增加 1.76%，同样创造了最新纪录，有了进一步发展。另外，通过公共职业介绍所就业的残疾人就业数量在 2014 年创下历史新高，达到 84 602 件，较前一年增加 8.6%。从就业数量来看，精神残疾人的就业件数达到 34 538 件，较前一年大幅增加，大幅超过身体残疾人数量。

从这类残疾人雇佣的发展背景来看，企业对残疾人雇佣的理解逐渐加深、希望就业的残疾人逐渐增加等成为主要原因。另外，公共职业介绍所和福祉、教育、医疗等地区相关机构之间的合作和符合残疾特点的支援措施等，都进一步促进了残疾人就业发展。

一方面，不仅民营企业的实际雇佣率仍达不到法定雇佣率，在残疾人雇佣方面应起到表率作用的公共机构，仍有都道府县教育委员会等机构未能达标，需要进一步的指导；另一方面，针对具有精神残疾、发育障碍、罕见病等不同残疾特点的残疾人应采取更具针对性的支援方案，进一步促进残疾人雇佣。

2013 年 6 月，为了应对残疾人权利条约等，促进残疾人雇佣等相关法律得到修订。在此次修订中，一是对于就业领域的残疾人，禁止歧视，雇主有义务提供合理的配置；二是提供与残疾人歧视相关的不满处理、争议解决援助；三是将精神残疾人纳入法定雇佣率的计算基础等。前两项于 2016 年 4 月实施，第三项于 2018 年 4 月实施。

第三节　日本的社会保障

一、确立青年和高龄者都能安心的年金制度

日本的公共年金制度是由劳动者缴纳保险费负担高龄者年金给付的不同年龄层之间抚养的结构，其特点是终身可以领取随着工资或物价上涨而变化的年金。

截至2013年，全日本共有约3 950万人（约占国民总数的三成）领取公共年金，高龄者家庭收入的七成来自公共年金，公共年金已经成为日本国民老年生活的重要保障。

（一）公共年金制度

1. 最新动向

为了强化社会保障功能，使各年龄层国民都能安心，构建可持续的社会保障制度，日本推行社会保障和税制一体化改革。针对公共年金制度，作为此项改革的重要一环，2012年制定了以下4项法律，即《关于强化公共年金制度的财政基础及最低保障功能的国民年金法部分修订法》（2012年法律第62号，简称“年金功能强化法”）、《为了被雇佣者年金制度一元化的厚生年金保险法部分修订法》（2012年法律第63号，简称“被雇佣者年金一元化法”）、《国民年金法部分修订法》（2012年法律第99号，简称“国年法部分修订法”）、《年金生活者支援给付金支付相关法律》（2012年法律第102号，简称“年金生活者支援给付金法”）。

与年金相关的4项法律自2013年10月1日起依次施行。从2013年10月开始，通过部分实施国年法部分修订法，将取消特例水平[1]延至2015年4月。2014年4月1日起部分实施年金功能强化法，永久性保障基础年金国库

〔1〕 2000—2002年，在物价下降形势下，日本政府通过特例措施维持了年金额。其结果导致，到2013年9月，政府所支付的年金额比原年金额高出2.5%（特例水平）。为了稳定年金财政，保障现阶段劳动者的未来年金领取金额，日本通过国年法部分修订法，于2014年4月以前取消了2%的特例水平。

负担比例维持在1/2[1]，遗属基础年金领取对象范围扩大至父子家庭[2]，产假期间免除厚生年金保险费[3]等。

结合消费税上调至10%的税制根本改革期，从2015年10月开始实施年金生活者支付给付金法，向低收入者支付支援给付金，部分实施年金功能强化法，缩短领取资格期。[4] 另外，2015年10月开始部分实施被雇佣者年金一元化法，2016年10月起部分实施年金功能强化法，将被雇佣者保险的适用对象范围扩大至短时间劳动者。[5]

在2013年8月6日社会保障制度改革国民会议报告的基础上，10月15日在第185次临时国会上提出《为了确立可持续的社会保障制度的改革推进相关法律案》，该案于12月5日成立，13日公布并实施。其中，针对公共年金制度包括以下四个方面的问题：(1) 基于宏观经济变化的年金给付额的修订方法；(2) 针对短时间劳动者，扩大厚生年金保险和健康保险的适用范围；(3) 针对高龄者职业生活的多元化，制定符合个人情况的年金领取方法；(4) 包括高收入者的年金给付方法和扣除公共年金的年金课税方法修订等。

2. 财政检查

日本的年金制度包括每五年最少开展一次的"财政检查"。"财政检查"是指，在设定未来人口和经济的基础上，进行长期年金财政预测和变化调整期预测，从而检查年金财政的健全性。2004年以前，仅进行给付必需的保险费再计算；2004年修订以后，变成在固定保险费水平、自动调整给付水平结构下检查年金财政健全性的财政检查。

2014年财政检查的结果显示，通过进一步促进日本经济振兴和劳动力市场参与，在当前年金制度下，未来年金的收入替代率能够确保50%的工资水平。并且，首次进行了假设一定的制度修订时的计算，计算结果表明，三种制度需要修订：(1) 物价和工资涨幅较小，仍调整宏观经济变化时；(2) 进

---

[1] 2014年以后利用消费税增税（8%），永久性保障基础年金的国库负担比例保持在1/2。

[2] 此前遗属基础年金的支付对象为"有子女的妻子"或"子女"，自2014年起将失去妻子的"有子女的丈夫"纳入支付对象范围。

[3] 2014年开始实施产前产后休假免除保险费制度，并将产前产后休假重返职场后3个月的标准工资修订为工资平均额。

[4] 老龄基础年金的领取期从25年缩短至10年。

[5] 根据《短时间劳动者雇佣管理改善法》第二条规定，短时间劳动者是指一周规定劳动时间少于同一单位雇用的一般劳动者的一周规定劳动时间的劳动者——作者注。

一步扩大被雇佣者年金适用范围时；（3）延长保险费借出时间和下调开始领取年龄时均有利于提高制度的可持续性，对于确保未来给付水平有着积极影响。

3. 年金基金管理

年金基金是将国民缴纳的保险费中拿出一部分不作为年金给付，而是进行累计，作为基金用于年金的长期、安全、有效运营，充当目前及未来年金给付，从而稳定年金财政。由于年金给付费与名义工资上涨率是联动增减的，用最低风险确保运用比例（名义运用比例—名义工资上涨率）显得非常重要。2014 年财政检查中设定多种经济条件，能够应对各种情况的长期实际运用比例为 1.7%。这一年金基金由厚生劳动大臣委托专门运营法人——年金基金管理运用独立行政法人进行管理和运用。

2014 年 4—12 月同期收益率约为 10.0%，收益额约为 12.5 兆日元的黑字。另外，年金基金除了上述年金基金管理运用独立行政法人以外，一部分年金给付等必要资金由年金特别会计进行管理，委托短期财政融资资金等。关于包括这一部分的总年金基金运营情况，从厚生劳动大臣开始自主运营的 2001 年直至 2013 年的累计收益额达到 46.6 兆日元，收益率平均约超过名义工资增长率 3.2%，为年金财政做出重要的贡献。

4. 年金机构

2010 年 1 月 1 日，日本废除了原社会保险厅，成立了承担政府掌管公共年金项目运营的非公务员型公共法人——日本年金机构。日本年金机构在厚生劳动大臣的监督下，与政府保持紧密合作，认真运营公共年金相关业务。为了确保国民对公共年金项目及公共年金制度的信赖、稳定国民生活，2010 年 1 月开始按照厚生劳动省规定的第一个中期目标（期间为 2010 年 1 月 1 日至 2014 年 3 月 31 日的 4 年 3 个月）和日本年金机构制订的中期计划及各年度计划有效推行业务。2014 年度开始基于第二个中期目标（期间为 2014 年 4 月 1 日至 2019 年 3 月 31 日的 5 年）及中期计划开展业务。由厚生劳动大臣对每项项目年度业务进行评价，如 2014 年 8 月对日本年金机构 2013 年成绩进行评价。

日本年金机构的基本功能包括年金适用、保险费征收、年金给付、年金记录管理、年金咨询等一系列业务，以及提高年金质量等。具体来看，在年金适用方面，为了扩大厚生年金保险等的适用，在明确掌握有适用可能性的企业的同时，对掌握的企业进行参保指导，对于多次进行参保指导后仍无应答的企业，在进入企业开展检查的基础上，依法实施参保程序。

年金的保险费征缴从2005年的67.1%开始逐渐呈下降趋势。为此，日本政府通过市场化尝试加强与承担缴费监督或免除缴费等建议业务的企业合作，严格执行强制性征收，推行自动转账业务等，营造便于缴纳保险费的环境，完善保险费缴纳对策。2012年以后缴费率逐渐上升，2013年较前一年增加1.9%，达到60.9%，实现了超过60%的目标；2014年也比2013年有所增长。

未来对于不缴纳保险费的督促范围是，根据收入等设置一定的标准并阶段性扩大督促范围，以2018年为节点督促保险费免除对象以外所有未缴纳保险费的人员，2015年的督促对象范围是扣除后收入在400万日元以上且未缴纳期间在7个月以上的所有滞纳保险费的人员。

5. 国际化应对

为了防止在国外的日本人重复加入日本和外国的年金制度，双重负担两国的保险费，以及更好地计算在两国的年金参保期间，日本政府积极与其他国家签署社会保障协定。自2000年2月与德国签订社会保障协定以来，截至2014年1月，除与匈牙利之间的协定外，日本已与欧美发达国家为主的15个国家签订社会保障协定，2014年10月与卢森堡的协定也基本完成前期工作，只差签署。随着与新兴国家之间的经济关系逐渐密切，日本也积极推动与新兴国家签订社会保障协定，2014年5月与土耳其开始了政府间谈判。

（二）企业年金制度

为了尽快解散厚生年金基金，引入特别解散制度，将其转移至其他企业年金制度，日本于2013年6月制定《为了确保公共年金制度的健全化及信赖度的厚生年金保险法部分修订法》，该法自2014年4月1日起实施，允许财政情况达不到一定标准的基金特别解散。目前，基于该法解散或转向其他制度的厚生年金基金逐渐增加。

二、让国民安心的可持续医疗和护理制度

医疗护理领域的主要目标是实现能够使国民安心的、可持续的医疗和护理，具体包括以下几个方面的内容：

（一）项目法和医疗护理综合确保促进法

在社会保障和税制一体化改革中，形成基于《社会保障制度改革促进法》

（2012年法律第64号）规定的《社会保障制度改革国民会议》报告（2013年8月6日）的同时，包括医疗和护理的社会保障制度改革总体蓝图及推行方法被纳入2013年第185次临时国会通过的可持续的《社会保障制度改革推进法》（2013年法律第112号，简称“项目法”）。

作为基于此项目法的措施，为了构建高品质、有效的医疗提供体制和地区综合照护体系，一体、综合确保高度急性期到居家医疗和护理服务的一系列医疗和护理服务，2014年6月制定《地区医疗及护理综合确保推行法》（2013年法律第83号，简称“医疗护理综合确保推行法”）通过，医疗法、护理保险法等相关法律得到修订。

（二）综合确保方针和地区医疗护理综合确保基金

2014年部分修订的《地区医疗机构护理综合确保促进法》（1989年法律第64号），为了一体、综合确保医疗和护理服务，通过由医疗和护理相关人员参与的“医疗护理综合确保促进会议”的讨论，于同年9月12日制定了“地区的医疗及护理综合确保基本方针”（简称“综合确保方针”）。

在综合确保方针中，根据都道府县的地区需求，为了实施综合确保医疗及护理项目相关计划（都道府县计划），2014年所有都道府县提出相关计划。

为了更好地支援都道府县计划中提出的项目的实施，设置利用消费税增收部分的都道府县基金（地区医疗护理综合确保基金），2014年在医疗领域开展了下述项目：（1）病床的功能分化、合作的必要项目；（2）充实居家医疗和护理服务的必要项目；（3）为了确保和培养医疗从业人员等项目的实施，交付了602亿日元（包括都道府县负担额，基金额为904亿日元）。

（三）综合保障地区医疗和护理

由于人口高龄化急剧发展，到2025年日本所谓的“团块年龄层”将全部达到75岁，日本将进入超高龄社会。这样一来，每一个国民都会需要医疗和护理，尽可能让每个人在住惯的地区继续安心生活，在该地区迎接人生每个阶段已经迫在眉睫。

在社会保障和税制一体化改革中，上述内容被纳入以社会保障制度改革推进法规为基础的《社会保障制度改革国民会议》报告，2013年第185次临时国会通过的《确立可持续的社会保障制度改革推进法》（2013年法律第112号，简称“项目法”）规定了包括医疗、护理在内的社会保障制度改革总体规划及实施方法。作为基于该项目法的措施，为了构建高品质、高效率的医疗提供体制和四地区综合照护体系，提供从高度急性期到居家医疗和护理服务的一系列医疗和护理服务，2014 年第 186 次通常国会提出《医疗护理综合确保推进法案》，对医疗法、护理保险法等相关法律进行修订。

《医疗护理综合确保推进法案》为了确保医疗、护理服务的整体性和综合性，采取了以下措施：（1）由国家制定综合确保地方医疗及护理的基本方针（简称“综合确保方针”）；（2）针对综合确保方针，各都道府县制订都道府县计划（综合确保医疗及护理项目实施计划）；（3）为了支援都道府县计划中的项目实施，利用消费税增收部分在都道府县设置基金，制定新型财政支援制度，保障都道府县能够根据地区医疗需求开展合理项目。基金财政支援制度适用项目包括：病床的功能分化和合作必需项目；完善居家医疗、护理服务必需项目；确保和培养医疗从业人员项目等。日本政府希望通过这类新型财政支援制度的实施，到 2025 年构建可以根据每个患者的情况提供医疗和护理服务的提供体制。

（四）强化医疗提供体制

强化医疗提供体制包括以下几个方面的内容：一是构建优质有效的医疗提供体制；推进地区医疗功能的分化和合作；制定地区医疗构想；完善地区医疗体制，包括急救医疗、儿童医疗、产期医疗、灾区医疗、偏远山区和离岛医疗等；进一步推进居家医疗；给予地区医疗资金补助；确保医疗安全；推进医疗信息提供；提高医疗品质等。二是确保医疗人才，提高医疗人才质量；关注国立医疗机构等的作用；进一步普及仿制药。

（五）实现稳定、可持续的医疗保险制度

第一，修订高额疗养费和高龄者医疗制度。为了减轻患者的就医负担，日本政府根据收入设置了医疗费本人负担上限，一般为每月 80 100 日元。为了使这一规定更加符合收入水平，2015 年 1 月开始将收入等级从目前的三档细分为五档，相应地降低了低收入群体的个人负担上限（年收入在 370 万日元以下人员的窗口负担上限额从 80 100 日元减至 57 600 日元）。同时，根据高龄化进程，上调了 70～74 岁老年患者的个人负担比例。将患者个人负担比例从 10%（2008 年以后）上调为 20%（自 2014 年 4 月起），2014 年 4 月以前达到 70 岁的老年人仍可支付 10%。

第二，减轻保险费负担，修订缴费限额。国民健康保险及后期高龄者医疗的保险费由根据参保人负担能力的应能份和可受益的应益份构成，参保家庭收入低于一定金额以下时，可对其减免70%、50%或20%的保险费。为了减小低收入者的保险费负担，日本政府于2014年扩大了50%和20%保险费减免对象范围。在高龄化急速发展、医疗给付费用不断增加、参保人收入却没有相应上涨的情况下，为了使高收入层承担更多费用、相对关照中收入层参保人，国民健康保险和后期高龄者医疗分别上调了当年的保险费缴费上限。

第三，及时调整诊疗报酬。2014年在尽可能避免上调保险费的同时，利用消费税财源上调了0.1%的诊疗报酬。从2014年4月开始，消费税率从5%上调至8%，这将较大地影响医疗机构的进货，上调了1.36%的诊疗报酬，以此应对消费税上调。另外，为了在不增加国民负担的基础上进一步完善医疗保障水平，另设“新型财政支援制度”，为此投入904亿日元。

第四，继续实施灾区支援。2013年针对避难指示区域的灾民免除医疗保险窗口负担，国民健康保险和后期高龄者医疗制度保险费由政府对保险人进行国家特别财政支援的政策延续至2014年。

（六）构建地区综合照护体系和高品质护理保险制度

2000年4月，以全社会共同负担高龄者护理为目的创设的护理保险制度迎来了第16年。构建地区综合体制，具体包括：（1）推进居家医疗和护理；（2）推进老年痴呆措施；（3）推行地区照护会议；（4）充实并加强生活支援服务；（5）将预防给付（访问护理、设施往返护理）转向地区支援项目；（6）特别养护老人之家的新入所人员重点关注原则，需要3级以上护理。公平费用负担包括：（1）扩大低收入者的保险费减少对象；（2）上调收入在一定金额以上人员的本人负担；（3）在“补足给付”的条件上追加资产等。

（七）确保福祉和护理人才

确保支撑未来社会保障制度的福利、护理人才问题迫在眉睫。特别是预计在团块年代[1]达到75岁以上的2025年大约需要253万名护理人才，而2013年仅有171万人，需要重新确保80多万人。不仅如此，以护理福利士为主，患有老年痴呆高龄者和兼有医疗需求的高龄者逐年递增，应对团队照护管理和多行业合作需要提高资质。

在上述情况下，日本政府采取如下措施，从“确保数量”和“提高质量”

---

〔1〕团块年代是指日本第一次婴儿潮时期（1947—1949年）出生的一代人。

两方面着手推行护理人才确保对策，明确PDCA循环[1]管理方式，管理发展情况、政策的落实和完善。(1) 制定2025年目标，在各都道府县供需预测的基础上，制定与护理保险项目计划（3年为1期）联动的计划性措施；(2) 为了有效活用有限人才，探讨符合其能力和作用分担的合适的人才组合和培养方式，构建能够提供优质团队照护的制度；(3) 构建每个地区相关主体的合作和联动机制（协议会等），推行符合地区实际情况的有效措施。

第四节　日本的产业关系

一、2014年劳资关系

（一）日本工会

日本的工会以企业工会为基本单位。为了解决个别企业无法单独应对的政策、制度方面的问题，由企业工会构建产业工会，进而形成全国性的中央组织。

截至2014年6月，日本的工会会员总数达到984.9万人，较前一年（987.5万人）减少2.6万人。小时工劳动者工会会员人数为97万人，较前一年的91.4万人增加了5.6万人，创下了1990年以来历史新高。

（二）春斗形势

日本政府于2013年6月14日在内阁会议决定的日本再兴战略包括以下内容，“在政府和劳动界碰头以及雇主团体之间的已有意见交流以外，劳、资、政三方需促膝交谈，坦诚交换建设性意见，为了解决综合性问题，设置场地并迅速开展讨论”。继续召开内阁总理大臣、日本经济团体联合会会长、日本商工会议所所长、全国中小企业团体中央会会长、日本劳动组合总联合会会长等出席的“面向经济良性循环的劳资政会议”。

日本劳动组合总联合会（联合）在2014年12月2日的中央委员会上决定了“2015年春季生活斗争方针”，主要内容是“在工资增长方面，以保障定期加薪和工资曲线维持部分为前提，合理分配前一年度消费者物价上涨部分

[1] PDCA循环是指计划（Plan）→执行（Do）→评价（Check）→完善（Action）的循环模式——作者注。

和企业收益，为了实现经济良性循环的社会责任，全体会员组织采取措施，提出 2%以上的要求并推行”等。

日本经济团体联合会（经团联）于 2015 年 1 月 20 日决定了《2015 年经营劳动政策委员会报告》，具体包括以下内容：“工资等的劳动条件的原则是基于本公司的支付能力。为了保障支付能力，增加提高生产率的附加价值是必不可少的。”“实现第二轮经济良性循环需要收益增大的企业采取更加积极的应对措施。具体来看，为了本企业的进一步发展，在投资设备、研究开发投资、扩大雇佣的同时，提前探讨工资上涨问题。”

2015 年 3 月 18 日以后，公布了对民间主要工会的工资、一次性支付金额等相关回答。人均月工资的涨幅和增长率均超过前一年，包括中小工会，除了定期加薪部分，工资涨幅均有所增加。

关于非正规雇佣劳动者的小时工资和月工资均做出超过前一年的上调回答，工资上调形势逐渐扩大。

二、劳动委员会的动态

劳动委员会（包括中央劳动委员会和都道府县劳动委员会）负责审查不当劳动行为案件、调解劳动争议（斡旋、调停及仲裁）、斡旋个别劳动争议（中央劳动委员会及部分劳动委员会除外）。关于不当劳动行为案件的审查，2014 年年初审理新增案件数量达到 371 件，同年平均处理天数为 375 天。重审及特定独立行政法人相关案件审查的新增申报件数为 60 件，2014 年平均处理天数为 468 天。在劳动争议调解方面，2014 年全国劳动委员会处理的工会及其他劳动者团体和雇主或雇主团体之间的集体劳动争议斡旋等新增案件数量达到 367 件。另外，个别劳动争议的斡旋新增案件数量为 358 件。

第五节　日本的收入分配

一、工资

（一）最低工资制度

为了保障低薪劳动者的生活稳定，提高劳动力质量，确保项目公平竞争，日本政府设置最低工资制度，利用法律强制力规定最低工资，要求雇主必须向劳动者支付该金额以上工资。

日本的最低工资分为两类：一类是适用于各都道府县所有雇主和劳动者的地区最低工资，另一类是适用于特定行业的雇主和劳动者的特定最低工资。截至 2015 年 4 月 1 日，前者适用劳动者人数约为 4 942 万人，后者适用劳动者人数约为 324 万人。

每年的地区最低工资都由劳、资、政三方构成的中央最低工资审议会通过当年的调整目标，各地都道府县劳动局下设的地方最低工资审议会考虑各地情况通过调整金额。在此基础上，由各都道府县劳动局决定调整额。

2014 年度的地区最低工资调整在考虑《2014 年经济财政运营和改革的基本方针》（2014 年 6 月 24 日内阁会议决定）和《日本再兴战略（2014 年修订版）》（同日内阁会议决定）等审议的结果后，全国加权平均值较前一年上调 16 日元，地区最低工资为 780 日元。2015 年 4 月 1 日，特定最低工资的全国加权平均额为 828 日元。

为了保证最低工资的实施，日本政府不仅加强宣传单发布，还充分利用网络和官民媒体进行广泛宣传、组织说明会等，使得包括劳资双方的更多国民了解此情况。

为了支援中小微企业上调最低工资，日本政府采取了以下几种措施：第一，设置"最低工资综合咨询支援中心"（全日本共有 47 家）和"最低工资综合电话中心"，提供免费咨询服务和专家派遣服务。第二，对于进行设备投资提高劳动效率的中小微企业，将少于 800 日元的最低小时工资上调 40 日元以上的企业，提供相关经费补助（补助率为 1/2，企业员工人数在 30 人以下的小企业补助率为 3/4）。另外，从 2015 年 2 月开始，实施根据上调额、上调人数的补助上限额，上限为 150 万日元。第三，针对受最低工资上调影响较大行业的中小企业团体，为上调工资消减成本或扩大销路提供必要的经费补助（上限为 2 000 万日元）。

（二）未付工资代付政策

工资是劳动者的生活来源，是最重要的劳动条件之一。但是，企业破产导致雇主没有工资支付能力时，劳动者会无法获得工资。

为了解决这一问题，日本政府根据确保工资支付等相关法律，对于因企业破产未能获得工资而被退职的劳动者，在一定资格条件下，由政府替代雇主支付一部分未付工资，即开展"未付工资代付项目"。2014 年，日本政府向

2 980 家企业的 37 143 名劳动者代付了 152 亿日元工资。随着破产企业数量逐渐减少，代付工资的企业数量、支付者数量以及金额均少于 2013 年。实际上，代付企业数量、支付者数量及金额从 2010 年开始均呈下降趋势，未付工资代付项目作为保障劳动者及其家庭生活稳定的安全网起着重要的作用。

二、劳动时间

（一）遵守劳动时间相关标准

实现富有、悠闲的国民生活，需遏制长时间劳动。为此，对《关于加班、节假日劳动的劳资协定》（简称“36 协定”）充分进行指导，使其符合“关于劳动基准法第 36 条第 1 项规定的劳动时间延长限度标准”（简称“限度标准”）。从加班、节假日劳动应限制在最少必要程度的观点出发，对于 36 协定中规定每月加班时间可以超过 45 小时的加班劳动，也需进行指导，以保证其实际加班时间不超过 45 小时。为了消除无薪加班，对于“为了合理掌握劳动时间，雇主应采取的措施标准”，进行充分的宣传，明确实施监督指导。对于无薪加班，此前通过重点监督指导等方式努力消除。在此基础上，广泛宣传“为了消除无薪加班应采取的措施指南”等，多角度采取措施。2012 年 4 月至 2013 年 3 月期间，在全国劳动基准监督署因未支付加班劳动的按比增薪而违反《劳动基准法》第 37 条接受指导的案件中，平均支付合计 100 万日元以上按比增薪的企业数量为 1 277 家，适用劳动者人数为 102 379 人，支付的按比增薪合计约为 105 亿日元。

（二）关注部分行业长时间劳动

与其他行业劳动者相比较而言，公交车、货车、出租车司机的长时间劳动，严重违反劳动基准相关法律和汽车司机劳动时间改善基准（1989 年劳动省告示第 7 号，简称“改善基准告示”）的案件逐渐增加。为此，日本政府对于遵守劳动基准相关法律以及改善基准告示，进行重点监督指导。对于新从事运输项目的人员，与国土交通省合作开展劳动基准相关法律等的培训，由汽车司机时间管理指导员向雇主进行合理的劳动时间管理相关指导和建议。

（三）引入和完善短时间工作正规职劳动者相关制度

短时间工作正规职是指规定劳动时间较短，却能够作为正规职员获得公正待遇和合理评价的工作方式。作为能够根据育儿、护理和地区活动等个人生活方式和生活阶段的工作方式，短时间工作受到较多关注。对于短时间工作正规化制度，2010 年 6 月在“工作和生活和谐推进官民领导会议”上决定“工作和生活和谐推进行动指南”，设定了 2020 年引入该制度的企业数量达到 29％的目标。

为了促进短时间工作正规化制度的引入和完善，除了发放制度引入支援指南以外，向引入制度的雇主提供助成金，运营“短时间工作正规化制度引入支援导航”，面向企业人事劳务负责人组织培训会，提供短时间工作正规化制度的情况和案例信息等，全方位进行制度宣传。

附表 全球主要国家或地区人力资源社会保障指标一览表

国别	综合			就业				工资			社会保障			
	人口（万人）	GDP（亿美元）	GDP年增长率（%）	就业人数（万人）	失业人数（万人）	劳动参与率（%）	失业率（%）	工资	最低工资	制造业工资	企业社保缴费率（%）	雇员社保缴费率（%）	男性退休年龄	女性退休年龄
澳大利亚	2 380	14 546.8	3.0	1 189.5	76.1	64.9	5.8	1 146 澳元/周	657 澳元/周	1 267 澳元/周	9.25	2.0	65	64.5
	2015	2014	2015Q4	2016－01	2016－01	2016－02	2016－02	2015Q4	2015	2015Q4	2015	2015	2015	2015
奥地利	858	4 363	1.1	348.8	40.6	61.5	10.4	2 555 欧元/月		129.2 指数点	21.73	18.07	65	60
	2014	2014	2015Q4	2016－01	2016－02	2015Q3	2016－02	2014		2016－01	2015	2015	2015	2015
比利时	1 126	5 315	1.4	391.3	40.5	67.7	7.9		1 502 欧元/月	92.2 指数点	34.7	13.07	65	65
	2014	2014	2015Q4	2015Q4	2016－01	2015Q3	2016－01		2016－06	2015Q3	2015	2015	2015	2015
巴西	20 445	23 461	−5.9	2 298	188	54.8	7.6	2 790 雷亚尔/月	880 雷亚尔/月	115.1 指数点	28.8	11.0	65	60
	2015	2014	2015Q4	2016－01	2016－01	2016－01	2016－01	2015－12	2016－02	2016－01	2015	2015	2015	2015
保加利亚	720	567	3.0	306.2	33.5	53.9	10.2	937 列弗/月	215 欧元/月		18.1	12.9	64.3	61.3
	2014	2014	2015Q4	2015Q4	2016－01	2015Q4	2016－01	2015－12	2016－06		2015	2015	2015	2015

续表

国别	综合			就业				工资			社会保障			
	人口（万人）	GDP（亿美元）	GDP年增长率（%）	就业人数（万人）	失业人数（万人）	劳动参与率（%）	失业率（%）	工资	最低工资	制造业工资	企业社保缴费率（%）	雇员社保缴费率（%）	男性退休年龄	女性退休年龄
加拿大	3 599	17 854	0.50	1 800.3	141.0	65.9	7.3	23.8 加元/小时	11.25 加元/小时	24.79 加元/小时	7.58	6.83	65	65
	2015	2014	2015Q4	2016 - 02	2016 - 02	2016 - 02	2016 - 02	2015 - 12	2015	2015 - 12	2015	2015	2015	2015
中国	137 462	103 548	6.8	77 451	96.2		4.1	57 361 人民币/年	2 020 人民币/月	51 369 人民币/年	37	11	60	50
	2015	2014	2015Q4	2015	2015Q3		2015Q4	2014	2015	2014	2015	2015	2015	2015
古巴	1 124	807	4.0				2.7	584 古巴比索/月		589 古巴比索/月				
	2014	2014	2015				2014	2014		2014				
捷克	1 054	2 055.2	4.0	385.4	12.4	59.5	6.3	28 152 捷克克朗/月	366.3 欧元/月	28 000 捷克克朗/月	34.0	11.0	62.8	61.4
	2014	2014	2015Q4	2015Q3	2016 - 01	2015Q3	2016 - 02	2015Q4	2016 - 06	2015Q4	2015	2015	2015	2015
丹麦	566	3 424	0.6	270.6	9.9	68.5	4.4	38 958 丹麦克朗/月		131.2 指数点		8.0	65	65
	2014	2014	2015Q4	2015Q4	2015 - 12	2015 - 12	2016 - 01	2014		2015Q4		2015	2015	2015

续表

国别	综合			就业				工资			社会保障			
	人口（万人）	GDP（亿美元）	GDP年增长率（%）	就业人数（万人）	失业人数（万人）	劳动参与率（%）	失业率（%）	工资	最低工资	制造业工资	企业社保缴费率（%）	雇员社保缴费率（%）	男性退休年龄	女性退休年龄
埃及	8 340	2 865	4.5	2 472.2	361.8		12.8		1 200 埃及镑/月		26.0	14.0		
	2014	2014	2015Q2	2015Q4	2015Q4		2015Q4		2016－01		2015	2015		
欧元区	33 834	134 102	1.6	15 186	1 651.5	56.8	10.3	1 681 欧元/月					64.63	63.94
	2014	2014	2015Q4	2015Q4	2016－01	2015Q3	2016－01	2014Q1					2015	2015
欧盟	50 819	185 142	1.8	22 238.8	2 178.9	57.7	8.9						64.67	63.45
	2014	2014	2015Q4	2015Q3	2016－01	2015Q3	2016－01						2015	2015
芬兰	547	2 722	0.6	238.5	24.5	64.0	9.3	3 341 欧元/月		110.4 指数点	23.23	8.45	65	65
	2014	2014	2015Q4	2016－01	2016－01	2016－01	2016－01	2015Q3		2015Q4	2015	2015	2015	2015
法国	6 609	28 292	1.4	2 744.4	355.3	56.1	10.3	2 912 欧元/月	1 466.62 欧元/月	113.6 指数点	40.63	14.2	65	65
	2014	2014	2015Q4	2015Q4	2016－01	2015Q4	2015Q4	2013	2016－06	2015Q2	2015	2015	2015	2015

续表

国别	综合			就业				工资			社会保障			
	人口（万人）	GDP（亿美元）	GDP年增长率（%）	就业人数（万人）	失业人数（万人）	劳动参与率（%）	失业率（%）	工资	最低工资	制造业工资	企业社保缴费率（%）	雇员社保缴费率（%）	男性退休年龄	女性退休年龄
德国	8 117	38 683	2.1	4 327.1	291.1	60.3	6.2	3 527 欧元/月	8.50 欧元/小时	105.2 指数点	19.33	20.23	65.3	65.3
	2014	2014	2015Q4	2016－01	2016－02	2015Q3	2016－02	2014	2015	2015－12	2015	2015	2015	2015
希腊	1 081	2 356	－0.7	360.0	115.7	52.3	23.96		683.76 欧元/月		24.56	15.5	67	67
	2014	2014	2015Q4	2015－11	2015－11	2015Q3	2015－12		2016－06		2015	2015	2015	2015
中国香港	730	2 909	1.9	381.2	11.98	61.2	3.3	14 877 港币/月	32.5 港币/小时	199.1 指数点			65	65
	2015	2014	2015Q4	2016－01	2016－01	2016－01	2016－01	2015Q3	2015－05	2015Q3			2015	2015
匈牙利	986	1 384	3.2	424	27.9		6.2	272 647 福林/月	353.05 欧元/月		28.5	18.5	65	65
	2014	2014	2015Q4	2015－12	2015－12		2016－01	2015－12	2016－06		2015	2015	2015	2015
印度	125 402	20 669	7.3	2 365.0	4 479	52.5	4.9	272.19 卢比/天		347.3 卢比/天	12.0	12.0	60	60
	2015	2014	2015Q4	2012	2012	2013	2013	2014		2014	2015	2015	2015	2015

续表

国别	综合			就业				工资			社会保障			
	人口（万人）	GDP（亿美元）	GDP年增长率（%）	就业人数（万人）	失业人数（万人）	劳动参与率（%）	失业率（%）	工资	最低工资	制造业工资	企业社保缴费率（%）	雇员社保缴费率（%）	男性退休年龄	女性退休年龄
印度尼西亚	25 546	8 885	5.04	12 084.7	745.5	65.76	6.18		3 100 000 印尼卢比/月	2 177 400 印尼卢比/月	9.74	3.0	58	58
	2015	2014	2015Q4	2015	2015	2015	2015Q3		2015	2014Q4	2015	2015	2015	2015
伊朗	7 880	4 253	0.6	2 204.7			10.7							
	2015	2014	2015Q1	2015Q4			2015Q4							
伊拉克	3 428	2 205	−2.4	92.44			16.4				12.0	5.0		
	2014	2014	2014	2001			2014				2015	2015		
爱尔兰	463	2 508	9.2	197.6	18.75	60.1	8.8		1 546.35 欧元/月	845.79 欧元/周	10.75	4.0	66	66
	2014	2014	2015Q4	2015Q4	2015Q4	2015Q4	2016-02		2016-06	2015Q4	2015	2015	2015	2015
以色列	846	3 057	2.30	367.4	21	64.4	5.1	9 626.8 谢克尔/月	4 650 谢克尔/月	109.7 指数点	7.25	12.0	67.33	62.33
	2015	2014	2015Q4	2015Q4	2015Q4	2016-01	2016-01	2015-12	2015-04	2015Q4	2015	2015	2015	2015
意大利	6 080	21 412	1.0	2 263.2	295.1	63.6	11.5	2 167.84 欧元/月		111.6 指数点	32.08	10.49	66.3	63.8
	2014	2014	2015Q4	2016-01	2016-01	2015Q3	2016-01	2011		2016-01	2015	2015	2015	2015

续表

国别	综合			就业				工资			社会保障			
	人口（万人）	GDP（亿美元）	GDP年增长率（%）	就业人数（万人）	失业人数（万人）	劳动参与率（%）	失业率（%）	工资	最低工资	制造业工资	企业社保缴费率（%）	雇员社保缴费率（%）	男性退休年龄	女性退休年龄
日本	12 682	46 015	0.7	6 458	212	59.7	3.2	300 130 日元/月	780 日元/小时	327 380 日元/月	15.02	14.22	61	61
	2015	2014	2015Q4	2016-01	2016-01	2016-01	2016-01	2016-01	2015	2016-01	2015	2015	2015	2015
马来西亚	3 040	3 381	4.5	1 389.7	47.8	67.8	3.3	2 231 令吉/月	1 000 令吉/月	3 251 令吉/月	13.0	11.0	60	60
	2014	2014	2015Q4	2015-12	2015-12	2015-12	2015-12	2014	2016-07	2016-01	2015	2015	2015	2015
墨西哥	12 101	12 947	2.5	5 156.9	224	59.96	4.24	292.05 墨西哥比索/天	73.04 墨西哥比索/天	3 美元/小时	7.58	1.65	65	65
	2015	2014	2015Q4	2015Q4	2015Q4	2015Q3	2016-01	2015-12	2016-01	2015-12	2015	2015	2015	2015
朝鲜	2 500	174	1.0				4.1							
	2014	2014	2014				2014							
挪威	517	4 998	0.1	266	10.1	70.7	4.5			149.8 指数点	14.1	8.2	67	67
	2014	2014	2015Q4	2015-12	2016-02	2015Q4	2015-12			2015Q4	2015	2015	2015	2015

续表

国别	综合			就业				工资			社会保障			
	人口（万人）	GDP（亿美元）	GDP年增长率（%）	就业人数（万人）	失业人数（万人）	劳动参与率（%）	失业率（%）	工资	最低工资	制造业工资	企业社保缴费率（%）	雇员社保缴费率（%）	男性退休年龄	女性退休年龄
菲律宾	10 220	2 848	5.8	4 004.7	246.9	63.3	5.8	8 280 菲律宾比索/月		1 468.76 指数点	7.67	3.69		
	2015	2014	2015Q4	2016Q1	2016Q1	2016Q1	2016Q1	2011		2015Q2	2015	2015		
波兰	3 848	5 450	3.9	1 627.6	164.86	56.5	10.3	4 067 兹罗提/月	431.24 欧元/月	3 866 兹罗提/月	20.12	22.71	65.6	60.6
	2014	2014	2015Q4	2015Q4	2016－01	2015Q4	2016－01	2015Q4	2016－06	2016－01	2015	2015	2015	2015
葡萄牙	1 037	2 301	1.3	445.4	63.4	58.6	12.2	1 124.49 欧元/月	618.33 欧元/月	119.37 指数点	23.75	11.0	66	66
	2014	2014	2015Q4	2016－01	2016－01	2015Q4	2015Q4	2014 上半年	2016－06	2015－12	2015	2015	2015	2015
罗马尼亚	1 986	1 990	3.7	459.08	43.62	55.9	6.5	2 688 列伊/月	233.16 欧元/月	2 376 列伊/月	23.45	16.5	65	60
	2014	2014	2015Q4	2015－11	2015－12	2015Q3	2016－01	2016－01	2016－06	2016－01	2015	2015	2015	2015
俄罗斯	14 627	18 606	－3.8	7 130	440	68.7	5.8	32 122 卢布/月	6 204 卢布/月	37 503 卢布/月	30.0	0.0	60	55
	2015	2014	2015Q4	2016－01	2016－01	2016－01	2016－01	2016－01	2016－01	2015－12	2015	2015	2015	2015

续表

国别	综合			就业				工资			社会保障			
	人口（万人）	GDP（亿美元）	GDP年增长率（%）	就业人数（万人）	失业人数（万人）	劳动参与率（%）	失业率（%）	工资	最低工资	制造业工资	企业社保缴费率（%）	雇员社保缴费率（%）	男性退休年龄	女性退休年龄
新加坡	554	3 079	1.8	365.56	9.46	67.0	1.9	5 205 新加坡元/月		4 220 新加坡元/月	17.0	20.0	62	62
	2015	2014	2015Q4	2015	2015	2014	2015Q4	2015Q4		2013Q3	2015	2015	2015	2015
南非	5 400	3 501	0.6	895.1	519.3	58.5	24.5	17 387 兰特/月		15 492 兰特/月		1.0	60	60
	2014	2014	2015Q4	2015Q3	2015Q4	2015Q4	2015Q4	2015Q3		2015Q3		2015	2015	2015
韩国	5 060	14 104	3.0	2 617.3	110.5	61.8	4.1	3 364 661 韩元/月	6 030 韩元/小时	3 725 608 韩元/月	8.4	8.4	55	55
	2015	2014	2015Q4	2016－02	2016－02	2016－02	2016－02	2015Q4	2016－01	2015Q4	2015	2015	2015	2015
西班牙	4 644	13 813	3.5	1 809.42	402.17	59.43	20.9	1 809.88 欧元/月	764.4 欧元/月		29.9	6.35	65.25	65.25
	2014	2014	2015Q4	2015Q4	2016－02	2015Q4	2015Q4	2015Q3	2016－06		2015	2015	2015	2015
瑞典	975	5 711	4.5	488.62	38.8	65.3	7.5	164.2 瑞典克朗/小时		174.8 瑞典克朗/小时	31.42	7.0	65	65
	2014	2014	2015Q4	2016－01	2016－01	2015Q3	2016－01	2015－12		2015－12	2015	2015	2015	2015

续表

国别	综合			就业				工资			社会保障			
	人口（万人）	GDP（亿美元）	GDP年增长率（%）	就业人数（万人）	失业人数（万人）	劳动参与率（%）	失业率（%）	工资	最低工资	制造业工资	企业社保缴费率（%）	雇员社保缴费率（%）	男性退休年龄	女性退休年龄
瑞士	824	7 010	0.4	496.9	14.91	68.7	3.7	6 209.28 瑞士法郎/月		110.4 指数点		6.25	65	64
	2014	2014	2015Q4	2015Q4	2016－01	2015Q3	2016－02	2014		2014		2015	2015	2015
叙利亚	2 330	737	－2.3				14.9							
	2014	2012	2011				2012							
中国台湾	2 349	5 296	－0.52	1 124.4	45.3	58.67	3.91	46 736 台币/月	20 008 台币/月	43 879 台币/月		2.0		
	2015	2014	2015Q4	2016－01	2016－01	2016－01	2016－01	2015－12	2015	2015－12		2015		
泰国	6 722	4 048	2.8	3 757.5	34.65		0.91	13 774 泰铢/月	300 泰铢/天	12 639 泰铢/月		5.0		
	2014	2014	2015Q4	2016－01	2016－01		2016－01	2015Q4	2015	2015Q4		2015		
土耳其	7 770	7 984	4.0	2 644.8	320.4	51.5	10.8	1 512 里拉/月	1 647 里拉/月	217.6 指数点	22.5	15.0	60	58
	2014	2014	2015Q3	2015－12	2015－12	2015－12	2015－12	2010－12	2016－06	2015Q4	2015	2015	2015	2015
乌克兰	4 296	1 318	－1.2	1 580.1	50.86	62.5	9.4	4 362 赫里夫娜/月			49.7	3.6	60	56
	2014	2014	2015Q4	2015Q3	2016－01	2015Q3	2015Q3	2016－01			2015	2015	2015	2015

续表

国别	综合			就业				工资			社会保障			
	人口（万人）	GDP（亿美元）	GDF 年增长率（%）	就业人数（万人）	失业人数（万人）	劳动参与率（%）	失业率（%）	工资	最低工资	制造业工资	企业社保缴费率（%）	雇员社保缴费率（%）	男性退休年龄	女性退休年龄
英国	6 477	29 889	1.9	3 021.9	71.67	78.2	5.1	496 英镑/周	6.7 英镑/小时	577 英镑/周	13.8	12.0	65	62.3
	2014	2014	2015Q4	2015 - 12	2016 - 02	2015 - 12	2016 - 01	2015 - 12	2015	2015 - 12	2015	2015	2015	2015
美国	32 157	174 190	1.9	15 100.4	792.0	62.8	5.0	21.37 美元/小时	7.25 美元/小时	20.16 美元/小时	13.65	7.65	66	66
	2015	2014	2015Q4	2016 - 04	2016 - 04	2016 - 04	2016 - 04	2016 - 03	2015	2016 - 02	2015	2015	2015	2015
委内瑞拉	3 062	5 100	−7.1	1 316.66	83.97		6.0	1 881.49 玻利瓦尔/月	11 578 玻利瓦尔/月		19.0	6.0		
	2015	2014	2015Q3	2015 - 12	2015 - 12		2015 - 12	2010	2016 - 03		2015	2015		
越南	9 170	1 862	7.01	5 274	100		2.31	4 458 000 越南盾/月	3 500 000 越南盾/月	4 364 000 越南盾/月	18.0	8.0	60	55
	2015	2014	2015Q4	2014	2014		2015Q4	2015Q2	2016 - 01	2014	2015	2015	2015	2015

注：每个国家或经济体的第二行表示年度、季度或月度数据，Q1、Q2、Q3 和 Q4 分别代表第一季度、第二季度、第三季度和第四季度。

资料来源：TRADING ECONOMICS，http://www.tradingeconomics.com，登录时间：2016 年 3 月 17 日。US Department of Commerce，US Bureau of Labour Statistics，UK Office for National Statistics，ILOSTAT，EUROSTAT.

参考文献

1. International Labor Office (ILO). 2016. *World Employment and Social Outlook*, *Trends 2016* (Geneva, 2016).

2. International Labor Office (ILO). 2015. *World Employment and Social Outlook*, *The Changing Nature of Jobs* (Geneva, 2015).

3. European Union (EU). 2015. *Employment and Social Developments in Europe 2015* (Italy, 2016).

4. Organization for Economic Cooperation and Development (OECD). 2015. *OECD Employment Outlook 2015* (Paris, 2015).

5. Organization for Economic Cooperation and Development (OECD). 2015. *Pensions at a Glance*, *2015* (Paris, 2015).

6. European Foundation for the Improvement of Living and Working Conditions (Eurofound). *Developments in Working Life in Europe*: *EurWORK Annual Review 2014* (Luxembourg, 2015).

7. European Foundation for the Improvement of Living and Working Conditions (Eurofound). *Developments in Collectively Agreed Pay 2014* (Luxembourg, 2015).

8. European Foundation for the Improvement of Living and Working Conditions (Eurofound). *Developments in Collectively Agreed Working Time 2014* (Luxembourg, 2015).

9. Organization for Economic Cooperation and Development (OECD). 2015. *Income Inequality*: *the Gap between Rich and Poor* (Paris, 2015).

10. OECD (2016), *Population* (*indicator*). doi: 10.1787/d434f82b-en.

11. Galley, Jacob. "Opinion about Union Membership." *Monthly Labor Review*, September 2015.

12. Kosanovich, Karen and Sherman, Eleni Theodossiou. 2015. "*Trends in Long-term Unemployment*." Spotlight on Statistics.

13. Bureau of Labor Statistics, U. S. Department of Labor, 2015. "A Look at Pay at the Top, the Bottom, and in between." *Spotlight on Statistics*.

14. Bureau of Labor Statistics, U. S. Department of Labor, 2015. *Characteristics of Minimum Wage Workers, 2014*. Report 1054.

15. Bureau of Labor Statistics, U. S. Department of Labor, 2015. *A Profile of the Working Poor, 2013*. Report 1055.

16. Bureau of Labor Statistics, U. S. Department of Labor, 2015. *Women in the Labor Force: A Databook*. Report 1059.

17. Bureau of Labor Statistics, U. S. Department of Labor. 2015. "Persons with a Disability: Labor Force Characters-2014." *News Release*, USDL-15-1162.

18. Bureau of Labor Statistics, U. S. Department of Labor, 2016. "Usual Weekly Earnings of Wage and Salary Workers Fourth Quarter 2015." *News Release*, USDL-16-0111.

19. Bureau of Labor Statistics, U. S. Department of Labor. 2016. "Union Members-2015." *News Release*, USDL-16-0158.

20. Bureau of Labor Statistics, U. S. Department of Labor, 2016. "Major Work Stoppages in 2015." *News Release*, USDL-16-0272.

21. Bureau of Labor Statistics, U. S. Department of Labor, 2016. "Employer Costs for Employee Compensation-December 2015." *News Release*, USDL-16-0463.

22. OECD. *Pension at a Glance 2015 United States*. 2015.

23. OECD Health Statistics 2015. "Country Note: How Does Health Spending in the United States Compare?"

24. UK Office for National Statistics. 2016. *Household Disposable Income and Inequality: Financial Year Ending 2015*.

25. European Foundation for the Improvement of Living and Working Conditions（Eurofound）. 2015. *United Kingdom：Working Life Country Profile*.

26. Organization for Economic Cooperation and Development（OECD）. 2015. *Health at a Glance，2015*（Paris，2015）.

27. UK Office for National Statistics. *UK Labour Market，March 2015*.

后 记

国际劳动保障研究所自2014年发布第一本国际劳动保障蓝皮书以来，受到业内人士广泛好评，鼓励我们再接再厉出版第三本国际劳动保障蓝皮书。作为介绍国际人力资源社会保障领域最新研究成果的权威年度报告，《国际人力资源社会保障报告（2016）》具有以下三个特点：

一是研究内容全面。以最新国际视角对全球和国外就业、社会保障、劳动关系、收入分配四个领域进行系统研究和编译，增加了经合组织劳动力市场最新状况研究。在国别篇中，全面介绍美国、英国和日本在人力资源和社会保障领域的最新情况和发展趋势。

二是资料丰富。主要选用国际权威机构，如国际劳工组织、欧盟和经合组织，以及美国、英国、日本等政府官方机构发布的人力资源和社会保障最新信息。

三是统计数据翔实。列出了全球51个国家或地区人力资源社会保障指标一览表，提供了就业、社会保障和工资方面最新统计数据，便于读者快速查找相关数据。

本书出版得到人力资源和社会保障部规划财务司、国际合作司、中国劳动保障科学研究院、中国劳动社会保障出版社等有关单位和个人的大力支持和帮助。

本报告由人力资源和社会保障部国际劳动保障研究所所长莫荣研究员带领的团队完成，由主编设计报告框架大纲，国际劳动保障研究所专家集体讨论报告细纲，作者查找最新官方文献资料并进行研究和编译，主编统稿、修改和审定，是集体劳动的成果。报告中各章的作者依次为：

总论　莫荣、刘军、翁仁木

第一章　孟彤、袁一枫

第二章　丁赛尔

第三章　杨洋

第四章　李明甫

第五章　孟彤、袁一枫

第六章　孟彤、袁一枫

第七章　孟彤、袁一枫

第八章　陈玉萍

第九章　孟彤、袁一枫、李宗泽

第十章　张玉杰

第十一章　翁仁木

第十二章　车红霞

需要说明的是，以上作者名单只是反映了每一部分内容的主要贡献者，而每一部分内容包含了许多其他人的贡献。本报告参考、引证了大量国外政府部门、国际权威机构和专家学者的最新数据、文献和研究成果。报告的主要资料来源有：（1）国际劳工组织《世界就业和社会展望：2016 年趋势》；（2）国际劳工组织《2015 年世界就业和社会展望：日益变化的就业模式》；（3）欧盟《2015 年欧洲就业和社会发展趋势》；（4）经合组织《2015 年经合组织就业展望》；（5）欧洲改善生活和工作条件基金会《2014 年欧洲工作生活年度报告》；（6）欧洲改善生活和工作条件基金会《2014 年欧盟集体商定的工资情况》；（7）欧洲改善生活和工作条件基金会《2014 年欧盟集体商定的工时情况》；（8）主要国家劳动部或国家统计局，包括美国、英国、日本等发布的最新人力资源和社会保障情况。

在本书出版之际，我们真诚感谢为报告提供资料的国际组织和国家或地区，感谢对报告出版提供帮助的单位和个人！

人力资源和社会保障部国际劳动保障研究所

2016 年 5 月